U0903552

▲2003年4月，郁亮前往珠峰营地慰问

▲2004年7月，成功登顶世界七大洲最高峰

▲2005年12月，徒步9天行走100公里抵达南极点

2006年9月，内蒙古阿拉善SEE生态协会年度理事会员大会

▲ 2008年9月，希夏邦马北大山鹰社纪念碑

2008年12月，遵道学校的孩子们——万科将汶川地震后首批永久性公共建筑交付给四川绵竹遵道学校

▲ 2009年6月，12天穿越库木库里沙漠

▼ 2009年12月，哥本哈根世界气候大会上的中国企业家

▲ 2010年5月，珠峰南坡登顶（左为王石，右为汪建）

▲2011年1月，入学哈佛，拍摄于哈佛公寓

▼2011年1月11日，壹基金一届一次理事会

▲2012年7月，代表壹基金全体理事向慈展会组委会赠送壹基金“水晶蝴蝶”，寓意人人公益的蝴蝶效应掀起公益浪潮，以及人们对公益慈善像水晶般透明的期许

▼2012年10月，成为WWF美国理事，图为与WWF官员探讨中国物种保护项目

▲2013年2月，万科携手美国铁狮门正式登陆美国市场

▼2013年3月，于哈佛商学院授课

CAMBRIDGE
BUSINESS PARK

▲2013年10月，入学剑桥，摄于剑桥高科技园

▲2013年4月15日，波士顿马拉松万科跑者合影（爆炸案发生前）

▲2013年4月15日，波士顿马拉松万科跑者合影（爆炸案发生后）

大道当然

我与万科（2000~2013）

王 石◎著

中信出版社 · CHINACITICPRESS · 北京 ·

图书在版编目（CIP）数据

大道当然 / 王石著；—北京：中信出版社，2014.3（2024.7 重印）
ISBN 978–7–5086–4108–9
I. ①大⋯　II. ①王⋯　III. ①王石–自传　IV. ① K825.38
中国版本图书馆 CIP 数据核字（2013）第 154122 号

大道当然：我与万科（2000~2013）

著　　者：王　石
策划推广：中信出版社（China CITIC Press）
出版发行：中信出版集团股份有限公司
（北京市朝阳区东三环北路 27 号嘉铭中心　邮编　100020）
承 印 者：北京通州皇家印刷厂

开　　本：787mm×1092mm　1/16　　印　　张：26.75
插　　页：4　　字　　数：427 千字
版　　次：2014 年 3 月第 1 版　　印　　次：2024 年 7 月第 37 次印刷
书　　号：ISBN 978–7–5086–4108–9
定　　价：49.00 元

目 录

推荐序 1　担当与奋进/胡舒立 // X

推荐序 2　“疾病的隐喻”与“身份焦虑”/吴晓波 // XIII

第一部分 2000~2004年

2000 年 变化

进入涡流区 // 004

辞任总经理 // 005

“不怕华润把你炒了？” // 008

老东家，新东家 // 011

恐惧与诱惑 // 014

二林事件 // 018

海盗行动 // 021

2001 年 新路

开年好兆头 // 027

创建中城联盟 // 028

为普通人盖好房子 // 031

雪山伦理 // 033

王石 Online // 034

中南巴士风波 // 038

登山的几何学 // 041

转让万佳 // 041

2002 年 精神

乞力马扎罗的雪 // 047
强迫自己改变 // 049
危险地带 // 055
下跌后的反弹力 // 058
山鹰精神永存！ // 063

2003 年 珠峰

雪山热身 // 067
6500 米上的冲突 // 069
生命在高处 // 072
盲童爱与信 // 078
假定善意 // 080
直面死亡 // 083
学习帕尔迪 // 086
悲观的企鹅 // 089

2004 年 荒野

青春的欢歌 // 092
有质量增长 // 094
地产骇客 // 096
给自己加码 // 099
武汉垃圾场事件 // 100
SEE 民主选举 // 105
煮泉论扶桑 // 109
假如明天世界毁灭 // 111

第二部分 2005~2010年

2005 年 建筑

北极归零 // 116
颠覆，引领，共生 // 119
合盟南都 // 120
像造汽车一样造房子 // 122
一号实验楼 // 125
器物与精神 // 127
利华的人文力量 // 131
住宅社区也敢后现代？ // 133
海洋文化的沉思 // 136
探险有极，公益无限 // 139

2006 年 公民

每上一小步，都是新高度 // 144
土地的记忆 // 146
建筑的形与神 // 149
热带雨林之梦 // 153
企业公民元年 // 156
从激情到琐碎 // 159
临危受命SEE会长 // 161
放下与坚持 // 163
“偷渡”查亚峰 // 166

2007 年 暗流

马不停蹄的一年 // 171
斐波那契增长？ // 173
住宅产业化第一枪 // 175
热困罗布泊 // 177
民主改选 // 180
发现潜能 // 183
拐点论 // 187

2008 年 风波

城市的性格 // 197
捐款门 // 201
舆论旋涡中的万科 // 207
灾区 NGO 生态 // 211
防震建筑 // 214
4000 万罚单 // 217
“007 行动” // 221
议事规则 // 224
保护梭梭林 // 227
人是其所非，非其所是 // 230
弹劾，弹劾！ // 233
躺着的摩天楼 // 236
容加依哀思 // 239

2009 年 绿洲

跳啊，勇敢地跳！ // 243
未来城市马斯达尔 // 246
零碳桃花源 // 249
地球在变暖吗？ // 251
脆弱的生物乐园 // 253
滴灌兵团 // 255
科学与民主 // 257
人类的一员 // 260
中国式买房 // 263

2010 年 尊重

致敬埃德蒙爵士 // 267
尊重的可能 // 269
再上珠峰 // 272

垃圾分类 // 275

第三部分 2011~2013年

第一学期 游学

百战归来再读书 // 282
硬闯语言关 // 285
中国碑 // 288
英文演讲 // 289
花花草草的学问 // 293

暑假 见识

活命水与“城市矿山 // 297
最满意的作品是下一个 // 299

第二学期 体验

艰难的适应 // 303
如何在美国管理万科？ // 305
老司机遇到新问题 // 307
亲历“占领哈佛” // 309
中国学生的裸奔 // 310

寒假 社会

联盟的力量 // 314
民主的细节 // 317
壹基金再生 // 320

第三学期 聆听

企业微环境 // 326
聆听大师，回望传统 // 328

房地产泡沫有多大？ // 330
求知的修道院 // 333
地板门 // 336
第一位环保主义者 // 341

暑假 世界

用经历，定义自己 // 345
邂逅联合利华 // 347
你好，米兰！ // 349
威尼斯华人 // 350

第四学期 思索

对话肯尼迪政府学院 // 354
世界自然基金会美国董事 // 358
赛艇与协作精神 // 359
自由与爱国 // 361
枪炮与玫瑰 // 363
日本还是第一吗？ // 366
伊甸园与垃圾厂 // 370
初访剑桥 // 372

寒假 愿景

推动工厂化 // 376
回望万科三十年 // 379

第五学期 更新

向谷歌学什么？ // 382
金沙江的涓涓细水 // 384
“前方记者王石” // 388
三头铜牛的故事 // 390

信数据，不信小道消息 // 392
万科国际化 // 393
契约精神的意义 // 396
华沙中国角 // 398
尾声：在剑桥 // 401

后记 企业家精神 // 405
附录 王石登山探险活动表 // 408

担当与奋进

胡舒立

王石以他2000年以来的经历成书，嘱我作序。我与王石并不相熟，不过，其人与其治下的万科，确是我多年的关注对象。此次有机会完整阅读了他13年来的文札，我了解到不少新闻事件的台前幕后、来龙去脉，分享了他的企业管理思想，还有他对当今中国政治、经济、社会、文化和生态问题的思考。从文中看，这是一位有担当的、奋进的企业家的自白。

王石是中国最大房地产企业的掌门人，首先是位企业家。在本书文章中，我格外喜读最后几篇，这是作者书中所思所想的高度浓缩与总结。文中坦言："今天，中国企业家就面临一些困惑和迷茫，面临社会的曲解和丑化。……我们不必抱怨，也不要消极对待中国社会的不确定性。企业家很重要的一点就是冒险精神，在不确定情况下，才更需要企业家。我们赢得了财富，我们积累了经验，这个时候不该逃避。""企业家向这个社会输出的正能量，是现代的管理制度、组织结构、沟通技巧。……企业家不仅仅为社会提供就业与财富，企业家精神更是社会进步的动力。”这正是作者的自我期许与定位。“不抱怨”尤其难能可贵。后人不会对这一代企业家受到多少羁绊感兴趣，只会对面对种种约束他们做了什么努力、取得了什么突破感兴趣。在“强迫自己改变”一文中，作者说：“在我的阅读体验中，不管是经典的著作，还是日常的纸媒，房地产总是和‘贪婪’、‘暴利’、‘驱逐市民’、‘破坏城市记忆’联系在一起，这与我的自我期许相去甚远。”多年来，他不懈地用个人和企业的行动与这种“刻板印象”相抗争。他向往的是荣德生、张謇那样的气度。无论他最终能达到什么高度，这样的追求本身即有理由赢得鼓励和认可。

也许是不经意，书中通过他人之口，对王石做出了总结和品评。有人将他的人生经历比喻成三座山峰：创立万科、攀登珠峰和哈佛游学。在李连杰邀请他出任壹基金公益基金会执行理事长时，提出了几项要件：是一个好的管理者；口碑好，正直；有公众性，有影响力；热心公益，认真做事；擅长时间管理，能够为壹基金拿出时间。勇于接纳壹基金的深圳地方官员则认为王石是一个有良知的企业家，为了社会公益、为了一些正确的事，愿意承担风险和责任。在我看来，更简练的表述是王石自己的认知，董事长需要做三件事：第一，战略；第二，用人；第三，担当。而这个“担当”容量极大。

担当体现在把一家企业做精、做强。书中不乏篇章讲述万科的经营战略，如何进军各大城市，如何通过制度选贤任能，如何提出并身体力行住宅产业化。

担当尤其体现在危机时刻，所谓“疾风知劲草”。万科的成长中，经历了数不清的艰险，书中对中南巴士风波、武汉垃圾场事件和安信木地板事件，还有汶川地震中的“募捐门风波”，都做了生动的描述。王石说：“当负面新闻出现，一些公司是用掩盖的方式解决问题。但可惜的是，他们一旦拥有了掩盖的能力，就失去了其他的能力。这不是万科的做法，万科需要的是解决自身问题的能力。对客户、媒体和自己都坦诚相待，就为企业确立了明确的标准与价值。”作为媒体人，我赞赏这种态度。只有这样，“客户是万科存在的全部理由”，“衡量万科成功与否的最重要的标准，是我们让客户满意的程度”，这些万科企业核心价值观的组成部分才能得到真实、生动的展现。

担当体现在作者热心公共事务。这远远超越了狭义的公益事业，虽然作者为此倾注了大量心血。作者高度重视“阿拉善生态家园基金”（英文简写为“SEE”）的议事规则，显然，有深意存焉。SEE的企业家对议事规则从开始不适应，到后来接受和掌握，其间有争执，有妥协，最后才有共识。作者说得好："治沙能不能有结果，我觉得已经在其次，更重要的是过程体现了民主的气氛和精神，这可能对社会进步的意义更大。这个过程不仅是对大自然荒漠的改造，更是对我们自己内心荒漠的改造。"

由此，我联想到不久前关于企业家社会角色的论争。表现形式或有不同，但是，在当今中国，哪一位优秀的企业家能做到闷声发财？他们不能不对中国向何处去有着自己思考。

企业家自有其性格、气质与行为方式。与创新和冒险相联系的是好奇和学习，即作者自况"听从好奇心，一往无前，永远不满足于现状"。作者准确地把"entrepreneurship"理解为"奋进"，这比"企业家精神"之义更为本原。

他深信"学习是一种生活方式"。这一点，体现在他多年的日常工作中，如对日本建筑业的倾心学习，尤其体现在他的哈佛求学中。他作为"高龄学生"，放下老总身段，生活自理，谢绝应酬，潜心学习，一般很少能在凌晨3点前睡觉。这显然需要强烈的求知欲做动力，坚强的意志力为约束。"登珠峰当然难，但没有我想象的难。哈佛游学也难，比我想象的还要难"，确是甘苦自知。而从作者选的课程，如资本主义思想史、城市规划与投资管理和新能源经济政策，我们再次领略到作者的视野与志趣。

中国有心撰述的企业家不多，能文的企业家更少，此书言之有物、文笔晓畅、简练生动，读此书常有如闻其声、如见其人之感。此书值得企业家同人一读，也为MBA（工商管理硕士）教师与学生提供了许多难得案例，关心产业发展和中国改革的人士也会获得不少启发。读者不需要同意作者的所有判断或预测，如对于其2007年的"拐点论"。书名《大道当然》给人无限遐想，作者之心未必然，读者之心未必不然，如何分解，读者诸君读后可知。

“疾病的隐喻”与“身份焦虑”
——我所认识的王石和他那代人

吴晓波

2004年的深秋，王石由无锡来杭州，约在龙井山下的浙江宾馆对坐闲谈。他在无锡游访了梅园，第一次听说荣宗敬、荣德生兄弟的往事，感慨很深。他突然问我一个问题：“我的父亲是行政官员，我的母亲是锡伯族妇女，我也没有受过商业训练，那么，我以及我们这代人的企业家基因是从哪里继承的？”我一时语塞。

那时，王石创办万科已二十年，正着手写一本自传体的作品。而我刚从哈佛大学游学归来，一边创建了蓝狮子财经出版中心，一边开始《激荡三十年》的写作。王石的这本作品后来定名为《道路与梦想：我与万科二十年》——脱胎于威廉·曼彻斯特的《光荣与梦想》，由蓝狮子和中信出版社于2006年1月联合出版。而王石对我提出的那个问题，则像影子一样困扰了我更长的时间。在后来的九年里，我沉浸于三十年、一百年乃至两千年中国公司史的研究，大抵与此有点干系。

我对王石这个人的关注当然更早。在2001年前后，随着互联网的兴起，很多中国公司开设了自己的网站，开在万科网站中的“王石Online”可能是所有企业家网站中最火爆的一个——他是最早玩“自媒体”的人之一。在这里，他鼓励部下公然开炮，对公司、对他本人的牢骚、意见都可以在网上发表，他常常亲自作答，这种抹杀一切管理层次的大字报式的做法在公司内部曾经造成极大的压力，也颇有人对此不以为然。他还开始爬山，52周岁的他以中国最高龄的纪录登上珠穆朗玛峰。在“王石Online”首页的第一行，王石引用了哈维尔的一句名言：“病人比健康人更懂得什么是健康，承认人生有许多虚假意义的人，更能寻找人生的信念。”那时，哈维尔在中国还不太出名，整个商业界也正陶醉于新经济的诞生及即将加入世界贸易组织的亢奋之中，我不明白王石为什么会有这样一个“疾病的忧虑”。我只隐隐感觉到，这所谓的“疾病”可能是身体的，也可能是心理的，更可能是身体与心理的，我因此写过一篇《“病人”王石》。

我是这样写的：作为一个商业文化的观察者，我更愿意以一种常人的心态来揣测王石的动机。在某种意义上，王石好像有着一种很深重的“病人情结”。……王石把万科当成了“病人”，它超速长大青春激荡，病疾不断常常莫名发作，因而必须时时警觉，日日维新；王石把房地产业当成了“病人”，它暴利惊人游戏诡异，充斥着令人迷失的金色陷阱，因而必须让欲望遏制，令心智清明；王石把他自己当成了“病人”，在没有约束、众星捧月中又有多少人能找到自我？王石把这个时代也当成了“病人”，物欲横流，价值多元，到底什么是人们真正的渴望？因为有“病”，所以有所敬畏。

后来知道，我对王石的猜测只说对了一半，另外一半的真相是：那时，他真的病了。

大概是在2010年，他首次对外透露了事实：“从1994年到1997年间，我的心肌功能是什么状况呢？按照5分制，2分不及格，3分及格，4分良好，5分优秀，我三年连续体检的结果是，我的心肌功能0分……我在去西藏登山之前腰椎有个血管瘤，压迫到我的左腿神经，晚上痛得吃止痛片都睡不着觉。医生的诊断，几乎宣布我必须坐轮椅了，随时可能瘫痪。”苏珊·桑塔格在著名的《疾病的隐喻》一文中写道：“人格的作用被局限于患者患病之后的行为。像任何一种极端的处境一样，令人恐惧的疾病也把人的好品性和坏品性统统都暴露出来了。”当然，睿智的桑塔格能够写下这样的文字，也是在她罹患癌症、经历了多年痛苦的求诊之后。

近几年来，我对王石的兴趣，更多来自他对身份的焦虑。

“身份焦虑”的命题，是由两位亚洲思想家——萨义德和阿玛蒂亚·森所提出的。事实上，在不同的文明社会中，“身份焦虑”表现为不同的体征。自由资本意义上的中国企业家群体，在1956年春的“跑步进入社会主义”运动之后，便彻底地消失了。因此，1978年之后民营经济的卷土重来，是从“归零”的荒原上开始的，及至1988年，民营经济的用工及营业收入总额已与国有企业相当。可是作为一个独立的社会阶层，在很长的时间里，他们并未得到认可，甚至民营业主本身对自己的阶层出现及意志独立都没有任何的知觉。

王石这一批人的“阶层觉醒”，与其说是自觉发生的，倒不如说是被政府的手给猛烈地推醒的。就当王石与我在浙江宾馆对谈的2004年深秋，中国刚刚经历了一场宏观调控，主题便是整顿进入钢铁、水泥和电解铝行业的民营资本，“铁本事件”正成焦点。在后来的几年里，数量日增但在国民经济中的权重越来越低的民营企业家们开始寻找自己的阶层定义。

对于民营经济的被边缘化，米哈尔·卡莱斯基在1943年就从经济学上进行了解释。根据他的研究：“如果只有恢复企业家的信心，才能保证高就业率，那么，政府会非常重视企业家们的意见。然而，当货币和财政政策成为高失业率战斗的武器之后，企业信心就不那么重要了，政府也不用太照顾企业家的想法了。”米哈尔·卡莱斯基所描述的两种状况，正先后发生在中国过去的三十多年里。不过，在社会现象学的意义上，产生被抛弃感的企业家群体则获得了一次寻找自我的机会。

这一寻找的过程，便是一个独立和塑造的过程。在王石这本新著《大道当然》中，他以大量的篇幅描述了他和他的朋友们创办阿拉善组织、参与运营壹基金、投身汶川震后重建、倡导“企业公民”、呼吁改善大气环境等工作，这其中不乏一些争议性的事件。然而，在我看来，凡此种种的发生，也是当代企业家群体先进于洋务运动及民国商人集团的关键所在。

王石最为推崇的两位前辈企业家，分别是晚晴状元企业家张謇和民国纺织及面粉大王荣氏兄弟。一百多年前，张状元脱袍下海，在晚年自叙中心有不甘地写道：“张謇农家而寒士也，自少不喜见富贵人，然兴实业则必与富人为缘，反复推究，乃决定捐弃所持，舍身喂虎。”便是“舍身喂虎”这四个水墨字里，渗透出百般不情愿和对商人身份的自我否定；荣氏兄弟一生从商，以“不与官家搭界”为家训，低帽过府衙，见官矮半截，而其对公共事务的参与也仅限于修桥铺路而已。荣德生晚年对同乡史家钱穆说：“五十年后，无锡人记得我，也许就是那座长桥而已。”

与张謇相比，王石及他的朋友们，不再以企业家的身份为耻，视之为正当且有荣誉感的职业，并探寻“企业家精神”；与荣氏兄弟相比，王石及他的朋友们保持与政府的对等及“一步之遥”，不再视自我为政府的依附及寄生物，并能够以更积极和现代的方式参与社会重建。这一景象，可谓最近十年，中国社会最重要的公共事件之一。

王石这一代人，少时贫瘠，青春荒芜，及至壮年，才守到雨霁云开。日后他们遇到的每一件事都不可思议，都超出以往的经验值，他们的成功几乎都凭借无畏的勇气和对秩序的破坏，对命运的西西弗斯式的嘲笑构成一代人共同的姿态。然而，他们中的绝大多数人并没有意识到，破坏的终极很可能是对破坏的坚持，若没有新的建设，破坏本身将成为新的破坏的开始。三十多年来的中国，正是极端功利主义的成功，也是新的诅咒与报应的生成。就这一代人而言，荣誉与财富如同两根木棒，架于他们的脊背之上，便就成了“名利的十字架”。它能够带来的快乐并不如旁人所看到的那么多，相反，它沉重而累赘，久而久之，竟是生命的负担。

王石能够从芸芸草莽英雄中抽身而出，能够在万科高速扩张之际提出专业化的原则，能够在盛年之时让出总经理职务，能够摆脱商务事宜去登山攀峰、去投身社会公益，以及后来能够独身游学于美欧名校、思考更为抽象的人文命题，在很大程度上，也许正是得到了疾病的启喻和对自我身份的焦虑。

我至今记得很多年前审阅王石书稿时读到过的那段文字：“1978 年 4 月的深圳，怒放的木棉花已经凋谢了。路轨旁抛扔着死猪，绿头苍蝇嗡嗡起舞；空气中弥漫着牲畜粪便和腐尸的混合臭气。我正在深圳笋岗北站检疫消毒库现场指导给排水工程施工。”

在南方小镇深圳，这位叫王石的 27 岁文学青年枕着一本已经被翻烂的《大卫・科波菲尔》，睡在建筑工地的竹棚里。然后，他醒来，行走，挣扎，一路远足至今，仍在走向新的不确定。

第一部分

2000~2004 年

2000 年 变化

进入涡流区

千年之交的黎明，深圳滑翔伞发烧友相聚塘朗山，以特殊的形式迎接新世纪曙光。

临时性的起飞场地不是很理想，要不是凑这个日子，应该是会另择场地的。

我第一个试飞，助跑，起伞，跃向悬崖。伞却没有张开，卷成一团，拽着身子下坠……一切在瞬间发生，还来不及反应，倒栽葱的身体已经挂在一棵岩壁上生长的松树杈上。多亏这棵歪脖松树，我只是颈椎受伤。

人活着为什么？活着的意义是什么？生命、长寿，这些都很重要，但更重要的是活得精彩。

不到一个月，带着颈椎的伤，随四川青年登山队攀登西藏念青唐古拉山系 6 202 米的启孜峰，结识了两位藏族优秀登山家仁那和平措[①]。

元月 28 日，零下 35 摄氏度。亚布力滑雪场，一号道顶端。厚厚雪道上，铺开伞具。

---

① 仁那，藏族登山家，1990 年登上珠峰，此后又登上了“十四座”中的十三座山峰，包括难度最大的乔戈里峰。2005 年 5 月，他在前往迦舒布鲁姆I峰、即将完成“十四座”伟业的路上，遭遇山体崩塌，不幸罹难。仁那的妻子吉吉也是一位出色的登山家，2003 年，他们曾一同登顶珠峰。

平措，人送绰号“小愚公”，先后登顶过希夏邦玛峰、卓奥友峰、珠峰，曾任西藏体委登山处副处长、登山管理中心副主任。

风向不适合起飞，但我求战心切，拽着伞绳，憋住劲朝雪道下冲去。蓝白间色的伞翼升空，下方观望的滑雪者一阵欢呼声。没来得及享受欢呼，微弱的热气流托不住伞翼，伞翼左侧“哗啦”一声，整个伞翼失去重心，剧烈摆荡，坏了，进入涡流区！滑翔伞像扭麻花似的拧成一团，我的身体迅速下坠。我右手本能地伸向背带上的红色伞柄，猛地一拽，抛出背囊里的副伞。副伞张开，止住身体下坠，飘向滑雪场初级道，挂在一侧的大杨树上。好悬！万科同事们后来知道了这件事，调侃：万科董事会可以围着滑雪场的大杨树开了。

董事会没有在滑雪场召开，但万科董事会成员的构成却在这一年发生了很大变化。

辞任总经理

辞去了总经理职务那年，我 48 岁。这个年龄，对一个男人来说，辉煌时刻才刚刚开始。这么多年过去了，仍有人问我当年怎么能够那么潇洒地说放手就放手。

一个人，无论有怎样神通广大的能力和用之不竭的精力，总有一天要离开，这是谁都不能违背的自然规律。万科不能是王石在的时候红红火火，王石不在的时候就走下坡路，如果是这种情况，这家企业是不成熟的。我不希望等到我做不下去了、眼睛看不到了才离开；越早放手，对我和万科就越有利。只有当我不在，公司仍然运转得很好，才更能显示出我的成功。

当然，在辞去总经理最初那段时间，我是不大适应的，尝到了各种失落感，难受极了。

辞职当晚，心情平静，回去照样睡得很安稳。因为还是董事长嘛，第二天还得照常上班，可一到办公室就感觉不对劲，冷冷清清。我看看日历又看看记事本，不是节假日，也没什么特殊安排，就问秘书：“人都跑哪里去了？”秘书回答：“去开总经理办公会了。”我第一反应：怎么没叫我？随即意识到——自己已经不是总经理了。

我在办公室里踱来踱去，抓耳挠腮，不知该做什么好。特别想冲过去看看，告诉他们：“你们开你们的会，我就坐在旁边听听，什么也不说。”转念一想，新老总第一次开办公会，如果前任总经理、现任董事长往那儿一坐，人家还怎么开会呢？只好心里念叨：“不能过去，不能过去。”那种感觉，就好像前一天还意气风发、指点江山，第二天就让你拄着根拐棍去公园里散步，拿些老照片追忆似水年华，顺便思考思考人生——看起来很惬意，但对于一个刀剑未老的人来说，就像驰骋的野兽被关进了笼子。我那天的样子，还历历在目。

第一天就在不适应中过去了，第二天还是很难受，第三天，仍然很难受。第四天，总经理过来汇报办公会内容：“有七个要点……”我耐心地听着，第一，第二，第三……说完三点后我说，“不用说了，我知道接下来你们讨论的第四、五、六、七都是什么”，然后一一道来。总经理又惊讶又困惑，那眼神似乎在猜：“谁提前打小报告了？”

当然没那么玄，毕竟我是刚刚辞去总经理职务，办公会与会人员又都是我培养的部下，他们开会讨论什么，我当然心中有数。接着我又告诉他，第五点思路是错的，第六点也不对，应该怎样怎样。总经理听完，眼睛里满是钦佩：董事长没参加会议，只听我汇报前三点就知道接下来的是什么，还能指出哪里不对！这情形让我情绪高昂起来了，不错，成就感找回来了！

第二个星期总经理过来汇报的时候，照样是到了第三点，我就忍不住了，抢过来说四五六七，以及相应存在的问题。到第三星期，总经理再汇报时，我发现他的眼睛里不再放光，看样子是想：“反正我们想什么、讨论什么、做什么决定董事长都能猜到，与其来做汇报，还不如直接听从指示。”我一看那状态，就知道有问题了，而且这个问题还出在我身上——一不小心扮演了“垂帘听政”的角色。他很快已经没有最初的那种情绪、那种冲劲了。

我决定不说话，听着他讲完。实际上讲到第三点时，我的“惯性”又来了，特别想打断他，但还是咬着舌头不说话。他似乎也掌握了我的“规律”，汇报到第三点的时候，停下来，等我说话。我没吭气，示意继续说。他于是继续讲第四点、第五点。直到他说完，我忍了半天，说：“我没意见。”

这之后我反思，我的问题到底出在什么地方呢？首先，是不是真的准备交权？扪心自问，没人逼我，我确实是真心要交权；第二，既然是自愿交权，为什么还不放心？——因为觉得他们会犯错误。

扪心自问：从创业至今，我有没有犯过错误？一直在犯。那么为什么不能允许年轻人犯错误呢？犯错是成长的必经之路。如果我总是还不等他们思考就直接指出问题所在，久而久之，他们就不会花心思、动脑筋，不会意识到决策后果的严重性，也不可能提高。让他们亲自去经历，才能稳稳当当地进步——这一点也是我要适应的啊。

那以后，我让自己牢牢把握一点：他们犯的错误只要不是根本性、颠覆性的，我就装傻，装作不知道。否则，我退与不退就没有什么区别，新的接班人也不会得到成长。

可作为一个习惯了强势，又愿意亲力亲为的人，免不了有伸手去指挥一把的冲动，如果继续在公司待着，肯定会没事找事。如何平衡理性诉求和习惯性的指手画脚呢？我选择了疏远自己和管理层的距离，离开公司，去大自然创造新空间来释放、折腾、证明自己，去游历西藏、登山探险，一离开就是一两个月。

2005年，我和几位企业家受牛根生邀请参观蒙牛总部。在交换企业管理心得时，老牛很认真地问我："怎么培养接班人？"他羡慕我，有大把空闲时间做自己想做的事的状态。回答很简单，我从来不培养接班人。社会历练老到的根生兄愣住了。

我解释："我们都经历过'文革'，林彪作为毛主席培养的接班人，写在党章上，结果如何？携全家乘飞机出逃，折戟温都尔汗。这个例子是否说明：把组织的传承建立在某一个人身上，会有很大风险？对于现代企业，我更相信制度的建立、团队培养。

1999年，我在辞去总经理职务时曾做"我给万科留下了什么？"的总结——我选定了一个行业，建设了一套制度，培养了一个团队，树立了一个品牌。团队、制度建设比培养一两个接班人更重要。第一把手当然重要，但如果有制度保障，即便第一把手选错了，纠错换马就是了。文化制度建设比培养接班人更稳妥。企业如此，国家也是如此。

一次，我接待一个台湾青年企业家代表团。他们告诉我，在台湾，企业家要么不交班，要么交得不放心，也许是受王永庆的影响——他93岁高龄还亲力亲为，精神令人感佩。台湾企业家对万科很好奇，他们在和郁亮面对面交流时感受到郁亮的自信——完全自己做主，对任何提问都回答自如。当我说不培养接班人时，他们也愣了："你的接班人这么成功，怎么还说不培养接班人呢？"

在第二任总经理姚牧民之后，我选择郁亮继任总经理有几个原因。首先，万科正处于高速发展期，不是很成熟，制度仍不够规范。如果空降总经理，比如从规范的大企业找人，他未必能迅速熟悉万科的环境；同时，他的经营理念和高速成长中的企业也不相符。因此，新总经理肯定是从万科年轻人中产生，而且要在万科工作过了相当长一段时间。

第二，从万科集团层面看，第一把手懂地产业务固然重要，但更重要的却是对万科企业文化的理解力、创新能力、学习能力以及人际关系的包容、整合社会资源的能力，这些都是总经理的重要素养。郁亮加入万科后做过董秘，负责股权投资，接手财务，清晰利落，充分显示了金融功底，但就是没有直接负责过一个地产项目——那给他配一个懂行的副手不就行了？

2008 年，《财富》杂志评选“中国最具影响力的 25 位商界领袖”，排行榜中第一位是华为的任正非，第二位就是万科的郁亮。

我和郁亮分工：我关心不确定的事情，他关心确定的事情。但实际上，很多不确定的事情，郁亮和管理层团队也在关心。万科发展到现在这个阶段，职业经理人团队经历了各种考验，万科的骨干、中层以上干部都起到了中流砥柱的作用，我对他们衷心地佩服。

也有人向我提出这样的假设：万一万科遭遇经营危机，你会重新出马吗？我想，我出马无非是两个结果：第一，老将出马果然不错；第二，老将仍然不能扭转局面。

在第二种情况下，我为什么要做一个证明我不行的举动呢？倘若是第一种情况，又是和我的宗旨相违背的，它只能证明我这些年的放权、对团队的培养是不成功的。那就算我能撑到 78 岁、88 岁，又有什么意义呢？在生命长河中，一个人工作 40 年已经很长，即便你能工作 60 年、80 年，对企业，老人治理也是没有未来的。

所以，无论如何我都不会选择复出。

“不怕华润把你炒了？”

到 2000 年，君万之争已经过去了多年，但是那几日惊心动魄的较量，让我深深意识到股权分散对一家市值不大但又处于高速成长中的企业是非常危险的。

万科的股权分散程度在中国证券市场中是少见的。1993 到 1997 年，最大股东持股比例始终没有超过 9%，1998 年前 10 名股东持股比例总共为 23.95%，是一个典型的大众持股公司。同时，万科又是中国民营企业中少数能连续 10 年稳定、快速成长的企业之一，1998 年，房地产业务在集团的赢利份额稳步上升至 89.8%。这种特征，使万科比较容易成为恶意收购对象。①

虽然万科是证券市场的蓝筹股，但市场投机人士常常会把它视作难得的“壳”资源，动辄打主意。自 1997 年开始，大股东深特发（深圳特区发展公司）进行业务调整，确定以旅游、科技为主业，以房地产开发为主业的万科自然被列入“编外”，要获得大股东的支持几乎是不可能了。

① 到 2013 年初，万科股东人数达到百万级。第一大股东持股比例 14.72%，除第一大股东外，没有别的持股超过 5%的股东。在全球公开市场，像万科这样股权分散、股东人数众多的公司并不多见。

我萌生出替万科另找“婆家”的念头——“新婆婆”不仅要支持万科的房地产开发主营业务方向，还要为万科在国内外融资提供支持。

从1993年到1999年，在宏观调控的大环境下，万科没有像许多老上市公司那样“阴干”或崩溃，体现出较好的经营能力和风险意识。由于缺乏大股东的支持，业务发展难以获得额外的助力。与万科同批上市的海尔等公司，由于长期得到大股东的支持，业务做过了百亿，而“自力更生”的万科还在三四十亿的区间转悠。

我重新审视万科和深圳特区发展公司的关系。

房地产开发是一个资金密集型行业。没有大股东支持的万科，获得资金的渠道只有两个，一是银行贷款，一是扩股融资。受资产负债率所限，从银行获得的贷款远远满足不了发展需要。因此，扩股融资成为头等大事。从1991年上市到2000年，万科扩股4次，融资17亿元。

扩股融资已经成为万科业务增长的引擎。但是，深特发不愿意扩股。它虽然是第一大股东，但股权比例已经很小，再加上国有股不能在二级市场上流通，所以不愿意再增加投入；而不增加投入，又可能失去大股东的位置，心有不甘，所以干脆反对万科扩股。事实上，深特发的财务状况似乎也不乐观，其拥有的部分万科股权甚至已经被法院冻结。

在90年代中期，香港大房地产商投资内地之时，基本不考虑深圳。但经过几年在内地主要大城市操作项目的成败得失后，它们对深圳房地产市场有了新的认识。几大房地产商开始进入深圳，大规模进行土地储备和开发。无疑，它们的实力远远强于深圳本地的房地产商，在拿一块十几万平方米的地时，往往可以一次拿出七八个亿。如果让万科这么做，就很吃力。

股权结构影响企业的发展。我认为万科面临的发展瓶颈，是缺少“战略性大股东”的助力以及海外的融资渠道，所以希望在股权结构上进行调整，吸引有实力的财团进入，成为战略性大股东。这些财团应该具备这样的条件：在国内有较多的地产项目或土地储备，同时具有一定的金融背景或较强筹资能力，它也需要万科这样一支专业化的队伍来实现利润的转化。这个问题如果能在2000年内解决，那将是继万科股份化改造之后的又一个里程碑。

大股东进入后，万科的经营班子会不会被大改组？我没有这个担心，因为万科的价值就在于这套经营班子和他们所代表的经营管理队伍，万科并没有大量的土地储备供大股东套现。所以，如果大股东更换万科的管理团队，那是自己和自己过不去。

从另一个角度看，大股东的介入，毕竟会对经营班子的决策和经营有些制约，但只要对公司长远发展有利，即使失去一些自由也是值得的。这对大股东和万科来讲，是双向受益。这一点，万科与许多上市公司不同，它们更多是希望摆脱大股东的行政干预，弱化大股东的地位；我们则是希望找一个大股东，因为我们的财富就是这支专业化队伍。

我想到了华润①。

早在1996年上半年，万科就与华润进行了第一次“亲密接触”——把怡宝蒸馏水公司转让给了华润集团子公司华润创业。当时，担任华润创业执行董事的黄铁鹰负责在中国收购啤酒和饮料公司，第一次见面，我们用不到10分钟就在价格上达成了一致。但接下来一段时间，收购进度却放慢了。电话沟通中，我向黄铁鹰抱怨：华润创业的收购条件过于复杂苛刻，华润的香港律师要求万科签署对怡宝蒸馏水公司资产和经营状况担保的条款，多达30多条！黄铁鹰解释：因为收购过程存在一些不确定问题，必须要求出售方给予承诺。我脱口而出：“你们这么不信任万科，显然是没有收购诚意！”黄铁鹰也急了，反驳道：“你站在我的角度想想，如果我把怡宝收到手后，此前的应收款都收不回来，那怡宝还值这个价钱吗？如果你对你的企业这么有信心，为什么你不敢保证它的应收款有90%能收回来？如果这些厂房和设备真是你的企业合法拥有，为什么不能白纸黑字地承诺？”

我听黄铁鹰力陈理由，明白过来：他们这是更规范、更符合市场原则的做法。三天后，我在对方律师起草的收购合同文本上签字。签字时，我当着许多万科同事的面对黄铁鹰说：“如果有机会，我想请黄先生给万科专门讲讲企业并购。我们四年前收购怡宝，只用1页半纸的合同，四年后你们收购怡宝用了30多页纸。在收购兼

---

① 华润最早成立于1948年。当时，中国共产党开始考虑夺取政权后的治国大计。在建立政权后如何解决党的经费来源问题上，当时的中共中央政治局提出了建立党营公司的设想。公司的名称定为“德润”，取朱德的“德”，毛润之的“润”，后经朱老总提议改为“华润”。

在新中国成立后的相当长时期内，香港华润成为中华人民共和国对外的重要窗口，在对外贸易方面扮演着举足轻重的角色。从这个意义上讲，控制华润的国家资本显然是根正苗红的。自改革开放以来，由国家绝对控制的香港华润公司发生了天翻地覆的变化，由外经贸部在香港的窗口公司转变为中央直属的45家特大型企业之一。即使在黄金遍地的香港，华润也堪称巨鲸，总资产高达500亿元人民币，净资产400亿元，旗下拥有5家上市公司。表面上，香港华润百分之百属于中资公司，但华润控股的上市公司华创、北京置地、立智国际、五丰行等已经资本国际化，这几家在香港证券交易所挂牌上市的公司的资本额已经占到整个华润集团的70%以上。

并这个领域，你让我们知道了专业和非专业的区别。”

此后，华润与万科开始日益频繁地接触，关系更加密切：1998年，我被华润旗下北京置地聘为独立董事，1999年，黄铁鹰被万科聘为独立董事。

香港华润的主体是市场化的财团，同长江实业、新鸿基本质上没有多大的区别。如果说有区别，就是董事长是由北京选派部长级别的人物，而总经理则是市场化的产物，当时总经理宁高宁先生就是这样一位职业经理人。华润集团的上市公司系拥有一支成熟的职业经理人队伍。正在进入高速增长期的万科需要国际资本的支持，此时纳入华润上市公司系，正逢其时。在华润的五大业务中，“以住宅开发带动地产、建筑、装修及建筑材料生产和分销”的定位正好契合万科“成为中国房地产行业领导者”的企业愿景。这一切，为万科引入华润制造了良好的契机。

问题是，华润是否有意扮演万科战略性大股东的角色？

商务交往持续几年后，我和黄铁鹰已经成为比较熟悉的朋友。有一天，我问他：“你这么欣赏万科，为什么没想过把万科也收购了呢？”

黄铁鹰反问：“万科经营得这么好，为什么你非要替自己找个主子？”

我回答：“要成为中国房地产行业领跑者，必须同世界资本市场接轨。”

黄铁鹰问：“公司做大了，就是别人的了，董事长的职位可是你自己的，你不怕哪天华润把你炒了？”

我回答：“如果有人比我做得更好，炒我是应该的。”

黄铁鹰没有立刻给我答复。过了一段时间，华润创业就收购问题正式与万科接触，并提出，在接触万科大股东深特发之前，要先请国际会计师事务所对万科进行审计，并派员进入万科了解业务运作。后来，黄铁鹰告诉我，华润的考虑是：通过收购万科，可以完成房地产全国布局，又可以获得万科的管理资源，可是王石这么一厢情愿地推销万科，很难说公司的经营业绩会不会有什么难言之隐。

我同意了黄铁鹰提出的要求。华润创业用200多万港元，请香港毕马威会计师事务所对万科进行审计。审计结束后，毕马威一位合伙人对黄铁鹰说：“这是我所见到的账目最清楚的中国内地公司。”

老东家，新东家

2000年3月8日，深万科发布提示性公告：第一大股东将由深特发公司变更为北京华润置地，转让股份占万科总股本的8.11%，有关手续正在报批之中，待主管部门批准。此外，北京华润置地此前已持有深万科B股1700万股，占万科总股本的2.71%，若此次股权转让成功，北京华润置地将合计持有万科10.82%的股份。

2000年8月10日，深特发签署股权转让协议，将持有的深万科国有法人股51155599股全部转让给中国华润总公司。股权转让后，华润集团及其关联企业以15.08%的股权份额成为万科第一大股东，华润派出宋林、蒋伟和王印进入万科董事会。Charm Yield Investment Ltd.、同盛证券投资基金、君安代理有限公司、陕西证券有限公司等机构投资者的股权比例约占10%。在公司的股本结构中，流通股（包括A股和B股）占82.49%。

我感触良多，在网上写下自己的心情："一段磕磕碰碰维持了将近17年的关系戛然而止，一件持续了三年多的事情终于有了了结。本来一肚子的牢骚，在脱离的昨天却瞬时消失全无。回想风风雨雨，面对特发大厦，默念着：再见了，老东家！"

有人问时任华润集团总经理的宁高宁，为什么要入股万科？他回答："做地产，万科在细节上已经做到相当程度了。但做细节是有限度的，墙刷得再白，还是一堵白墙。地产界最终竞争的是资本和规模，规模大了，可以改变城市规划和人们的生活习惯，这才是做地产的大意义，而不仅仅是盖几座房子卖掉赚钱。现阶段的万科，资本或规模将取代细节成为公司进步的主要动力。"

这一年的12月2日，万科发布临时股东大会通告公告，拟向华润定向增发4.5亿股B股，以提高华润对万科的持股比例。临时股东大会预定在一个月后举行。

如果这个方案获通过，华润将控股万科，万科获得充足的资本支持，提升和复制自己"做细节"的能力，华润则真正获得国内地产市场的市场份额和布局。

公告发布后，机构投资者的注意力集中在两大问题上：

1.华润增持万科股权后，会否对万科的经营造成负面影响？

2.发行价格（每股4.2港元）与A股价格（每股约13元）之间的差距是否过大？

反对增发的投资者认为：一方面，每股4.2港元的发行价与4.49元人民币的每股净资产值相差无几，增发不能带来相应的资本溢价；另一方面，发行高达4.5亿股，占原股本70%之多，股本扩张过快，会造成年末每股收益的摊薄，从而影响股价。由于万科A股当时达到10元以上，而B股价格维持在4.5港元左右，影响将主要体现在A股市场。

君安证券旗下网站"金网100"的员工吴冲，此前曾在万科工作过，这一次，他成了反对意见的旗手。吴冲在网站发出“一旦方案实施，将明显摊薄A股股东收益”的反对声音之后，众多基金和公众投资者纷纷提出质疑。[①]

企业和大股东所追求的长期利益，与中小股东的短期利益无疑存在分歧。华润与万科考虑的是如何从股权结构角度为企业下一步的发展铺平道路，而中小股东考虑的是增发B股对股价的影响。两者未必不可调和，但在冲突发生时，必须做出平衡或取舍。

可以说，在传统公司治理结构理论中，往往是大股东同小股东进行博弈，管理层不参与博弈，只负责忠实地执行博弈结果。这样的过程中，大股东更容易处于优势地位。但在现代企业制度下，企业的所有权与管理权处于分离状态，在公司日常运作中，职业经理人往往能发出更大的声音。尤其在股权分散的公众公司，管理层拥有很大的发言权。

如此一来，这次博弈变成了三头博弈：大股东、中小股东和职业经理人。从公司的长远利益计，管理层必须要公平地对待全体股东，甚至要弥补中小股东的天然弱势。可以说，管理层是在接受制度制约的同时，平衡大股东和中小股东之间的利益博弈。

事实上，多年以来，万科的职业经理人在向董事会和股东大会提出各项议案时，都十分注意维护中小股东的利益。稳定的分红派息政策、向老股东倾斜的低价募股策略等，都从细微处体现了万科“善待股东”的理念。

12 月 24 日，平安夜。万科董事会根据走访投资者的结果重新检讨增发计划，最后，包括华润代表在内的 16 位董事做出了理性的抉择：放弃增发方案，取消临时股东大会。

第二天，万科发布公告：“董事会认为取消上述方案不会影响本公司目前正常的经营，但将影响本公司计划中的快速发展速度。董事会将根据有利于投资者和有利于本公司发展的原则，在适当的时机提出替代方案。华润集团表示将一如既往地支持万科的发展。”

① 造成这种质疑的主要原因在于A、B股市场的市盈率差异。B股市场是以香港股市作为参照系，尽管增发价格是以 10 倍市盈率计算，远远高于香港市场上房地产板块 6.7 倍市盈率的现状，但A股市场仍具有由资金供求关系决定市场的实质，当时的平均市盈率则达到 60 多倍。如何照顾A、B股市场股东的权益，成为一个巨大的难题，因为A、B股市场的割裂，造成境内外投资者对企业投资价值的认识产生差异。这是中国股市首例A股股东和B股股东直接发生的利益冲突，也部分揭示出中国股市目前存在的弊端和潜在危机。

难得的是，华润对于这次B股增发失败表现出理性而积极的态度，不仅非常理解地选择放弃，还表示将继续支持万科在房地产行业的发展。主持工作的宁高宁更是赢得我和其他万科人的钦佩，做什么不做什么，行为完全以市场原则为准，而不是通过发布行政性的指令。在尝试增发B股控股万科前，宁高宁聘请百富勤公司进行了价格评估。当中小股东的阻力爆发，他看到内地资本市场和香港的不同，便很快决定放弃，表现出优秀管理者的高度理性。

在后来万科发行的可转债配售中，华润全额认购了配售的比例。万科主动寻找战略性大股东的尝试，也从另一侧面得到了肯定。

恐惧与诱惑

5月5日，我加入中国登山队队长王勇峰带领的登山队，成功登顶喜马拉雅山脉海拔7542米的章子峰。章子峰位于珠穆朗玛峰的北侧，站在顶峰，珠穆朗玛峰就耸立眼前，神圣，高大，令人敬仰和畏惧。完全不敢设想，有一天我也会去攀登这座山峰，它是高不可攀的啊！不过，当时就有一支中国大学生登山队和另外两位中国人正在攀登珠穆朗玛峰：一位是香港人钟建民[①]，这是他第三次尝试攀登珠峰，之前曾成功登顶世界七大洲其他六大洲最高峰，如果这次成功登顶，将是第一位完成世界七大洲最高峰[②]攀登的华人；另外一位是哈尔滨的阎庚华[③]，酷爱长跑运动，曾完成整个长城路线的长跑，但登雪山只有两年的实践，自己组队，单挑珠峰，哈尔滨电视台摄制组现场跟踪报道。

从章子峰下撤到大本营，突然获悉：青海玉珠峰发生山难，两名登山者遇难，三名失踪，急需搜救支援！

---

① 钟建民，香港攀山训练中心总教练，前香港攀山总会主席，香港特别行政区荣誉勋章获得者。在2003年登上珠峰之前，他曾有过四次未能成功登顶的记录，可谓不气不馁，屡败屡战，令人敬佩！

② 关于大洋洲最高峰究竟是印尼查亚峰还是澳大利亚科修斯科峰，一直有不同说法，“登顶七大洲最高峰”也就有不同的统计口径。即使按照查亚峰和科修斯科峰都登顶这种毫无争议的口径，钟建民也是第一个完成登顶七大洲最高峰的华人。

③ 阎庚华是我国著名的体育极限运动爱好者。1983年曾用65天从哈尔滨长跑3150公里抵达第5届全运会的举办地上海；1985年又用3个月又14天从漠河长跑6200公里到达海南天涯海角；1986年用80天完成万里长城的长跑；1996年、1999年两次尝试攀登珠峰未能登顶；2000年，他成功登上珠峰，在下山途中遇难。

章子峰队马不停蹄赶赴玉珠峰救援。

第一时间赶到现场的是驻守格尔木的武警官兵，由于缺少救援器材和高山反应——头疼、呕吐、行动困难——救援无法有效展开。章子峰队抵达的第二天就把失踪者全找到了，但却是三具尸体。这五位遇难者中，有两位是深圳的山友周虹俊和王涛，我都很熟悉，非常悲痛！

依雪山探险的规矩，遇难者的遗体就在发现的位置掩埋——或因为冰雪自然覆盖，或因为搬运困难且危险。但这一回，应遇难者家属强烈恳求，救援组决定将距离大本营最近的山友遗体运下雪山。遗体被蓝白格编织袋包裹，六名搜救队员抬着，极其艰难地向玉珠峰大本营移动。此时铅色云团低垂，风呼啸，雪花乱舞……

突然间，寒风静止，雪花消失，阴沉的天幕徐徐拉开，无数金色的光束透过云层洒向皑皑雪山，以及缓缓抬运山友遗体的队伍。只是不到三分钟，阴沉的幕布徐徐合上，继续风雪交加。

无情的苍天也被触动了吧？

此时，珠峰又传来噩耗：阎庚华在登顶返回途中失踪。正在攀登珠峰的中国大学生登山队被国家教委紧急叫停。中国民间登山活动遭受重创！

眼见身边发生的山难，你不怕吗？

“害怕，甚至恐惧，但不是在山难发生时，而是身处危险环境中不可知的恐惧，比如穿越冰塔林、雪崩区。如果山难真的发生在你身上，你还会有恐惧吗？嘿嘿，死去的人是没有知觉的。当山友遇到山难时，你却异常的冷静和伤感。”①

既然有恐惧感，为什么不放弃呢？

“好多次想放弃，只是没有下定放弃的决心。登山经验很特别，不仅混杂着虚荣心、自我不满足、好奇心、冒险精神、个人英雄主义，还有面对恐惧不断挣扎所体会到的东西，一种令人刺激、恐惧和抑制恐惧之间的冲突，使你处于一种极度的专

---

① 1997年，我从青海西宁出发，一直坐车到西藏。在珠峰大本营遇到了中国登山协会户外部的高级教练金俊喜，1991年梅里雪山山难的幸存者。那次山难中，中日联合登山队的17名队员在即将冲顶的突击营地遭遇罕见雪崩，在睡梦中全部遇难。专家估计大约30万吨冰雪压住了那片营地。时任联合登山队中方队长的金俊喜差点是死亡名单上的第18个，只因左肩麻痹提前返回大本营治疗，得以幸免于难。

山难引起国际轰动。我曾问金教练：“与死神擦肩而过啊，为什么还继续登山呢？”金教练回答：“登山是我的职业，这把年纪不可能改行了，生活还要继续。”老登山家面对死神的淡定、对职业危险的平淡态度让我感到意外。在他的鼓励下，我有了试一试登山的想法。从西藏回来的第二年，我就开始在中国登山协会北京基地进行攀冰、攀岩训练。

注、兴奋和充满创造力的超验感受。一旦品尝到这种感受，就很难抵制重返雪山的诱惑。”

登山和企业管理有关系吗？

“没有直接关系。登雪山是一项小众的极限游戏。但如果体验登雪山的是一位企业家、一位企业管理者，即便这种体验是个人的，也会影响到企业管理的思维和联想。商业中需要数月甚至数年时间才能经历的体验，在攀登雪山中仅用几周或更短的时间就完成了。正是在这样高度浓缩的时间里，收获了难得的经历和经验。随着海拔的升高，允许犯错的空间越来越小，而对计划、沟通和执行能力的要求却越来越高，稍有不慎就有失去生命之虞。登雪山和探险活动不仅引发人对企业管理的思考，活动过程本身就是很好的管理案例。”

国庆假日，携带20公斤重的伞包到西藏寻找飞伞场所。拉萨的朋友巴依（绰号“巴依老爷”，一位扎着马尾辫的康巴汉子）做向导，乘车、坐渡船、搭拖拉机（农村的士），抵达位于山南扎囊县雅鲁藏布江北岸的扎玛山麓。桑耶寺就位于山脚下，学者考证它是公元8世纪所建、西藏地区第一座寺院，主寺建筑三层，一层藏式，二层汉式，三层印式，故又名三样寺。继续搭“的士”赶路，沙尘飞扬，颠簸到了绿树遮掩的青朴山，藏传佛教第一处修行者的苦修圣地。到这里的修行者大多是寻找一处岩石裂缝，用碎石垒上就算修行场所了，其中的艰辛和对身体承受力的考验可想而知。山上也有一些小寺院，只是山体陡峭，大多规模很小。

选择了一处勉强可做降落场的坡地。背着沉重的伞包沿着山道攀登，寻找起飞场地。滑翔伞翼展开13米，伞绳长度在8米左右，至少需要200平方米的净空间升伞起飞，如此乱石嶙峋的陡坡何处寻找场地？

换了三处试飞终于升空，听着高度表发出悦耳的“嗒—嗒—嗒”的叫声，滑翔伞盘旋上升。惊异地发现三只老鹰也在同一热气流里盘旋，很炫！突然，伞翼抖了一下，上升速度骤然加快，高度表发出短促刺激的声音。从未体验过的兴奋刺激着全身神经。高度表的数字迅速跳跃：3700米……4800米、5000米、5200米……每次跳出来的数字都在刷新刚刚之前那个国内滑翔伞盘高纪录[①]。登山知识告诉我，在高海拔缺氧环境下陡然上升超过800米的高度，人就会难以适应。意识到危险，

① 当时中国滑翔伞的高度纪录是海拔4700米，创造这个纪录是在河南林县太行山，那里有陡峭的山崖，气候干燥，容易形成上升的热气流。我在青朴山飞伞，起飞高度海拔就是4600米，站在巨人的肩膀上，要么不起飞，起飞基本就要破纪录。

我放松了伞绳，试图终止上升，但饱满的伞翼仍继续拽着座背上升，上升气流太强烈了！怎么办？逃吧！此时充满神经的刺激是恐惧！

热气流的半径约500米，逃出来时，高度表记录的数字：6100米。神经松弛，打心底里涌出一股扬扬得意的泉流。从青朴山上空徐徐盘旋下降，许多修行者仰头瞅望这只飞翔的巨大彩鸟，包括降落场地一侧女尼庵的一群红衣女尼。我很高兴自己选择了这个降落场地，表演和炫耀的心思一下子上来了。技术还欠一点，差点滑过了场地，试图强制降落，没想到在高原飞，空气稀薄，阻力就比低海拔地区小得多，伞在距地面20米高度失速下坠，着地瞬间我昏了过去。

20分钟后苏醒过来，看见蓝天被小光头兜成了一个圆圈。听到叽叽喳喳的议论："醒了，醒了……"感到浑身剧痛，尤其右胸有种难以忍受的刺痛。这次意外，导致右侧两根肋骨骨折，右肩胛骨骨折。

老话说，伤筋动骨一百天。但只是20天之后，利用在郑州开会的机会，那个周末我又忍不住携带滑翔伞到林县太行山滑翔伞起飞场。天气、风速、风向都很适合飞伞，只是胸部缠着伸缩绷带，骨折的肋骨仍然疼痛，腰不能做轴向扭转，如何穿上飞行囊？双手伸开，身体呈十字形，由一起来的同伴协助背上飞行囊。

顺利起飞，翱翔在蓝天白云之中，金秋10月，沐浴清新山野空气，太行山的斑斓秋景美极了！

好奇心和它带来的冲动，是每个人在儿童时期都会有的；到了青少年，冲动变化成理想主义的激情，好奇心却减弱了；到了中年，开始抑制激情，理想主义演变成实用的现实主义，而好奇心已经被琐碎的生活和沉重的责任感所淹没。个人体会，保持好奇心是激情的源泉。只要拥有好奇心，勇于实践、观察、学习、挑战自我，探险的极限和企业的顶峰都是无限的。

1999年我辞去总经理职务，有意同公司管理层保持一段距离，就是要改变身先士卒、事必躬亲的创业初期领导方式，消除东方式的领袖权威，授予下属更多的权力和责任，自己退居幕后运筹帷幄。这种转变是艰难痛苦的，但却是必需的，因为董事长只有将主要精力集中在指导全局规划和运作上，才能使万科制定的目标和价值观更好地协调，才能使万科走得更远、更充实。换句话说，如果仍然亲力亲为，万科会由于看不清战略方向，没有进行及时转变而失去长期发展的机遇。2000年对万科来说，是战略调整之年，包括更换大股东，成立建筑研究中心，但"二林"风波是一向以管理稳健著称的万科所未预料到的。

二林事件

2000 年伊始，万科集团再次进行中高层人员调整，对北京、上海、深圳等地方公司的第一把手进行调动。①

总部拟将北京公司总经理与上海公司总经理进行对调。

北京公司总经理林少洲，毕业于北京大学社会学系，1991 年加盟万科。曾担任《万科》周刊第二任主编的他，是公司当仁不让的“笔杆子”。但有一次，我拿政论家梁厚甫为榜样来鼓励他，他却回了一句：“梁厚甫是梁厚甫，林少洲是林少洲！”他年少持重，从未有过这样抢白上级的情况。我意识到，他热爱文字，但又对“笔杆子”的定位颇有抵触，认为文字工作只是他诸多潜能中的一项，而非全部。

1994 年 12 月，林少洲调至上海万科担任总经理助理，接手上海城市花园销售工作。此时，宏观调控对市场影响已经很明显，每个月销售不过几套房，退房的却有二三十套之多，销售部成了退房部，此前的销售部经理判断“上海万科活不过 1994 年底”而离去。林少洲以“秀才”身份转做销售，挺过难关，扭转局面，作为万科自己培养出来的年轻职业经理人，得到总部认可。1996 年 10 月，29 岁的他顶着“北京万科城市花园一地鸡毛”的报纸标题，调任北京万科总经理。面对业主投诉，林少洲以人文情怀打动人，平息局面。业务也逐渐打开了，但他毕竟年轻气盛，同地方政府的协调工作总是疙疙瘩瘩。

上海公司总经理林汉彬 1985 年加盟万科，学历不高，却是元老级人物，历任财务主管、房地产本部财务经理、总部财务经理等职，参与过深圳天景花园和威登别墅的开发工作，为人谦和低调。有一次，林汉彬随我到海南出差，随身带了人民币、港币、外汇券，住酒店时哪种货币汇率最划算就用哪种支付。听说某年春节他全家到福建旅游，只花了 800 多块钱，精打细算的作风给我留下深刻印象。由于精于理财，公司内称他“铁算盘”。

---

① 房地产的特性之一，就是地区性差异。在中国幅员辽阔的土地上，不同地区间自然因素、人文环境、生活方式的差异，导致了房地产产品的地区性差异。而作为全国拓展的万科，分布在大江南北的公司也往往依据地方市场，具备不同地域特色的管理风格。因此，如何在全国范围内，让总部和一线形成协调一致的关系？如何让发展迅猛的地区公司，更好地完成“万科化”进程？如何保证在统一平台上实现万科集团内的资源共享？总部如何把握集权和分权的尺度？这是对万科规模扩大的最大考验。其中，对地方高层职业经理人的管理，包括定期轮换，是基本的保证。

1995年，受困于宏观调控的上海万科爆出部分员工集团受贿案，雪上加霜，林汉彬临危受命，担任上海万科总经理。第二年，城市花园二期推出销售，欧陆风格住宅引领了当时上海市场的设计潮流，艰难局面得到扭转。此后几年，陆续推出现代港式风格的城市花园三期、徐汇区的华尔兹花园项目，销售成绩斐然。林汉彬善于带领团队，地方各种社会关系处理得也很好，但开拓新项目的魄力不够。

对调的决定传达到北京和上海，遭到两位总经理同时抵触。抵触的姿态不大一样，林汉彬不想离开上海，理由：小孩已经安排在上海上学，希望家庭稳定。只要能不离开上海，情愿降职当副总！林少洲则表示，只要调离北京，就考虑辞职。

一线总经理的坚决抵触反馈到总部。调动还是保持现状成了个问题。两位都是万科自己培养出来的职业经理人，我不愿意看到其中任何一位离开，尤其值此用人之际！

总部人事部门论证结果：如果坚持对调，估计两人中会有一个离职。面对制度安排和一线总经理抵触的选择题，我明确：宁可总经理流失，也不能让形成的制度流于形式！

决心下了，两纸调令发出，结果却是两个人都提出了辞职，出乎意料！

巧合的是，两位总经理都姓林，都是潮州人，个头模样也都属于同一类型。关注万科的媒体称此事件为“二林”事件，为有经验有能力的“二林”出走可惜。更有媒体认为万科在用人之际失去两员大将，质疑制度安排有错，霸王硬憋弓，人走了，投靠竞争对手，公司不划算。岂止损失两员大将？因“二林”出走，从财务到市场营销、工程技术、物业管理，不可避免流失了一批专业人员。

我反省：如果知道两位老总同时辞职，还会安排对调吗？答案是肯定的：会。经理之间的调动是万科培养职业经理人的一种制度安排，并不局限于一线公司总经理。职员提到主管一级之后，也会在集团系统内调动，只有这样才能让管理人才积累各种环境下的工作经验。求职万科，填表时就有一项：是否接受到外地工作？上海、北京等城市的一些职员就明确自己不接受外派。这样的职员万科也接受，但在培养和任用上，恐怕就不如接受外派的同事有优势。至于做到了一线公司的总经理，接受外派调动是前提。从眼前利益着眼，妥协也许能避免人才流失，但长远看则未必。每项制度都有局限性，既然制定了，就得执行。如果强调“特殊问题特殊处理”，会怎么样呢？张三可以特例，李四也可以特例——当然，是要经过王石特批。由于王石在公司的地位，也没人能反对。这就意味着，公司员工违反了制度没关系，只要把董事长搞掂就行。长此以往，制度等同虚设。公司业务不大、人员不多的时候，矛盾还不突出，只要公司一大，一定会混乱。所以，宁可眼前受损失，甚至受很大的损失，也要坚持制度的执行和连续性。

“二林”离开后，“阵痛”是实实在在的。公司将负责深圳“海神”①项目的莫军调到北京接任林少洲，同样曾任《万科》周刊主编的丁长峰赴上海接替林汉彬。到年底，两家公司业绩都在增长，北京公司的销售额比上一年将近翻了一番。现实说明，人事变动对经营没有伤筋动骨的影响，相反，毫不含糊的人力资源调配，给万科带来了新气象。

在万科经历“二林”事件阵痛时，企业界似乎流行辞职潮，从瀛海威的张树新，到微软的吴士宏，再到华远的任志强，他们的去职都被媒体广泛关注。可以说，这正证明了职业经理人的社会影响力，职业经理人队伍在不断壮大。

最早“下海”的人们，不外乎两种选择，要么自己做“老板”，要么做职业经理人。现实中能干的人往往是“宁为鸡头，不做凤尾”，选择做“老板”的路线。然而，这也是新兴企业做不大的原因之一。

我 1983 年从广州到深圳创业，心态上却甘愿做打工一族，按现在的说法就是“职业经理人”。究其目的，就是为了让更多有才干的人为一个共同的事业而努力。

个人创业，往往要充分张扬个性才有可能成功。但是作为一名职业经理人，就要服从公司的统筹安排，淡化与公司整体发展不太协调的东西。

相对而言，今天的万科更强调共性的东西，强调大家遵守同样的游戏规则。这也意味着，虽然万科提倡个性的张扬，作为一名职业经理人，却需要与集体保持平衡。

万科的职业经理人调配没有结束，恰恰相反，在世纪之交发生的一些变化仅仅是一个开端。从 1999 年开始，“职业经理人”这个词出现的频率突然高了起来，尤其是一些以前并不真正认同这一说法的高层管理人员，现在也自觉不自觉地把“职业经理人”挂在了嘴边。可以说，这个词悄悄地纳入了万科的规范语言，这让我兴奋。

对“人”的关注是万科一以贯之的企业精神。相对“人事调整”这一说法，我

---

① 海神广场是万科在深圳开发的超高层写字楼项目，开发过程中遭遇宏观调控经济紧缩，市场状况急转直下。公司紧急应对，把写字楼改为公寓住宅，项目更名“俊园”，高度从 180 米降至 150 米，用了较长时间才做到避免亏损，躲过一劫。莫军当时是定位调整后的项目经理，为公司立下战功。

更愿意称之为“人力资源的重新配置”。[①]置身市场经济的环境中，必须遵守市场规律来调配资源，人力资源也不例外。通过这次调整，万科给出了一个重要的信号：调整是正常的，也是必然的。从“救火”到正常调配，这是万科的职业经理人建设走向专业化、制度化的一个标志，说明万科的理性力量在成长。

人力资源的重新配置背后，是更为深刻的企业发展战略调整。21世纪的头五年，对万科来说，是关键的五年。我们初步制订了一个从2000年到2004年的发展规划，这也是万科的第一个“五年计划”。从以往的每年低头忙于业务操作，到可以放眼规划未来五年的工作，这是一个质的进步。

在未来五年，万科希望继续保持行业领跑者的态势。具体来讲，到2004年，我们的目标是成为销售额百亿的公司。

海盗行动

1998年春天，北京凯宾斯基酒店。

在中海掌门人孙文杰总经理居住的房间床头柜上，有一盘新鲜的嫩黄瓜，不知是细心的宾馆准备的，还是客人特意要的。

这一天，我在向孙总游说“万科同中海合并”的大胆设想。

中海是中国建筑总公司派驻香港的中资建筑企业，由孙文杰一手参与创建，逐渐成长为香港最大的建筑承包商，20世纪80年代末期进入内地搞房地产开发，同时在香港联合信和房地产投资地产项目。万科在1988年进入房地产行业时，始终把中海作为学习借鉴的对象。随着交往不断深入，万科开始派驻人员到中海学习工程管理和成本控制，中海也相应派遣人员到万科学习市场营销和人事培训。两家密切往来的牵头人是当时的万科人力资源经理解冻和中海人事经理张一平。

从房地产开发的规模来讲，那些年中海是万科的3倍，如果再算上中海每年承

① 曾经有民营企业老板问我，他要聘用职业经理人当总经理了，有什么建议。我的建议是：“你要做好很难受的准备。”为什么？理论上，董事长管的战略，和总经理管的业务经营，就像远和近，虽然是同一个方向，却是不同的距离，一定会存在矛盾冲突的地方。既然把董事长和总经理职能分开给两个人，就一定会有意见不同的时候。一个好的总经理，一定要有和董事长意见不同的时候，一定不能唯董事长马首是瞻。当总经理坚持自己的看法的时候，就会让董事长难受。除非董事长能承受这种难受，否则公司经营管理就会出问题。当然，总经理可以凡事和董事长保持一致，让他很舒服，问题是，这样的总经理，要来干什么呢？

包 100 亿港元的建筑工程，两家公司的规模就不可同日而语了。

然而，1997 年，市场发生了逆转，东南亚金融风暴直接冲击着香港的楼市和股市。

中海遭受了双重打击：联合信和高价投得的两块地大幅贬值，用孙总的话说："领教了什么叫资本主义，10 年辛苦挣的钱，一夜工夫打回原形。"股市严重下挫，中海股票亦大幅缩水。作为中建总公司金蛋的中海，此刻成了烫手山芋。

机不可失，时不再来。这是一个两家公司合并的机会。

我大胆提出建议："万科是内地上市公司，中海是香港上市公司；万科擅长城郊结合部的多栋小高层住宅社区规模开发，中海长于市中心的高层群楼建设；万科长于营销，中海善于工程管理和成本控制。如果这两个上市公司合并到一起意味着什么？"

孙总没有任何表态，但眼神却明显地说："继续说啊。"

"如果两个公司合并，形式上采取兼并的方式，从市盈率看，万科买中海的国家股比较合适。当然，合并之后的公司是叫'万科中海'还是'中海万科'可以听您的意见，我不在意。"

孙总还是没有表态，但其眼神却没有鼓励我继续往下说的意思。

我觉得有必要表示出诚意："新合并的公司，由孙总任董事长，王石任总经理，服从董事会的决策。"

孙总只是微笑。是礼貌式的拒绝？还是同意我的建议却不便马上表态？

我的建议石沉大海。

但我依然认为：同中海比较，工程、成本管理是万科木桶上的短板。尽管万科通过自身不断完善，工程、成本管理水平会有所提升，但中海同样不会止步不前。

合并可以取长补短，既然对方不响应合并，万科可以通过"挖"人来部分达到弥补短板的目的——不是"挖"一两个，而是"成建制地挖"。

中海有严密的人才培养体系，它的许多优秀员工都是从最基层的工作做起，经过系列精细的产品制造培训，对成本和流程有非常深的了解。在中海成长为中高级职员的，几乎都是业内的佼佼者。让这些专业骨干到万科发挥整体的作用，可以充分发挥中海企业文化和骨干力量对万科有益的部分，迅速提高万科的工程、成本管理水平，而不是简单被万科的文化消融。

万科以往很少使用"空降兵"，强调培养自己的职业经理人，因此在人才流动中，似乎是只出不入。曾经一度，单物业管理这一块，万科就为上海同行贡献了五个总经理。

2000年前后，公司发展速度明显加快，开始感觉人才培养和储备不足。人才培养方面做了几个大动作：从全国知名高校招聘大批优秀毕业生，进行长达一个月的大规模集中培训，称之“万科新动力”，形成了潜力人才培训、管理人才培训的梯队培养方案。最大的一个转变是，万科人力资源从“培养模式”过渡到“培养与空降相结合模式”。这一时期，万科出现一批空降兵面孔：设计工程部副总肖楠、深圳地产总建筑师吴志群、上海万科设计总监张长征……

2000年，万科针对中海的优秀人才制订了名为“海盗行动”的挖人计划。

时任人力资源总监的解冻是“海盗行动”的具体策划者，万科人力资源人员扮演分析师，帮助中海的人才分析职业发展规划：你的个人想法是什么？有什么需求和意愿？我们看看能不能帮你在万科系统内找到合适的位置，实现你的个人抱负！有的人想从香港回内地，但中海内部没有特别合适的安排，也有人是想从工程负责人向房地产管理者转型。了解到这里，过几天，再约他喝一次咖啡：“万科内有这样一个机会，你愿不愿意尝试一下？”

逐步地，包括中海深圳、中海香港在内，前前后后有几十号项目经理、成本经理、工程师甚至一线公司副总级别的骨干流向万科。

孙总在中海拥有极具说服力的权威，高层也处于稳定状态，不为万科“海盗行动”所撼动。2002年，中海实施从香港向内地转移的战略调整，孙总上调中建总公司。接任的孔总面临的是起用深圳中海公司班底还是香港总部班底的选择。如果起用香港的班底，深圳中海的班底就不免流失。

孔总选择了起用香港总部的管理团队。万科了解到：中海深圳公司总经理刘爱明萌发了离开的念头。

万科通过关系同刘爱明取得联系。解冻安排我在一家酒店会所和刘爱明见面，正式邀请其加盟万科。

不久后，我在欧洲考察。突然接到解冻电话，建议我即刻给刘爱明去个电话。

“等回到国内再打行吗？”

“在国外电话的效果才明显。郁亮刚和他谈了一次。”

“啊，是这样。”

原来，解冻了解到深圳一家民营房地产企业为刘爱明开出人民币200万的年薪，另配住宅和专车。解冻建议给刘爱明一次性补贴，以抵消那家民营企业的优厚条件。

当听到这样的建议时，刘爱明却清楚表示：“如果考虑离开中海，万科是第一选择，我并不会为民营企业的高薪所动。既然选择万科，就按万科的工资体系办，该拿多少就是多少。不要为我打破原有的制度。”

果然是中海培养出来的干部，不仅具有职业精神，也有高级管理人员的气度胸怀。万科人力资源部建议刘爱明任集团副总经理。

总部到万科深圳管理层征求意见，遭遇反弹：“刘爱明领导的深圳中海是我们的竞争对手，真枪真刀比拼多年，我们又不是竞争不过，凭什么让他过来当我们的领导呢？”

我亲自到深圳公司做解释说服工作。

几番努力，2002 年，刘爱明加入万科，任集团副总经理，分管集团财务、资金、企划以及北方区域的业务。

中海最年轻的经理杜晶也是在“海盗行动”期间加盟万科的。与刘爱明相比，杜晶的爱人黄焱之前曾在万科工作，他与万科的渊源更深。

来万科之前，杜晶在中海香港工作，朝九晚五，星期六中午就可以回家，生活比较有规律。而万科在深圳的楼盘时常周末开盘，开盘就意味着加班。因此，杜晶经常来探望黄焱。作为竞争对手中海的员工，杜晶一直关注万科人怎么做事。有一次，在开盘的前一天晚上，黄焱和同事熬夜布置样板房。杜晶注意到这些人工作玩命，也充满了享受生活的精神。当时样板房里恰好有一个萨克斯，加班间歇，就有同事在那里吹了起来。万科留给杜晶的印象是：一帮阳光、有意思又认真追求产品的人，万科人做事比较简单，“阳光”、“透明”。

“海盗行动”启动时，杜晶已经在中海干了 10 年，是设计部的负责人，很受中海器重。他一度认为自己“生是中海人，死是中海鬼”，从来没有跟谁谈过跳槽。但是，他也一直有个遗憾：从没做过一线公司老总。

万科第一次约谈杜晶，谈话很简单：“你想来万科吗？”

“来了做什么呢？”

“万科还没有进入广州，你来了，就去广州公司做总经理。”

正中下怀。万科知道他想要什么。

“海盗行动”的工作做得很细致。万科人力系统了解中海大部分骨干的背景：他的师傅是谁，与谁同批次进入中海，他的成长经历……以至于可以画出一张中海的人才结构图。

有意思的是，几乎所有中海干部都没和万科谈过具体薪酬，甚至万科的人力资源部也没给对方发过一张书面offer（工作邀请）。万科人发现，中海和万科的团队有许多共同之处：理想主义色彩浓厚，有团队意识，组织纪律性强，属于完美主义者；不同的地方在于：中海的员工对于命令绝对服从，属于集中效率型的员工，而万科的员工往往会不拘泥于级别而提出自己的意见，属于民主能动型的员工。

中海是施工企业出身，实行准军事化管理，适合一个员工从最基层的岗位开始成长和进步。他们的基本功非常扎实，经历过非常辛苦的过程，一步一个台阶，火箭式、直升机式的升迁很少。但是，当中海人升迁到一定的职位，发展会受到制约。比如，中海对成本的控制非常严格，这也意味着一点失误就会导致巨大的压力。

事实证明，这批来到万科的骨干，不仅在技术层面能发挥积极作用，也弥补了万科扩张步伐中一线公司总经理缺乏的短板。他们大部分人在新组织里都生存得很好，流失率低于以往社会招聘的人才，其中大部分都获得了提拔。2004年的统计表明：在万科担任一线公司总经理的人员中，有40%来自中海。

刚到万科时，由于国企禁止高管打高尔夫球，刘爱明曾问郁亮："在万科可不可以打高尔夫？"郁亮说没问题。几年后，解冻想起这件事情，问刘爱明："现在还打高尔夫吗？"答："几乎不打了，我现在热衷于赛艇。"而赛艇，正是万科近年兴起的运动项目之一。

2001 年 新路

开年好兆头

元旦，站在深圳最高峰海拔980米的大梧桐山顶，鸟瞰世界第四大集装箱港盐田港，狭窄的海湾对面，青葱翠绿的山脉，已是香港界。

停泊在港口一侧的“明斯克”号航母[①]清晰可辨。全国伞友聚集梧桐山，定点飞行降落明斯克航母甲板，迎接新年的到来。

21世纪究竟始于何年？这一简单问题在全世界争论不休。一派从习惯角度出发，认为2000年是新千禧年的第一年，而另一派则从历法角度出发，认为21世纪始于2001年。对商家来说，两个年头都是推销商品的好噱头，对飞伞发烧友来说，则不过都是翱翔天空的好机会。

飞行甲板上摆满各型退役战机，十分逼仄，又散落游客，要安全降落到甲板上又不影响游客参观，难度相当大，弄不好会降落海里。包括我在内，许多伞友选择降落在码头的空操场上。

下午4点活动结束，无任何意外发生。开年好兆头！

---

① “明斯克”号航母是苏联基辅级航空母舰的二号舰，排水量4万吨级，1978年服役，驻港符拉迪沃斯托克。苏联解体后，“明斯克”号由俄罗斯拥有，但由于俄经济恶化，1993年即宣布退役。1995年底，“明斯克”号被韩国大宇集团买下，后来又转卖给一家中国公司，2000年被改建成军事主题公园，即深圳的“明斯克航母世界”。

创建中城联盟

1998年，时近年末的亚布力滑雪场。晚饭在当地老乡热炕上，我、冯仑、葆森三人盘腿而坐，矮桌上摆着可口的小鸡炖蘑菇、蘸酱菜，一瓶土酿山葡萄酒。

酒过三巡，冯仑和葆森提出："明年你就要不当万科总经理了，我们给你找点事儿干，召集各大城市的大开发商，组织起来，目的：相互沟通相互学习。"

很好的主意。

这一年，中央决定实施住房改革，明确住宅产业"作为经济增长点"，随之，民营企业在住宅市场所占的比重越来越大，无论是销售面积还是开工面积。民营企业已经成为市场主体，1999年占到市场的60%，而国企的份额由原来的80%强下降到40%。

我预计，以多种成分构成的民营企业的市场份额将进一步扩大，而国营的比重继续萎缩。然而，由于全国各地区住宅商品化程度不同，国企和民营各占的比例也有很大差别。比如北京市场，还是国企集团占据主流市场；而在个人购房率超过90%的广东和以上海为龙头的长江三角洲地区，各个城市排前十位的开发商中，民营的比例占到70%。

机制占先的民营开发商已经成为市场主旋律，但仍受制于企业规模小，资源分散，导致效率低下，与其资金密集的行业特点极不相衬。①

互相学习，取长补短，是中国新兴房地产开发商不约而同的入行方法。但企业和企业之间，毕竟是有信息壁垒的。如果有一批比较优秀的开发商来共同搭建平台，促进会员之间的信息交流、共同培训、联合采购、集体融资和联合开发等深层次的合作，既能够达到资源共享、扩大规模的目的，又能够联手促进本行业的健康发展，何乐而不为呢？

举万科在上海开发的西郊花园的例子。由于缺乏开发别墅的经验，车库的进口位置设计不合理，车子要倒三次才能开进车库，原因很简单：设计人员没有开车的经历，设计的车道是自行车的转弯半径。然而，万科犯的错误还在一再重复。2000年初，

---

① 以1999年为例，中国内地房地产开发企业的平均资产规模不足5000万元，年均开发规模不到1亿元。在沪深两地交易所，近40家房地产上市企业，年营业额平均也仅是5亿元，而上市家电企业的平均营业收入却达到40亿元，是前者的8倍。同香港的同行相比，差距就更大了。

就市场占有率而言，香港前九家的市场份额为80%，日本积水物产的市场占有率达到29%；而在中国内地，市场化程度相对较高的上海，市场前十家开发商的市场占有率加起来也只有23%，深圳还不到20%。

我到南京参观一处新开发的别墅小区，汽车不能直接拐进车库的毛病仍没有改变。

在经验信息交流方面，开发商仍停留在互相参观样板间、比葫芦画瓢层面上。是时候有所突破了，加强行业资讯交流，避免重复错误，降低信息交易成本。

组织名称有想法吗？名不正则言不顺。

冯仑回答："最早合计的名称叫中国城市住宅开发商协会，或者是中国城市住宅联合采购协会。大家联合开发，行业自律，区别于传统的行业组织。后来还是觉得叫'全国房地产策略联盟'好。"

显然，两人早有预谋。我接受了。

第二年5月18日，冯仑、葆森和我三人相聚广西北海。安静的海滨小城，延绵数十公里的细沙软浪，无事打扰，静下来讨论联盟的可操作性。在90年代初，这个小城的房地产热曾喧嚣一时，吸引了来自全国各地的天量资金。通向机场的宽敞大道，是当年修建的。

进入市区，裸露生锈钢筋的半截子楼显得格外丑陋刺眼。临沙滩兴建的几百栋丑陋的别墅群，野草遍地，野狗出没。好在这一切不愉快的景色没有影响创建行业联盟的畅想。

北海会议，三家企业达成共识，推动成立"全国房地产策略联盟"。设想很快得到北京华远、香港中海外、上海金桥、广州珠江投资、天津顺驰、重庆龙湖、成都交大、沈阳华欣等16家开发商的响应，也得到了中国房地产协会会长杨慎、副会长孟晓苏以及建设部住宅产业办主任聂梅生的赞赏。

不巧当时一些地方闹"法轮功"，"联盟"字眼太过敏感，遂改称为"中国城市房地产协作网络"，简称"中城房网"，挂靠中国房地产协会城市开发委员会。"中城房网"这个名字，还多少有点赶网络时髦的意思。

12月2日，"中城房网"在北京成立，我担任首任轮值主席，任期两年。半年后，"中城房网"迎来了第一件大事：在上海发起"新住宅运动"论坛。

先后参与"新住宅运动"的，除了开发商联盟，还有吴观张、罗小未、许安之、崔愷、张永和等国内著名建筑师，汪丁丁、黄平、周孝正、杨东平、茅于轼、邵滨鸿、吴耀东、王明贤等来自经济学界、建筑学界、文化界的学者，以及建设部房地产司司长谢家瑾和建设部住宅产业办主任聂梅生。官方、业内、建筑学者、其他学科学者，一个奇特的组合。论坛影响力超出预期，500多位嘉宾到场，超过100名记者跟踪会议。

论坛筹备期间，有政府官员和媒体记者一再问我，“新住宅运动”的目的是什么？

我回答：“我们犯了许多错误，地产行业不能再糊涂混乱地发展下去了。但开发商很难看清自身的问题，所以我们先是邀请建筑专家，再是请出社会学家、经济学家，加入大讨论。”

外界评论众说纷纭。虽然建筑学界、社会学界给予论坛正面回应，把论坛誉为“民间的、文化的、市场经济的”盛会，但也有的看法认为：“一群全国各地的开发商聚到一起谈文化，太可疑了。”商人无利不起早，搞一场声势浩大的活动，背后一定有利益诉求，要不是商业炒作，就是行业重大战略合并。

不奇怪，“中城房网”，也就是后来的“中城联盟”，在当时是一个全新的事物，容易引起猜疑和争论。

现在看，“新住宅运动”更像房地产行业的首次正式亮相，中国房地产行业发出了市场化宣言，同时又在外界的肯定和质疑声中认知和反省自己。

冯仑和张维迎一次隔空对话，越发突出了这一层意义。就在冯仑提出质疑“为什么IT（信息技术）企业烧钱是高科技的高尚行为，而房地产商的赚钱举动就是奸商？”之后，另一次发言中，北大光华管理学院副院长张维迎令人意外地开火：“中国的开发商90%是骗子，其中30%是大骗，30%是小骗，30%是在不自觉地骗。”

一石激起千层浪。这两句并非面对面的对话，迅速成为与会人员的热点话题。许多年后，提及“新住宅运动”，许多人还记得冯仑的喊冤和张维迎的开火。

在随后的发布会上，身为轮值主席，我不得不回应这个话题。面对记者提问，我说了一个笑话：

“有一回，一群开发商和建筑总包商一起坐船旅游。总包商每人都买了票，而开发商中只有冯仑买了一张票，查票时，开发商全躲进厕所里，冯仑伸出一只手来验票，通过了。

“回程时，总包商商量说，开发商够狡猾，我们跟他们学。依样只买了一张票，上船就抢占了厕所。但开发商这次压根儿没买票就上了船，冯仑假装检票人，到厕所门外收了总包商的票，然后去跟检票员揭发：有一帮人躲在厕所里逃票。当总包商被揪出来罚款时，开发商赶紧躲进厕所，冯仑又从里边伸出一张票来。”

我接着说，这就是90%的开发商，但我是属于剩下的10%的开发商，因为那班船我没上，跟万科的团队出国考察去了。

台下一片笑声中，算是给这个话题解了围。但人们对开发商的质疑，以及开发商自身的身份焦虑，是无法就此消除的。就这样，中国房地产行业在热闹和质疑声中逐渐登上了舞台。

为普通人盖好房子

2000 年，“中城房网”在上海发起“新住宅运动”论坛。

从狭义角度看，房地产开发商和其他行业的企业并无不同，目标都是追求利润最大化，但房地产开发商还有不同于其他行业的特殊属性，它们是城市文化建设的组织者。可惜的是，房地产开发商的第一重属性被社会误解，第二重属性则被社会忽略，也被开发商自己忽略。

房地产开发行业规模大，上下游产业庞杂，广泛影响社会经济和人们的日常生活。住宅产品是价格昂贵的大宗消费品，又由于土地具有稀缺性、垄断性，在大多数国家，一谈到房地产开发商，人们都颇有微词，似乎房地产企业是暴利、没有信用的代名词。中国也不例外。20 世纪 90 年代住宅开发盲目高档化、贵族化，浮华炫富的品味也加重了人们对这个行业的排斥。

我曾在海南参观过一个别墅项目，为了体现奢华，别墅里许多设施都是双配置，两个厨房，卧室有两张床，洗手间有两个洗脸盆，甚至有两个马桶。我问为什么，回答：这是情人别墅，所以要好事成双。我心想，情人别墅可以有中西厨，可以睡两张床，可以同时刷牙，但不大可能同时上厕所啊，怎么会有两个马桶？再一问，回答：国外的房子都是这样的，配两个。我一听，明白了，国外的房子是一个马桶一个女性盥洗盆，咱们没看明白就抄，结果抄错了，说到底是对客户的生活理解不够。

“新住宅运动”期间，我们请同济大学的罗小未教授给万科人讲授“外国建筑史”，在评价近十多年来中国城市住宅开发现状时，罗先生说：“姑且不谈个别粗制滥造最后不得不推倒的伪劣产品，即使有些被认为不错的也存在败笔。”

罗先生认为的败笔是什么呢？她举例：“建筑形式宫廷贵族化、室内布置高级宾馆化……”至于住宅单体，则是“欧陆式、古典式、英国式、威尼斯式，甚至是无中生有式。”

许多开发商不认同罗先生的评价，但仔细回忆商品住宅市场所走过的路，认真看看城市新型住宅区的景观，我们不得不承认：罗先生的话虽然刺耳了点，讲的却是事实。商品住宅开发自觉不自觉地走进了浮夸、浮躁、盲目崇洋、标新立异的误区。

整个80年代，中国内地城市住宅的主流还是福利房，此时，深圳、珠海和厦门等沿海城市的商品住宅市场悄然兴起。早期商品住宅市场面向的是哪些人呢？在“对外开放”和“让一部分人先富裕起来”的政策导向下，商品房客户主要是海外华侨、港澳同胞，以及游离于体制外的三资企业白领、民营工商业主及自由职业者。他们人数上只占城市人口的少数，而经济收入和消费能力上却远远高于城市的平均水平。显而易见，面对这样一个特殊的消费群体，住宅开发商的产品路线只能偏向高档或中高档住宅——万科地产的城市花园系列应运而生。

到90年代中期，市场发生了天翻地覆的变化，福利房的主导地位让位给商品住宅，以1999年为例：商品房市场占有率超过85%，非商品房不到15%。

随着市场经济的发展，越来越多人脱离体制，他们的工作、收入、福利、住房也都会通过市场化的方式解决。这些不享有政治、经济和文化特权的白领、蓝领、自由职业者和中小工商业主是现在、未来住宅市场的主流消费群体，他们占城市居民的大多数，经济收入和消费水平为城市的平均水平。

商品住宅从面向少数群体的“奢侈消费”转向普通人的“大众消费”成为不可逆转的趋势。但许多住宅开发商没有注意这一趋势，仍盲目开发高档、中高档住宅，导致城市商品房空置率居高不下。顺应住宅市场的变化，关注普通人，开发城市普通居民住宅，是新老开发商共同面临的课题。

六七十年代乃至80年代，中国城市曾大量建造的“火柴盒”行列式住宅，已经被市场否定，取而代之的是注重绿化居住环境、关注建筑立面、美观、舒适的住宅。但换一个角度看，“火柴盒”行列式住宅却是用较小的资源解决城市普通居民住房的最佳选择，有其经济上合理的一面。

而在90年代流行的住宅小区，无论配套环境公园化，还是住宅空间的无限扩大化、住宅装修高级化、卫生间重复化，都表现出经济上的不合理。比如，从公用厕所过渡到单套住宅配备卫生间，是城市居住文明现代化的标志之一，问题是：单体住宅配置两套、三套甚至四套卫生间是合理的吗？万科曾考察过日本的高尚住宅区，惊讶地发现，很少单体住宅配置两套以上的卫生间。日本的人均国内生产总值多少？中国内地人均国内生产总值多少？为什么我们的住宅卫生间配套这样“奢侈”呢？

可见，我们的商品住宅存在经济上的极大不合理性。在迎合“新富”消费群体时期，这种经济不合理性能满足消费虚荣的需要，而面对普通消费者，无论从个人的消费能力，还是社会资源的有效利用，都是不可取的。面对普通人，应该反省住宅开发中的贵族化倾向，以舒适、实用、经济为前提，提供满足普通居民需求的产品。

随着市场经济的发展，城市居民贫富的两极分化也不可避免。开发商开发的别墅区、高档住宅区和未改造的老住宅区则凸显了城市居民贫富的两个极端。城市规划者在考虑如何减少这种差异造成的社会紧张，有社会责任感的开发商也应该考虑如何通过自己的产品和服务，使不同收入层次的消费群体能够和谐共处、共享城市文明的成果。

“新住宅运动”中，万科提出“面向新经济，关注普通人”。2001 年之后，我们更加有意识地落实这一理念。

到 10 年之后的 2011 年，万科销售产品中 144 平方米以下普通住宅户型占比 88%，90 平方米以下普通住宅户型占比 53%，用于首次置业、首次改善置业的产品类型占 64%。同时，我们正积极研发 15 平方米左右的极小户型，并在西安、北京等城市试点，以满足刚进入社会的年轻人的居住需求。过去 20 多年中，万科一直是“关注普通人”这一理念的积极履行者。

雪山伦理

5 月 3 日清晨，青海玉珠峰北坡。海拔 5800 米的突击营地，蓝天清澈无风。

由藏族教练开尊率领的 9 人登山队铆足了劲，准备冲刺 6178 米的顶峰。两名队员由于高山反应，放弃登顶，留在突击营地。我在冲顶队伍中，已经出发半小时，对讲机响了，传来求救呼唤。结组队员返回突击营地。绰号“旗手”的留守队员被发现昏迷在帐篷里！“谁会人工会吸？”我问。队员们没有吭气，教练开尊紧皱着双眉摇摇头。他拉开睡袋拉链，双手按在“旗手”的胸部下压两下，掰开嘴巴，深吸一口气，俯下身对着“旗手”的喉咙呼气；再下压昏迷者的胸部，反复。围在帐篷口的队员们念叨着：“旗手”加油！“旗手”加油！嗞……“旗手”有了一丝气息，但仍处于深度昏迷，随时会失去生命。

全队选择放弃登顶，将昏迷的“旗手”捆扎在睡袋里下撤。

经过 14 小时的协作，队伍下撤到海拔 4100 米的大本营，醒过来的“旗手”抿了一小口橙汁，喃喃自语：“什么饮料这么好喝？”

“旗手”得救，攀登活动就此结束。

见危救还是不救？是社会上常常讨论的话题，有着强烈的道德意味。实际上，在高海拔登山活动中，却不乏见死不救的情况。

道德上而言，一个人在他人身处危险时有能力救助而选择不予救助，会受到自身良心与道德舆论的谴责，但法律上极少将“救人”视为强制性义务。业余登山队伍大都临时组成，成员之间并不认识或不熟悉，彼此的关系保持自愿原则，即自主和“法不禁止皆自由”的原则。从这个意义上说，如果部分队员不愿放弃登顶机会而放弃救助他人，在法律上也无可指责。实际上在高山环境下，即使愿意，救助他人也是相当困难的，必须在“不危及自身”的前提下才可行。救援“旗手”一个人尚需 8 个队员齐心协力，甘冒风险，如果救助两个人以上，又需要多少人力，冒多大风险？如果只能选择救一个，又该选择谁呢？山友约定俗成：年纪大的和年纪小的，优先救年纪小的；体质强的和体质弱的，优先救体质强的。

这一原则似乎对体弱年长者极端残酷，却符合公平和效率原则。显然，正常社会中老弱妇女儿童优先的原则不适合登山伦理。企业管理中，也会遇到这种极端的例子，比如个人诉求与企业诉求的道德冲突。管理者和企业、企业和社会之间的关系，虽不像雪山上的伦理问题那样尖锐，却复杂、灰色、难处理得多。不过，我相信有一点是越来越明确清晰的：古典经济学追求利润最大化的原则，越来越不适应当今社会的多元利益诉求，作为一个负责任的企业，除了法律责任之外，还应该有社会道德担当。

在新世纪的第二个 10 年，面对网络经济的蓬勃发展和住宅市场的风生水起，许多开发商奉行给富人盖大房子、赚大钱的宗旨，万科却明确提出了“面对新经济，关注普通人”的口号，对新兴的互联网亦采取了积极面对的态度。

王石 Online

论坛“与王石对话”要改名，改什么好呢？

在互联网虚拟社区中开始感觉到如鱼得水，充满展示自我的热情。我的坛子我做主——“中途岛”三个字从脑海里蹦了出来，自己也感到奇怪了！细想，也对，自己主持的坛子不就像个中转站嘛，这个名字可以联想到“生活驿站”，意思也很好。

我把想法告诉时任《万科》周刊主编的王永飚，阿飚只是摇摇头，没有吭声。

“那就改成‘红与黑’怎么样？我很欣赏于连的叛逆性格……”

阿飚还是摇头，笑而不开腔。

“嘿，那就叫‘荆棘鸟’怎么样？自到深圳特区来唯一一气读完的长篇小说。一种传说中的鸟，将自己刺在荆棘之上，在滴血中发出美妙的歌声……怎么样？”

可是，阿飚还是摇头！虽然仍未开口，那面部表情的意思却是清晰的：想法太传统！

2000年前后，日渐普及的互联网为千千万万人打开了一个新的世界。

早在1998年，深圳大学毕业生马化腾与昔日同窗创办腾讯，最初模仿美国的网络通信工具ICQ，向广大网民提供中国化的OICQ服务。企鹅形象的QQ小图标，改变了中国人际交往和信息沟通的方式。

互联网改变了我们日常谈话的方式，从主配角分明，变得平等、自由、开放。

日常谈话方式的改变，又意味着文化和管理的改变。

2000年，《万科》周刊论坛网站www.vankeweekly.com正式开张。这是一个公共性的网站，开设了“与王石对话”、“投诉万科”等论坛。公司内网上，也有我的“董事长Online（在线）”，还有总经理打理的“管理e线”等论坛。客户有什么投诉，职员有什么意见，都可以直接在网上公开反映。这种公开、直接的互动交流，使公司管理透明度得到很大提升。一种新的管理形式——不妨称之为“BBS（论坛）管理”——出现了。

2000年8月11日，《万科》周刊网站“与王石对话”论坛正式开通。

不久，网友“redwriter”发了一个帖子，“王石：网上人人平等，我才有了直呼您大名的机会。知道您在网上设坛开讲，觉得很亲切，可进来一看，只有阿飙在招呼，就觉得有些失望。是您设坛开讲，又不是他，怎么能只说不练呢？不会只是想赶赶时髦吧？”

我急忙回应：“只是随意浏览，却发现了和‘王石’同名同姓的斑竹，打开再一瞧，才恍然大悟斑竹就是本人，不胜荣幸！我曾向周刊主编表示，希望给我一个专栏，但周刊没打招呼就……真是的！ Anyway, I'm here.（不管怎样，我来了。）”

当我慢慢学会网上的对话方式，习惯于“板砖”和“拍砖”的时候，又一位叫“sz1961sy”的网友发了一个帖子，他建议，将“与王石对话”论坛改名“王石网论”或“王石论坛”，因为：

1.“万科网”是个公众平台，非内部平台，“王石”在此是一个网虫ID（身份），他不能指挥任何公众ID。

2.“与王石对话”意味着与其他人不能对话，这有违BBS原则。

3.网络必须面向公众。

嗯，言之有理。

和《万科》周刊网站的其他坛子相比，“与王石对话”是以我的知名度为卖点，话题却不明确，随万科在社会上的兴奋点而转换话题，每周都和新面孔对话。能持续一个星期的话题，算是持久战了。我曾自忖，是否有兴趣同我时常沟通的网友，其实却是那些还不善于上网的家伙？抑或是坛子名称有问题？与我同龄的老家伙不上网，我没辙，坛子的名称却是可以更改的，于是，就有了开头那段对话。

但在阿飚持续沉默否定的打击下，我失去了改名的激情。但坛子的名字还是要改的，几番讨论，“与王石对话”最终改为“王石Online”，大家都觉得这个名字平淡无奇，但我注重的却是它所表达出来的平等、自由、开放和透明的观念。

BBS对公司的管理是很大触动。当有人在网上提出一个问题之后，相关部门就要立即做出回应，企业内外各个层面的信息也能第一时间掌握，或者参与探讨，各抒己见，或者提供线索，出谋划策。

“投诉万科”论坛开放后，迅速成为客户投诉、万科总部和一线跟踪投诉处理情况的主要渠道。这是一个完全对外开放的论坛，后来有人认为，万科可能是世界上唯一一家为客户提供公开投诉论坛的公司。让每一单投诉都暴露在大众注视下，会使客户更加容易联合行动起来，加大处理投诉的难度，甚至使许多单个的投诉都可能转化为群诉。但我们渐渐发现，“投诉万科”论坛的存在，客观上起到了缓解客户情绪、平息客户焦虑的作用，并使公司处理投诉更加透明、快捷。如今，“投诉万科”已经成为万科的标志性文化之一。

而这种全新的管理形式和监督机制，更映射出万科这家企业所具有的透明度，成为万科始终坚持的 “万科化”①的一部分。我们致力于建设“阳光照亮的体制”，遵循规范、诚信、进取的经营之道，鼓励各种形式的沟通，提倡信息共享，反对黑箱操作。②

随着时间推移，QQ、MSN、微信都逐渐成为万科人重要的工作沟通软件。BBS热潮消退，新的沟通形式出现，《万科》周刊论坛的热闹劲儿不再，我也先后开通博客和微博，参与到自媒体的大潮流中。2011年到美国后，我开始通过视频远程参与

① 对于万科化，有许多大同小异的表述，最基本的一种表示，大家公认为：专业化+规范化+透明度。

② 作为一家上市公司，“透明度”当然还意味着信息披露。万科集团门户网站www.vanke.com创建于1993年，覆盖了公司各个运营环节的信息、公司的历史资料以及当前的热门话题，设有投资者园地和记者专区，便于投资者和媒体获取所需信息。除例行的信息披露外，万科每年有两次业绩推介——B股境外基金经理推介和A股境内基金经理推介。从1999年开始，还增加了网上业绩推介和路演，以便广大中小投资者了解公司的经营情况。（转下页）

并主持股东会，用苹果应用（APP）和视频与公司员工保持沟通。

作为万科的董事长，我不仅要自己利用互联网提高工作效率，还要全力推动万科集团顺应互联网的潮流。在快吃慢的时代，谁慢半拍，谁就可能被吃掉，不管你原来有多大的规模。在信息扁平化时代，谁拒绝网络谁就要被淘汰！

互联网刚兴起时，一位已经离开万科的前员工来看我，聊起他正在做的有机肥料生意。他说："搞房地产你是专家，做有机肥料生意我就是专家。比如南阳黄牛……"

我打断他的话，问："你上网吗？"

他不屑地一笑："互联网和黄牛有什么关系？"

我在搜索引擎里输入"南阳黄牛"，一回车，屏幕上立即出现300多条信息："在全国五大黄牛种系中，南阳黄牛是最为著名的优良品种……分布在唐河、白河流域的南阳盆地以及……目前南阳地区存栏数量已达130万头以上……1998年以来推广'黄改肉工程'，成效显著……"

我对他说："两天后我给你一篇南阳黄牛的论文，敢不敢打赌？"

做黄牛生意的人不关心互联网，而我这个外行通过网络反而能得到比他更多的信息，这不能不引起深思。一直以来，开发商都是信息强势群体，每推出一种新产品，他们都掌握着全部信息，并由此演绎出种种"概念"。他们说什么，产品就"是"什么，消费者就只能"听"什么。这种"信息不对称"的状态，对房地产行业的良性发展十分不利。

随着信息技术的应用，信息越来越对称。过去被认为是"专业知识"的信息成为公众信息。SOHO概念是怎么回事？以前开发商可能描述得天花乱坠，现在客户上网一敲就知道了：诞生于英国，流行于欧美，现在如何如何……一目了然，人们可以据此做出更理性的购买选择。

网络信息平台的突出作用，是使消费者逐渐摆脱信息弱势。当专家和外行的界限越来越模糊的时候，开发商必须重新审视客户，认真面对客户的需要，也就是真

（接上页）早年，万科对"透明度"的理解，很重要的一点是对会计准则的选择。我国企业类型较多，会计制度分散，各种专业会计之间缺乏统一的会计语言。例如企业会计制度及各种补充规定只在股份有限公司执行，而企业会计准则只适用于股份制企业，其他非股份有限公司形式的企业执行的是行业会计制度及企业财务制度，这为公司的规范治理带来了制度上的困难。因此，在1988年进行股改时，万科决定遵循国际通行的会计准则。正是国际会计准则的选择，使万科有了与境外投资者对话的"共同语言"，1993年发行B股、每年的B股业绩推介，才得以顺利进行。2000年和2001年，万科更凭着良好的业绩和未来发展潜质两度登上《福布斯》杂志"全球最佳小企业"排行榜。

正“以客户为中心”，这不仅仅是一种服务理念，更是一种商业价值观，是供求双方站在对等的信息交流平台上所产生的良性互动。只有买卖双方建立起这种互相激荡的关系，才能持续满足、超越市场和客户不断增长的需求。

我越来越深刻地体会到，互联网作为颠覆性的力量，对万科的影响才刚刚开始。网络对企业的推动，是潜在无形的，但同样是巨大的，就像一艘快速行进的破冰船。

可以说，新经济对传统产业的意义，只有“颠覆”这个词可以恰当地形容。互联网让我们真正面对客户（包括员工），而他们的意见一旦提出，整个组织的触觉将由于“在线”都能够得到鲜明的感受，并且快速做出反应；员工也可充分显示自己的创造力、组织力和管理能力。

1999 年辞去总经理职务的时候，我声称：如果一年之后还是弄不懂互联网，就把董事长的职务也辞了。到了 2000 年初，我没有弄懂互联网，也没有辞掉董事长职务。不是食言，而是我发现周围的人也不懂。很多人不但不懂，还不愿意面对，而我正在力求弄懂，相比之下，还算先进。但是，即便到了今天，我还是没有弄懂互联网——其实，这又是互联网的一个特征。它的变化速度之快，是人们难以预料的，当人试图清晰描述它的本质时，它又发生了巨大的改变。

中南巴士风波

四季花城是万科早年郊区大盘的代表作。万科在一个意想不到的地段做出了一个人们意想不到的“美好社区”①，它的成功，改变了一个地段的定位，改变了城市

---

① 四季花城的英文名为Wonderland，本意即“美好社区”。深圳四季花城位于龙岗区坂田村坂雪岗高新技术综合开发区，通过五和大道与梅坂大道相连，可达梅林海关，距梅林海关约 3.5 公里。四季花城总占地面积 373888 平方米。根据总体规划设想，完全开发后的花城将容纳 3100 户住户（约 11000 人）。作为万科地产在深圳的第一个超大型低密度郊区化项目，万科“四季花城”系列的第一个项目，花城的重要性不言而喻。

四季花城采取围合式组团，大区开放、院落封闭式管理，既保证了社区的开放性，又保障了住户的安全。而洋房的概念更首次在四季花城提出，之后成为全国地产界追捧的一种产品类型；围合式组团则结合架空层，营造出丰富、怡人、多功能的邻里活动空间。

从地理位置来看，花城地处交通要道，西有新布龙公路直通深圳机场，南有梅观高速通梅林关口进入市区，五和大道一旦开通，与市区的交通往来将更为快捷便利。但由于所在的片区规划起步较晚，在开发后相当一段时间内，公交系统配套严重不足。

局部的气质，在那些年成为中国房地产行业从业人员必参观的楼盘项目。

由于四季花城所在的片区整体规划起步较晚，公交系统配套与市区相比滞后许多。

公交系统配套不完善，业主出行怎么办？深圳万科地产在四季花城推出住户专车有偿服务。2000 年 3 月，为进一步方便花城住户，万科先后引入 620 公交大巴和中南公司的 542 中巴，与万科住户专车并行。

然而，在 2000 年 8 月，深圳市交通局明文禁止住宅小区住户专车的运行。万科被迫开始考虑社会分工带来的专业资源引进的问题。

2000 年底，万科委托深圳大学经济研究所开展研究，提出了“创建服务巴士网络”的设想。2001 年 4 月，中南巴士在万科四季花城正式开通。

巴士开通后，就一直存在零星投诉。投诉主要集中在发车时间、车次安排不合理，大巴在中途公共站点停靠拉客，严重超载，车票贵，服务态度差，随意更改班次等问题。对于一些热点问题，深圳万科与中南巴士有限公司协商过，但情况一直没有好转。

2001 年 7 月，四季花城入住了 831 户。投诉增多，论坛上的讨论也更为热烈：曾有业主下班时连等 5 辆中南巴士，都因为人多而上不了车。

在万科的协调下，中南巴士与业主代表进行了多次沟通，并承诺将对线路和班次做调整，制定服务规范，完善客户投诉处理机制，加强各环节的协调。

然而，在 2001 年 8 月 17 日晚上，由于巴士晚点，等车的人很多，部分业主无法上车。又因为有人下车时没买票，部分业主拒绝买票。矛盾升级了。车到花城大门时没有开车门，而是直接开到总站，四季花城业主群情激愤，与中南巴士员工发生争执。

8 月 21 日晚，中南巴士调度又出了问题，苦苦等候多时已是归心似箭的业主们忍无可忍，接连在莲花二村拦截七辆中南巴士服务专车，造成了莲花二村交通堵塞。深圳万科管理层赶到现场，与中南巴士副总经理等人在现场协调处理，在两家公司和交警协调下，车辆终于得以疏散。可在场召开的紧急协商会尚未结束，中南巴士六七个司机突然冲进其中一辆服务巴士，在其中一人“就是这几个人带头捣乱！”的叫嚣声中挥拳向业主身上打去！

花城业主愤怒了！第二天，数百业主自发聚集在昔日一派祥和的商业广场，“找出行凶元凶！”“抗议万科不兑现承诺！”①业主们在被殴打业主准备的纸上签名声讨。

① 客户的诉求是，万科要提供住户专车和保证 20 分钟车程往返市区与花城之间。

深圳万科及中南巴士领导连夜与业主委员会代表磋商对话，寻求解决方案，避免事件进一步恶化。

8月23日中午，我登上开往四季花城的中南大巴快线车，车上乘客寥寥无几，空调凉风充足，20分钟左右的时间便到达四季花城。在小区吃完午餐，又在下午1点多搭慢线车返市区，乘客有十一二位，沿途停站很少搭客，区间运行36分钟。据反映，搭乘的高峰期在早上上班和下午下班期间，问题也出在这个时段。

试乘中南巴士快线车后，我给深圳万科总经理去电话："你知道四季花城班车的事吗？""知道的！""你去体验坐过班车吗？""没有……"

没有调查就没有发言权，即使表态，也应该是在调查之后。班车问题，花城业主早就有反映，矛盾激化才去现场感受已经是马后炮，是我的失察。万科必须向四季花城的业主表示歉意，还需要亡羊补牢，积极改善交通条件，给业主一个放心的结果。

接连几日的沟通。8月24日，在四季花城召开了由10名业主代表、深圳万科、中南巴士公司参加的磋商会，最终达成共识并宣布、张贴10条改进措施。改进措施有：对巴士的具体发车时间做调整；服务巴士上安装车载对讲机，保证车辆正常运行；中南公司向被打业主及全体业主做出书面道歉，同时给予肇事者相应处分；设立投诉热线等。

9月6日，中南巴士实施无人售票，基本无投诉，交通运行恢复正常。

如果及早重视预警信号，可能中南巴士事件不会形成这样一场激烈的风波。对早期预警信号的忽略，对事件的判断失误，导致了危机的最终爆发。

事后分析发现，对于中南巴士的投诉，从开通之日起就已开始。4月18日，"投诉万科"论坛上就有一位笔名为"萧柴刀"的业主发表长篇投诉文章。业主对中南巴士的不满早在4月份已初现端倪，在随后四个月时间里，投诉一直发生。预警机制缺失，缺乏足够的敏感度和危机意识，使万科错过了处理问题的最好时机。

深圳万科虽然多次协调中南巴士和业主进行沟通，但均未能取得成效。对于这种情况，我们并未发现问题的根本原因，而是信任中南巴士的承诺和"创品牌"、"开辟样板线路"的美好愿望，沟通协调停留在总经理层面，对其深层次的现场调度、司乘人员和管理人员、运作管理、服务品质、经营成本、快速扩张等情况并不了解。

最后，万科的行动缺乏主动性，是事情未能第一时间解决的重要原因。

在公司的管理体系中，"零投诉"的理想状态是不可能达到的：第一，产品质量标准的高低，成本是主要的制约因素，不可能不顾成本来追求零投诉的目标；第二，即使产品和物业服务达到零投诉的质量标准，客户不可能是100%理性的，零投诉也是不可能的。我们应该做到的是：万科必须在投诉中不断改进完善质量和服务体系。

“客户是万科存在的全部理由”，“衡量万科成功与否的最重要的标准，是我们让客户满意的程度”，这些都是万科企业核心价值观的组成部分。客户对万科日益增长的期望，源自对万科品牌的信任，源自万科对自身的定位。持续超越顾客不断增长的期望，不但是万科核心价值观中最为重要的理念，也是万科持续发展的基础。可以说，中南巴士事件的启示，正在于此。

登山的几何学

7月13日晚，莫斯科时间22点13分，瓢泼大雨。中国申奥成功了！聚在中国大使馆的中国申奥助选团欢呼雀跃，我和许多团员兴奋得冲进雨中齐唱：五星红旗迎风飘扬……

两天后匆匆返北京，再转飞乌鲁木齐，加入王勇峰率领的慕士塔格峰攀登队。2001年，我有个愿望：登顶慕士塔格峰作为50周岁的生日礼物。按照国家体育总局的规则：男性登山运动员连续攀登两座7500米以上山峰，可授予国家运动健将称号。2000年已经完成章子峰，假如2001年登顶7546米的慕士塔格峰，将达到运动健将标准。

慕士塔格峰的攀登路线，特点是长，无限的漫长。14天的攀登，终于熬到冲顶途中的漫长雪坡。整个队伍在“之”字路线上缓慢挪动，似乎没有尽头。

往前走，却发现前面就是下坡了。蓦然发现，已经登顶了，自己却丝毫不觉。几何学上有公理，两点之间最短的路径是直线。登山，却往往选择绕道迂回，为的是躲过冰裂缝、雪崩区，有时甚至要倒退，几上几下。做企业何尝不是如此呢？万科靠贸易起家，多元化迅速进入十几个行业，1994年开始做减法——多元化转向专业化，计划用5年时间，到1998年，成为一家80%营业收入来自房地产业务的专业住宅开发企业。2000年，除了房地产业务，万科还只保留着万佳——百货食品连锁零售业务。

转让万佳

20世纪90年代初期，万科和我在深圳都小有名气，投什么赚什么。我当时在深圳有个绰号叫“金手指”——只要王石的手涉及的投资，稳赚。我从做饲料起家，之后逐渐涉足零售、广告、货运、服装、家电、手表，甚至电力、影视等十多个行业，房地产只是其中之一。在1992到1993年，万科的股权投资就投了28家，而且是在它们上市之前就开始投，相当于现在的风投。我们投资的28家企业中2/3都上市了。今天，很多风投公司做得风生水起，嘿嘿，这是万科10年前做过的事儿!

1993年发行B股时，香港渣打（亚洲）有限公司有意成为万科的主承销商。有一次，我和渣打的副董事长宁志翔聊天时得意地说："你们以后在中国找投资项目，投万科就行了，想投什么行业我们都有。"没想到宁先生说："我们现在投万科是因为中国的上市公司太少了，没的选择。如果我们有选择的话，不会投你万科的。"他解释："比如，如果投房地产的话，我们投深房；如果投手表业，我们就投飞亚达。换句话就是：我们要么选择这个行业的前三名，要么选择现在虽然很小，但是很有潜力的。而万科，你在哪个行业是排在前三名呢？"

他一说我就明白了，B股是国际投资者，他们决策是否投资，按照的是国际衡量标准。从长远来看，一家公司必须在某个行业有竞争力，不然投资者是不会选择的。其实他还讲了第二层意思："关于投资是我们来选择的，不是你王石来选择的。"换句话说，现在选择你，并非因为你有出众的模式。

发行B股后，万科开始调整"做加法"思路，转变为"做减法"，直到最后只剩下两个：万科地产和万佳连锁。

踢足球和打篮球哪个难？对阿根廷人来说，篮球难；对美国人来说，足球难；对西班牙人来说，两个都不难；对中国人来说，两个都难。把这个例子用到企业管理上，意味着：难易是相对而言的，企业选择做什么时，要清楚自身的优势是什么，切忌做自己喜欢却不擅长的行业。

2000年，万科在地产和零售连锁两个行业都很有发展前途。许多行内人士羡慕万科的经营模式："一手房地产有赢利来源，一手零售有现金流，要赚钱有房地产，要规模有连锁零售。" 李嘉诚不就是这样的模式吗？一边有长江实业做房地产，另一边有百佳连锁零售。甚至有人说，万科现在就是个小长江实业。

果然如此？万科真的有西班牙人打篮球、踢足球都行的本事？万科人却不如此自信，想要放弃其中一项。

在当时看，这两个行业都很有发展前途。若以营业额计算，连锁零售诞生了世界最大的企业沃尔玛。后来黄光裕连续三次当上中国首富，也是靠的连锁零售。我相信如果万科选择连锁零售，有可能成为中国最大的企业。而如果做房地产呢？万科很难成为上规模的企业，国际上也没有这样的案例。因为从特性来看，房地产行业是零散而非集中的——房地产市场的前五大品牌，最多也只能控制20%的市场。

如果真的有野心，一心想做大，那就选择连锁零售。但是我们权衡：万科资源的85%在房地产业，零售业只有15%；人力资源95%在房地产业，零售业只有5%。并且，从行业地位来看，万科的房地产已在全国70多家上市房地产公司中排第一位，零售却排在第十三位。那就很简单，万科不但要做房地产，还要赶快把连锁丢掉，因为零售业竞争非常激烈，需要迅速扩张。如果我们长期处于兼顾状态，就会相互牵制，两种业务都无法得到快速发展，而扩张力度不足不仅不会带来机会，还会带来麻烦。

对万科来说，经营连锁零售要比房地产难度大得多。万科要迅速卖掉万佳——这是个看似艰难实则理智的决定。

万佳是1990年成立的，在深圳的口碑非常好，借助这个势头，跨出深圳特区到哈尔滨、乌鲁木齐、武汉、成都很多城市开了分店。作为一家上市公司，万科每年都要利润，而资产在不卖时都值钱，但面临交易则往往会贬值。当时很多投资人希望万科不要放弃连锁零售。

2001年2月，董事会审议通过姚牧民辞去公司总经理职务并聘任郁亮为总经理的议案。9月，在深圳东湖宾馆举行的第二次临时股东大会上，通过了转让万佳百货股权的议案，将万佳卖给了正好有意扩大内地零售业务的大股东华润，彻底退出零售行业，也标志着专业化战略调整全部完成。直到现在，还有很多人替万科遗憾。他们认为，要是不卖万佳，万科的规模已不可同日而语。但实际上，我卖掉万佳的那一刻松了一口气："总算把万佳卖掉了。"时间已经证明并将继续证明，"金手指"委实风光，但要想更大更强，必须忍痛断臂，走向专业化。

万佳最终是按照上市价卖的，这是一个比较优厚的价格，这笔资金注入房地产，对那几年万科地产业务的发展起到很大助力作用。但由于较高溢价，却给华润最初几年经营万佳带来了一定困难。这一点上，我们始终觉得亏欠大股东甚多，直到万佳的经营重新转好，发展势头远远超过当年，我们才松了一口气。

2000年，万科全年新增土地储备438.8万平方米。2001年，土地储备继续增加，先后签署上海、深圳、北京、成都、沈阳等地的项目，并进入了南京、武汉、长春、南昌4个城市。第二轮扩张开始了。

从多元化向专业化的转变，万科用了大约9年时间。

时至今日，在国内，大家可能都知道万科是谁。但在国外接受采访或者演讲的时候，我总会被问道：万科是什么？或者，请介绍一下万科。

介绍一个伟大的、成熟的、一流的企业只需要两秒，比如，世界最大的软饮料公司，不用猜，可口可乐。那么我说最大的住宅开发公司？猜不出来。现在万科还没有这么伟大，但是现在的万科我还是可以用6秒介绍清楚它——中国城市住宅开发商、上市蓝筹股、受尊敬企业。

像万科这样在改革开放的大潮中发展起来的新兴公司有很多，但是很多公司经营的业务五花八门，不要说6秒，往往几分钟都介绍不清楚。经营业务越简单，才能说得越清楚。若回到十几年前，我可能用10分钟也说不清楚万科。若有人问万科原来的母公司——深圳特区发展公司——是干什么的，也一定没有人能简短概括，从深圳南头的加油站、饲料厂、开发区，再到最东面的坟场，它都有业务。

万科不仅专注于房地产，房地产行业有五大品类——写字楼、商场、酒店、工厂厂房、住宅，其中，万科主要是做住宅。

之所以选择这样的发展模式，是因为住宅市场非常大，万科身处其中，成为全球最大也是理所当然的。无论世界最大的住宅开发商是不是万科，它都一定会在中国产生。住宅可以盖了就卖，但商场和写字楼的赢利模式更适合长期出租，这就要求操作的企业必须资金非常雄厚，筹资能力非常强。1999年，我们拿自己和新鸿基做比较，万科当时的资产规模是45亿，新鸿基是1800亿，万科的净资产是21亿，新鸿基是1300亿。如果我们选择新鸿基的模式，就会永远跟在它后面——两栋出租的楼宇资产就把万科压死了，无法进行更多的开发。

所以万科买地盖房子卖，再买地盖房子卖，一直保持资金的迅速流动。尽管资金规模比新鸿基小很多，但10年之后，当新鸿基规模已经远远超过2000亿时，万科的资产规模也达到了500亿，差距已大大缩小。如今，万科已经连续多年成为全球住宅开发行业的第一。

万科越做越简单，却并没有越做越小，反而成了房地产中的老大——我们相信这种简单的力量。我曾对万科的管理团队开玩笑说：万科一定要坚持走专业化的道路，如果想要多元化，我从棺材里也要伸只手来干扰你们。

一个企业要把注意力放在核心业务和自己的核心优势上。不懂得放弃，就永远什么也得不到。时至今日，我可以用6秒来介绍清楚万科了，当我们可以用两秒来介绍清楚万科的时候，它才真正实现了向一流企业的转变。

2008年4月，我在哈佛商学院做讲座，遇到复星集团董事长郭广昌，再次就专业化和多元化模式进行争论。复星走的是多元化的道路，同时经营地产、钢铁、医药、零售四个领域，它强调资源整合，鸡蛋不放在一个篮子里的分散市场风险策略。三年前，在亚布力企业家论坛上，我同广昌就曾有过“专业化和多元化”之辩。三年中，专注专业化的万科年营业额从72亿跳升到520亿；而奉行多元业务的复星也得到长足发展。

麦肯锡曾对412家企业进行样本分析：专业化经营（67%的营业收入来自一个业务单位）、适度多元化经营（至少67%的营业收入来自两个业务单位）、多元化经营（少于67%的营业收入来自两个业务单位）。结论：专业化经营方式，TRS（股东回报率）22%；适度多元化经营方式，TRS为18%；多元化经营方式，TRS为16%。从回报率的角度看，该报告支持专业化经营方式。

但为什么在中国的市场上，多元化却十分盛行呢？

想来，许多民营企业在每一个专业市场里都面对着能力数倍甚至数十倍于自己的国有或跨国的巨头竞争。民营企业被迫选择以速度冲击规模，以资源抗击能力。在新兴市场，资源往往向规模流动，而多元化是快速实现规模扩张的途径。因此，资源有限的民营企业倾向于以多元化获得规模，以规模吸引资源，以资源抗击能力，从而求得生存。

但我认为，以短期的资源来抗击巨型企业长期的能力，即便存在局部和短期的合理性，从更长的时期来看也难以成为最优的。专业化还是多元化之争的背后，是能否有效克服短期化的企业治理结构和是否具有有效的资源配置能力的选择。

看来，万科和复星还要继续PK（比拼）下去。

2002 年 精神

乞力马扎罗的雪

俗话说，“这山望着那山高”。两座7500米的山峰完成后，我将“7+2”纳入登山目标，即攀登世界七大洲最高峰，外加徒步抵达北极、南极点。2002年的目标是非洲最高峰、海拔5985米的乞力马扎罗峰和北美最高峰、海拔6194米的阿拉斯加麦金利峰。

2001年底转让万佳，2002年1月，公司总部搬迁至梅林路63号。按照原来设想，我刻意离开公司一段时间，给年轻管理团队留出空间。感觉自己又该进山了，登顶慕士塔格峰之后，有小半年远离雪山，稀薄空气对懒散下来的身体器官充满吸引力！

乞力马扎罗是我攀登七大洲最高峰计划中的第一座，查阅资料得知，攀登难度不是很大，心想为什么不索性鼓励中城联盟的企业家们报名参加？报名很踊跃，可以组织一支9~10名的企业家登山队，令人鼓舞！临近出发，曾热血沸腾的企业家们纷纷打退堂鼓，到2月份动身登山时，只剩下我、冯仑和李星。媒体朋友却积极性不减，央视《人物》栏目、《北京青年报》，外加成都的两家报纸，随队的媒体人员有7位。自我解嘲：“我们跟随中国新闻登山队攀登乞力马扎罗峰。负责攀登队的是中国登山队队长王勇峰、教练次洛！”

攀登乞峰有不同的路线，有陡峭、难度高一些但只需3~4天时间的，也有8~10天的缓坡漫长路线。为争取随队的媒体朋友都能登顶，我们选择了漫长的缓坡线路。第一天穿越山脚下的热带雨林，随着高度增加，高大的乔木逐渐变成灌木。气候更是变化多端，云雾飘绕山间，雪峰忽隐忽现，给人神秘莫测、无法接近的感觉。到海拔 3800 米以上的位置，云彩已踩在脚下，升腾翻动，聚拢飘散。

第七天，到了海拔 4500 米突击营地，只有一位记者表示放弃登顶，其余队员都被队长列入冲顶名单。临冲顶，央视一名记者脑水肿，队长即刻带领三位黑人向导，架着患者紧急下撤，留下话："由次洛负责组织登顶的任务！"队长突然离开，向导力量不足，媒体组发生了动摇，其中两位表示退出，冯仑亦选择了放弃。夜里 11 点钟，魏兵、刘建、李星、小李欣和我，在次洛和三名向导带领下向顶峰出发。途中，小李欣信心不足，李星陪同下撤。

脚下碎石，两步一滑。大家行走缓慢，缓慢得倦意朦胧、神志恍惚……

我和队友魏兵走在一起。

魏兵问："你怎么知道乞力马扎罗雪山的？"

"因为海明威的《乞力马扎罗的雪》。"

"乞力马扎罗的雪？"

"乞力马扎罗是一座海拔 19710 英尺的常年积雪的高山，据说是非洲最高的一座山。马塞人把西高峰叫'鄂阿奇–鄂阿伊'，即上帝的庙殿。在西高峰的近旁，有一具已经风干冻僵的豹子的尸体……是尸体还是尸首？对，是尸首。这证明还没高山反应嘛！雪豹到这样高寒的地方来寻找什么呢？没有人做过解释。"

"哎呀，记性真好。继续！"

"忘了。"

"哎，刚才你怎么能背诵呢？"

"就那两句。只要你一提乞力马扎罗，10 个人里有 9 个就会：啊，海明威《乞力马扎罗的雪》！我敢打赌，100 个人中有 99 个没看过海明威这本小说，但大都知道小说开头'被风干冻僵雪豹'的细节。"

缓坡的尽头，竖立着标牌，标示出乌呼鲁顶峰的制高点。

太阳跃出东方地平线之前，我们抵达了顶峰。不经意之间，红日一跃而出，冉冉升起，此时才看清：脚下南侧的背阴面，是一条绵亘数公里的冰川，陡峭冰崖底部，是个寒光闪闪的冰湖。突然想到，咦，一路上怎么没有看见雪，不是一座常年积雪的高山吗？

顺利下撤到突击营地，极度疲劳，进帐篷，倒地就睡着了……醒来，见到重新返回突击营地的勇峰队长，得知患高山病的央视记者被护送到低海拔区后，已经脱离险情。队长的充沛体能和责任心让人感到安全踏实可靠。

但乞峰顶没有看到积雪，却令人担忧！从非洲回国，查询资料：如果全球气候持续变暖，非洲最美丽的乞力马扎罗雪峰将在20年内完全融化。许多热带山区的高山冰川和雪峰也面临同样的危险，秘鲁安第斯山脉克尔卡亚山的雪峰，在不到40年的时间里，已经缩小了20%，山下居民将面对没有饮水和灌溉用水的威胁。地处喜马拉雅山麓的尼泊尔和不丹，随着气候变暖，冰川加速融化，导致气候异常，灾害频发；境内出现大量冰川湖泊，随时有崩决危险，冰湖溃决对下游城市的破坏力无疑等同海啸，将造成惊人破坏！

强迫自己改变

2002年5月，北京东方君悦酒店，万科举办“倾心体验无限生活”企业形象推广会，正式启动全国性品牌形象推广。

房地产开发具有明显的地域性特征，不同地区，从地理气候、历史风俗到消费心理、生活习惯、社会构成都有差异。这种情况下，公司各项目之间、项目与公司之间的品牌形象连接往往是脱节的。

在消费者头脑中，开发商不存在明显的品牌差异。他们对开发商的印象基本上都来自居住楼盘的体验、舆论报道甚至仅仅是对开发商名字的联想，对品牌的认识非常模糊。除了一些把公司名称嵌入项目名称的楼盘，大多数消费者无法把楼盘项目与其开发商联系起来。

尽管如此，万科还是执意要在这个品牌效应较弱的行业中建立品牌。

1988年进入房地产开发领域，经过十几年发展，万科的产品和服务在社区规划、环境景观、产品设计、格调、物业管理、售前售后服务，以及企业文化等方面，初步赢得业内同行和消费者的口碑。①

在这种背景下，万科推出了自己的第一代品牌口号：建筑无限生活。几年后，又推出第二代品牌口号：让建筑赞美生命。

有人说，万科的品牌口号和随后其他开发商推出的品牌口号比，鲜明地突出了“建筑”，张扬了人对建筑的热爱。

听到这个说法，我的反应是一愣，因为一开始，我对房地产、对建筑，是完全没有感觉的。

甚至“企业家”也不是我最初的职业梦想。我曾经梦想过成为医生、侦探、远洋世界的海员、战地记者……却从没想到过成为一个企业家，更不用说成为房地产行业的企业家了。

在我的阅读体验中，不管是经典的著作，还是日常的纸媒，房地产总是和“贪婪”、“暴利”、“驱逐市民”、“破坏城市记忆”联系在一起，这与我的自我期许相去甚远。个人现实与时代背景之间密不可分：成长于一个造就企业家的时代，我“顺势”成了一个创业者。1988 年，万科从威登别墅项目开始进入房地产行业。我之所以做出这个选择，是出于理性抉择，看中它较低的进入门槛与未来的发展前景。

我的大学专业是给排水，属工民建。眼见万科在房地产领域越做越大，一些朋友想当然地把我的成功和大学教育联系起来。其实，那个年代的工农兵学员，能得到的规范训练很有限，再加上专业也不是自己挑选和喜欢的，我的大量兴趣和时间花在了阅读文史哲书籍上。现在房地产成了万科的主营业务，我却还没有建立起对这个行业的热爱，并在公开场合不止一次表示“不喜欢”。一次，郁亮提意见：“董

---

① 2001 年 5 月，万科委托华南国际公司对上海、北京、深圳三地的房地产开发商品牌状况进行调研。结果显示，与其他开发商品牌一样，消费者对万科品牌的认知主要来自以“万科”命名的系列楼盘。虽然万科一直以来偏重于项目品牌的建设，并以此带动万科企业品牌的资产积累，但由于各地项目在档次、形象上的不同，导致消费者对万科企业品牌定位的理解也出现差异。在个别城市，还出现以项目品牌代替企业品牌的现象。

调研结果中，万科的目标消费者应是这样的人群：他们努力工作，相信努力会带来成果，同时享受成果带来的好处。在充满压力与竞争的世界里，他们渴望拥有一片属于自己的净土，在那里能完全放松，享受情感与精神的交流。

消费者对理想生活环境的描述，其实是他们对理想生活的描述。这一描述，与万科所倡导的健康丰盛人生不谋而合。万科和它的客户都相信：房子不仅是人性和温情的结合，还必须体现“我”和“我所追求的生活”。迎合消费者这一消费心理发展趋势，我们把万科品牌的利益点集中在“展现自我的理想生活”，以“以您的生活为本”为品牌核心，提出“建筑无限生活”这一品牌口号。

事长可以个人不喜欢房地产，但不合适公开说，否则怎么让万科的经理和员工热爱本行业呢？”自此，我再也不公开自己对房地产行业的消极态度。

你可以不喜欢，不热爱，但置身其中，直到找到你热爱的事业或职业之前，应该全身心投入。人人都希望做自己喜欢做的事，并且能有一番成就。但在多数情况下，人对自己真正喜欢什么、终身职业从事什么，未必很清楚。在不知道自己真正热爱什么之前，要把现有的事情做好，因为它们都是生活的体验和积累，会和日后找到的兴趣领域发生联系。

既然想做好，首先得了解相关专业知识。从多元化转向房地产专业时期的万科管理层，在莫军、徐洪舸、肖楠之后，才越来越多属于学习建筑设计、工程出身，之前的大都是半路出家：蔡顺成是出版社出身，大姚是学汽车制造的，冯佳学经济，鲁东勇是写剧本的，郭钧是社会学专业，丁长峰是国际政治专业毕业。俗话说“隔行如隔山”，对万科这帮后生却不大适用。这些在市场上叱咤风云的总经理们有个特点：喜欢在上衣兜里插两支绘图铅笔，讨论设计方案时，同建筑师一起，在图纸上比画、涂抹，创意、灵感就在图纸上呈现出来了。我乐见其成，他们把方案弄出来，我点头同意就是了。有时，我也想拿红蓝铅笔在图纸上涂抹一下个人的想法，甚至跃跃欲试，转念又想：董事长勾画出的想法，部属是采纳呢，还是不采纳呢？还是当甩手掌柜吧。

无论如何，上至董事长，下到一般员工，都必须经历从外行转向内行的训练，即使不喜欢也要强迫自己接受培训、考察、交流、学习。公司请来清华、同济、东南大学的老师、学者给万科管理层、一线总经理较系统地授课，还分批组织骨干人员赴国外考察。考察次数最多的国家是日本，因为文化特征相似，城市化特征接近——尤其是人多地少、城市人口高度集中、有大量超高层住宅建设等共同特点，加上日本住宅产业化的高度发展，非常适合万科借鉴。

自 1994 年起，公司每年都会安排去日本考察。2000 年以后，我更加深入地考察工程建造方法，接触到住宅产业化的理念，也开始同一些日本的协会和公司进行合作。有一回偶然经过一家煤气公司集展厅、办公和科研于一体的总部建筑，各种有关煤气的设施，融合科普、趣味呈现在眼前，引人入胜。这也使我有了“万科建的第一座自用建筑，应该是能同市民交流的建筑研究中心”的想法，直接影响到后来梅林路 63 号万科总部风格的形成。

2002 年 10 月底，我与万科同事前往日本考察。行程包括安藤忠雄建筑考察和日立电梯安排的考察项目。

早晨，抵达日立水户电梯厂。红白相间的电梯试验塔格外醒目。工厂夹道欢迎，熟悉的礼节：鞠躬，鼓掌，边走边鞠躬进办公楼……主人开放了楼宇智能开发实验室供万科一行参观，介绍产品时极其认真，中国客人的提问也同样细致认真。

日立制作所是一家几乎无所不包的制造商，产品上至卫星、原子能发电设备，下至高速机车、普通家电等等。日立独立于日本九大综合商社之外，以技术创新见长，曾在“世界500强”中排名至第六，2001年排三十二位，世界机电公司排名在索尼、松下之前，名列第三。

20世纪80年代中期第一次到日本考察，也安排了参观工厂的项目。花园式的环境，机器人控制的流水线，严格的管理，勤奋的员工，一切都显得那么新鲜、令人好奇。十几年过去，我们不仅向日本企业学习，还向中国香港、新加坡、欧美企业学习，日积月累，耳濡目染，不知不觉中见识增长，不再是刘姥姥进大观园的感觉。眼前日本友人关于楼宇智能管理的介绍，万科同人普遍感到很熟悉，不再有特别的新鲜感。中国企业在进步。

晚上回到繁华喧嚣的东京。广州日立潘总宴请，日餐，席地而坐。啤酒、清酒，频频举杯，把盏言欢。说来奇怪，同潘总打了十几年交道，却是第一次坐下来喝酒。我们平时很少联络，有什么事，一个电话就搞掂，心有灵犀。说来我们是同龄人，50年代开始记事儿，经历过“文革”，教育、志向异曲同工，都有做一番事业的抱负，都经历过生活的磨炼，能严于律己，不在乎一时得失，更看重长远发展。

1993年国家宏观调控，市场迅速萎缩，万科跨地域业务拓展骤然停下，进入收缩调整期。原来订货的数十部广日电梯积压，我们决定退货并按条款接受罚金。潘总接受退货，却不接受罚金，他表示：“市场发生变化，万科退货是迫不得已。我们可以自己消化退货，不要加重万科负担。”广日的经营之道，让万科人深为感怀。90年代中期，万科开始与供货商建立战略合作伙伴关系，广日电梯成为第一批入选厂家。

20多年时间，珠江三角洲企业界多少英雄豪杰轰轰烈烈兴起，又悄无声息衰落，而潘总领军的广州日立和万科一样，正在蒸蒸日上。相逢何必曾相识？

第二天一早爬起来，乘电梯到最高层，通过防火走道，来到酒店大厦平台，俯瞰东京市区。哎哟，什么时候冒出这么多新建筑？日本经济持续不景气，东京市区地价持续下跌，反而促进了老市区的地产蓬勃发展。新大楼一座接一座，真不相信这是经济衰退期规划兴建的啊。似乎除了中国，只有柏林、东京能看到这么多建筑塔吊……

接下来是考察安藤忠雄主持规划的神户临海综合开发区，以及他设计的兵库县立美术馆建筑、淡路岛梦舞台。

临海公园，清一色清水混凝土建筑雕塑，令人印象深刻。兵库县立美术馆清水混凝土、玻璃、镀锌钢构成的展览馆浑然一体，灿烂阳光下，简洁、庄重、淡雅，光影效果强烈。这一天正好是日本文化日，艺术馆里举办凡·高画展。我们的考察目标是建筑物，但我是印象画派的忠实拥趸，没理由错过参观凡·高作品的机会啊！不过却不得不放弃，因为参观市民排队的长龙延续有1公里，没有两个小时时间，根本进不去展馆。

同行的设计师小付介绍："安藤忠雄是目前日本建筑界声望最高的建筑大师。他是大阪人，自幼家庭贫苦，没有受过正规高等教育。青年时代爱上建筑，靠买建筑书籍自学。60年代流浪到欧洲考察建筑，没有钱，也缺少关系，考察一个建筑作品，往往要比别人费更多精力。正是由于这样的经历，相对一般建筑师，他对考察的建筑有更深刻的理解。

"有拳击技能的安藤靠参加拳击赛挣钱，支持自己的学习，对建筑的热爱近乎疯狂。他身体壮实，属于力量型，而他对欧洲建筑的理解就是力量型，而代表力量的则是欧洲的传统建材——石头。日本的建筑材料却是木材。安藤开始做设计就运用了清水混凝土，但空间布局却仍是日本式的。国际上，最先使用清水混凝土的大师是柯布西耶，他也曾引领流行，但只设计清水混凝土建筑并把清水混凝土运用到极致的，是安藤。他设计的第一个项目就获得1972年日本建筑大奖，一举确立了建筑界地位。

"安藤对清水混凝土施工的要求极其严格。美国得克萨斯州艺术馆的施工达不到要求，一次一次返工。安藤几次往返美国日本，指导施工。他发现，质量达不到标准，除了施工技术外，还有气候原因。得州气候比日本干燥，气温变化也大，混凝土在湿润环境中才能体现它的特质，手摸上去，质感像丝绸，随着温度变化表现出不同的质感。大师对建材的理解和运用，确实令人佩服。"

下一站参观梦舞台，这里原来是采石场，山体挖了个大坑。政府有意把采石场改造成临海公园，安藤中标了。根据他的规划，设计施工前就要先种树，等到施工完成，树就已经长大了。

强冷空气入侵，海浪排山倒海，冲击着防波大堤。乘渡船横穿海峡，抵直岛，在小渔村一栋形似谷仓的建筑物前驻足。说类似谷仓是因为没有窗户，只有一个侧门。鱼贯而入，一条狭窄通道，看到头是块透光的磨砂玻璃屏风，竹子光影摇曳。通道中间位置，右侧有进口，拐进去，一道隔板屏蔽，从左右两边进入房间，即刻伸手不见五指。我心头一紧，本能地双臂张开，摸索着往前挪步。右手摸到木质墙壁，左手伸向正前方，心想就这么蹭也能蹭出去了。

黑暗中听到呼叫同伴的声音，汉语，也有咕噜噜的日语，要是摸着日本游客的肩膀，会不自在的吧？

这就是安藤忠雄设计的建筑作品，名字：南寺。进房间之前，小付神秘地笑笑，解释："进去需要 15 分钟。"在黑暗中摸索 15 分钟有什么意义？我心里犯嘀咕，稍微加快挪动的步子，似乎眼前有处亮光，非常微弱，又或许是幻觉？摸着墙壁往前走总不会出大的差错。旁边大声招呼的声音变小，人们都在窃窃私语。脚踢到硬物体，是条凳，凳子上有人坐。我摸到空位坐下来，定定神，又继续往前挪步，摸索到墙壁拐角，心里有数了：再过一个拐角，应该就是入口的门。

黑暗中，看到进口处透进的光线，估摸从进来开始算也就 10 分钟，没有任何留恋，朝门口走去，眼睛一下很难适应突然的亮光。走出门口时，把门的一位中年日本人冲我比画，说日语。听不懂，但日本人很执着，边说边比画，没有让我走出去的意思。噢，是希望我返回屋子里？

返回黑暗中，逆时针再走第二圈。看到右上角有微弱的光，猜是哪位游客的微型手电筒。但亮光并不移动，定睛辨认，是两盏发出微弱红光的壁灯。咦，刚才怎么没有发现？

黑暗中身后传来声音："我看到你了，王总。"是张力的声音。我回头，什么也看不见。朝声音摸过去，碰到了肩膀。"呵呵，别乱摸呀。"张力说。感觉周围的人能看到我，可我怎么什么也看不见呢？朦朦胧胧，眼前似乎有层雾气在扩散，扩散，周围的人影慢慢显现，就像梦幻中晃动的魅影。充满飘动雾气的房间轮廓也渐渐显出来了。

太奇妙了！我反而成了最后一个走出房间的游客。小付此时正在解释："我也是第一次参观这栋建筑——应该说是艺术品。资料说，在里面必须待 10 分钟才能看出名堂，我还不大相信，亲身感受才信了。这是安藤同一位英国光影艺术家合作的建筑设计，光的部分是由英国人完成的，这位艺术家专门进行这种创作，体验人眼对微弱光线的适应过程，而这个设计的人眼适应过程是最长的。作品创作时，有人质疑：延时 10 分钟，眼睛才有辨别能力，游客有这个耐心吗？安藤回答：能不辞劳苦到这个小岛上的人，绝不是一般游客，10 分钟的耐心不是问题。”他想说明什么呢？我猜想：现代人对周边变化的事物视而不见，不是视力不好，而是太浮躁了。需要静下心来反思啊。

那之后，出国考察，建筑与城市成为学习的主要内容。在希腊，我惊叹于巨石间的严丝合缝——这是漫长岁月中磨难（地震）赋予它们的默契，非人工巧匠所能为；在马赛，看到现代流线型的列车从古老的火车站内穿行而过；在阿尔勒的街道上，寻找凡·高笔下的黄色房子；在驱车前往埃武拉的路上，一座巨大耶稣像在眼前拔地而起，他仰望天空伸开双臂，让我顿感自己渺小许多……慢慢地，城市在我眼中，不再像过去那样是钢筋水泥的组合，而是人们栖居其中的有机体。

我还曾延请东南大学教授周琦为万科非建筑专业学历的管理人员开办建筑史讲座，共 8 讲，每讲 6 个学时。至今我仍记得，周教授引用了柯布西耶的一段话作为开场白："创造是一条耐心寻觅的道路……我和地中海密不可分，那里是阳光下所有形体的女王。我完全臣服于她的和谐、美感与可塑性。"

从没有感觉慢慢变得热爱，作为一个职业经理人，我强迫自己去改变。

危险地带

登顶乞力马扎罗三个月之后，一鼓作气前往北美最高峰，位于阿拉斯加的麦金利山。下个月，公司将发行 15 亿元可转换债券，对未来业务扩张至关重要，工作进展如何？

"董事长放心去登山吧，可转换债的前期工作都做好了，保证不出问题！"

管理层团队的工作让我很放心，集中精力面对这座高难度的雪山。

麦金利与乞力马扎罗截然不同，这是座技术型攀登山峰，对申请攀登者实行资格审查的注册制度。

麦金利国家公园面积 6800 平方公里，是仅次于黄石国家公园的美国第二大自然保护园地。负责资格审查的工作人员认真介绍："冰裂缝随着季节的变化而变化，绝不能掉以轻心，结组技术很重要；传统路线有路标，但遇到暴风雪会很难辨认，容易迷路；切记不能盲动，小心，小心，再小心；3 号、4 号营地之间是发生雪崩的危险地段；4 号到 5 号营地刚出发不久就会遇到一座 55~60 度的 200 米冰壁，会消耗很大能量；攻顶会在狭窄的山脊上进行穿越，宽度只有 30 厘米，行走的姿势和结组的保护至关重要，稍有不慎就可能造成集体滑坠……”①

根据管理处挂板上公布的统计数字，在2002年注册攀登麦金利主峰的有1176人，已经进山的有378人，登顶的只有3人，下撤48人，登顶成功率：6%。

墙壁上还挂着一张世界地图，各国登山队用彩色大头针在上面标出自己的国家和地区。其中欧洲地区部分已经被大头针钉得秘密密麻麻，亚洲大多钉在日本和韩国两个国家，其他国家寥寥无几，中华人民共和国范围内则是一片空白。据介绍，这张地图是1997年挂出来的。

攀登麦金利的方式是我此前从未体验过的。

搭乘飞机进山后第二天，按照队长的安排，往1号营地运送物资，再返回大本营。次洛和刘建每人背22公斤物品，队长背18公斤，我背12公斤。此外，次洛和刘建还每人负责拖运一个装载装备物资的雪橇。

第三天，再向1号营地进发，稍加休整后，次洛和刘建拖着雪橇向海拔2957米的2号营地运送物资。

第四天，向2号营地出发。路径上经常看到交叉的标志杆，这是冰裂隙的标志。麦金利山系以其凶险、多变的冰裂缝与喜马拉雅山齐名。在这种地貌中行进，最好的保护方法就是结组，一旦某个队员陷进冰裂缝，还可以得到结组队员的及时制止和援救。15点到达2号营地，扎好帐篷，烧水做饭。一个小时后，往3号营地运送物资，21点返回。

第五天，重复昨天已经走过的路线，近四个小时后到达海拔3354米的3号营地。云雾笼罩下，营地的一切都朦朦胧胧。扎好帐篷，做饭，吃饭，稍事休息，又

---

① 公园管理处的介绍中，环境保护是一个重要章节。一位工作人员带领我们，指着冰天雪地的照片上坐在一种器皿上的一个登山者背影，笑着说：“照片上的人就是我，哈哈。方便完成，把盖子拧上，不会泄漏。在4号营地，每个登山队都必须领取这种便携式大便器。”按登山规定：每个进山队伍攀登期间产生的垃圾必须携带出来，其中包括队员排泄的粪便。

到了机场，工作人员秤每个人的体重、携带装备和食品的重量，并编上号，待出山时检查重量，以便确定登山者是否把垃圾带出。最后出山那天，我们果然出了点意外。用过早餐后，按部就班拆帐篷，收拾行囊，打包裹，多余的两桶半燃料送给了营地管理处。管理处一位和蔼的女管理员对照登记册核查中国登山队携带下来的垃圾袋和燃料桶，登记册上中国队的编号为“154”。管理员指着已经拆卸帐篷的雪地位置，示意用铁锹挖。次洛挖掘两下，竟发现下面埋着剩饭残渣，其中有许多鸡骨头！中国队的配餐食品里没有鸡肉，不知是中国队进驻之前哪个队遗弃的！但此时有什么好解释的？拿出一个大垃圾袋，连雪带残渣装进去，竟成为中国队携带的垃圾袋中最重的一袋。环境保护，遗弃在保护区的废物要有人携带出去，至于是谁遗弃的已经不重要。

背起行囊，向4号营地运送物资。

从大本营的海拔1800米到3号营地的海拔3354米，总共增加的海拔高度是1554米，平均每个营地之间只抬升510米。但从3号营地到4号营地却一下抬升了近1000米，登麦金利山的难度才开始显现。半路上刘建跟不上队伍，我猜他作为队员兼记者、大厨和运送物资主力，已经体力透支了。鉴于整个队伍状态不佳，队长决定就地掩埋物资，下撤到3号营地。

第六天，上到4号营地。第七天，休整。

第八天，向突击营地运送物资。眼前是一道道深不见底、闪着阴森森蓝光的冰裂缝。有的冰裂缝太宽，无法跃过去，只好绕道，小心翼翼地选择雪桥通过。四人结组，刘建打头，接着是我、次洛、队长。明着的冰裂缝看着就令人肾上腺素激增，心跳加快，但很少出现险情，因为已经引起了登山者的警觉。反倒是那些全被积雪覆盖的冰裂隙，因为不被登山者觉察而暗藏杀机。好在，现在传统路线上的明暗冰裂隙处都插有交叉标志杆。

经过两个小时的行军，再往上就是200米的冰壁。上升器卡到安全绳上，套上安全铁索。挥动短冰镐，"噌"地敲进浅蓝色的冰面，左右腿交替上抬。咔嚓、咔嚓，绑在高山靴上的冰爪钉在冰面上，然后向上推上升器，再奋力挥冰镐，一步一步抬升。

攀爬这段200米的冰壁用了整整一个小时。接下来是冰雪、碎石混合的道路，左侧是500米上下的陡壁，不允许我们的每一步有任何踏错。走在前面开路的次洛用雪锥打固定点，再套上结组绳，防止滑坠。待押尾的队长走到雪锥处，前面开路的次洛打好第二个保护点时，队长才取掉第一个保护点，保障安全通过危险地段。

由于刘建身体不舒服，队长决定和次洛把物资运送到突击营地，我陪着刘建等着他们返回，傍晚雪越飘越大，撤回到了4号营地。

第九天下午，再上到突击营地。

第十天，阴云密布，飘雪。按预定时间8点准时出发冲顶。行走了几个小时之后，刀刃似的山脊终于呈现在眼前。刃基雪坡一侧踩出的路径只有30厘米宽。我手拄冰镐，在队伍中亦步亦趋。狭窄处望着两侧的悬崖峭壁，忍不住腰一弯，双腿跨骑上刃基。待深吸几口气之后，再挥冰镐插进硬雪里，身子侧到一边，双脚交替踢进峭壁，用攀冰的动作水平前进。这样走得辛苦些，却也觉得踏实些。看来自己的恐高症还没有彻底克服啊。过了这一段，刃基渐显平滑，最危险的路段终于走过来了。

我们来到顶峰，次洛从怀里掏出一面小型的中华人民共和国国旗，此刻手表的指针指向 17 点。

登顶 5 分钟后，我们开始下撤。

雪从脚下唰唰地往下落。在下撤的最危险地段，一样是结组、交替保护，仍然做着攀岩动作，水平移动。我一个不慎，左脚刺溜打滑，右脚的冰爪也吃不住力，整个身体斜晃、后仰，失去了平衡！还来不及让我恐惧，也来不及多想，右手握着的冰镐本能地一挥，砸进硬雪壁。只听“嘣”的一声，连接手腕和冰镐的短绳因承受不住整个 160 磅身体下滑的冲力，崩断了。我左手紧紧攥着冰镐把柄，生命就系在上面。此时，结组的同伴也本能地做了滑坠保护。我悬空的双脚交替蹬出，“嗒、嗒”，两只冰爪卡在了雪壁上，平时的防滑坠训练起了作用。①

人生如登山，攀登不止，常常会遇到险境和危机。

在陌生而危险的环境中，人最理性的反应是什么？是勇气吗？我更倾向于选择“谨慎”。

谨慎地依据环境条件而行动，脚踏实地，这是最重要的。当然，如果有必要的设备、资源和技能，还有一些朋友可以相互依靠和鼓励，那是最好不过了！

这是我登山数年后渐渐领会到的经验，再回过头去看自己创业过程中的经历，感觉道理是一样的。

下跌后的反弹力

在山友金飞豹的陪同下，在云南拜访一位企业界前辈。

夏日的昆明城雾蒙蒙，街道湿漉漉的。

吉普车裹在公交车、私家车和自行车组成的晨流中蠕动。出城上昆玉高速路，油门加大前往 300 公里外的葛洒镇。

9 点半抵玉溪，拐进城里吃早餐。伴随烟草工业迅速成长的城市道路宽阔清洁，

---

① 第十二天继续下撤时，我再次遇到“险情”。当时雪很厚，即使套着“熊掌”，一不小心也会“扑哧”一脚陷到大腿根儿。走在我前头的队长一脚踏进软雪区，整个人陷到腰部，挣扎着才摆脱了雪窝的围困。我忙停下脚步，从怀里掏出相机，对着队长的狼狈相拍摄。拍摄完，正把相机往相机套里装，前面已经起身的队长开始往前赶路。我的绳子被拉紧，被动地抬脚跟着走，一没留神脚下，只觉得两脚下陷，雪竟陷到了脖子。恐惧感瞬间浸透浑身每一个细胞，只能本能地两手高举，高声喊道：“等一下，人全陷到雪里啦！”

行驶的车辆不多，行人悠闲。

恰逢收稻季节，城外的公路两侧青烟袅袅，是农人在焚烧稻秸。起伏的绿色丘陵逐渐抬升转换成翠绿的山峰，吉普车沿着一条河流的河谷行驶。深绿色的平缓山坡中间杂着浅绿色块，山村透过盘绕的云烟若隐若现。

“那是什么？人工开辟的牧场？”

“是甘蔗地。”飞豹的朋友Y小姐说。

公路一侧两头慢悠悠的水牛，赶路的村民一晃而过。

“这里居住的是什么民族？”

“Hua yao dai。”

“花药袋？”

“花腰傣，傣族的一个支系，其女性服饰特征是，衣裙均绣上一道彩边，特别是讲究腰间色彩搭配，故称‘花腰’。花腰傣主要居住在哀牢山麓红河谷地。”

“也包括我们要去的葛洒？

“包括。”

葛洒位于滇中哀牢山自然保护区。横断山脉从西北部插进云南，一条支脉云岭向东南延伸，接近云南东南边陲的红河。毗邻越南的一段被称作哀牢山。哀牢山属于未开发的地区，山中很多地方人迹罕至，特别适合探险、登山、野外生存训练及自然生态专题考察。

但此次行程既不是探险也不是登山观光，是专程去探望一对老人。

芭蕉树丛，红皮甘蔗林，流淌的河水，赤身戏水的村童……汽车沿着河谷路疾驰。中午抵达葛洒镇。但镇上能看到身着花腰傣民族服装的，只有寥寥几个人。玉溪人Y小姐以遗憾的口吻告诉我：花腰傣人人能歌善舞，每年5月初的花街节，村民们都会身穿五彩缤纷的服装，载歌载舞。

为节省时间，我们没有停留，继续赶路。离开主路，汽车穿行茂密杂树丛，在坑洼不平的土路上颠簸着爬升。左侧山丘上是人工栽种的果树园，树冠低矮齐胸，挂的果子包扎着白纸袋，Y小姐介绍说是橙子。绕过果园，看到另一座馒头形山头上，几棵大树形孤影单。杂树丛已经被清光，山坡上栽种着一窝一窝的小树苗，大概是橙树苗。

绕过山头，看到一座开垦种植果苗的山头，半山坡坐落着一栋浅黄色建筑，阳光照耀下格外醒目。到了。

一座两层四合院，门口停放着一辆奔驰白色面包车，紧邻院墙东侧是座红柱飞檐黄琉璃瓦亭子，不大协调；四合院冲南门口面对一个碧水荡漾的人工湖，引水管突突地冒着水花。望望不太高的山包顶端，有些疑惑：哪来的水呢？

走进四合院，庭院宽阔，水池、花坛，让这里看上去更像机关办公的场所。一位接待的小姑娘告诉来访的客人，主人在午休。

“让他们休息吧，我们还没吃午饭呢，给下点面条就行了。”

等做饭的工夫，我信步沿着一条给水管向山头爬去。9 月高原的太阳光毒热，果苗叶子显得有些发蔫。爬到山顶，是一座长方形的大水池，碧水涟涟，连接上来的主管终端哗啦啦地扬溅水花。俯身掬一捧水，透彻清凉。

俯瞰东侧：深谷中一条土黄色的河流蜿蜒回转；转身西望，巍峨连绵的群山云遮雾罩。清泉莫非来自云雾山中？

返回院子，主人还在午休。通廊上摆放了一张四方矮桌，坐下来正面对敞开的院门，湖水、林木、云雾、山峰、蓝天框在其中，恰似一幅风景画，虽然主色调是绿色，却让人联想到凡·高的《向日葵》。正聊着，老太太下来了。

“叫马老师就行了。”Y 小姐提醒。

一位身手利索的老人顺着廊道走过来。

寒暄两句，得知来客还没吃午饭，进厨房亲自张罗去了。几碗冒着香气的汤米粉端了上来，还有肉酱、咸菜、辣椒油。

“习惯辣椒吗？”老人家关心地问。

“习惯，习惯。”老王边说便往碗里浇辣椒油。

“开山造橙子园啊！”来客感慨。

“马老师以前做过很多行业，还擅长园艺。”Y 小姐一脸尊敬。

“我还当过兵呢，”老人家接过话茬儿，“工农兵学都干过，就是没经过商，不懂企业，呵呵，一会儿老爷子来了，你们有的谈。哎，王先生信佛吗？”

我介绍自己是个无神论者，但“尊敬佛教，佛教教义引导人如何修行行善，本质上是奉行和平”。

“我年轻时也不相信，但现在不敢说‘不信’了。”老人的声音轻了许多，似怕冒犯了冥冥之中主宰世界的神灵。“我有个弟弟早逝，那还是‘文革’的时候。我做了个梦，梦见弟弟……一碗够了吗？再添一碗。”

“噢，够了。”一边聊天，一边惦记着还没露面的老爷子，一个中国烟草业传奇人物，一家品牌价值 500 亿企业的缔造者，一位中国企业史无法回避的企业家，一位令人尊敬又惋惜的制度缺陷牺牲者……

从 1492 年哥伦布第一次在美洲遭遇烟草，500 年过去，烟草踪迹遍布世界各地。和世界领先的烟草业大国美国相比，中国的烟草种植不过 100 年。20 世纪初，“洋烟”进入中国，英美烟草公司在山东、河南、安徽、华北、东北种植烤烟。抗日战争爆发，种植烤烟的地区相继沦陷，退居西南一隅的国民党政府为了增加税收和解决退守后方烟民的需要，1939 年云南开始引种美国烤烟。

烟草原来生长在美洲的热带亚热带地区，性喜温暖湿润的气候和偏酸性疏松的红壤，云南的水土和气候正好迎合了烟草的需要。如今中国生产的所有卷烟都要用到云南的烟草，区别只是配方含量多少而已。

云南卷烟的崛起同这位在深山种植柑橘的老先生分不开。当年在老先生领导的卷烟厂旁一个不起眼的小山顶上，有座红塔，这就是企业名称的由来。老先生接手企业后一炮打响，成为中国最叫座的香烟品牌。尽管因一些原因，老先生已脱离烟草行业多年，但所开创的成功模式却继承流传下来，最为称道的是“公司＋农户”的生产模式，烟草公司为农民提供化肥、技术和其他补贴，从农田这个“第一车间”开始保证烟草质量……

“你们来了！”浓重的地方口音。转回头忙起身，眼前一位身着圆领衫、皮肤黝黑、略显啤酒肚的汉子，头发梳理有序间杂白发，戴一副宽边墨镜，像一位行将退休的干练探长。

主宾双方坐下来。老人腰杆笔直，怎么也无法同一位 76 岁高龄的老人联系在一起，更何况是经历了那么大人生挫折的老人？

刚介绍两句万科是做什么的，老人插话：“是做房地产的，全国很有名气。你们是国营的还是民营的？”

“上市公司，有国营成分，80％以上是自由流通的股份。”

“民营好……”你一言我一语聊了起来，毫无拘束。

话题集中在置身其中的 2000 亩橙园。

“栽种的是什么品种？”

“冰糖橙。”

“冰糖橙？哪里引进的？”

“湖南。”

“湖南？这里栽种的品种能比过湖南？”

“哈哈哈，种苗是湖南的，生长的质量却比湖南的好得多。这里的环境得天独厚，先是土壤……”

“可这里的土壤似乎有些贫瘠……”

“呈碱性，适合橙树生长；第二是气候优势，挂果期的温差大，白天温度高空气干燥，晚上湿润温度低，适合果子储藏糖分；还有这里独有的哀牢山瀑布的泉水，清凉甜美，没有任何污染。当地政府很支持，为引这股泉水专门铺设了十几公里的管道，可惜泥石流滑坡给破坏了，现在的引水管是自己投资铺设的……”

正说着，老伴往桌上放了一盘青青的、刚摘下来的橙子，插话说：“那山中的泉水是我们俩一起勘查的，老头子能登山。”

男主人把每只青果切成四半，嘴里叨念着：“承包这两个山头后，村里把已有栽种的小型果园也转让过来，面积越来越大。果子还需要两个月，11 月底才能成熟，来尝尝鲜，别看个头小发青，甜中带有一股爽口的清香味。”

瞅着青皮橙，嘴里已涌出酸味，橙子送到嘴里，却感到甜味可口，索性一瓣一瓣吃了起来。果然，味道不同。一会儿工夫，桌上一堆青橙子皮和橙核。

“是老品种了，还有核，新栽种的品种无核。”

“一共新栽了多少株苗？”

“25 万株。”

“雇了多少农工？”

“呵呵，就老伴我们两个。”

见我疑惑的神情，他继续说：“分配到农户，每户 5000 株，从栽果苗到维护浇水施肥剪枝摘果都承包给农户，农户自家产生的有机肥正好供应 5000 棵果树的需要。”

Y 小姐插话：“每家农民，要付人民币 4000 元，这在山区是笔不小的收入。”

“果苗到挂果需要四年时间，四年后你们再来看看，满山的冰糖橙！独一无二！哈哈哈……”

望着那张黝黑饱经风霜自信的脸庞，我想：四年后老先生就是 80 岁了，多么豁达开朗的心胸啊。我要是在老人家这样的年龄，遭遇事业和家庭双重不幸的打击之后，能表现得像他这样自信坚强豁达吗？想起巴顿将军的一段话：衡量一个人成功的标准不是看他事业顶峰的表现，而是看他从顶峰跌下低谷后的反弹力。

只是一个小时的相处，还要行驶 300 公里返回昆明乘晚班飞机到广州。

吉普车行驶在山道上，一团阴云越压越低，渐渐变成急雨，雨刮器拼命摇摆。阳光在雨丝中闪烁，一道彩虹挂在空中。

“哎，从来没看到这么壮观的彩虹！”

“完整，这太棒了！”飞豹附和道。

临别前，老先生告诉我：国企改革要付出代价，总要牺牲一些人……

山鹰精神永存！

7 月，我正在德国进行城市建筑考察，惊悉：北大山鹰社登山队在希夏邦马西峰遭遇雪崩，5 名学子遇难。北大师生、各界山友、社会传媒，在震惊悲恸的同时，也展开讨论和反思。争论焦点集中在遇难队员的北大学生身份——北大的学生，都是各省份高考中名列前茅的精英，是未来的栋梁之材，还没有完成学业就因冒险活动白白搭上生命，对得起国家的培养吗？为了表现自我，不顾危险去登山而最终遇难，空留悲痛给自己的亲人，对得起父母吗？

青年人不应该冒无谓的危险，不应该选择专业性很强的高山攀登——网上几乎一边倒的反对声，反对声甚至演变成声讨。社会负面舆论给北大和山鹰社带来强大压力。不仅“大学生登雪山”这一行为遭受重重质疑，山鹰社这个组织的存在也面临严峻的挑战。

身在德国的我夜不能寐，凌晨 1 点钟在论坛上发出帖子《北大山鹰精神永存》：北大学子组织攀登雪山的活动，是个人行为，但作为一个团体，又不可避免地代表一种精神。身为北大学生，也就不可避免地代表了北大的某种精神。问题是，代表了北大的什么精神？

1953 年，新西兰养蜂人希拉里和他的夏尔巴同伴丹增·诺尔盖从南坡登上珠峰顶峰，即刻引起世界性欢腾和英联邦一系列的盛大庆祝活动。这次攀登终于实现了人类登顶世界最高峰的夙愿，体现了人类挑战极限的决心，体现了一种不满现状，超越自我的崇高精神！由于当时世界正处于冷战期，首次登顶珠峰由西方阵营国家来完成，不可避免地被赋予了政治含义，也给当时刚登基的英女王伊丽莎白二世送了份厚礼！

人类是由民族构成的，珠峰由哪个民族首登，还有民族自尊、民族精神的意义。

当时的报道说希拉里是英国人，现在则公认他是新西兰人[①]。有意思的是，同希拉里一起登顶的夏尔巴人丹增·诺尔盖的身份也引起争议，尼泊尔、印度同时宣称他是本国公民。民族精神、国家荣誉是和极限运动密不可分的。10 年之后，中国登山队的勇士从北坡首登珠峰成功，全国欢腾。

到 2002 年，从北坡、南坡登顶珠峰的已经达 1100 人次，对于一些国家和民族，攀登雪山只是一项极限运动而已，但对许多国家和民族却还不仅如此。中国是个多民族的国家，居住在雪域的藏族运动员，代表着中华民族登山运动的最高水平，有三名藏族登山家已经登上了 14 座 8000 米以上高峰中的 10 座，并正在向余下的三座冲击！[②]相比之下，占中华民族人口总数 95% 的汉族登山水平却同其庞大的人口数量极不相称。在希夏邦马山难发生的 2002 年之前，仅有 10 人登顶珠峰的记录，其中大陆 5 人，台湾 5 人。

攀登雪山活动需要一定资金支持，所以在亚洲，登雪山活跃的国家和地区是日本、韩国和中国台湾就不奇怪了。随着中国大陆经济飞速发展，国民物质生活水平不断改善，开展民间登雪山运动已经是时候了。我们所熟知的北大精神，是“兼容并蓄，思想自由”。北大山鹰社则更多体现了挑战自我、不畏艰难、强壮体魄、勇攀高峰的精神，这恰是传统北大精神所缺少的，更是中华民族所缺少的。登雪山终归是一种危险的行为，而且毫无疑问，这种危险将永远存在，为什么要冒着生命危险去登山？这在登山运动不普及的中国社会难以被人理解，缺乏社会的共识——正是如此，才更体现出山鹰精神的现实意义。山鹰社因为此次山难受到重创，对于个体和家庭而言，这无疑是悲剧，但他们引领的登山活动将不会因此停滞，更不会戛然而止；相反，我相信会越发有活力！山鹰精神永存！

有人说，“21 世纪是亚洲的世纪，中国的世纪”，没有山鹰社这种不畏艰险、勇攀高峰的精神，何来中国人的世纪？

---

① 希拉里 1919 年生于新西兰奥克兰一个养蜂世家，2008 年逝世于家乡奥克兰，享年 88 岁。1953 年 5 月 29 日中午 11 时 30 分，时年 33 岁的希拉里和丹增·诺尔盖成功站上世界之巅，并逗留了 15 分钟。这对搭档发誓不告诉外界究竟是谁第一个登上顶峰的，这也成为登山历史上的一个悬案。他们登顶三天后，伊丽莎白二世登基，女王授予希拉里爵士爵位，丹增则被授予英联邦授予平民的最高奖章：乔治勋章。为纪念埃德蒙·希拉里，新西兰 5 元钱币正面为他的肖像。

② 2007 年 7 月 12 日 12 时 20 分，三名西藏高峰探险队队员次仁多吉、边巴扎西和洛则登上海拔 8068 米的世界第十一高峰——迦舒布鲁姆 I 峰的顶峰，完成“14 座”的攀登计划。在他们之前，全球只有 13 个人实现过这一伟大梦想。虽然统计上存在一定争议，但我想，这丝毫无损他们的成绩和光荣。

在帖子末尾，我写道："相信在可预见的5年内，将会有一批民间登山者登顶珠穆朗玛峰。北大山鹰英灵将伴随着他们！"

翌年春夏之交，一支由7人组成的中国民间登山队从北坡攀登珠穆朗玛峰，其中包括我本人在内的4人登顶。这个预言实现之快，连我自己都没能想到！

2003年 珠峰

雪山热身

利用春假，参加云南探险俱乐部组织的登山队，攀登位于云南中甸、海拔5396米的哈巴雪山。2月4日，攀登队进驻雪山脚下海拔3000米的哈巴村。村舍随地形的起伏错落有致，参天的青松、绿油油的梯田、炊烟袅袅，好似世外桃源。

在村里溜达。村户之间没有围墙，只由地形变化形成自然隔断。我走到一户人家探探头，却被主人发现，邀请到家里。

院落劈柴码放得有一人多高，空气中弥漫着松油的清香。在一头壮实牦牛的注视下，两只彩斑大公鸡在啄食的母鸡群里昂首阔步，宣示主权范围。铁链拴着的猛犬狂吠，半天不被理睬，怏怏收声……

宽敞的厅堂铺着地板，一角是火塘。火塘上架着熏黑的铝壶，吱吱冒热气。一屁股坐下来，浑身即刻感到暖洋洋的："啊，只是坐坐，不用水果啦！"

好客的主人却让女儿端来葵花子、苹果、梨、热茶。戴了一顶回民式白帽的主人60岁开外，身体硬朗，是县农行的退休职员，两个女儿一个在县农行，一个在省城开美容店，还有一个儿子在读中专医科。

"哟，毕业了当医生啊！"

"呵呵，现在中医毕业了也不好找工作。"主人虽这么说，笑声却洋溢着对儿子的骄傲。

聊天中得知，这户人家祖上自清朝年间避战乱，从陕西逃难到云南中甸，开辟这个回族村已有两百年历史。这些移民仍然保持着北方口音，和外人交谈起来，反而比昆明人的口音更容易沟通。后来我又经过几家，都是彬彬有礼的笑脸和邀请。村民的单纯、礼貌、热情、好客，很容易让人想到一句成语："古道热肠"。哈巴村不正是英国作家弥尔顿小说《消失的地平线》描写的神秘伊甸园的原型吗？远足旅行，探险登山，收获之一就是增长见识，感悟人生，尤其那些久违的不期而遇。

2 月 5 日，离开幽静的村庄，穿越苍茫林海，攀登雪山，抵达海拔 4000 米高度大本营。风雪呼啸通宵。翌日，冒风雪继续攀登，抵达海拔 4700 米的突击营地。风吼雪舞，勉强扎下帐篷，钻进去再也不想动弹。

帐篷外的风越刮越大，支撑杆顶不住强风，帐篷一侧倒下，压迫睡袋，盖住我整张脸，呼吸困难。风势扭转，另一侧又压迫下来。"起来，起来！"我钻出睡袋，喊醒同一个帐篷的九头鸟和老爬虫。三人坐起来，各自顶着帐篷一个侧面，使其保持不塌陷。

一根支撑杆断了，我们三人苦苦支撑，帐篷随时会被撕裂……感到帐篷外面有重物挤压过来！伸手推推，既软又硬。啊，是积雪，照这样的速度堆积下去，帐篷不仅会压塌，我们也会被雪堆掩埋。

"伙计们，铲雪加固帐篷吧，否则就要被活埋了！"

哈巴雪山处于青藏高原东南部大拐弯特殊地形区域，是青藏高原寒带和南亚次大陆热带气候的过渡带。高山地形时而受北方寒流侵入，时而受孟加拉湾的南亚暖湿气流北上迂回作用，故而常见大雪连绵。这里随时可以听到雪崩冰塌的沉闷轰鸣声，既刺激又恐惧，同时激起攀登者不停向前攀登的毅力。每年冬春，副热带高压急流活动在青藏高原上，哈巴雪山进入大风季节。登山季一般选在春夏之交的 4 月和夏秋之交的 8 月前后，我们此时登山属于反季节攀登。

2 月 7 日一早出发冲顶。新雪覆盖约 40 厘米厚，齐膝盖，行走吃力。约 4 个半小时后，蹚雪到一个"U"形底部，海拔 5100 米。登上眼前的陡坡就是顶峰了。背囊撂在原地，轻装向顶峰冲击。风骤起，贴着山顶的灰色云块迅速移动。雪雾迷茫，能见度瞬间降了下来。冰爪踏在弧形冰面上发出"咔嚓咔嚓"的挤压声，拄着冰镐，一步一步艰难但坚定地朝上攀登。跨上冰坡，主峰在飞驰的云中若隐若现。一阵疾风刮来，弯腰，双手紧压固定在冰面上的冰镐，等待风过去，继续朝前跨步……

13 点 27 分，在飞豹率领下，我和老爬虫、九头鸟登顶。这是我进珠峰前的热身。

哈巴雪山风光壮美，攀登路线不是很难，而且交通方便，较适合初学者。返回昆明后，我向飞豹建议：在哈巴雪山建立攀登雪山训练营。一拍即合！在给当地政府的报告中强调三点：第一，优先考虑雪山环境保护，登山者产生的废弃物必须携带出自然保护区；第二，不干扰原居民的正常生活，并且有利于提高当地居民生活水平；第三，每年10月初，组织登山节。报告得到中甸当地政府和中国登山协会积极回应。

从云南刚一返回深圳，就觉得气氛不对：传言有一种瘟疫正在珠三角蔓延，患者高烧呕吐，迅速死亡，并且极易感染；市场上的食用醋脱销，据说醋有消毒作用，能不能减少感染只有天晓得。防疫部门已开始采取措施：一旦发现有和患者接触史，包括搭车、乘机或同一办公环境的人，都要采取隔离措施，以防感染扩散。万科把“在外地建立第二总部”的议案提交董事会，以防万一。

3月末，怀着既兴奋又不确定的心情，携带登山装备、伞包，随着搜狐珠穆朗玛峰攀登队进入雪域高原……

6500米上的冲突

2003年5月，珠峰大本营。适应训练结束了，勇峰队长伸出大拇指，给队员们打气：“都有登顶机会！”

冲顶在即，央视对攀登珠峰实况转播，引发社会广泛关注，尤其攀登队员的亲友和所在企业单位，更是关切。冲顶编组，由深圳大学的两位老师李伟文、梁群夫妇和海南联通的陈骏池、大刘组成A组，我和深圳农行的张梁、成都《华西都市报》的刘建编为B组。一般常识，力量强的安排在A组。我和张梁没有什么意见，但以为会被安排在A组的刘建却很委屈。

“朋友知道我没分到A组，猜想可能是因为状态不佳，可在实况转播上看到我状态那么好，他们问我，为什么？是得病了？没法解释！报社通知我，要把我母亲请到报社大屏幕前观看冲顶过程，我说，千万不要，她儿子不在报道的A组，嘿嘿……”

被编到A组的李伟文、梁群夫妇所在的深圳大学也特意安排全校停课收看A组的攀登转播。情况突变，为减少A组攻顶的支援压力，伟文和梁群从A组调到B组。他们赶忙通知校方，不要收看了。可是到了晚上，指挥组又决定梁群加入A组，这下又得通知学校：A组还有深大的梁群。这下子，伟文老师也沉不住气了。

“我的问题是：为什么梁群在A组，而我被刷下来了，是身体不行，还是意志力有问题？我个人不在乎，可系里的同事计较，我也就计较了。还有，在学校时是伟文、梁群夫妇，现在成了梁群、伟文夫妇，关系全颠倒了！”看来，队长编组是一回事，如何向关心的亲朋好友、同事解释又是另外一回事。有一种说法，登山的人都很纯粹，我对这个说法很不以为然，其实山友和普通人没有什么两样。既然是普通中国人，屏幕形象、AB 角的转换、男人社会的性别意识等等，当和社会期望不一致时，该如何面对？

我发言："现在对分组的最好解释就是，按年龄分组，年龄小的在A组，年龄大的在B组。"大家都笑了。我对自己的定位：第一，减重，50 天的高山适应训练，已减重 10 公斤，成绩斐然；第二，8000 米以上高海拔攀登体验，预计可以完成；第三，登顶珠峰，要看临战状态和老天眷顾。

珠峰很遥远，但我们却仍要面对这些问题。没有想到的是，更大的变化接踵而来，我们无意中得知消息——取消B组登顶资格！同天气无关，同队员的状态无关，同支援力量的强弱也无关，唯一有关的是来自北京体育总局的一则消息。

5 月 16 日，6500 米突击营地。晚饭后队员集中在餐厅营帐开会。会场氛围凝重，队长还没有开口，大家就已知道他要说什么。在珠峰，每个队员身边都有一部对讲机，队长和大本营总指挥会前沟通的内容，我们已知道一二。北京消息：通过央视转播，中南海也在关注攀登珠峰的节目，并通过体育总局了解进展。总局电话指示：第一，务必保证登顶成功；第二，避免山难发生。大本营指挥组从安全角度考虑重新调整攻顶计划，建议精简A组，取消B组。此时，"非典"疫情的威胁还没有消除，登顶成功将有助于增加老百姓与病魔抗争的信心。如果这是体育总局组织的国家登山队，问题就简单了，队员谁上谁下，领队、队长一句话就行。问题是：这是一支由中国登协出面组织的商业登山队，登山的费用是由我个人出面争取到两家企业赞助解决的，因非安全原因而以安全的名义取消队员的登顶资格，当然违背商业原则和公平原则！

队长显然有苦衷，字斟句酌地强调天气的恶劣和登顶的危险性，"为保证队员的安全决定调整攻顶计划"，这意味着只有两三个队员有攻顶机会，对为什么调整计划的真正原因却只字不提。本来编在B组就觉得憋屈的刘建忍不住哽咽了："自进了大本营，全身心配合训练，队长让向东我们不敢向西，熬到现在，怎么连个登顶的机会都冒泡了。想不通！"一向沉默寡言的张梁瞥了我一眼："还是让老王说几句吧！"

我开始讲的时候，还心平气和："现在正在发生什么事大家都很明白，又不是小孩子了。几天前，队长还鼓励我们每一个人都是好样的，都有登顶的可能，怎么今天突然变了，说我们都不行了，为了安全取消登顶资格了呢？选择登顶还是放弃应该是队员自己的决定，而不是被放弃。队长不就是来提供我们登顶的机会吗？"

可讲着讲着，话就重了，再和队长争辩几句，话赶话，吵了起来，气氛紧张。

“谁能保证百分之百的安全？”队长反驳。

“你不能保障安全来这里干吗？”

“你还让不让人家说话了？”

“谁不让你说话了？”

“这样要求我也没法干了！”

我感觉自己的话过了头，想往回收一收：“如果刚才的话伤了队长，我收回。我的意思是，登不登顶的选择权在队员自己，而不是被选择。我们进山之前和登协的探险公司签订了生死契约，明文规定：如果在山上下不来，责任不在探险公司，但探险公司要负责登山队员的后勤保障和协助向导。怎么说不让登就不让登了呢？既然签了合同就要遵守合同。现在基于某种政治考虑，不准备履行合同了是不是？没问题，合同可以不履行，但按契约原则，单方撕毁合同的，要给对方赔偿。以安全的理由取消登顶资格我就是不服，就是不服！说着说着声音又高亢起来，只要给我赔偿，我扭头就走，这样别扭地登山太没劲了。不登了，改去航海了！”

事后调出录像资料看，发这么大火，是自己也没有想到的。

看着这个场面，本来编在A组的陈骏池表态：“这样登山，我也不登了！”不欢而散。

第二天，队长就要和专程从大本营赶到前进营地的登协主席李致新确定最后的攻顶方案。按不成文约定，最后拍板，大本营尊重一线指挥官的意见。会议上过激的表达方式，会不会对队长的决策产生影响？晚上躺在睡袋里，久久不能入睡，虽然会上说话过了头，但我清楚，问题的要点不是非要争取登顶，而是选择登顶的权利在谁手上，争取的是契约的权利。留得青山在，不怕没柴烧 。如果“被选择”放弃权利，下山后将和登协的探险公司没完。

登山是极端情况下的人生历练，人生历练也在登山中发挥作用，包括如何面对荣誉，如何应对突变，如何化解矛盾冲突，如何平衡拿捏队长、队员之间的微妙关系和不同利益的诉求，又如何在维护契约精神的前提下保证团队朝目标迈进。

登顶在即，队员和队长、大本营指挥组却发生了一次激烈冲突，是事先没有预料到的。

5 月 17 日，赶到前进营地的李致新摸清队员情绪，征求了勇峰的意见，几经磋商，召集队员宣布：仍维持AB组方案，A组由陈骏池和伟文、梁群夫妇组成；王石、刘建、张梁、大刘为B组。掌声！对立情绪瞬间融解。

生命在高处

2003年5月22日中午，珠峰，海拔8700米，第二台阶，阴沉的云团低垂，飘着碎雪花，顶峰就在眼前，但我的步子却越迈越小，停顿的时间越来越长。

突然感到呼吸困难，胸口像要炸开的感觉，氧气罐里的氧气用完了！①

“你们到底还有多长时间登顶？”在7000米营地指挥的队长提出质疑，距第一次报告“差一个小时登顶”已经过了1小时30分钟。

“报告，王先生的氧气不够了。”扎西回答。

“停止攀登立刻下撤！”

扎西瞅着我。

我没有停步，抬手指了指珠峰的方向，继续挪动步子。

顶峰近在咫尺！顶峰的诱惑吗？当然诱惑，但不能被诱惑所迷惑：许多死亡是发生在登顶之后的下山途中，因为在高峰缺氧和疲劳很容易使人做出错误判断和举动。我在攀登博格达峰时，多次飞滑翔伞时，都曾因为盲目自信犯过致命的错误，只是侥幸存活下来。再冒险，幸运不可能每每眷顾。我知道没有氧气继续攀登的危

---

① 登山过程中，氧气瓶都设置好一定的流量，计算并留足登顶后下撤的时间。如果途中耽搁时间长，可能会出现下撤途中氧气不足的情况。为什么在珠峰，登顶过程还算比较顺利的我，氧气在第二台阶就用完了呢？在高海拔雪山上，人的反应、思维都是迟钝一些的，当时也顾不上琢磨这个问题。事后想想，觉得奇怪，但很多细节都记不清楚，也就不再深究了。

事过很久之后，自己回忆加上跟队友们求证，最有可能的情况是：队长出于好心，给予我特别优待，起初配备两名高山向导，还多带了一瓶氧气。平时我都习惯了照顾自己，但在雪山上，心里也没有把握，所以领受了队长的好意。因为多配了一瓶氧气，流量就开得大一些，可以有更好的状态。登顶过程中，英国队有队员受伤，需要护送下山。救死扶伤，义不容辞，我的一名高山向导加入护送行列，他把另一瓶氧气带走了。氧气瓶流量开得比较大，到第二台阶，自然就把氧气用光了。本来得到特殊待遇的我，却反而陷入更加危险的境地！

2009年攀登马纳斯鲁，领队“考虑到老王的年龄”，决定给予特殊待遇。这次不是多配一个氧气瓶，但仍然给我配了两个高山向导。冲顶时，有一段需要修路，两位向导都以为对方在陪同我，于是就都去修路了。结果是，冲顶途中最艰险的那段路，我是一个人自己小心翼翼走过去的，现在想想还颇后怕！

两次惊险经历，让我更加感到特殊待遇这玩意儿，真不是个玩意儿。大凡特殊，就一定不正常；不正常，多多少少就会出问题。叮嘱自己，也叮嘱山友：为我好，以后登山，就按登山的规矩、惯例来，该是怎样就怎样，千万别再搞特殊化了！

险，但即使就此放弃，在8000米以上的高度下撤，同样是危险的。自进大本营以来，集中全部精力，不为任何外界干扰所动，不做任何多余动作，保持充沛体力。养兵千日，用兵一时，此时，就是要再坚持一下。

2003年5月22日14点35分，我登顶珠穆朗玛峰。

顶峰是个雪檐，面积比想象中要大许多，可以同时站十几个人。

经常有人问："从海拔8848（如今成了8844）米的高度俯瞰能看到什么？"其实登顶那天云雾弥漫，还下着雪，能见度只有30米，什么都看不到。还有朋友问："你到山顶的一瞬间是什么感觉？"几乎没有任何感觉，按照高山医学估计，海拔8000米以上极度缺氧环境中，人的智商相当于6岁小孩。一般人认为在这个高度，肯定会感到恐惧和危险。实际上这些感觉都没有，虽然确实处处有危险，随时都有可能滑坠，但由于头脑迟钝，人却不感到害怕。

体力消耗殆尽之时，人已经近乎于机械。

到达顶峰后，只能做两件事：一是照相，摆出站在珠峰顶上的"普士"（pose，姿势）证明自己来过了，这在登山行话中叫"取证"。两个人登到山顶，可以互相拍照为证。稍微挑选位置和角度，然后"咔嚓"一下留下证明。另一件事是展旗。在那种情况下，从包里或怀里掏出旗帜展开，也是一件十分困难的事情。在平地上只要一眨眼工夫的动作，在海拔8000多米上，搞不好得抠抠搜搜几分钟。

国旗是必须要展示的。同队友展开国旗，动作缓慢机械，极度疲劳，思维迟钝，没有激动，没有联想，只是担心能否活着回去。

我还带了一面万科的旗，遗憾的是，费好大劲儿刚刚把万科旗掏出来，扎西就催促快下山，并不给我再次照相的机会。

下撤途中起风，夹裹着雪花，天空铅灰色。

对讲机里，队长鼓励我："昨天A组在8700米的位置放了一瓶氧气和一个帐篷，能走到第二台阶的位置就有希望了。"慢慢往下挪动步子，感觉后脑勺发热，好像温暖的阳光照射着。不禁感到奇怪，明明阴天飘着雪花，怎么会出太阳？回过头看，阴沉的云团盖着雪峰，哪来的阳光？是错觉。

继续往下走，感到脸颊发热，又有被阳光照射的感觉，心头涌出一种莫名的舒服感，双腿发软无力，就想一屁股坐下，迷糊一会儿——哪怕一会儿。只要能坐下，闭上眼，会多么舒服啊！那是极乐世界在召唤我，那就是天堂吗？我感到忽然已经一脚踏进天堂的大门，再迈一步，不，只要坐下来闭上眼睛就进入天堂了。

但即使真有天堂，人们还是愿意留在有黑暗、痛苦、奋斗挣扎的现实世界里。冷不丁绊了一下，脑袋清醒过来，告诫自己要保持头脑清醒，一旦坐下，就可能再也站不起来了。

下撤到 8700 米，第二台阶的位置，没有发现王队长提到的氧气瓶。继续下撤，路线上丢弃着许多空氧气瓶。扎西逐个掂量，稍重一些就意味着还有氧气残存。找到一瓶，给我换上。也就维持个 20 分钟，20 分钟之后再找，继续更换……

路线一边紧贴着峭壁，脚下只有两个拳头宽，另一侧则是千米悬崖或陡峭的冰壁雪坡。

把安全带上的铁索套在安全绳上，我一手抓住安全绳，另一只手扶着峭壁一点一点往下蹭。浑身恐惧。凌晨上来时如果能看到这么险恶，早就放弃登顶了。可现在只有硬着头皮下！

庆幸的是，在海拔 8550 米位置，细心的扎西捡到一瓶氧气，竟然有 1/3 的氧气量。哪个马大哈丢弃的？连续吸三个小时也没问题呀！预计回到突击营地最多也就两个小时。走到海拔 8460 米，突击营地的帐篷隐约可见，遇到两位背着氧气瓶前来救援的高山向导。换了一瓶满罐的，但老王打心眼里不乐意：本来找到的氧气已经够用，新换上的这罐，唯一作用只是增加此时最不需要的——重量。

2003 年攀登珠峰的队伍有 7 名业余队员，有几位一直被看好的队员没能登上去，大家不怎么看好的我却登上去了。①

---

① 我不被看好有两个原因：第一，著名上市企业董事长的身份；第二，52 岁的年龄。

中国传统文化并不鼓励冒险精神。我把登山探险视为个人生活方式的选择，这种选择恰是独立人格的体现，而独立人格恰是我们这个民族缺少的。俗话说："出头的椽子先烂。"传统文化教导我们要随大溜，不要出风头、做出头鸟。这种过于重视群体的共性而忽视每个人的个性的思想，使得许多中国人都过度地寻求社会认同，趋于中庸。我是在改革开放中成就事业的，改革开放本身就意味着一次民族文化的再造，意味着一次人性的解放，意味着生活态度的创新。

我相信，随着时间的推移，更多中国人会接受登山探险作为一种生活方式。不思进取的保守和因循守旧相关联，探险生活又和创新进取紧密相关。我们这个时代需要探险精神和创新精神。我是作为一个人，一个独立的人去选择探险活动，而不是以一名董事长的身份。不过，如果董事长的身份能引起更多国人对探险运动的关注和思索，那也不错。

说到年龄，就攀登雪山而言，我的经验是：年龄大一些不仅不是缺陷，而且是一种优势。和大运动量的竞技体育运动不同，在缺氧、负压的高寒环境下，即使体力强者也只能缓慢行动，年轻者较年长者的体力优势不是很明显，而对适应艰苦环境的忍耐力、经受生死考验的承受力、面对荣辱的平常心以及体能调配的节奏等却是年长者的优势。

比如大刘，比我小10岁，身体素质非常出众，2001年和我一起被授予国家级登山运动健将称号。登山过程中他的负重比我重，平日训练总能提前半小时甚至一小时到营地。按照状态判断，7个人中他应该是第一个登顶的，但那次他却没能成功。

事后总结，原因大概有两点。第一，对每个人来说，攀登世界最高峰肯定是很让人激动的事，大刘可能过早进入状态。第二，由于恰逢“非典”肆虐，这次登珠峰成了鼓舞国人与病魔做斗争的象征，获得全国上下关注。队员们突然在全国电视观众面前成为名人，显然不大适应。大刘缺乏对付这种场面的经验，为人又特别热忱，登山过程中频繁接受记者采访，每天要回复互联网上的帖子，还要跟踪拍摄登山过程并将图片传给家乡的电视台。显然这消耗了他不少精力。到达海拔8300米，第二天准备冲顶，他的精力已消耗殆尽。当天晚上，要大家各自选择是否登顶时，他明智地决定放弃。

我原计划在2004年攀登珠峰，2003年是打算攀登世界第六高峰卓奥友。2002年10月，央视10频道《人物》策划“纪念人类登顶50周年”专题片，找到王勇峰队长和我，建议卓奥友队改登珠峰，费用全由央视出，何乐不为？但我有顾虑，无论体能还是心理都还没有做好攀登世界最高峰的准备。面对真诚的邀请，又是熟人朋友，我答应了，但有两个附带条件：第一，我不登顶，登到8300米（略超卓奥友峰的高度）的突击营地就下撤；第二，不准央视记者对我跟踪拍摄。央视魏主任略显失望：“要是著名企业家登顶珠峰多带劲儿！不登顶也就算了，还不让对你拍摄，那还有什么新闻呢？”我坚持：“你们要是同意我的条件，我就改登珠峰，不同意我还是登卓奥友。”登到8300米就下撤等同攀登卓奥友的高度，心理、体力都没有障碍；拒绝被记者拍摄则是经验告诉我：面对镜头，每个人都必须故作精神轻松状，时间长了，会很消耗精力体力。

这次进山之后，我就要求电视台不要拍摄，但因为央视要给每个人拍登山日记，在珠峰大本营，摄制组跟拍了我一天——这个你老王总得让拍吧？那天是从海拔5800米走到6500米，5个小时，平时我就是走自己的节奏，轻轻松松。那天为了拍摄，安排我打头阵，后面的人想要走快些，就给我压力，我只好加快节奏，搞得人非常累。一累动作就变形，想哈着腰一步步走，可是镜头对着我，又只能挺着腰撑着。那是我走得最累的一天，晚上腿就抽筋了，苦不堪言。除了那天，整整两个月时间内，我一直要求自己，要让自己处在很放松的状态。

5月20日，从海拔7028米的4号营地，攀爬漫长雪坡，穿越大风口，抵达海拔

7790 米营地。疲惫的我早早钻进帐篷躺下打盹儿，忽听到大刘的叫喊声："快出来，晚霞美极了！"但我坚持继续闭目养神。虽然喜欢高山摄影，但在攀登珠峰的目标面前，尽量避免多余动作。在极度消耗体力精力的缺氧环境下，减少多余动作是明智的选择。

"哎呀，大哥快出来吧，别装睡了。景色之美是我第一次看到的，太壮丽了！整个红霞染遍了珠峰，你不出来会后悔的。"

"说不出来就是不出来。"

尽管我认为 52 岁的年龄不是问题，但仍清醒意识到自己的体力毕竟不如 30 岁、40 岁的人，必须采取一种合适的战术：保持冷静，调动全部精力、经验和斗志来对付面前这个巨大的挑战。我也发现，自己的许多人生历练在登山中都会起到作用，如何面对荣誉，如何把握节奏，如何保持体力……

最后，我不仅成为 7 个队员中登顶的 4 个之一，而且全队中只有我没有受伤，完好无损地返回，甚至还有体力在回拉萨路上的山口飞伞。是因为我有更好的登山技巧吗？显然不是，而是因为我的生活阅历，使我以更专注、更谨慎的心态去攀登。

登山难还是做企业难？这是一位记者问我的问题。我 1998 年开始做登雪山的准备，在国家登山队训练基地攀岩、攀冰，平时在健身房锻炼上肢力量。到登珠峰之前，已经有四年登雪山的经验了。做企业呢？如果把事业当作山峰来攀登的话，我最多到了个半山腰。所以要问登山难还是做企业难，回答很简单，做企业要难得多，但登山给我的人生带来了另一种意义。

不同场合，总有人提出这样的问题："你登珠峰的做法令人佩服，但作为上市公司的董事长，这样的做法对股东负责吗？"

我认为，不能因是上市公司的董事长就没有个人生活，就不能从事一些带有冒险性的运动。为了确实对股东负责，我一直把握三条原则：

第一，作为一个董事长，我是不是合乎董事长这个职位的要求，是不是具有担任这个职务的能力？至少到现在为止，我可以说自己是合格的，有能力的，基本胜任的。

第二，是否尽职尽责？有的人有能力，但不一定尽职尽责去工作。根据万科这么多年的经营状态，我可以问心无愧地说，自己尽职尽责。

第三，作为上市公司，有很多股东对万科投资，但作为董事长不能就因此而丧失个人生活。

话虽这样说，但我也一直在考虑如何规避投资者的风险，答案就是尽可能增加透明度。尽管登山是我的个人生活，但由于这项运动的风险性，我的行为仍可能会影响公司股票的行情。所以，我的登山行为就尽量透明，以便让股东知道这些情况。广大中小股东在我登山之前了解了情况，就可以做出判断：一种认为王石登山可能遇难，应该在他登山之前把万科的股票卖掉；另一种判断是，即使万科董事长遇难，公司也会正常运转，否则他不会去登山，这正说明公司运行良好。

1999 年登珠峰之前，只要我一“进山”，股价就微跌；只要我一“出山”，又恢复到原来的水平。换言之，市场对我的登山行为是不认可的。但是也没办法，我还是照做。直到 2003 年出现一个例外——那年闹“非典”。我们登珠峰期间，全国很多地方都不上班、不上学了，人们没事做就在家里看电视，看登珠峰现场直播，队员中有万科的董事长王石。当时有个笑话：目前有两种死法，一种是感染“非典”而死，是“等死”；还有一种是去登珠峰而死，是“找死”。但是在“非典”期间，大家认为登珠峰很勇敢，鼓舞士气，我登珠峰的行为对万科投资者有了正面影响。所以在那时整个市场都不好，万科的股票却在升，一直到我下山，还在升。

珠峰大本营誓师大会上，央视主持人李小萌采访我：“你是目前中国登珠峰年龄最大的人，你觉得有没有信心？”那年我 52 岁，没想过 52 岁登珠峰会是个问题。当我从珠峰上下来之后，我发现年龄不仅不是一个问题，还是一个优势。①

我的感慨：登山既是人生的浓缩，也是人生的延长。

登山是艰难的，登山者可能随时都有放弃的念头。我也曾想到过放弃，但终究坚持到最后并且登顶成功了。有时自己也奇怪：“我竟然能上来了？”正是因为一步步的攀登，才能顺利登顶。我们的生活何尝不是如此？很多事情就是因为放弃才没有成功。在生活中总结出这些道理往往需要 10 年、20 年，等你领悟时，很多事情木已成舟，来不及改变了。但在登山过程中，一个星期就可以让人们懂得很多，这是人生的浓缩。

回到现实生活中，遇到坚持不住想放弃的事情，我会想到登山的体会：成功没

---

① 在我之前，中国人登顶珠峰年纪最大的是位 46 岁的藏族登山家。俗话说“人过半百万事休”，按传统观念，过了 50 岁要去登珠峰是有点不合时宜，尤其对一位成功的商业人士，更有点匪夷所思。之所以我不认为是问题，是有不同的参照系：1949 年之前，中国人的平均寿命只有 35 岁，有“人过七十古来稀”的说法，而到 80 年代，中国人的平均寿命已过 70 岁，人们对事物的理解和挑战也应该进行调整才对。52 岁在中国是最大的攀登珠峰尝试者，而在国际上，2002 年，65 岁的日本男子石川富康登顶珠峰（不仅仅是尝试），比我大了整整一轮。而石川富康的登顶珠峰年龄最长者纪录只保持了一年，又被另一位日本男子，71 岁的三浦龙一郎打破。人往高处走，山往高处登，既然要比就要和国际上比才更有现实意义。

有什么诀窍，只不过就在坚持、再坚持一下之中。登山之前，我认为人生短短几十年，能做成一件事已很不容易。但在登山之后，我感到人的潜力无限，可以成就更多奉献，体验更多乐趣，这是人生的延长。

登顶的整个过程中，我都没有太激动的感觉，并没有人们想象的那样热泪盈眶。然而在成都召开新闻发布会之前，公司放了中央电视台拍的20分钟短片，播放到第一小组登顶展旗的镜头时，音乐一起，心头颤动，眼睛湿润了。

盲童爱与信

进珠峰之前，途径拉萨，被摄影家车刚带到盲童学校。“是去做一次慈善捐赠吧？”我心里很乐意，但带着一种给予者的优越感。

天气温暖，阳光洒满盲童学校的藏式小院。孩子们歌唱着欢迎来客，歌词表达出对美好生活的憧憬，纯净无瑕的歌声更令人感受到心灵之美。面对苦难，孩子们表现出来的是乐观、积极、自信。不禁问自己：残障儿童尚且如此，身体健全的人又该如何呢？在盲童面前，原有的优越感被瓦解得荡然无存。

领唱的男孩叫久美，纯真、激情而富有表现力的嗓音令人联想到意大利盲人歌手安德烈・波切利。或许是因为眼睛失明，盲童的其他器官就特别敏感，听觉、嗓音比五官健全的人更好、更强？久美的歌声不仅表现出天赋，还释放出他的自信。

久美喜欢与人交谈，抓住我的手不放。这个孩子最大的梦想，是当一名出租车司机。当校长赛布芮娅告诉他，这个梦想恐怕永远不可能实现时，孩子想了想说道：“既然开不了车，那我就当出租车公司的老板！”

纯洁的歌声，天真的梦想，让我感到：真正给予的人不是自己，而是面前这些可爱的孩子。

校长赛布芮娅是一位年轻的德国女士。1970年，她出生于德国波恩附近一个小镇，两岁时被诊断出色素性视网膜病变，12岁那年彻底失明。起初，赛布芮娅在盲人学校接受教育，随后进入波恩大学学习英语、计算机、历史和文学，并热爱上了中亚学，依靠电脑听音分析器学习藏文。1997年，即将大学毕业的德国女孩一个人来到拉萨旅游，发现这里的盲人不仅没有受教育机会，还遭受各种歧视，缺少尊严——当地风俗认为，盲人是前世造了孽，今世遭受神的惩罚。

赛布芮娅被盲童的遭遇深深刺痛，决定要帮助他们。“我无法让他们看到常人的世界，但要让他们体验到心灵的光明！”

在赴西藏的旅途中，她认识了荷兰人保罗。当时拥有优越的西欧白领生活的他，拥有四个学位，从事计算机软件开发，曾在非洲当过救助儿童的志愿者。保罗十分支持赛布芮娅的想法。

1999 年 6 月，赛布芮娅的计划得到德国政府赞助。她和保罗先后回到拉萨，建立盲童学校。后来，二人结为夫妻。①

第一个进入学校的盲童叫索朗本措，是一个女孩，因为遭受歧视和欺负，她的性格变得十分自闭，认为周围的人都是坏人。来到盲童学校，小女孩找到了安全和欢乐，学习英文、藏文、汉语、计算机、美术和音乐等课程。到了节假日，索朗本措和同学一起搭乘长途汽车，往返于拉萨和位于墨竹贡卡县乡下的家里——如今的她已经变得自立、自信。

学校有 60 多名学生，从 4 岁到 18 岁不等，按学龄分班。赛布芮娅在布莱叶盲文基础上创造藏盲文，自己发明了藏盲文打字机，逐渐培训孩子们的指感，教会他们盲文阅读和打字。

现在，这里的盲童大都可以读、写、使用盲文打字机和盲人电脑，用汉、藏、英三种语言进行日常交流。赛布芮娅鼓励孩子们坚强、乐观、平和地面对生活，通过给予鼓励和快乐，让他们越来越自信。

除了初级学校教育和基本生活技能，盲童还要进一步接受职业技能培训，包括按摩、手工编织、医疗看护等。学校在日喀则有一个 300 亩的农场，盲童在这里又可以学习织地毯、打毛衣、放牧、种地、挤牛奶，还能学到德国的奶酪制作和园艺技术。地块曾经是军产，有礼堂、营舍，绿树成荫，适合孩子们学习生活劳动。花棚里种的花，都是德国、荷兰的品种。农场里还有一个健身房，运动器材稍显简陋，但空间宽敞。

这次走访，让我对盲童学校有了难以割舍的感情，每次到拉萨，我都会到这里看看。因为董事长常常在公司内部说起，又通过《万科》周刊传播，万科员工被西藏盲童的故事感动，持续发起定向捐助。赛布芮娅的爱心和不屈精神也感染了我身边的朋友、企业家。2006 年，万科员工与深圳青年作曲家文莉、企业家万捷、摄影

① 2000 年，赛布芮娅获得国际女性俱乐部颁发的“诺格奖章”，获得德国政府颁发的最高荣誉“邦比文化奖章”。2001 年，荷兰驻华大使代表荷兰女王到拉萨授予保罗和赛布芮娅夫妇二人爵士勋章。

家左力等友人一起，帮助盲童出版了一张音乐专辑《天籁童心》，试图为有音乐天赋的盲童摸索出一条新的生活道路。

2006 年的万科司庆月，我们把久美、曲珍等盲童请到深圳。当孩子们被带到海边，第一次听到、感受到大海，脸上露出害怕又幸福的表情。他们突然出现在司庆晚会上那一刻，全场成了掌声和泪花的海洋。

同年，我参加“玄奘之路”活动，在途中拜谒印度国父“圣雄”甘地陵墓，意外遇到甘地的孙女，送给中国客人每人一本她写的《甘地传》。在甘地墓甬道中，中国队员围着慈祥的老妇人，一问一答。“什么是‘善’？”老妇人眯眼想了想，回答：“很难给‘善’下定义，因为善心是没有限制的。比如，思想是广阔无垠的，善也是如此。从善心而生和平，而善则来自智慧，来自恩宠，来自成熟。善也是不喧哗的，是来自静默的。”

善是不喧哗的，是来自静默的。天真无邪的盲童正是如此，给都市生活中的我们带来了爱和信。

假定善意

2003 年 10 月，我参加在云南弥勒举行的企业家论坛，探讨企业伦理话题。我在发言中介绍，万科奉行诚信守法的经营原则，绝不行贿。随后的发言者是一位一向以坦言著称的民营企业家，他先评论说：“王石先生不行贿，我很佩服。但那只是个案，因为在中国不行贿，一事无成，比如说我自己就行贿。”他说完这句话，台下 300 多位听众报以热烈掌声。我说我不行贿，下面没有掌声，他说他行贿，下面倒是掌声雷动，我不禁感慨：对于不行贿，你可以不相信，但总不于欣赏行贿行为吧？如此社会风气，问题出在哪儿呢？

发言者开始发问：“请问在座的各位企业家，谁敢说你们没行过贿？没有行贿的请举手。”在座的企业家你看我，我看你，过了一会儿有人举手了，举手的姿势很缓慢，做贼心虚似的，最后总共只有五六位举手。我想在当时的氛围中，大家都默认：在多数新兴企业中，一定存在行贿，不行贿是不正常的。

之后不久，我受黄铁鹰教授邀请，到北大光华管理学院MBA（工商管理硕士）班做讲座，谈到我在这次论坛上的感受。黄教授说：“我们做个现场调查吧，相信万科不行贿的同学请举手！”结果举手的不超过 1/3。当时在座的都是一些出色的职业经理人，他们对这个问题的态度显然反映出：企业行贿受贿是共识。企业和社会的信用已经面临危机。

这之后，每年黄铁鹰都会邀请我去光华管理学院讲课，每次都会问起这个问题，并且现场录像。结果接近，举手表示相信万科不行贿的人数从未超过 1/2。最近一次，他先给同学们播放了历年提问和回答的录像，然后再提问："相信万科不行贿的同学请举手。"

这一回，举手的勉强超过了半数，但也不是大部分。我想，其中相当一部分还是为了不拂在场的我的面子吧？

我不禁疑问：为什么人们会认可行贿，觉得这是一件正常的事情，而且对不行贿持深深的怀疑态度？

2010 年，《南方周末》"中国梦践行者"活动的典礼上，组织方为我准备了三个标签：企业家、登山家、不行贿，由我自己来选。我没有选"企业家"，也没有选择"登山家"，而是选了"不行贿"。

作为企业家和登山家，我都还在路上，目前取得的成就也不足以自满，相信未来会更精彩！而"不行贿"作为行为底线，我踏踏实实做到了，在一个企业家奉红顶商人胡雪岩为偶像的时代里，我因此成为另类。选择这个标签，我于心无愧，甚至可以自满。

大家知道，行贿是违法的事情。"不行贿"应该是企业的道德底线，是企业家可以做到的最起码的一件事情，如今竟成了难得的、有点不可企及的道德准则，成了王石的符号，这多多少少又让我觉得荒诞。是我的荒诞？《南方周末》的荒诞？还是时代的荒诞？

按照一般的理解，因为行贿很实用，而不行贿太理想化了，最终会"一事无成"。我偶然读到钱穆先生的一个理论：中华民族属于早慧型民族，我们很早就脱离了原始社会，过渡到理性社会。但是过早的理性过渡，民智的过早开化，加上当初落后的农耕技术、贫瘠的生存环境、匮乏的生活物资，会导致社会实用主义哲学大行其道。

可是，如何衡量行贿的"实用"或"不实用"？

一些商人、企业家通过贿赂官员，获得特权或机会，确实能在短时间内赚取大量财富。问题是，一旦官员仕途中落，或者贪污被查，往往扯出萝卜带出泥，公司一蹶不振，甚至同样面临牢狱之灾。即使公司能幸免于难，通过这种模式，竞争力只会越来越萎缩，很难发展壮大。

万科坚持不行贿，早年拿不到市中心的优质地块，只能以较高价格在比较偏远的城郊地带搞开发，被人调侃是“城乡结合部开发商”。比如，早年在深圳拿到的一块地是免税公司的半拉子工程，地基打好，他们没有钱做了，万科接手后四六分成。再就是高价投标拿地，拿到的地比较偏，价格也较高，同行一般都不看好。这种形势迫使万科只有加倍努力才能生存发展下去，我们建立了优秀的设计队伍和营销队伍，认真钻研市场，培养自己的产品竞争力，提供更好的产品，配套更好的服务。最终，因为起点上的不利条件，反而使万科走在了行业前面。

行贿受贿是形影不离的一对。万科的风险管理部门做过分析，如果企业员工向客户索要 1 块钱回扣，就会给公司带来 10 块钱的损失。可以想见，受贿给各类组织乃至整个社会带来的损失是巨大的。一旦要以人的幸福为代价，这种“实用”可就无论如何算不过来了！

1995 年，上海万科城市广场工程部爆出集体受贿事件。工程部一起共事的 4 个人共同接受贿赂，认为此事只有天知、地知、你知、我知。没想到，行贿的承包商因为其他案子出了事，连根带出他们 4 人，还有录音为证。

对企业来说，行贿总得走财务账，只要企业下决心不行贿，就可以很好地约束员工行为。但如何保证员工不受贿呢？答案只能从企业文化、制度上去找。我当时反思上海城市广场事件：以一批人进监狱为代价，换来三五千万、一个亿的利润，这个代价是不是太大了？人的毁灭、家庭的灾难，是无法用金钱衡量的损失。项目不成功，甚至做砸了，都可以重来，而人一旦失足，不但自己终生悔恨，对公司的影响也是非常长远的。毫无疑问，如果上一个项目要付出如此沉痛的代价，那我们宁可不上这个项目！

后来，万科在做项目决策时，增加了人力资源部的参与，而且是一票否决制。如果项目利润回报可观，但人力资源无法跟上，有可能造成管理失控的话，这个项目就绝不勉强上马。从那以后，应该说万科的发展是比较健康的。从制度上，一个企业难以百分之百杜绝行贿、受贿，但如果是由于管理失误，造成了职员犯罪，这将是企业管理者不可推卸的责任。

行贿受贿并不是中国特有的现象，即使制度规整如美国，也不时看到媒体报道政府官员的受贿丑闻。一旦东窗事发，涉事人就会受到舆论唾弃，受到法律制裁，很难得到社会的默许和认可。为何行贿受贿在我们的社会泛滥到如此程度，以至于人们竟然对不行贿报以深深的怀疑？哲学家卡尔 · 洛维特有一段话：由于人们不断被迫妥协，这种软弱扩大为一种普遍的人格特质：一种由于对善的荒废而来的罪行。

我的理解：人人心中都有善的一面，也有恶的一面。现实生活中不存在内心只有光明、美好、向善而无一丝阴暗和恶意的人。但这并不能成为我们纵容恶、荒废善的理由。如果假定他人都是恶意，自己也就会展现出恶的一面，人与人之间无法合作，社会就走向荒诞和堕落，最终秩序混乱，制度废弛。假定他人会表达善意，自己也就会尽力展现善的一面，由此建立的社会共同体，才会是一个和谐有致的格局。

我心中也有恶的一面，但我一直谨记"勿以恶小而为之，勿以善小而不为"，坚持理想主义，假定他人善意，也积极向社会和他人表现善意。假定善意，不荒废我们的善——或许这就是万科"不行贿"的起点吧。

创业之初，我在深圳搞玉米贸易，为了能弄到两个计划外火车皮指标，让同事给火车站的货运主任送去了两条烟，人家没有收，打回来了。我第一反应：是不是我送的礼太轻？进一步接触，这位主任批给了我两个计划外火车皮的指标，但依然没有收下我的香烟。他表示：之前曾观察过我，还看到我和工人一起扛饲料大包，觉得我是一个认真做事业的年轻人。对这样有志气、实干的年轻人，主任十分愿意帮忙！

这件事情，让我萌生了多年一直坚守的信念，只要你正心诚意，勤恳做事，不用走歪门邪道也可以"成事"，可以实现理想。

我至今依然对这位主任心怀感激。本来，他仅仅是偶尔目睹一个人的言行举止，并不会有多么深入的了解。他之所以能拒绝贿赂，帮助我甚至鼓励我，不过是出于假定善意。他的做法和他说的话，鼓励了一个年轻人、一家小公司洁身自好，坚持理想主义，一直走到今天，成为世界第一的住宅开发商，成为中国最受尊敬的企业。

不行贿作为一条底线，很多人认为不可能，有的人认为可能，但很难。万科 20 多年的历史证明，不行贿是可行的。至于说"难"，过程确实很难，但不像想象的那么难。尽管很多人不相信，但这么多年过去了，还没有一起揭发万科行贿的案例。作为一家公众公司，万科接受社会公众监督。

直面死亡

确定 10 月国庆假期举办哈巴雪山登山节，得到全国各省登山组织热烈响应！网上报名，筛选出 100 名攀登队员。大概和万科董事长在企业界的影响有关系，企业家群体报名踊跃，成为这次登山活动的主力军。2003 年攀登珠峰活动的主赞助商搜狐和新浪两家竞争对手同时开通网上热线，中国联通负责在哈巴村建通信基站，整个登山活动费用由红塔集团赞助。

万事俱备，只欠攀登。

一年内第二次来到哈巴村。10月的哈巴雪山脚下绿色盎然，雾雨蒙蒙，空气湿漉漉的。攀登队伍进入雪线之前，要穿过原始森林覆盖的大斜坡。飘洒的树须，又厚又软的草地上，覆盖着一层枯叶，水珠滴答的松针，露头蘑菇，空心残树，浓雾弥漫遮蔽了峭壁、山峰。

企业家队伍中有许多熟悉的朋友，因为受不了52岁的万科董事长登顶珠峰刺激，纷纷加入此次活动。其中一位朋友的出现令我意外又欣慰：华欣国际总裁赵广才。90年代初，万科地产开展第一轮跨地域扩张，所投资城市中，沈阳的河畔花园、成都锦绣花园是万科十分欣赏的两个竞争对手项目。了解其背景，均出自沈阳华欣国际，赵广才即为华欣国际总经理。万科在跨地域拓展业务，华欣亦在全国布局，彼此视对方为强有力的竞争对手。1997年，我获悉赵总患急性前列腺炎，抢救及时侥幸保住了性命。惺惺相惜，到医院探望。

病房里，手术后的赵总叙述病因，坦诚同业务紧张、饮酒过度有关系："当时乘机回沈阳，在机场发病，好在是北京，送到急救中心，恰巧有德国进口的急救药，否则就完了。抢救的医生说，存活率不到1%。命是捡回来了，也许药力太强吧，肛门长脓包，整个也给切除了……"从死亡线下来的人，并不隐讳病情。瞅着眼前脸色苍白的病人，心想：企业家创办企业、挣钱的目的是为什么？下海的初始动机无非是为了改变贫穷状态、改善生活质量。但当赚钱不成问题，创业者被越来越多的事务缠身时，人生的目的似乎变得模糊起来。为了赚钱，赚更多的钱，牺牲身体，牺牲节假日，牺牲和家人团聚，只是为了赚钱；只是生命要突然结束之际才醒悟，这样做值得吗？躺在病床上的广才无限感慨："医生建议我去北京郊区一个墓地看看，那里聚集着英年早逝的科学家、企业家、政府官员、事业未竟的中年人……"自这次探望之后，没有再见到广才，但始终惦记着这位曾经的竞争对手，和他所讲的北京那块墓地的故事。

人生自古谁无死？但事业未竟英年早逝令人遗憾。登雪山是项随时可能丢掉生命的探险运动。"你不怕死吗？"许多记者问我。怕呀，怎么会不怕死？怕死是人与生俱来的情绪。在死亡来临之前，能回避就回避，好像死亡和自己没关系，直到亲人或好友去世，处理后事、参加追悼会才觉得死亡离自己如此之近。丧事过去，仍继续回避。登雪山的过程，时时面临雪崩、冰裂缝、滑坠、暴风雪、高山反应等危及生命的危险，你无法回避死亡，因为每天都在直面死亡。敢于面对死亡并不等同不怕死，而是面对死亡的威胁，懂得小心对待，更加珍惜生命、热爱生命。每次下山回来，你会更加珍惜在相对安全环境下的生活，获得更有品位、更有价值的生活态度，而不是放纵自己，糟蹋生命，为了赚钱或为了商场上的利益而牺牲自己的生命就更不值得了。生命只有一次，好好珍惜它！

在海拔4000米大本营，三位队员挤住一间帐篷，我恰巧同赵广才安排在同一帐篷，还有一位是《凤凰周刊》总编邓康延。赵总头疼欲裂，一夜无眠。我心想，他身体不好，能在大本营坚持一夜已属不易。没想到，第二天一早，广才又加入前往突击营地的攀登队伍。登雪山运动，体质固然重要，但意志力和忍耐力更重要。身经市场磨炼的中国企业家并不缺乏意志力和忍耐力，缺乏的是如何把这种意志力和忍耐力调配到赚钱以外的生活上。广才是个很好的例子，虽然身体仍然虚弱，但从他一步一步的攀登中，能感觉到一种生命的激情，这种激情是对命运的冲动和不满足。

阴湿天，雪花飞舞。踩在雪坡上的冰爪发出“咔哧咔哧”的响声。一长溜队伍在缓慢往上爬。中国登山协会的次洛教练在前面开路，中国农大校长陈章良紧随，其后是我、《新周刊》总编孙冕、深圳明斯克航母娱乐公司老总唐老鸭，《凤凰周刊》邓主编没有跟上？……

大雾弥漫，能见度降低。次洛停下来，失去了方向。我走到队伍前，替换次洛领路。虽说年初曾登过哈巴雪山，但在能见度只有四五米的环境里，我也失去了方向。也许顶峰近在咫尺，也许我们早已偏离攀登路线。迷雾中，次洛用对讲机报告指挥部：鉴于能见度太低，迷失方向，决定放弃登顶，沿脚印下撤。

接到同意下撤的命令，但心有不甘，扯着嗓子喊：“喂……有人吗？”

“哎，我是孙斌，听到你们的声音！”左上方的位置竟有回应声音！刚陷入情绪低潮的队伍兴奋起来。自报名字孙斌的是中国登山协会的另一位教练，绰号“推土机”，带领B组走另外一条攀登路线。

“你们在什么位置？”次洛用对讲机联络对方。

“我们还有15分钟就能冲顶，你们在什么位置？”

按照“推土机”的指引，重新振作的队伍20分钟之后全体成功登顶。

下撤回哈巴村，被飞豹抓了个正着。“马桶带下来了吗？”飞豹迫不及待地问。我从背囊里取出一个有盖子的白色塑料桶递了过去。这是此次活动规定必须携带的便携马桶，活动不允许在山顶留下任何人类废弃物，专门定制了一批直径 20 厘米、高 30 厘米的便携马桶。这个做法是 2002 年攀登北美麦金利峰时学来的。麦金利位于北极圈的阿拉斯加国家公园，公园管理处规定攀登队伍进山前要把携带物资装备过秤，出山之后，再过一次秤，根据能量守恒定律，废弃物（包括大便）减少的重量有限，如果重量不够将被罚款，大便就要用便携马桶装下来。便携马桶概念得到了此次活动组委会的肯定并引入。飞豹小心翼翼拧开马桶盖子，瞄了瞄，嗅了嗅，失望地问道："怎么没有把大便携带下来？"

"你知道，有时不是你想有就有的。"

"太可惜了，带下来的第一泡会有新闻价值的！"

学习帕尔迪

时光之河缓缓流过，万科已经航行了 20 个年头。

最初的 10 年里，万科解决了生存问题，并尝试进行多元化发展。第二个 10 年，万科实现了由多元化向专业化的转变，在国内房地产行业取得公认的领跑地位。2003 年万科全年营业额人民币 63 亿元，占全国市场份额约 1%，资产总值 105 亿元，其中净资产为 47 亿元。

一个简单的问题摆在我面前：房地产业务到底能支撑万科发展多大？这个行业的前景在哪里？

总经理郁亮亲自抓这个研究课题，两个月后，一份关于美国房地产市场的研究报告送到我面前：2002 年，美国住宅市场规模 1.16 万亿美元，是中国商品住宅规模的近 20 倍。从美国经验看，房地产有足以支撑起世界级优秀公司的市场空间，中国房地产行业还有很大发展前景。在这份报告中，提到了一家公司的名字：帕尔迪（Pulte Homes）。这是当时全美最大的住宅开发企业，保持连续 53 年赢利记录。

我眼前一亮。

按国内的标准，万科正从一家中型企业向大型企业迈进，从企业生命周期来看，中型企业处境往往最具风险，面临着诸多的危机和挑战。①

对中小型公司来说，"找标杆，学先进"是最简单的战略。过去 20 年，万科先

---

① 这一年，万科第二次入选《福布斯》"全球 200 家最佳中小企业"。按国际标准，万科仍只是个中小企业。

后以日本索尼和中国香港新鸿基地产为标杆。我们从索尼那里学来了服务，从新鸿基那里学到了房地产开发和营销。未来5~10年万科将往何处去？当我们确定专业化道路后，如何提升项目获取、开发节奏等运营水平？如何定位市场和客户、根据客户需求提供产品？如何调整生产方式，更快、更好地建造并且大规模复制产品？万科需要找到新的标杆。

帕尔迪会是万科的第三个标杆企业吗？

2003年12月，万科集团在怀柔国家登山队训练基地召开务虚会，确定“学习帕尔迪”，以其为标杆企业。与中国香港、新加坡和日本这样的半岛或海岛型经济体相比，美国在很多方面都与中国内地市场特点更为贴近，地域辽阔，市场高度分散，前五位房地产开发商只占全国房屋销售总额的13%。而帕尔迪公司在跨地域经营、土地储备方式、持续赢利能力、市场占有率、客户细分及客户关系管理等诸多方面都有良好表现，简直就是为现阶段的万科特意准备的学习标杆。

学什么？

统计数据显示，帕尔迪公司业务遍及全美27个州的48个城市，同时开发约70个项目，它保持着连续53年的赢利记录，过去10年里结算量增长了360%。到2003年，帕尔迪全年售房接近3.3万套，营业收入复合年平均增长20%，持续经营活动收入复合年均增长24%。更值得注意的是，该公司股票投资回报是10年前的2.18倍，同期标准普尔500指数相应数据为102%，道琼斯工业指数相应数据为153%。

在2003年度，该公司营业收入是万科的12倍，利润接近万科的10倍，净资产收益率则约为万科的1.6倍。

帕尔迪的发展轨迹让我们坚定看好住宅市场的前景，这个市场的容量足以支撑万科成长为世界级的优秀公司。

根据独立第三方所做调查，万科客户的重复购买意向为63%，30%左右的业主由老客户推荐，70%以上则靠市场口碑吸引。从调查数据上看，万科的客户满意度还是不错的。不过，看看帕尔迪——客户实际重复购买率高达40%以上！

万科集团企划部派出学员远赴美国登门求教，随后请来帕尔迪前任资深副总裁到万科授课。帕尔迪的客户服务是怎么做的？说简单不简单，说复杂不复杂，他们有一套“客户服务七步法”的方法论：在销售前、主体框架落成、质量检验、成品参观、一个月回访、三个月回访、十一个月回访这七个环节，必须建立与客户的触点，进行沟通，获得反馈，不断改进。这样一来，房地产开发流程不再是规划设计、工程建设、销售，而是站在客户的角度，去找到所有和客户有关的触点。

学习帕尔迪，梳理流程，积累经验，万科推出了自己的客户服务“6+2”步法。

在此之前，尽管万科的客户部门已成立多年，主要任务还只是处理投诉，四处救火。“6+2”步法使客服部门变成了一个有方法论、工具、标准、检查方法和共同语言的专业系统，提升了专业能力。

“6+2”步法推行5年之后，已经变成万科每家一线公司的标准动作——一个项目开盘，新公司的同事知道哪些东西我们必须做；一个客服团队新组建的时候，也知道应从何处入手。

实施几年下来，发现一些规律：“6+2”步法做得好的一线公司，客户满意度水平不一定会高，但“6+2”落实得不好的公司，满意度一定低。为什么？因为它是一系列的基础动作，基础动作做得好，客户才有满意和忠诚的可能。①

2002年11月，万科与华能国际、中国电信一起获得英国《投资者关系》杂志主办的亚洲区最佳投资者关系奖，这个奖项在一定程度上代表了投资业界对万科的认可。但是，尽管自1997年以来，万科累计分红派现金额在国内所有上市房企中最高，2002年每股收益也在同行中位居前列，但与当年汽车、银行、钢铁、石化和电力这五个最活跃板块中最优秀的企业，如前三季度净利润增长均超过50%的上海汽车和民生银行等等相比，万科的成长性还存在一定差距，赢利水平亦不够突出——2003年底净资产收益率虽比2002年有所增长，也只是达到了11.5%。再对比帕尔迪，他们在业绩增长与股东回报之间取得了很好平衡。我们意识到，企业必须更多从股东角度考虑成长问题。

后来，万科提出了投资者关系管理四个基本做法：第一，保持持续良好的成长性；第二，给投资者长期稳定的回报；第三，在资本市场运作及公司融资策略制定

---

① 万科学习帕尔迪，还有很重要的几个课题，比如客户细分和土地投资。

当时，万科的全国市场占有率为1%，而帕尔迪公司全美市场占有率高达4%。能做到这一点，体现了这家公司对各个细分客户市场全面把握和积极渗透的能力。

与中国开发商把楼盘粗略地分为高、中、低档房不同，美国房地产产品市场发育很成熟，细分为首次置业、首次换房、二次换房和活跃长者置业四大块，帕尔迪是全美唯一一家在上述所有细分市场中均提供主流产品的开发商，2001年更通过并购德尔·韦伯（Del Webb）公司，获得了太阳城（Sun City）品牌，最终使它们成为55岁以上活跃长者置业市场的领导者，而这一市场在美国是增长最快的。

在向帕尔迪学习过程中，“活跃长者”这个略显拗口的翻译体，成为万科流行词汇之一。

时充分听取中小股东的意见；第四，重视投资者关系。

这一年下半年，万科将发行19.9亿可转换公司债券。在敲定有关发行方案时，万科从维护中小股东利益的角度出发，对原方案中的发行规模、转股溢价幅度、向下修正条款、回售条款和提前购回条款都进行了重新修改，使董事会最后通过了被认为是“迄今为止市场上最有利于中小股东的发行方案”。

关注投资者利益，对全体股东负责，也是万科向帕尔迪看齐的一项主要指标。

悲观的企鹅

12月，进入南半球夏季，中国“南极南美登山队”踏上征途，将连续攀登南极最高峰文森峰和南美洲最高峰阿空加瓜峰。

抵达智利彭塔阿雷纳斯的第二天，同探险公司签订生死合同。这意味着在南极探险过程中生死自负，不是人为事故，探险公司不负法律责任。

两天后的晚上，乘探险公司租用的俄罗斯伊尔–76运输机飞进南极大陆。登机前，照例要进行安全检查，安检人员检查乘客身上有否携带种子。咦，什么意思？解释：气候变暖，南极圈外围的半岛冰层融化，植物很容易生长。这些植物的种子并不是依靠风力或海流传播过来，而是人类携带过来的。根据研究，每个旅客的衣服褶皱或鞋子里，平均携带10粒种子，每年进入南极的人员约7000人，那就意味着一年携带7万粒植物种子进入南极。科学家认为，随着时间推移，逐渐增加的种子会打破南极脆弱的生态平衡。

凌晨，伊尔–76降落在南纬81度的爱国者山营地，6个小时辗转反侧无法入眠之后，我们将物资装上一架螺旋桨小飞机，往回飞到位于北纬79度的文森峰大本营，飞机盘旋再盘旋，降落在上倾的雪坡上。

扎营。南极风大，先用雪锯锯出尺寸一样大小的雪砖，然后堆成雪墙，把帐篷围起来，否则帐篷随时会被强风摧毁。

美国探险公司的高山向导沃纳先生曾两次登顶珠峰，冬天单人攀登北美最高峰麦金利，是一位顶尖级的高山向导。攀登文森峰过程中，要求严格结组行走。在C1营地，沃纳用竹竿标志围了一圈，半径约10米，告诫队员：“不准解结组绳，只能在圈定的范围休息，之外属危险冰裂缝区。记住，在南极不结组掉进冰裂缝，第一次可能就是你的最后一次！”

经过 5 天上上下下的攀登，途中度过圣诞节，12 月 27 日，队伍准备冲顶了。黎明，满天星斗下出发，5 个小时后，已是毒日当头，连体羽绒服捂得人汗流浃背，燥热难当。喜欢出汗的吕钟凌头顶呼呼冒热气，活像发电厂的散热塔。小吕索性露出一只胳膊来，将衣袖绑在腰上。刘建也脱下羽绒衣一只袖子，倒像是穿藏袍。寒风将脸上热汗即刻吹成冰霜，让人想起哈尔滨冬天的一道小吃：油炸冰激凌。

南极怎会这么热？摄影师祥子因严寒低温，带了 20 块相机电池，到了这里发现，原来只能拍摄 250 分钟的电池，已经拍摄了 270 分钟，居然还有电！——无法解释，至少白天气温没有书上说的那么冷。据科学家观测，半个世纪以来全球气温呈现上升趋势，平均温度上升了 2.4 摄氏度。

南极洲气候变暖更是远高于全球平均值。冰原融化加速海平面上升。对我们来说，从孟加拉湾到上海的低洼地区受海平面上升影响，似乎还比较遥远，但栖居在南极圈边沿的企鹅已经不得不面对这样的灾难。南极洲沿海为数不多的低地将被海水淹没，而这些土地历来是企鹅繁衍生息的地方，这对企鹅来说就是灭顶之灾。

极地海域中的大量喜寒生物可能在升温的海水中灭绝，而这些生物是企鹅的唯一食物来源。食物的短缺，也将加速企鹅的灭亡。

在全球变暖过程中，企鹅将受到极大的生存挑战。悲观预测，我们的子孙再到南极洲时，可能很难看到可爱的企鹅了。

南极时间 27 日 17 时 28 分，中国“南极南美登山队”成功登顶南极最高峰——海拔 5140 米的文森峰。在雨雾天中受困 10 天后，伊尔–76 终于将我们带出南极洲大陆。舷窗外云雾弥漫，什么也看不见。默默为在这片冰天雪地上繁衍生息了百万年的小企鹅祈福，但愿我们的子孙再来南极时，依然有它们相伴。

2004年 荒野

青春的欢歌

阿空加瓜峰，海拔6964米，南美洲第一高峰，位于阿根廷与智利交界的门多萨省西北端。

正值南美夏季，阳光明媚，野花烂漫，远处雪峰皑皑。兴奋的队员们唱起80年代的流行歌《年轻的朋友来相会》："再过20年，我们重相会……"我不免感慨：1993年只身到深圳闯荡创业，听到这首歌时曾想：20年之后会是什么样子呢？不觉竟20年过去了，怎么也不会想到我选择的终身职业是企业家，不会想到万科能成为中国驰名品牌，更不会想到登上了珠峰，到世界各大洲攀登雪山……

万科20年，走过许多弯路，付出许多代价。从这些弯路与代价中，万科认识到对经济规律的遵从、对人文精神的弘扬，认识到在市场中应该做简单而不是复杂，做透明而不是封闭，做规范而不是权谋，做责任而不是暴利。20年，弹指一挥间，回顾创业时代，万科最值得骄傲的事情，就是在行业还有待成熟的时候，建立和守住了自己的价值观，在任何利益诱惑面前，一直坚持着职业化的底线。这条底线包括：对人永远尊重、追求公平回报和开放透明的体制。20年对一个人正是青春年华，20年对一个公司来说，事业才刚刚开始。未来20年，万科人将致力于与中国所有的优秀企业一起，共同参与中国经济的腾飞。让好奇心、不满足、野心和梦想，追随内心的呼唤，成功也好，失败也罢，将无悔人生！

门多萨是个引人入胜的森林城市，四处可见郁郁葱葱的大树、草地，鲜花绽放，街心公园，无处不在的阳光，慵懒的流浪猫……队友逛街去了，我独自一人来到圣马丁植物园。这是一座集植物园林、运动场所、教育休闲一体的综合公园，丰富多彩，老少咸宜。其植物数量和种类之多，令我吃惊。

门多萨地处高原，为半干旱半荒漠地带，气候异常干燥，怎么能营造出如此美丽的花园？1861 年，一场强烈地震摧毁了城市。城市重建主导者请来法裔景观设计师洛斯·塞斯设计了这座公园。人们意识到大自然的威力，在强调抗震理念的同时，更重视对生存环境的营造。150 年过去，透过碧水荡漾的湖泊，眺望延绵雪峰，浪漫和严峻、自然和人工巧妙融为一体，浑然天成，犹如置身人间仙境。

更早的 16 世纪，抵达这里的殖民者频繁受到沙暴侵扰，有聪明人想到，疏松沙土、干燥气候适合种植葡萄。虽年降雨量不足，却有潺潺天然融雪做补充。于是，半沙漠区被垦殖为葡萄产区。现在一年的葡萄酒产量占到全国的 80%，成为仅次于法国波尔多的世界第二大葡萄酒产区。

干旱、地震都是对生存的威胁，但门多萨人变不利为有利，变威胁为动力。我读中学时，曾看到一部记述新疆建设兵团垦荒屯田的纪录片，很感人。50 年过去了，向大自然无尽索取，灌溉良田的塔里木河断流，罗布泊亦干涸了。2008 年穿越阿尔金山的库木库里沙漠，获知，建设兵团有 1300 亩的农田用上了滴灌系统，很佩服！这也是水资源不够，才引进的节水灌溉系统吧。事在人为，顺其自然。

13 日离开门多萨，16 日抵达海拔 4300 米的大本营，四天后到达海拔 5400 米的 C2 营地，全队状态良好。按计划，第二天休息，第三天冲顶。包括我在内的队员都请战提前一天冲顶，理由是气象预报第三天会有强烈高空风，但队长不为所动。事后，我们才感受到，一位职业登山家在队员集体表现出急躁情绪时的淡定沉着。

22 日凌晨，顶着大风向顶峰冲击。山风呼啸，碎冰粒抽打得脸颊生疼。风力达到 8 级，人随时会被掀翻，双手紧握着戳在雪坡上的冰镐才能向前挪步，哈出的热气瞬间结成冰碴儿。风太强时，队伍不得不停步等待。光溜溜的雪脊，没有避风处，时间拖长了，人会冻伤。一些队伍开始动摇，放弃登顶下撤。中国队坚持着，目标只有一个：登顶！

爬上一块巨石，眼睛一亮：看到了竖立在顶峰上的标志——金属十字架。噢，蓝天清澈，雪峰环绕，肆虐的风暴减弱了，黎明的彻骨寒冷已消退。极目远望，百十公里外的太平洋成了隐约一条细线……卫星电话接通北京报告：“登顶了！视线极好！可以看见北京！”登山者的胸怀因高度而扩大，视野因高度而望远，信心因高度而增强，激情因高度而澎湃，野心因高度而升华！

1 月 23 日晚，登山队在下撤的公路边宾馆给我过了 53 岁生日。举着啤酒杯，又唱起“年轻的朋友们，今天来相会，荡起小船儿，暖风轻轻吹……再过 20 年，我们重相会……”

有质量增长

2003 年初，深圳一家证券机构的研究员呙中校抛出《深圳，你将被谁抛弃？》一文，百万网民呼应讨论：深圳前途何在？然而，在我看来，开改革开放先河的深圳，在某种意义上已经完成了曾经赋予它的特殊角色和使命，而今，深圳需要站在一个同全国城市一样的平台上，去面对社会和经济的发展进程。抛弃依靠行政支持的旧心态，追求有质量增长，创造一个新的深圳，正是目前深圳人需要完成的任务。只要深圳人不抛弃深圳，谁能够抛弃深圳？

同样的问题摆在万科人面前。

2004 年 2 月，万科集团在深圳云海山庄召开务虚会。曲折公路延伸向山海之间，尽头处就是云海山庄，再没有去路，万科未来的路在哪里？

务虚会，畅所欲言。财务总监王文金发言提出：万科可能在 10 年内达到千亿销售规模。我听了，十分不以为然：“年轻人头脑发热，这是在搞‘大跃进’！”要知道，不要说当时能拿到的 2003 年数据，万科销售额刚刚超过 60 亿元，利润 5.4 亿元，就是说这话的 2004 年，万科销售额也没超过 100 亿元，只有 91.6 亿元，利润 8.8 亿元。

管理团队没有因为我的批评气馁，他们陈述畅想背后的理由：按照美国和日本的经验，前五位地产商占市场份额的总和应该是 16%~20%。也就是说，平均下来每家企业至少有 3%。2003 年，万科的市场占有率是 0.99%，按不高于万科目前复合增长率的 30% 增长率计算，10 年后市场份额可以达到 3%，营业额至少是 1000 亿人民币左右。①

逻辑是清晰的，说起来并不复杂，是时间和复利在发挥魔力。我感觉到，管理团队的畅想是建立在可信的计算和可靠的速度基础之上的，既然如此，畅想可以成为正式的规划。8 月，万科在白洋淀召开季度例会，启动“均好中加速”策略。9 月，在 20 周年司庆活动中正式发布“第三个十年中长期发展规划”，将“达到 1000 亿销

① 实际上，万科于 2010 年销售额突破了 1000 亿元。从 2004 年 9 月发布“第三个十年中长期发展规划”起，用了 6 年时间突破千亿。

售额”作为一项内容写入其中。

未来营业收入的预期，实际是企业愿景的数字化表达，而数字本身并不是企业愿景的全部。100 多年前，美国企业家亨利・福特说他的愿景是“使每个人都拥有一辆汽车”。万科的愿景是什么呢？或许可以这样表达：“当城市再不需要住宅时，最后一套住宅是万科建的。”

作为全国性房地产开发商，万科制定了“区域化”、“集约化”的区域发展策略。自2003 年，积极开拓以深圳为中心的珠江三角洲区域、以上海为中心的长江三角洲区域、以沈阳为中心的东北区域，并形成珠江三角洲、长江三角洲和京津及东北区域管理中心，逐步形成东部沿海布局，并考虑以成都、武汉为基础，拓展内陆区域经济中心城市。

在过去 20 年的发展中，万科完成了从业务多元化到业务专业化的调整；未来 10 年，万科将努力实现精细化——在我们专注的住宅领域做到更专业，更优秀，更卓越。

“第三个十年中长期发展规划”提出，未来 10 年，万科的战略目标是“有质量增长”。这一战略目标包括以下标准：保持 30% 高速增长；提高增长的质量——衡量标准包括三方面：占用资源回报率（投资回报率和人均效率）、客户忠诚度、产品与服务创新。我们相信，如果实现了“有质量增长”的这些标准，作为水到渠成的结果，到 2014 年，万科销售额将增长到 1000 亿元，占全国住宅市场的份额从目前的 1% 增长到 3%。①

---

① 万科为实现“有质量增长”提出了三大策略：

第一是客户细分策略。在一个竞争与开放的市场中，企业持续的竞争优势只有一个来源，就是客户价值。没有对客户价值的精确理解与把握，就不可能真正形成企业的比较竞争优势。万科将推动运营机制的变革，从当时以项目为核心的运营方式，转向以客户价值为中心的运营方式。

而在客户细分策略下，不局限于以职业、收入、年龄等 “物理”方式去把握客户，而将从客户的内在价值出发，按客户的不同生命周期，建立梯度产品体系，通过为客户创造价值，实现客户的终身价值锁定。

第二是城市圈聚焦策略。中国城市经济圈正在形成，这些城市圈构成了经济发展的增长极。长江三角洲、珠江三角洲、环渤海区域，这三大城市圈的国土面积只占全国的 4.1%，但国内生产总值却占到了 40%，居民储蓄余额占全国的 1/4，人均消费支出是全国平均的两倍。

万科在未来 10 年，将把业务聚焦在城市经济圈，集中资源，实现集约型扩张，在长江三角洲、珠江三角洲、环渤海区域成为市场领导者。

第三是产品创新策略。在有限的土地上，为消费者提供安全、环保、适于居住和交流的优质住宅，对中国房地产行业来说，既是机会，也是挑战。万科认为，要解决这一问题，必须走产业化的道路：在细分客户价值的基础上，形成住宅产品体系，建立万科住宅标准，通过工厂化生产，提高住宅的品质和性价比，以绿色、环保标准生产宜居住宅。

有质量增长，是万科的持续增长之道。

地产骇客

2004 年初，北京国贸大厦，《中国企业家》杂志的年会论坛。

天津顺驰掌舵人孙宏斌宣布：顺驰将在三年之内超过万科，成为行业第一。年会上碰见刚发表宏论的孙先生，我以经验之谈劝言："顺驰要超过万科是可能的，但要在三五年内超过万科是不可能的；万科还在发展，按照顺驰现在的规模，三五年怎么超万科？"

孙先生回了句："说说还不行吗？"

"当然可以。"

2003 年始，伴以高调的广告攻势，天津顺驰急速进行全国性扩张。进入 2004 年，在土地竞标时更是不惜高价，连连得手，引起同行关注，媒体关注，万科亦在关注。

对于顺驰现象，万科研究报告中的三点引起我注意：

第一，孙先生靠二手房代理起家，对客户需求反应敏感，企业的贯彻执行力强，员工斗志旺盛，经营上极其强调现金流，产品专注住宅开发，成为天津卫杀出的一匹黑马。

第二，一家急速扩张的房地产企业，短缺的是资金和管理团队。经验证明，地产行业高速发展期往往也是万科人才流失期，要警惕万科新一轮的骨干人员流失。

第三，顺驰维持资金链的秘诀：截至 2003 年底，顺驰预交地价款的资金在人民币 70 亿元以上，进入 2004 年第一季度，预付资金规模已经超过 100 亿。从现金流上看，除非有强大的财团或银行做后盾，按期交付地价款是不可能的。实际上，顺驰在许多城市都在拖延交付地价款，另一方面，继续高价拿地。

结论：孙先生在赌博，高价拿地的时候，他就没有准备按时付钱，是在与政府博弈，属恶意竞争行为啊！

我赞赏这份分析透彻的报告。第一，看到这匹黑马的竞争优势，值得万科借鉴；第二，责成人力资源部研究对策，减少挖人对万科的冲击；第三，约孙先生谈谈，告诫恶意竞争要不得，再以万科第一轮盲目扩张为戒，把握好节奏，切忌昙花一现。

后来得到人力资源部的反馈意见：顺驰对万科的人不感兴趣，因为万科培养出的骨干不符合对方的超常发展理念和操作手法。简言之：万科的人在顺驰不好使。结论在意料之外，却在情理之中。

前《万科》周刊主编全忠离开万科后创业，与顺驰有业务来往。通过他的安排，我专程前往天津拜访孙先生，在一家古色古香的餐厅午餐。

我开门见山谈了万科的分析报告，特别表示欣赏顺驰的贯彻执行力和重视现金流的策略，也佩服顺驰在天津树立的竞争力优势和口碑："顺驰有较强的社会资源整合能力，包括政府部门、金融及媒体，产品品质也很好，尤其注意到顺驰在天津项目的环保概念也相当先进、实在。"

我也对顺驰急速跨地域扩张提出忠告："万科曾经盲目急速扩张吃了苦头，尽管今天市场扩大了数倍，顺驰的包袱也远比当年万科轻，但紧张的资金链能撑多久呢？本来一家很优秀的地域公司，盲目跨地域扩张，如果资金链断裂而走下坡路，是很可惜的。"

我直言不讳："瞬驰不惜一切代价抢资源的做法是在赌博，赌地价持续增长，赌房价持续增长。地价房价一旦停止增长，你怎么办呢？人民银行'121 文件'对开发商购买土地的限制，使通过银行贷款拿地成为不可能。现金流靠什么支撑呢？顺驰在天津的销售旺盛，资金回流理想，但一个天津的销售回笼资金能支撑迅速扩张所需的土地款吗？你拿着美国绿卡，赌输了，扔下烂摊子，一拍屁股去美国了。"

老王的话很重，孙先生却没有流露任何恼火的表情，甚至没有表现出不高兴，满脸笑容，诚恳地表示："今年我们一直在调整自己的目标，要达到 100 个亿。其实，根据最近一线公司的上报数字，保守估算，今年销售回款可以达到 140 个亿。你担心资金链问题，有许多机构找到顺驰合作，公司本身也计划 6 月份在香港上市，资金不是问题。"

"好，假定市场持续增长，假定你 6 月份能在香港上市，但这样急速发展，管理团队能跟得上吗？建筑质量能保障吗？你这是在透支品牌，不可取。"

孙先生笑嘻嘻地反击："只重视眼前利润不重视增长是短视，追求增长确实会带来风险，但我不认为增长越快风险越大，我倒是认为一个企业最大的风险就是不发展。我们在石家庄 5.97 亿拿的土地，当地开发商说顺驰的竞买扰乱了石家庄土地秩序，不但有可能将危机转嫁给消费者，而且给周边市场传递错误信号，影响石家庄土地的持续开发。嘻嘻，这罪名大了。"午餐持续了三个小时。孙先生对顺驰的急速扩张仍充满信心。

《中国企业家》杂志2004年第三期封面专题《顺驰中国》的文章预测：中国地产业已经到了大洗牌的前夜，谁有可能继万科之后成为地产界新的标杆企业？

浮躁与浮夸的时代徐徐拉开序幕。

2004年8月，21世纪博鳌房地产论坛。我同孙先生一起坐在论坛的嘉宾席上。

主持人、首创总经理刘晓光问孙宏斌："孙总，你先说，宏观调控中你最难受的是什么？"

"其实最难受的还是钱。"孙宏斌答，"没什么对策，还是以前的办法，合作开发，快点发展。今年目标100亿，预计打不住，140亿。"

坐在一侧的我犹如骨鲠在喉不吐不快："睁着眼说瞎话。吹牛！"

就在数年前，知名度远高于顺驰的大连万达曾放言：三年超过万科。

什么超过万科呢？

万科专注住宅业务，我想这种超过当然是指住宅业务。三年过去了，万达不再提超万科的口号，董事长王建林提出：万达业务重点转向商业地产。①

顺驰提出超过万科的目标并不令人意外。长江后浪推前浪，有领先，有赶超，这是规律。把万科当作超越目标是万科的光荣，经营规模上迅速超越万科也是可能的，比如通过几家房地产企业合并、资产重组，就可能快速达到这个目标。但如果仅仅从企业自身的内在增长来看，超常速度发展孕育着高风险，比如管理团队的培养是否能跟上，产品质量是否能保持水准等等。企业高速增长的假定前提是市场高速增长，一旦市场波动，紧张的资金链就可能出现问题。

从更深层次考虑：企业规模的大小不应该是企业的目标，行业第一也不是仅仅依靠规模来衡量。只要企业具备核心竞争力，即使规模不是行业老大、老二，同样具有生命力；相反，为大而大的企业在成规模之日，也是迅速走下坡路之时。在中国新兴企业中，类似例子不胜枚举。

当时，万科恰好走了20年的路程。第一个10年万科走了多元化的道路，第二个10年完成了多元化向专业化的转变，第三个10年目标是实现精细化经营管理。换句话说，中国房地产行业，包括万科在内，还处在粗放经营的阶段，谁能完成精细化，谁才能在未来10年中立于不败之地。各领风骚三五年，不是万科追求的。

有的人选择先做大，再做强，万科把做强看得更重要。

---

① 若干年后，万达在商业地产界形成自己独特的商业模式，成为商业地产第一，规模也突破千亿大关。

先做大还是先做强的争论，如同专业化和多元化之争，还会持续下去，而时间才能说明一切。

一年之后，顺驰开始进行大规模人员调整，有关顺驰的质量问题、二手门店卷资出逃、员工讨薪等新闻不时出现。第二年初，孙宏斌宣布顺驰将出售一些项目。9月，顺驰与香港路劲签署了股权转让协议，孙宏斌以 12.8 亿元的代价出让 55% 的股权，失去了对公司的控制权。2007 年 1 月，路劲宣布收购孙宏斌手中的剩余股权，孙宏斌黯然出局。从博鳌房地产论坛的争论到这一天，不到两年半时间。

但作为地产业的一名硬汉，孙宏斌没有倒下，他转而苦心经营另一家牢牢控制的公司——融创，并重新振作起来。2010 年，融创成功在香港联交所主板上市。2012 年 6 月，融创出资 33.72 亿，收购在另一次房地产寒冬中遭遇危机的绿城 9 个项目的部分股权。2013 年初，融创中国发布公告，公司 2012 年实现销售 356 亿元，比上年增长了 86%，业绩高速增长，规模逼近中国房地产行业前十名。

还是巴顿那句话，衡量一个人的成功标准不是看他事业顶峰的表现，而是看他跌下低谷后的反弹力。

给自己加码

7 月 6 日，俄罗斯厄尔布鲁士峰。A 组队员在向导弗拉基米尔带领下上路。走到海拔 4800 米的高度，开始刮起 6~7 级大风，撑住雪杖，弯腰侧身躲避。到了海拔 5000 米，狂风更强了，队伍停顿下来，偎依一起，等待风雪减弱再前进。一些队伍扛不住强风，开始下撤了。中国队员们继续前行。12 点半，队员几乎同时登顶，唯有华大基因的汪建博士落在后面。

20 分钟后，顽强的汪建步履艰难地爬上顶峰，趴在雪地上呕吐。显然，这是个新手，身体并不适应高山环境。下撤时，我们发现他走路摇摆，后来干脆坐下来不肯走。这是明显的高山反应。我硬把汪博士拽起来，在两位向导帮助下往下撤。缓解高山反应最有效的方法就是下降海拔高度。到海拔 4800 米处，汪建感觉好了一些。突击营地派出一辆压雪机开到海拔 4000 米处接应。

安全返回突击营地铁罐房，我钻进睡袋呼呼大睡，醒来已经是晚上 9 点。腹中饥饿，到厨房找吃的，看到王巍和汪建正在剥小葱炒鸡蛋。汪博士吃了半截又呕吐了，高山病症状还未消失。①

长期以来，西方人习惯认为阿尔卑斯山海拔4810米的勃朗峰是欧洲最高峰。到20世纪50年代初，国际学术界达成共识，以高加索山系大高加索山脉的主脊作为亚欧两洲陆上南段的天然分界。自此，海拔5642米、位于俄罗斯境内的厄尔布鲁士峰才被定义为欧洲最高峰。

在厄尔布鲁士营地四望，皑皑雪峰，墨绿森林，空气沁着凉意。这个营地曾是前苏联著名疗养院，由于游客稀少，加上年久失修，有点破败荒凉。山的那一边，就是战火纷飞的车臣。

A组登顶的第二天凌晨4点，B组出发冲顶。10点钟，我背上山地伞，由次洛陪同，沿着滑雪道向上爬，寻找适合飞伞的场地。很快爬出一身臭汗。瓦蓝的天空，没有一丝云彩。俄罗斯青年男女在滑雪跳台上冲刺、腾越……

风向北偏西，风力2~3级。选好临时起飞场地，展伞翼，系好背带准备起飞。一具正常配置的滑翔伞重量18公斤，包括伞翼、背带和副伞；山地伞的重量只有3.7公斤，重量减轻了，适合负重攀登，代价是对身体的保护大大减少，简单到没有副伞。换句话说，如果在高空伞翼出状况，就只有听天由命了。

“起！”身体倾斜向下，迈开双腿，一步、两步、三步……要靠跑动的速度抵消顺风的风速才能将伞翼托起。海拔3300米的高度，拖着伞翼狂奔，随着心脏的狂跳，伞翼缓缓张开，“呼啦”一声，伞翼全部张开腾起，起飞了！

在我飞伞的时候，B组全体登顶成功！

聚餐成了狂欢，队员们频频举杯，伏特加一口闷，歌声、笑声不断。我申请余下的时间继续飞伞，队长爽快答应！

攀登厄尔布鲁士峰，因为难度不大，体能消耗小，感觉不够尽兴，会忍不住给自己加码。在人生旅途，在工作中，尤其面对客户提出的要求，我也在给自己、给公司加码，提出新的要求和挑战。

武汉垃圾场事件

2001年4月，万科与武汉市东湖区政府签订协议，拿到四季花城地块。地块附

① 当时我认为，汪建的身体根本不适合登山，硬撑着登上去，并不是一种负责任的态度。但汪建凭一股土匪气，坚持训练，攀登能力不断提高，并在6年后与我一同从南坡登上珠峰。

近有一个垃圾场，规划最近距离 800 米，最远为 1100 米。协议明确规定：垃圾场会在我们买下地之后 2~3 年内关闭，随后进行覆盖、绿化。

项目施工阶段,苍蝇和臭味就已经困扰工人们。但武汉万科认为，垃圾场在红线两公里之外，苍蝇和味道又只有夏天才有；加上这个垃圾场早已存在，武汉市民都知道，既然是都知道的，就是默认接受的，“问题不大”。再说，反正入住以后垃圾场很快就会被关闭，熬也熬得过去。

2002 年初，项目销售。6 月，部分业主开始关注垃圾场问题并在“万科论坛”上公开讨论。2003 年夏天，项目交付。此时垃圾场违规扩建，加上夏季吹东南风，焚烧垃圾的气味严重影响已入住业主的生活。万科员工反复解释：政府已经承诺要关闭垃圾场。业主抗议一阵之后，不闹了。他们也觉得搬迁垃圾场是有希望的。

2004 年 4 月，业主间流传出一个消息：现在政府找不到新的垃圾填埋场地址，如果关了这个填埋场，政府没有其他地方可选择。另外政府想利用这块地建一个垃圾中转站，把武汉的生活垃圾运到这儿来压缩，再装车运到更远的地方去。而垃圾中转站的使用寿命是 30 年。

大规模群诉爆发了。

就在此时，我要去武汉大学演讲。业主得知消息后，要来演讲现场“找王石要说法”。武汉公司很紧张，建议我回避。我回答：“为什么要回避？到了武大演讲现场，我还能回避吗？”

赶去演讲途中，车被四季花城业主拦住了。我表示，武大演讲结束后，会专门去跟大家见面。业主表示不为难万科董事长演讲，但演讲一结束，抗议将立刻开始，并且要求必须到四季花城对话。

武汉万科总经理陪我前往武大。临近会场，看到站着一些穿蓝裤子白衬衫的小伙子。我问：“这是万科社区的保安员吗？”武汉万科总经理回答：不知道。

我说：“真不知道就好，但如果这些小伙子是咱们的保安员，那你犯了两个错误。第一，派保安员犯了一个错误，道理很简单，业主们是想制造压力，而不是来揍我的。维持秩序的保安员一旦与业主发生肢体冲突，反而是在制造负面新闻。第二个错误，你还撒了谎。”

几分钟后，我看到小伙子们撤走了。

讲演中忐忑不安，就连同学们半途去上厕所回来，我都以为是业主进来了。我做好了业主冲击现场的准备，但是他们没有这么做，这令我感动。我决定改变行程，第二天去四季花城主动见投诉业主。

见面地点在社区活动中心二楼。业主代表有四五十人，有打着白旗的，有头上扎白布条的。我一到，他们就高喊打倒武汉万科总经理。我有点纳闷，应该打倒王石才对，怎么是打倒武汉万科总经理呢？业主七嘴八舌开始投诉，我明白了，武汉公司没有处理群诉的经验，一直在回避。①

当时正是台湾地区领导人选举期间，电视台天天有转播。我看业主扎白布条，开玩笑说："你是蓝党还是绿党？"大家笑了，现场敌对气氛缓和了。

沟通中，有位怀孕女士的发言让我震惊。她说，小区不仅可以闻到垃圾场臭味，拾荒者烧一些废铜线的线皮，这会产生致癌二噁英，要求休会，让我到垃圾现场亲身体验。

垃圾场恶臭。换位业主的角度，感到心情沉重，下决心，即使承受很大的代价也要解决垃圾场对业主的困扰。再同业主会面，我表态："对此事万科有责任，我们应该与业主共同面对，必要时给予赔偿。但今天不会有结果，业主信任我，我一个月后再来跟大家见面，评估万科的行动能否见效，如何？"业主们同意万科董事长离开，离开前，热情邀请我合影。

垃圾场事件如何解决？确实棘手。同万科的团队讨论解决方案时，我亮了一个极端方案：实在不行，允许业主退房。按照此方案，预计损失至少7000万，最多可能上升到1.3亿，不确定的是如何补偿业主的装修部分。团队明白了董事长不惜一切代价解决此事件的底线，反而放下了心理包袱，多方寻找解决方案。

5月，分管客户关系的解冻代表总部抵达武汉，负责前线指挥，落实：免费为业主安装纱窗、提供空气清洁器；协助政府积极寻找新的垃圾填埋场；与当地媒体充

---

① 武汉公司作为新公司，面对经营压力和周边环境的不利因素，本能地选择趋利避害，自觉不自觉地回避垃圾场信息，怀有侥幸心理，一方面认为属于红线外问题，相信政府会履行承诺按期关闭；另一方面，由于客户入住率不高，投诉声音不是很大，对垃圾场事件发展态势没有充分估计到。

投诉出现后，销售现场还没有明示垃圾场的任何相关信息，销售人员对垃圾场问题也没有主动告知——这也成为后期客户就垃圾场事实知情权问题群诉的焦点之一。

新垃圾场选址的工作也一直未成定论，垃圾场的扩容更增加了客户的担忧和不满。随着一期业主入住增多，二期A区业主办理交付，投诉量在一段时间内开始增多。在这种情况下，武汉公司对潜在的危机认识不足，对政府部门的扩建行为以及垃圾场运行过程中给业主居住造成的影响没有进行监测、评估和分析。正是由于在与业主的沟通中公司仍被动地应对投诉，武汉公司没有主动建立良好的沟通平台。客户对政府的不信任和对武汉公司的积怨由此产生。

分沟通，以开放心态增加透明度。

在武汉的第一个星期，解冻瘦了5公斤。

一个月后，我再次来到武汉，拜会市长。谈及垃圾场搬迁事宜。坐下来，还没来得及张口，李市长先吐槽了："武汉作为一个特大型城市，现在苦于为殡仪馆找地方，每天这个城市死多少人啊？殡仪馆不够用。但是把殡仪馆建在哪里，哪里都反对。"市长把我要谈的话给挡了回来。

如何见业主呢？武汉万科副总经理张旭拉上客户关系中心的段世忠，跑到垃圾场蹲点。没想到，这一蹲，竟看出点端倪来。

这个垃圾场是由世界卫生组织资助的，当初的设计标准很好，有详细的操作规范：倒一车垃圾，立马覆盖一层泥土。覆土不仅能把臭味压住，还造出一种无氧的环境，就不会发臭了。可现状是什么呢？为了节省成本，垃圾倒完不覆盖，敞开一天，甚至几天都不覆盖。垃圾在武汉的高温炎热下腐败，招来蚊蝇，加重了污染。

因为垃圾场敞着，进而有许多拾荒者进来翻捡，垃圾与空气充分接触，臭味更加浓烈、散发。拾荒者捡电线的收入最高，捡到电线后在垃圾场外烧电线皮，燃烧产生二噁英，连同垃圾的气味一起飘散。

可行的方案是：万科接管垃圾场，我们买泥土，负责现场覆盖。同时，给予拾荒者一定补偿。

几个月来，第一次看到解决问题的曙光。

万科做通拾荒者头头儿的工作，要求他帮我们管住下面的人。有一次，这个头头儿的哥哥非要去捡垃圾，哥俩打了一架，从此以后，再没有人去翻捡垃圾。问题解决了。①

垃圾场问题尘埃落定，客户却没有停止行动："王石答应我们的5台空调和5台空气清新机呢？王石不还要再来见我们一次吗？"

公司的颜雪明律师起草了一封信，大意是："作为上市公司的董事长，我既要照

---

① 这个事件后，万科客服系统总结出一句话："待在空调房里不可能找到解决问题的方法，到现场去才能。"段世忠在垃圾场蹲点了一个夏天。据说，司机大哥都不愿意靠近垃圾场，去一次车里一个星期都有臭味；每去一次现场，衣服能臭一个星期，所以离开后必须赶紧换洗。但是段世忠在这里足足待了几个月。

年龄偏大、学历不高的段世忠，现在已经成为武汉万科客户关系中心的负责人。他不仅能吃苦，还肯动脑筋，自己琢磨发明了一套维修工作法，"段世忠维修工作法"是万科集团至今为止唯一一个以人名命名的工作流程。

顾业主的利益，也不能违背股东的利益。”意思是，现在问题解决了，就不用再补偿空调和空气清新机了。同事们也不同意我再去见业主，但我想既然答应过要见，他们也还惦记着，那当然要见。

飞到武汉天河机场，是中午时分，座谈会下午3点开，中间有一段午饭时间。武汉公司的车载着我在街上转了好半天，来到常青花园小区里的一个餐馆。餐馆很“特别”，大门背对马路，朝着小区里开。

坐下来，我问：“王石是不是已经不能在武汉大街上吃饭了？”

同事们一愣。

第一，王石没做什么不对的事情；第二,万科没有做什么见不得人的事。一个项目发展过程中碰到问题，我们必须和客户共同面对，共同寻找解决办法，怎么至于连吃饭都要找一个门朝里开的地方？

“还是换个地方吃饭吧！”

下午3点，准时与客户座谈。将近会议结束时间，一位同事提醒：“各位业主，王总马上还有另外的安排，我们会议就到此……”我立刻插话说：“我专门赶过来听取大家的意见，大家表达的意见我都已经听清楚了，并指派解冻代表我全权处理这些事情。如果你们除了刚才所谈的之外，还有其他要补充的，尽管说出来。我晚上确实还有安排，但如果你们觉得还没说清楚，还需要我留下来继续说的，我也可以留下来。”

业主没有再说什么。

“现在，我可以去吃晚饭了吗？”

第二年，政府为垃圾场找到了新址，四季花城旁的金口垃圾场也就此关闭了。那年6月30日，四季花城二、三期交付的当天，场内所有垃圾全部覆盖完毕。武汉万科同事和约70名业主在上面种植了5亩“万科林”。现在那里已经面貌一新，垃圾场的记忆渐渐被人们淡忘。

武汉垃圾场事件给万科带来了一个全新的文化和制度：红线外不利因素提示。在销售产品时，必须向客户提示项目范围内所有不利因素，以及项目红线外1公里内所有不利因素。今天，走在万科每一个销售现场，都能清晰看到这份文字提示，销售人员也会口头知会客户这些信息。

在一个组织中，正是深植于每个成员的文化意识构成了企业发展的内在动力。

我们1%的失误，对于客户而言，就是100%的损失，衡量我们成功与否的最重要的标准，就是我们让客户满意的程度。这一点，我坚信不疑。

SEE民主选举

2004年6月，受首创公司董事长刘晓光邀请，前往内蒙古阿拉善月亮湖参加阿拉善SEE生态协会成立大会。

行程的最后一段没有道路，必须穿过沙漠。普通的车吃不消，换乘北京吉普212，在沙丘上“冲浪”半个多小时，反复冲顶，下坠，不时有失重的感觉。一路颠簸，抵达沙漠深处的月亮湖旅游度假基地宾馆。

近年越来越多参与公益环保事业，也更乐意与企业家一起来做点事情。接到晓光的邀请，我欣然前往，但起初，并没有对这个组织寄予很大期望。

半年多之前，这个基地的主人、北京企业家宋军邀请首创刘晓光、《华夏时报》杨平等人来参观。除了沙漠生态旅游业，宋军的公司也收购肉苁蓉生产补酒。肉苁蓉寄生在沙漠植物梭梭树的根部，牧民要想得到肉苁蓉换钱，长远来看，就要自觉保护梭梭林，客观上有助于固沙抗旱。这是不是一种以市场化手段来防治荒漠化的办法呢？宋军的想法打动了刘晓光等人。身处茫茫沙漠中，更加感受到：“人类对自然的毁坏有多大，就会遭到自然多大的报复。”一番合计，形成了一个想法：动员100名企业家，每人每年出资10万元，加上首创集团和北京市环保局为阿拉善治沙争取到意大利政府的1000万欧元赠款，启动资金大约两个亿，用于治理沙漠。①

筹备了三个月，最后选择6月4日——“世界地球日”的前一天，在贺兰山西麓腾格里达来沙漠的月亮湖召开SEE成立大会。来自各行业的64位企业家（其中约1/4是台湾企业家）就协会的《章程》及《选举规则》进行讨论表决，选出协会管理层，最后要宣布协会成立。

原计划组织注册取名为“阿拉善生态家园基金”，英文名称采纳了环保总局官员、学者杨鹏的创意，用Entrepreneurs，Society & Ecology（企业家、社会与生态），简写为“ESE”。北京企业家关鹏鸣建议调换一个顺序，取名为“SEE”，更加上口

---

① 最初大家对治沙的共识：投入资金启动项目，动员牧民们搬到沙漠周边，帮助他们种树、种中草药，安排再就业。创造一个有活力的再就业工程，把牧民从生态脆弱区搬出来，形成一条良性的循环链。而对组织的共识包括：第一，要有正规的基金；第二，要有规范的管理；第三，透明化。

好记，大家都觉得好。三年后，时任SEE章程委员会主席的王维嘉与美国前副总统戈尔见面，戈尔问“SEE”是什么意思。王维嘉顺嘴说成Society of Entrepreneur & Ecology（企业家与生态协会），这个说法在随后的第三次《章程》修改中被采用。①

会场没有安排座次，会员随意入座，符合企业家之间平等的关系。这种圆桌形式后来一直被SEE采用，只设一个讲话席，不设主席台，不排座次，不摆名牌，大家随意入座。

会议开始，由杨平做筹备工作报告，然后杨鹏介绍《章程》。出乎意料又自然而然地，会议进入激烈讨论中，企业家们拿着《章程》草案，七嘴八舌地提问、争论、跑题，会场混乱。最后争论集中在SEE的工作应该聚焦于阿拉善地区，还是不局限于阿拉善地区，分成了“阿拉善派”和“超阿拉善派”，争执不下。台湾企业家明显不满意会议的混乱状态，提出要实行“动议、讨论、表决”的议事规则——这时候，许多来自大陆的发起会员第一次听到“动议”这个概念。

最后决定用举手表决来形成决议，51 名企业家举手投票，阿拉善派 29 票，超阿拉善派 22 票。②

29 票对 22 票算获胜吗？是否这意味着以阿拉善派的意见为准？会场又陷入争论。招商银行马蔚华表态：“太晚了，如果没有大的不同意见，就先停止辩论，原则通过《章程》，回头筹备组再根据大家意见进行修改。”

搜狐张朝阳表示反对：“原则通过是什么意思？到底是通过还是没通过？《章程》并没有定义什么叫原则通过呀！如果今天原则通过了，那么未来做重大决策时，是一般多数就算通过，还是 2/3 绝对多数才算通过？我建议，《章程》最重要的一点是要规定重大决策的通过程序。首先要定义什么是重大决策，需要理事会通过还是执行理事会通过，是要多数通过还是全体通过。”

张朝阳讲完后，我起来发言：“如果按照张朝阳先生的意见，今天的会没法开了，大家都要从原则性问题开始讨论。如果要 2/3 多数，《章程》肯定没有办法通过，因为眼前就有将近一半会员不同意。根据我观察，在座各位的表述方式有三种。一种是台湾企业家的，要求按议事规则表决，让我们看到台湾民主选举训练带来的结

---

① 2004 年 6 月 5 日，SEE 协会在阿拉善成立，组织以“协会”名义运作。直到 2008 年 12 月，基金会才在北京市注册成功。

② 当天共有 64 人投票，5 名当选监事为陈东升 42 票，林荣强 47 票，卢正昕 57 票，马蔚华 61 票，张朝阳 57 票。

果。一种是海归派，要求从头开始体现程序合法性。还有一种是包括我在内的大陆派企业家——我们搞‘原则通过’。我看，我们不可能在今晚解决所有问题，时间肯定不允许，而且会影响明天的议程。可以考虑下一次，按照议事规则、合法程序来。今天通过的《章程》宜粗不宜细，关键在于体现一种相当于宪章的精神。”

马蔚华接着说：“我们不可能把所有问题在两天都解决了，原则通过就是相对多数通过。任何好的法律，别说组织《章程》了，就是法律，颁布的时候可能就已是落后于实践了。我们明天研究透了，后天还可能修改，永远是修改的过程。我们不如今天晚上截断，原则通过，保留修改。”

马蔚华的提议得到了多数人表决支持，SEE工作范围最终确定以阿拉善为中心，《章程》以“原则通过，保留修改”的形式通过。

会员们的参与热情和民主气氛超出筹备组预料。《章程》勉强通过了，接下来的《选举规则》讨论引发了更加激烈的争论。

会议筹备组并没有做出《选举规则》文本供大会讨论，而是准备了一个15名执行理事和5名监事的名单征求大家意见，并在此基础上选举会长、监事长，然后由会长提名5名副会长和1名秘书长。另外，名单上没有任志强、冯仑、史玉柱等人的名字，理由是考虑到他们太忙，可能没有时间参与SEE的工作。而在名单中的一些人，此时却还没有到场，如柳传志、戴志康等。筹备组解释：第一，考虑发起人是否有足够的时间和精力投入这一事业，因为在座的都是企业家，都很忙。第二，考虑不同区域（尤其是台湾地区）的发起会员比例。第三，考虑不同行业的比例。第四，考虑来自不同所有制企业的比例。

筹备组良好的初衷，认为执行理事和监事的工作是义务奉献，没有利益可言，不会有人来争。这种传统思维立刻遭到了挑战，会场一片抗议声。

冯仑问：“你怎么知道别人有没有时间来参加活动？”

任志强：“不是说推选的标准之一是有没有时间参与吗？有人连这个会都没有时间参与，怎么还在推选名单里呢？”

张朝阳：“重要的是谁有推选的资格？会议筹备组怎么能有资格来推选人呢？”

张宝全说：“我觉得，筹备组是否有提名权，这是要大家表决通过的。今天没有到场的人有没有被提名的资格，这个也要大家举手表决！”

我表态：“据我所知，柳传志不会忙得不能参与社会公益活动了。他是很热心的人，不能极端地因为没有到场，就把他剔除在被提名的资格外，毕竟之前没有这个约定。有没有时间参与，可以作为我们的一个衡量标准，但是不能说第一次没到就是没时间参与，这么说极端了点。只要有合适的理由解释，就可以作为候选人。”

张树新打破僵局，提议：“我们可以以现在所坐的桌子为单位，重新发起提名。”王维嘉进一步提出一个妥协方案：“如果大家同意筹备组提名权，现在只要以桌为单位提名，增加名单中的候选人，但是不减少筹备组提名的候选人，然后实行差额选举。”

这个动议得到了包括筹备组成员在内的多数人认同。

等额选举变成了差额选举。执行理事候选人由 15 名增加到 23 名，监事候选人由 5 名增加到 7 名。当天夜里，张树新、杨平、杨鹏、关鹏鸣带着会务秘书组连夜重新设计选举程序和选票。

第二天清晨 8 点，选举大会正式开始，由张树新主持。有了昨天晚上的讨论和共识，选举流程经过设计安排，今天进行得有条不紊。按照姓名汉语拼音顺序，候选人每人得到 5 分钟，依次发表竞选演说。先选监事，由监事开会选监事长。再选执行理事，由执行理事开会选举会长和副会长。

陈东升、林荣强、卢正昕、马蔚华、张朝阳当选监事，与筹备组推选的名单完全一样。随后，监事选举马蔚华担任SEE首任监事长。

戴志康、冯仑、高文宁、韩家寰、焦家良、李谋伟、刘晓光、柳传志、史玉柱、宋军、王石、汪延、王青海、张树新、张醒生当选为执行理事，其中刘晓光与张树新是全票当选。执行理事选举刘晓光为SEE首任会长，王石、张树新、韩家寰、宋军、高文宁任副会长，杨平被任命为秘书长。接下来，协会正式举办了成立大会，会长刘晓光发表《阿拉善宣言》。①

除冯仑、史玉柱之外，其他 13 人都在原来筹备组的推选名单中。冯仑会后对史玉柱说：“我们是草根造反成功了。”虽然选举结果与筹备组推选的名单只有两个人的差别，但性质完全不一样。刘晓光在当选演说中，第一句话就说：“我现在是合法当选的了。”

我担任了SEE的副会长。两天的经历感慨良多。这是改革开放以来，企业家以治沙为载体进行的第一次自治尝试。治沙能不能有结果，我觉得已经在其次，更重要的是过程体现了民主的气氛和精神，这可能对社会进步的意义更大。这个过程不

---

① 15 名当选执行理事为戴志康 30 票，冯仑 54 票，高文宁 63 票，韩家寰 58 票，焦家良 48 票，李谋伟 59 票，刘晓光 64 票，柳传志 54 票，史玉柱 37 票，宋军 62 票，王石 61 票，汪延 62 票，王青海 34 票，张树新 64 票，张醒生 49 票。

仅是对大自然荒漠的改造，更是对我们自己内心荒漠的改造。这一天，在场企业家们都很兴奋，纷纷说这是一个创举。海归派、本土派、宝岛派，尝试融和、妥协，一起做事情，令人期待。

被这种新鲜的尝试所吸引，从此我成为SEE的热情参与者。

煮泉论扶桑

8月，付桑带队，我和冯仑、胡葆森、冯佳几人相约攀登日本最高峰、海拔3775米的富士山。

铅色灰云笼罩富士山峰，车外的雨越下越急。汽车抵海拔2305米位置的五合目①。登还是不登？当然登，风雨无阻！

出发不久，山风裹挟着瓢泼大雨无孔不入，身体很快湿透了。浓雾下沉，能见度极低，路上只剩下中国来的这支队伍在攀登。到了七合目，冯佳放弃，其他人继续上到九合目住宿。第二天一早，我、葆森、冯仑和付桑登顶。从未攀登过这个高度的葆森和付桑兴奋不已，最后一个登顶的冯仑扯嗓子唱起了陕北信天游。

撤下山脚，同冯佳会合，当晚来到热海，选择一家幽静的度假山庄泡温泉。黑檀木的温泉池散发着幽香，五人浸在热气腾腾的温泉中，谈论对日本岛国的感触。

日本是个什么样的国家呢？在许多国人眼里，这是一个不大的岛国，“小日本”成为中国人常用的指称。同时，这个“小日本”又是个野蛮的国家，一个从不知道认错甚至无法理喻的国家。我曾经就是如此认为，但自80年代同日本企业打交道，多次访问日本之后，印象有了改变。

第一次访问日本是1986年。近20年间，趁访日商务机会，拜访民间社团，游览寺院、莽原、山川，考察古建筑、博物馆。曾从九州熊本驱车，经濑户、明石大桥穿越四国、本州，再乘火车穿越青函隧道抵北海道，贯穿列岛旅行，比一般中国人经历的感受要多一些。例如，相对日本的本州、九州岛，四国是不太发达的地区，却修建了举世瞩目的跨海大桥；也正因为四国历史上交通相对封闭，盛唐文化的影响保存得更原汁原味，无论餐馆还是寺院，都能看到朴实苍劲的书法，盛唐遗风扑

① 合目是山的高度单位。富士山由山脚到山顶分为十合，山脚下出发到半山腰的地方称为五合目，由五合目再往上攀登，便是六合目、七合目，直至山顶的十合目。

面而来！当你在感受濑户、明石大桥的壮观，获知大桥在100年前就有规划蓝图时，怎能不油然而生佩服之感呢？我们很容易看到，日本是一个不仅经济发达，而且百姓富足、吏治良好、教育优秀、环境优美、人均寿命高的典型后工业社会。从企业视角看，更有许多方面都值得中国企业借鉴和学习。

说到盛唐，不仅想到诗画，还会想到“仓廪实而知礼节”的盛景。在日本，无论大城市还是偏远山村，都能让人感受到居民彬彬有礼、整洁干净，没有随地吐痰、随手扔垃圾的现象。穿越日本列岛的旅行中，竟看不到交警的身影，而人人自觉遵守交通规则。日本大都市白领离不开香烟，男士更喜欢下班后居酒屋一醉方休，但公共秩序和卫生却保持良好，除非公祭节日，不见大声喧哗。有着“知书达理”传统的中国，如今却是另外一番不敢恭维的情景。“现在中国的经济还不行，只要经济赶上日本，社会环境自然就会有新的面貌，失去的优良传统也会找回来。”一些朋友这样回应我的感慨。如今中国国内生产总值的规模已经超过日本，但国民素质提高却不一定同步，至少企业素质的提升是如此。

著名财经杂志《财富》每年都有一个世界500强企业排行榜。虽然国际上都看衰日本经济，但到2003年，在世界500强中，日本企业仍高居88席之多，而中国只有12席，且多是垄断型国有企业。这还仅仅是企业规模上的比较。在技术创新体系建设方面，每万名劳动人口中，日本的研究人员数量为全球之最，2000年为109.3人，高于美国的73.8人、法国的60.3人、德国的59.6人以及英国的54.8人。尚处于起步阶段的中国企业中，研究型人才少而又少。

研究和开发经费支出占国内生产总值比重，在一定程度上反映国家经济增长的潜力和可持续发展能力。2000年，中国在这一指标上的支出为896亿元人民币，占国内生产总值的比重历史上第一次达到1%。同一指标，日本2000年是3.12%，不仅远高于中国，也高于美国的2.65%、德国的2.37%、法国的2.17%、英国的1.87%。这一指标显示出“小日本”并非一些国人所想象的目光短浅的民族。只有着眼未来，才舍得花大本钱为未来投资。

再看看专利发明：可比较的统计数据，1995年，中国申请专利数量占世界的1.45%，批准量占全世界的0.48%，日本申请专利数占全世界的13.48%，批准数占全世界的15.3%。中国企业家还要记住：自然科学方面，日本获诺贝尔奖的人数已达到12，中国大陆仍是0。

另一方面，中国却为国内生产总值增长付出了很大的环境代价。截至2000年底，日本的国内森林覆盖率近64%，是世界上森林覆盖率最高的国家之一。中国森林面积只剩下15.8亿公顷，森林覆盖率是16.55%，远低于世界平均水平；人均森林面积0.128公顷，只相当于世界人均0.6公顷的21.3%。

减少能源消耗不仅事关提高生产率，更是减少环境破坏的攸关问题。以单位能源每千克油当量使用所产生的国内生产总值计，中国大约是0.7美元，不仅低于发达国家，也低于印度等许多发展中国家，而日本同样能源使用所产生的国内生产总值却高达10.5美元，为全球之冠，约相当于中国的15倍。2004年，中国国内生产总值占世界的4%，石油消费已跃居世界第二，发电量消耗占全球消耗的13%，钢材消耗占27%，水泥消耗占40%，煤炭消耗占31%。曾经惹得全世界的人都担心中国增长会否导致全球资源不足，“中国崛起会不会饿死全世界”？

日益被污染的大地，断流的黄河，黄河化的长江，沙尘暴的首都，是环境不可承受之重的警告。中国的生态已经不堪重负，更堪忧的是同样荒漠化的心灵。比较企业，在谈生产率和质量的同时，不得不说到企业最基本的生存之道：信用。同样是奶制品质量出了问题，日本一家老字号企业因此轰然倒闭，而中国同行企业却安然度过危机，为什么？因为中国的信用危机是行业性的、社会性的，而不是个别现象，所以面临信用危机的企业依然有生存的理由和空间。产品信用如此，企业之间的信用也堪忧。我们所熟知的是：国有企业相互拖欠货款，造假经济规模庞大，假冒产品侵权，合同欺诈，拖欠民工工资愈演愈烈，等等，信用败坏正在严重侵蚀这个国家的市场经济。

信用问题的解决，光靠外部的法律监管、内部的企业治理结构都是不够的，还要靠人们心中的文化，乃至信仰。要构建文化资源，中国企业从何入手？日本企业是从传统文化中吸收营养，建立了令世界瞩目的现代企业文化制度，比如丰田工作法。他们的经验和智慧值得中国企业家借鉴。如果中国企业不能建立起值得世界尊敬的企业信用体系，仅有“中国速度”和“中国价格”，我们能形成一批具世界竞争力的中国企业吗？

假如明天世界毁灭

2004年末，照例是各种会议，颁奖与被颁奖，红酒、讲演、笑声。一天三四个会连轴转，早上还在上海，午餐已在北京，晚饭又是在飞往深圳的途中。一天下来，想想参加了哪些会议，见了哪些人，说了哪些话，已是混淆不清一锅粥，如同中国人的欧洲旅行团一般，走马观花，来去匆匆。

有一个会却不会混淆。12 月 12 日，在北京天伦王朝饭店，阿拉善SEE生态协会召集的论坛，题目是《企业家的人文关怀与社会责任》，讲演人：台湾文化评论家龙应台教授。

龙教授的讲演引用了德国宗教改革家马丁・路德的一句话：即使知道明天世界要毁灭，我今天还是会将树苗种下。

龙教授说，民间组织是公民社会的萌芽。18 世纪的德语地区有上百个小公国，其中魏玛大公国对德国的统一起了至关重要的作用。为什么能起这种作用？因为歌德在那里，一批艺术家、文学家、哲学家聚集在那里。为什么是在魏玛呢？因为有魏玛大公国贵族的支持。今天的中国贵族在哪里呢？没有贵族，但有企业家。企业家不仅是财富的创造聚集者，也是文化、品位形成的创导者。2003 年美国企业家为社会捐款 2030 亿美元，捐赠的对象：医疗 49%，教育研发 17.9%，宗教 11.5%，社会福利 11.5%，社交 2.7%，艺文 2.3%。你会发现，捐资的一半用于医疗，排第二位的是教育研发，第三位的是宗教。而在台湾，最大的社会捐款用于宗教，主要是佛教的寺庙。同利他主义的西方基督教不同，中国人的宗教信仰有强烈的功利倾向，比如祈求保平安、生贵子、发大财等，捐款几乎全捐给寺庙了。这方面，大陆也差不多吧？……

言下之意，在中国人的社会，如果知道明天世界毁灭，恐怕就没有人会去种树苗了。因为强烈的功利意识支配，人们的眼光局限于自我，局限于眼前，没有种下树苗、培育萌芽的志向和心愿。一个没有萌芽的社会，只能看到越来越多的老朽，注定是会枯萎的。

假如明天世界毁灭，你会做什么？

第二部分

2005~2010年

2005年 建筑

北极归零

登上海拔5985米的非洲最高峰乞力马扎罗峰、海拔6194米的北美最高峰麦金利山峰、海拔8848.13米（如今是8844.43米）的亚洲最高峰珠穆朗玛峰之后，我又在2003年12月28日登顶海拔5140米的南极洲最高峰文森峰，2004年1月23日登顶海拔6964米的南美最高峰阿空加瓜峰，7月6日登顶海拔5642米的欧洲最高峰厄尔布鲁士峰，7月28日登顶海拔2228米的大洋洲最高峰科修斯科峰（另一说大洋洲最高峰应为印尼新几内亚岛上的查亚峰，海拔5030米，我于2006年12月24日登顶），至此我已经登上了七大洲最高峰。

接下来的目标是徒步抵达南北两极，完成“7+2”。在此之前，全球登上七大洲最高峰的有117人，到过南北二极点的42人，抵达地球三极的14人，完成“7+2”的有5人，这5人中没有中国人。

1月，天寒地冻，吉林北大湖滑雪场。白雪覆盖的白桦林里，搭起一堵“U”形雪墙，支两座帐篷，这就是一个野外滑雪穿越训练营地了。模拟极寒生存环境，为穿越北极、南极做准备。同自上而下的雪道滑雪不同，越野滑雪还要上坡，滑雪板上坡行走本来就吃力，再拖着模拟30公斤重物的雪橇车，即使是零下20度的天气，也走得汗流浃背。

春风杨柳四月天，由华硕笔记本电脑赞助的北极点穿越队聚集北京，飞往挪威奥斯陆，再飞到大陆北端的罗伊宾岛。这个四季冰封的小岛有1000多个居民，和5000头北极熊。如果北极熊要瓜分这里的居民，5头北极熊只能分配到1个人，不够分哪！现实是，不会制造火器也不懂要阴谋诡计的北极熊却要靠人类的怜悯才能生存下去。为了不使人、熊正面冲突，小岛许多地方设红线，越界必须携带防身武器。如果开枪射杀北极熊，又不能证明是出于防卫，要接受法庭审判，可能入狱服刑。令人更想不到的是，岛上有座煤矿，居民的主要职业不是捕鱼，而是采煤。这表明几百万年前，北极曾是热带雨林覆盖的气候，或是更远古的时候，北极地壳板块曾位于赤道附近，历经漫长岁月漂移到现在的地方。

搭乘飞机继续北飞，降落位于北纬88度的俄罗斯科考站。科考站设在一大块浮冰上，房屋全是充气囊临时搭建起来的，飞机跑道也是临时建成的。没亲临北极的人，多以为冰原一马平川，其实不然，由于冰裂缝互相挤压，冰面极其凸凹坑洼。俄罗斯人给中国探险队放了部片子，记录修建机场的过程：苏式直升机将第一批人员运抵现场；盘旋上空的运输机空投各种装备和物资，其中包括推雪机、发电机和燃料箱，天女散花般的降落伞徐徐降落；地勤人员为铲雪机灌注燃料，“突突突”发动起来，铲出临时跑道；充气帐篷四个一组，中间是发动机和充气机，只是瞬间，一组橡皮气囊房屋拔地而起；跑道铲平，特殊型号的运输机一架接着一架，裹着风雪，呼啸而降……乖乖，整个一部好莱坞大片！临时机场2月建立，只使用到4月份，再往后浮冰融化，就必须撤营了。也就是说，每年都要重建一次营地和机场。俄罗斯人的重装备机动能力和严酷环境的生存能力给中国探险队留下极深刻的印象。虽然只是一支科考队的活动，却体现了俄罗斯人的科学求知态度，也彰显了这个北方国家对占有北极资源的渴望和贪婪。

全队搭乘苏式直升机降落在北纬89度浮冰上，开始向极点行走，预计要走8~12天时间。我们采用典型的阿尔卑斯式，全部行囊装在两头翘起的雪橇车上，约40公斤重量，由每个队员自己拖运。第一天行走了11公里，但翌日一早一测GPS（全球定位系统），显示只走了9.6公里，怎么回事？一夜间，漂移的浮冰反方向移动了1.4公里。我们必须加快速度！

探险公司为我们配的向导一位是挪威人、一位是英国人，向导要求我们，每行走一个小时就要休息、喝饮料、吃高热量的食品。数年登山经历，我已经养成登山途中不休息、连续行走的方式，即使就餐也是站着，不把能量浪费在坐下、起来这个过程上。我实在无法适应行走一小时就休息吃喝的行走方法，全队坐在雪橇上休息吃喝时，我一个人站着默默等待，也不能快一步出发，因为一个人行走非常危险，尤其是在过冰河或冰湖的地段。所谓冰河就是两块浮冰裂开的缝隙，窄的可以一跃而过，宽至20米以上称为冰河，更宽的，直径100米以上的就称为冰湖。刚裂开的冰裂缝，能看到黑黪黪的海水，滑雪杖伸进去搅动，发出“哗啦啦”的响声。向导警告：“北冰洋海水平均深度1225米，平均水温零下1摄氏度，人最好不要掉进去！”实际上，抵达北极点的路线就是在浮冰块上穿越，遇到躲不过的冰河、冰湖，也只有冒险通过。通过时，要求套在腰上的拖拽带必须处于解开状态，万一掉进海里，人和雪橇能迅速脱离，便于营救。遇到刚裂开不久的大裂缝，冰裂缝又太长，行走几个小时都绕不过去，只能就地扎营，等待十几个小时，冰面坚硬一些了再通过。

我仍然按自己的方式行走，休息时站着，不吃不喝。到了第四天，明显感到体力不支，落在队伍后面，甚至队伍坐下休息后再起来前进时，我还没抵达休息点。怎么回事？“我要虚脱啦！”大声叫喊。没人理会。索性一屁股坐到雪橇车上，掏出水壶、食品吃喝一番。感觉好一些了，继续赶路。什么问题呢？我琢磨着，看来向导安排每一小时行走后休息补充体力是有科学道理的，在极端寒冷的环境里，拼全力行走一个小时会消耗大量的体能，需要及时补充水分和营养；而在高山攀登环境里，虽然也是寒冷气候，却是慢慢行进，体力是慢慢消耗，不及时补充营养水分也无大碍。登雪山是以有氧运动为主的运动，类似跑马拉松，而极点纵走则是有氧无氧结合的运动，类似中长跑。

那以后，一到中途休息时间，我就坐下掏出食品，迅速地嚼咽奶酪和葡萄干，补充营养。这次经历的启发：让我不适应极点行走的因素，竟是对登山经验的盲目迷信、路径依赖。过去的成功成了新环境下挑战的包袱。要想在极点行走中成为强者，适应新的挑战，需要放下成功登顶七大洲最高峰的骄傲，心态归零。探险如此，做企业何尝不是如此呢？

我们行进速度明显加快，最快的一天行走了13公里。晚上住宿是两个队员合用一顶帐篷，同我住一起的是香港的钟建民先生。钟先生是第二次穿越北极了，行走把握得很有节奏，过冰河也很有经验，但人的状态却不是很好，因为晚上失眠，身体疲劳不能有效恢复。如果继续这种状态，他可能会坚持不下去。我劝他临睡前服用安眠片，他担心会形成依赖，没有用药。第七天途中，钟先生体力不支，无法继续行走，全队临时安营扎寨。临睡前，在我再三劝说下，钟先生服用了据说没有副作用的安眠片，不到3分钟，鼾声如雷。这个晚上，我失眠了。

北极没有大陆，全是飘动的浮冰，极点也就没有任何标志物，全凭GPS确定位置。

第一个抵达极点的吕钟凌掏出装在铝合金壶里的威士忌，请大家轮流抿一口以示庆贺。“小心喝！”小吕提醒大家。我接过酒壶，贴着壶嘴抿了一口，下嘴唇却和壶嘴黏冻到了一起，一拽，撕下一块皮。嚯，太冻了！

回到俄罗斯科考站。科考站已做好撤离准备，我们是今年最后一个抵达极点的探险队。室外温度零下35摄氏度，手风琴伴奏，科学家们喝着伏特加，载歌载舞，庆祝科考的结束。此时的极点，夜晚和白天没有什么区别，太阳始终在头顶上转圈。

日光之下无新事。但对万科来说，做住宅产业化却是全新的事物，新得没人相信能做成——包括万科的管理团队。从工业发达国家走过的道路来看，住宅产业化要么是建筑企业，要么是建筑部品供应商来完成，从未有开发商来做的先例，更不要说成功的先例了。但以万科越来越大的规模经营，如果建筑质量没有保障，规模大了将是灾难。住宅产业化是保证工程质量的有效手段，但现实是，在中国地产行业，没有一家建筑公司或部品供应商愿意率先应用产业化技术，因为仅仅万科一家的需求，远远达不到技术应用的规模效益。怎么办？万科应该自己先走一步吗？我们不是行业的领跑者吗？要在创新领域领跑，不仅需要勇气，还需要重新做起的归零心态。

颠覆，引领，共生

从1995年开始，万科形成一个管理传统：每年初确定一个年度口号，称为“主题年”。那一年，万科的主题年口号是：资金年。

这也反映出设立主题年最初的动机：公司经营管理存在短板，我们必须全年聚焦于此，集中精力改进。

每年伊始，公司管理层甚至公司全体都要坐下来头脑风暴，讨论当年的主题。回头去看，主题年口号不仅是极富万科特色的管理传统，更是一部万科简史。

1996年是质量管理年，1997年是客户年。

1998年后，主题年没有再针对具体短板，而更聚焦于管理上的改善和创新：职业经理年、团队精神年、职业精神年、网络联盟年、客户微笑年、生活无限年。

2004年是万科创业20周年，主题年就采用了20周年司庆主题：成就·生活·梦想。

迎来2005年，许多同行把精力放在开拓新项目的时候，对万科而言，项目已不是最大的问题。我们能清楚地看到，公司进入了一个快速增长的通道。外部环境在发生剧烈的变化：此前一年，中国的加息政策引起国际广泛关注；股市频传利好，却始终不能扭转熊市；庞大的商业王国德隆系因资金链断裂轰然倒掉；联想收购IBM公司个人电脑业务……行业在快速发展，万科更应主动求变，以突破未来三五年可能遭遇的发展瓶颈。2005年是万科第三个十年战略规划的开端，要如何定位这一年的主题，才能有足够分量？

在关于主题年的讨论中，我极力主张使用一个词：颠覆。我想这个词适合给未来十年的战略开头，它足够分量，足够凛冽，令人清醒。

公司同事开玩笑说：这个词，也只有董事长敢用，我们哪里能对自己的公司说“颠覆”？

万科所走的道路不仅是颠覆自己，也是在颠覆整个行业，带动行业的发展，这就是“引领”，是我们期望成为“中国房地产行业的领跑者”理想。

企业与自然环境、社会环境是不可分割的，有志于“颠覆、引领”的企业，还应当做到与客户、股东、合作伙伴、同行，与大环境共生发展，这就是“共生”。

我们把这一年的主题词定为：颠覆，引领，共生。

合盟南都

万科“有质量增长”三大策略中有一条，是城市圈聚焦策略。长三角是中国最大的城市经济圈，也被普遍认为是中国经济的最大增长极。长三角在未来中国经济舞台上的主角地位，上海成为亚洲经济中心和国际大都市的前景，几乎是无人否认的。任何一个有志扮演主角的中国地产企业，都不可能放弃或忽视这个最大的舞台。

2004年，上海房地产市场一片繁华景象，但质疑之声同时响起。上海房价、地价是否过高？是否存在泡沫？争论纷纭，但没有人能预测市场。对于一贯稳健经营的万科来说，既不能贸然放弃这个巨大市场，也不能高举高打，在土地市场上展开肉搏。要积极布局长三角，又要注意防范风险，必须颠覆一贯的投资拿地思路，与拥有丰富土地储备的本地企业进行合作，是一个选择。

这年 3 月，万科和南都进行战略合作，为房地产行业制造了这一年度最大的新闻。[①]

1998 年，我向中海掌门人提出中海万科合作的建议，没有得到回应。2000 年，万科向华润定向增发B股后，再次向行业内一家出色的企业提出合作设想——称雄华东地区的南都集团，但南都董事长兼总经理周庆治当时没有回应我的建议。

4 年后，由于宏观调控影响，很多企业出现资金紧张的局面。在中城联盟共同投资开发郑州联盟新城的动工仪式上，南都董事长兼总经理周庆治询问我："你当年说的话还算数吗？"

这是这几年听到的最好消息之一！我说："当然算数！"

很快，两家公司商讨战略合作事宜，随即万科准备对南都进行审慎分析。但到了 9 月份，市场形势好转，双方的对话也显得暧昧了许多。似乎南都的态度是：市场好了，南都与万科的合作变得可有可无，但起因是南都在困难时主动找万科，现在不合作，好像欠了万科一个人情，所以，还得继续合作。

我清楚表明万科的态度："合作无法成功，没有关系，南都也不欠万科的情。我相信，万科与南都都可以有很好的发展道路。可惜的是，我们错过了一次合作机会，不能实现强强联合。"

我的态度反而加快了合作进程。第二年 3 月 3 日，在上海，万科集团旗下上海万科公司、万科浦东公司、深圳万科公司与南都集团下属的上海中桥基建公司签署协议，万科集团以总计 18.5875 亿元人民币受让南都集团通过中桥持有的在上海、江苏的 70% 权益，以及在浙江的 20% 权益。这是房地产行业呈现资源整合趋势以来，企业间最大的一次合作。

在初期接触过程中，周庆治向万科介绍了南都的基本状况。合作开始后，万科财务人员进入南都了解其财务和资产状况，了解到的结果与周庆治的介绍没有什么出入。这个结果，令万科人对南都这家公司和周庆治本人越发尊敬。

通过这次合作，万科新增项目储备近 220 万平方米，成本远低于当时土地的市价。万一长三角房地产市场出现回调，市场风险将首先由那些以高价购置土地的企

---

① 南都集团成立于 1991 年，是一家以房地产业、基础设施产业、金融服务业、通信产品及网络资讯业为主的大型企业集团。当时，南都已在杭州、上海、宁波、南京、长沙等地储备了近千公顷的发展用地，用于开发城市住宅、旅游景观物业、商贸科技物业等多元化房地产项目。上海中桥于 1994 年成立于浦东，为南都集团的骨干子公司，1999 年国际金融公司（IFC）和美国国际集团（AIG）投资的亚洲基础设施基金参股上海中桥。

业承受，万科可以有更多机会度过风险期；如果长三角房地产市场继续平稳增长，这样获取项目资源的方式也可以更快产生经营现金流，提高资产的使用效率。

在浙江，依托南都在市场上数一数二的地位，以及在消费者中的品牌影响力，万科以合作方式进入浙江，风险也低于购买土地独自开发。①

2006 年 1 月，万科以 3.89 亿元收购北京朝开房地产 60% 的国有产权，获得 54.7 万平方米的土地储备。

2006 年 8 月，万科再次以 17.7 亿元受让南都集团持有的南都房产 60% 的权益，以及南都集团在上海、江苏剩余地产业务的权益。

2007 年 3 月，万科以 10.05 亿元的价格竞得富春东方股权包，在深圳东部形成东方尊峪—东海岸—万科中心—天琴湾—17 英里—浪骑俱乐部—惠州大甲岛的东部海岸线布局。

从 2004 年以来，万科开始与境外实力雄厚的投资机构开展合作，如新加坡的 GIC、德国的 HI 投资银行和多家信托基金。在国内，也和招商地产、中航、中粮、五矿等公司展开多种合作。2010 年，证监会和国土资源部正式关闭房地产相关企业股市再融资的大门。实际上，在近年政策限制下，万科 2007 年以后就再也未能从股市上融资。缺少股市再融资手段，公司发展的资金动力从何而来？万科的做法是，开放各种形式的合作。不管是国有的、央企、民营、股份制、外资，占股比例 1/2、1/3 还是 1/4，万科都乐意敞开合作的大门。而万科在资本市场和货币市场上长期建立起来的良好信用记录，透明、规范、诚信的形象，也使得各种机构乐于与万科合作。

2006 年，万科有超过一半的项目是通过合作方式获得的。时至今日，合作的项目占到万科所有项目七成以上。

像造汽车一样造房子

在中国，一家房地产公司是否有必要成立自己的技术研发部门？

---

① 对美国优秀房地产企业的发展历程进行分析，可以看到，以合作的方式实现快速成长的案例很多。被万科选为新十年标杆企业的帕尔迪公司，1956 年成立于底特律市，经过 40 年的持续发展，到 1996 年，在合作方面猛然发力。这一年，帕尔迪与通用电气建立了战略合作关系；1998 年以股权收购田纳西的拉德诺房屋公司和佛罗里达的迪佛士住宅建筑公司；1999 年以现金收购黑石公司老年住宅业务。而最大手笔出现在 2001 年 7 月，帕尔迪收购了全球最大的老年住宅开发商德尔 · 韦伯，为自己登上美国最大房地产公司的宝座铺设了最后一级台阶。

时至今日，万科领跑行业多年，万科建筑研究中心也已经走上轨道，取得不少研究成果。但成立技术研发部门这样一个举动，依然有许多同行很不理解，更何况在十几年前？这是很难被人接受的。

房地产行业，推崇的是“地段，地段，还是地段”。中国的房地产开发行业自诞生以来，更是一直处于粗放发展状态。在地价不断上涨的背景下，开发商与其投入大量资源吃力不讨好地做产品研发，不如把这些精力和金钱花在买地、屯地上。产品不好，多捂一会儿，也能赚大钱。

万科最早的强项是营销，设计也比较专业，但我希望能做一些提升产品品质的研究，转向以技术取胜、以产品取胜——这是我当时的初衷。万科要做客户认可的产品，而不是卖噱头。

1999 年，万科建筑研究中心成立。成立之初，这个部门在公司架构中的地位是模糊的，科研人员也只有约 20 人。一开始，它隶属于深圳公司万创设计管理中心，旨在为万创研发相关的配套技术。2000 年底，总部成立了设计工程部，把设计、工程、采购、技术研发全放进去，研究中心成为一个二级部门。

建筑研究中心曾被拆来拆去，归属过不同的部门，名字改过数次，人员流动也很大。原因很简单，在公司体系中，建筑研究到底起多大作用？大家心里都没底。作为一家上市公司，万科讲销售、讲利润。对于建筑师，在一线能体现市场价值，收入也更好一些。但是在建研中心呢？搞研究，做实验，前途不是很清晰。

坦白说，在最初的几年里，建研中心没有系统的研究方向。各种研究项目，基本是在为设计和施工中遇到的一些具体问题寻找解决方案，做辅助性的技术支持，比如高层防渗漏技术、太阳能热水器应用、渗水地砖、复合式厨房、人工湿地等。

有一次，建研中心跟我汇报工作，没讲完，我就打断了：“不用再汇报了！这些东西都是做做样子，说给外行人没问题，挺热闹。什么环保草、会呼吸的墙、大水池子，还是很初级的东西啊！”

不知道该怎么做，不怪建研中心的同事，是我自己没有想清楚。不知道怎么做，那就走出去看看别人怎么做吧！我和建研的同事一同频繁到日本、美国、欧洲考察。

我第一次到日本是 1986 年，很快对这个国家的产业、技术和文化产生浓厚兴趣。一个面积仅相当于中国云南省的岛国，如何竟能跻身世界七大工业国的行列？在后来参与建研中心的考察过程中，日本的住宅产业化给我留下了更深印象，我逐渐形成了推动住宅产业化变革的想法。

住宅产业化，简单而言，就是要像造汽车那样建造房子。

日本住宅产业化的发展路径可以追溯到20世纪60年代末。当时，日本家电和汽车的工业化生产已经成熟，经济发展进入快车道，住房需求迅猛增长。而在两三层的建筑占全国住宅比例60%~70%的日本，工业化建造技术很有可操作性。

很快，日本企业意识到这其中商机无限，以给排水起家的积水、以电器起家的松下，以及三菱重工等企业都开始投入房屋部品配件的生产。在日本大城市房屋高度不断升高之后，这些企业又迅速投入高层预制件的生产。部品生产技术和产业的成熟，保证了住宅产业化的可行性。

可是，在全世界范围，都没有开发商主动研究和推进产业化的。在日本，住宅产业化是由建筑商和部品供应商来共同推动的。在新加坡和香港特区是由政府主导，建筑公司来实现。亚洲、欧洲及美国的经验，均是如此。何况中国房地产行业的集中度很低，单独一家企业的规模达不到推进工厂化的程度。

当我提出万科要做住宅产业化研究时，公司内部都是不同意见。即便多次为我安排日本考察的付志强，也很不以为然。有一次我到日本公务出差，付志强开车到机场迎接，上了车，我和他谈起万科要搞住宅产业化的想法。小付哈哈一笑："你把住宅产业化想得太简单了！产业化怎么可能是一个公司能做成的事情？"

按理说，随着房地产市场的迅猛发展，住宅产业化建造的高层建筑更经济，非常适合中国大城市人多地少的情况，工业化顺理成章。但中国的建筑公司和部品供应商都对住宅产业化没有兴趣，为什么呢？因为对它们而言，桥梁、高速公路等大型公共建设更简单，规模更大，赢利也更容易。

况且，"二战"之后，西方国家和日本劳动力成本趋高，用机器替代人工的产业化生产方式，成本上更有利。中国的情况刚相反，劳动力廉价，机器替代人工，成本算不过来。很长一段时间里，中国的人力是如此富裕，人们都认为劳动力将会一直富裕下去，政府更看重企业能解决多少就业，而产业化意味着减少劳动力需求。这一点，恐怕政府是非常忌讳的。

既然连建筑商都没兴趣，对开发商而言，就更缺少动力。房地产行业毛利率高，目前的生产模式也能赚钱，为什么还要工厂化呢？

我想到的是，中国的个人购房市场已发展起来，市场需要大量优质住宅的供应，然而，传统建造方式难以同时保证大批量和高质量的要求。到2003年底，万科已在全国15个城市中进行住宅项目开发，如果按照传统的现场浇筑方式，控制工艺品质依然是一个难题。屋面、门窗、外墙的瑕疵和渗漏，虽然不构成结构安全问题，但却困扰许多客户和开发商。要系统性解决这些问题，标准化、工厂化是必然选择。

一号实验楼

对于搞住宅产业化，对外对内，我都表现得信心满满。但能不能搞成，其实心里没太大把握。不过有一点很清楚，做不成功顶多撤回来，万科不至于伤筋动骨。但若不去试，怎么知道成不成？面对公司内部的不理解，我的态度很简单：做。

2004 年，张纪文担任万科分管产品线的副总经理，被赋予推进住宅产业化的重任。从哪里入手？我给纪文的第一个要求是：先把住宅产业化说清楚，把这个概念形象地传达给公司内外每一个相关的人。

建研中心做了一段住宅产业化的视频，结合实景和动画，形象说明工业化的技术特征，与传统施工方式的对比。我想让外界媒体和公司同事都看一看这部片子，纪文有顾虑：谁会相信这个东西？我回答：让大家都知道你希望做什么，把一个构想变成一件可以说得清楚的事情，就是很了不起的成绩。

部品在厂房内生产，工程机械在住宅项目现场吊装部品……快进镜头带来直观的认识，一天就可以搭出一层住宅！片子在集团季度例会上播放时，一线公司总经理们最后忍不住站起来，以便看得更清楚一些。片子放完，全场掌声雷动。

片子给外界朋友看，一下子抓住了他们的兴趣。同行们很惊讶，提出要来万科参观住宅产业化。我说，什么都还没有呢，再等等！心里暗暗高兴，最起码让大家对住宅产业化的先进性有了印象。

片子吹动一池秋水，但若没有实际行动，水面又将恢复原态。

建研中心成立的前几年，完成了一些基础技术研发工作，建立了集团的材料和部品战略采购平台。这两件事对后来的住宅标准化意义重大，不过对于产业化来说，都还是“纸上谈兵”。

经过对国际上各种产业化住宅体系的调研对比，结合国内实际情况，万科建研从轻钢结构、木结构、预制混凝土结构三种体系中，选择了第三者作为研究方向。

2005 年 10 月，一号实验楼动工。

一号楼是模仿香港的住宅产业化技术。香港公屋应用预制混凝土外墙已经有多年历史。在深圳皇岗路上，经常可以看到大货车拖着装好窗户、栏杆的预制混凝土外墙经过。这不仅让我们近距离体验到住宅产业化的可能性，还意味着深圳附近一定就有预制构件的加工企业。

建研中心考察了香港工业化程度最高的一个住宅项目——虎地住宅，亲眼看到预制混凝土的外墙、剪力墙、楼板、阳台、厨房、洗手间，像积木块一样被装配成一栋拔地而起的高层住宅，心里有了底。

联系虎地项目的设计方——奥雅纳工程顾问有限公司。这家公司完成过悉尼歌剧院、巴黎蓬皮杜文化艺术中心、汇丰银行大厦等经典建筑的结构设计，成为万科建研第一个签约的合作方。

顺藤摸瓜，找到珠三角规模最大的前五家预制混凝土构件生产企业。无一例外，目前它们都还仅为香港和国外的工程提供预制构件。最终，万科选定华润系的中威。

由于中威不具备产品的内销资质，所有混凝土预制构件都要先运到皇岗口岸，办完过关手续出境，再以进口的名义入境。曾经在外贸行业搏杀过数年的万科想不到，在开始住宅产业化进程的今天，还要重温“出口转内销”的旧梦。

4 个月工期很快过去。一号楼竣工，我前往参观。站在楼前笑了笑，走了。

笑什么呢？建研中心过于强调一号楼的工业化程度了，希望所有拆分出的结构、围护构件，以及单元模块均采用预制方式，同时还将大部分梁柱构件拆分成三维形式。一般来讲，构件多是两个维度，他们选择了一个最难的方案，现场吊装几乎成了装配钟表一样的高难精细技术活儿。当然换个角度讲，“冒进”也说明年轻人不畏惧创新，力求完美，充满勇气。

通过建造一号楼，对“什么产品才能体现出产业化住宅的特点和优势？”这个问题，建研中心已经大概有了想法。

最初，建研中心自己没有地，就向深圳公司借了一块工地。一号实验楼是临时性的，建成半年后就被拆除了。现在看来，没能留下一号楼，是很可惜的。在日本，最大的住宅制造商积水房屋的研究所里，展示着不同时期开发的不同产品实验楼，这些“试品”印证着积水房屋近半个世纪新产品研发的历史。

我要求建研中心拿地，建设一个基地。深圳土地比较贵，不好拿。建设局也不理解万科拿地的动机，开发商做什么住宅产业化？莫不是借口研发搞商业开发吧？万科被拒绝了。

既然想法在深圳落空，就试试近邻东莞吧。我要求至少拿 300 亩。住宅产业化最终能走多远还不清楚，但既然做，就要按这个规模规划。

2006年下半年，万科在东莞松山湖畔购得一块约200亩的土地。当时东莞松山湖园区刚刚开始建设，听说万科要来，冲着这么大的牌子，就批了200亩。我和张纪文一起去签约时，向当地政府官员说，这块地将要用来搞住宅产业化研究，对方听得一头雾水。

“你们这是在圈地吧？”地方官员问，不相信一个房地产开发商买下这么大一块地只是为了做研究。建研基地开始运作后，还不时有地方税务工作人员过来，误以为这是营业场所，要收税呀！

有了土地，新技术就可以在第一时间得到检验。建研同事看着这片属于他们的、很可能为整个行业带来改变的土地，难抑兴奋。

器物与精神

春天名古屋，正是樱花盛开时节，随团考察丰田“梦住宅”。

大玻璃窗，长方形建筑，同普通的景观树丛融为一体，不特别指明，怎么也不会和21世纪住宅的样板——梦住宅联系到一起。新一代的住宅概念把环保放在重要位置，落地玻璃窗怎么能做到环保节能呢？我心中冒出第一个问号。好像看出访问者的心思，解说员指着玻璃窗：“玻璃上有一层透明太阳能光电板，传统的屋顶斜角度采光板改成了同窗户一体的竖向采光。”

二楼，房间的布局没有特别之处，回廊式内部空间除体现工业制造的风格，易于分割是其明显诉求。走进主人卧室，环境灯光营造出一种令人松弛的状态。解说员请中国客人躺到床上。为了体验，也是盛情难却，老王同长峰两个大老爷们儿躺上了松软度适中的双人床。众目睽睽之下，开始还有点不自在，闭上眼睛，光线调暗，耳畔回响着轻柔海浪、阵阵松涛，周身放松。“21世纪的居住强调生活的健康状态，现在调整的光线跟你入睡前大脑抑制皮层的兴奋度是一致的。根据科学家测试，人们在睡眠过程中一直处于浅睡眠—深睡眠—浅睡眠—深睡眠的循环中……”不觉已进入朦胧状态中。“人们在深睡眠中被唤醒会很不舒服，甚至影响当天的情绪。”灯光渐变趋亮，耳畔是杜鹃清脆的鸣叫，朦胧中清醒过来。“要自然地从深睡眠调整到浅睡眠再唤醒，嗯，可以起来了。”

工厂接待室每人配发了一副手套、一顶白色安全帽。中国客人沿着厂房的外侧挂梯鱼贯进入高大厂房内，这是专为参观者设计的悬空廊桥。每一道工序的起始处廊桥都比较开阔，形成可以停留15人左右的看台。仅参观路线的周到设计，已经让我这个汽车门外汉感受到丰田的人性化和高效率。

这是丰田汽车历史上建立的第二座装配厂，现在成了派生海外生产工厂的母厂，工厂本身满负荷装配丰田皇冠品牌轿车。第一次参观轿车装配厂，同电视屏幕上看到的流水线印象相比较，这里有更多的工人在流水线上；无人驾驶的运送物料车按照电脑设定的程序慢悠悠开动，人工驾驶的电瓶车则拖运更大件的物料，还有骑自行车的零件或指令速递员……让人感受到机械手、半机械化和手工操作的合理搭配。

“嘟嘟嘟”，某道工序传来短促的响声，望过去，还伴随着黄灯闪烁。陪同的是丰田房屋的伏见文明先生，他解释：“那道工序的某个装配工遇到麻烦，发出求援信号，巡视工长会前去协助解决。在工长管辖的流水作业段排除了问题，不影响整个流水线的速度。如果出了管辖段还不能排除，巡视长就要停止生产线直至问题排除。”接下来一个小时的参观中不时听到“嘟嘟”的声音，参观者似乎受了感染，神经随着“嘟嘟”声也紧张起来。河南建业的胡总向伏见先生提出建议：“这报警的‘嘟嘟’声是不是经常要换一换，总是一种声音怪瘆的。”

不知道翻译是怎么翻译“怪瘆的”这个词的，对于胡总的建议，伏见先生认真地回复：“经过科学的测试和实证，在装配线，这种声音是最适合重复出现的声音。”

正是这次考察途中，我顺道参观安藤忠雄设计的表参道森中心，与这位日本建筑大师结下不解之缘。

表参道著名的是沿街两侧的榉树，树干修长雍容，枝杈伸展婀娜，一家家名牌旗舰店掩映其后。以开发城市高档商业楼宇著称的森建筑买下一段沿街长350米的廉价公寓，计划建造成商业中心。森的商业开发设想引起一片哗然！新的商业中心必然提高容积率，建筑物高度大大超过榉树的高度，会形成与这条街不和谐的景观。而且，沿街350米的长度由一座庞然大物霸着，同周围的建筑物也极不协调。森建筑将设计委托给了安藤忠雄。最后建成的购物中心展现在大众眼前时，并没有高大突兀的建筑。沿街一溜展开的外立面平淡无奇，不显山不露水，隐蔽在榉树之后。走进商场，才恍然大悟。项目在牺牲高度的前提下，商场下沉地下五层，其中最下两层为停车场。有意思的是中空的内部空间，每层商铺围绕着中空展开，商铺的通道是条连通的斜坡，随着缓缓下降的坡道，消费者不知不觉走到另一层。五层的立体交通在这里合为在一个平面上的商业街，既方便了消费者，也最大限度减少了层楼间的商业价值差。

更妙的是，安藤利用这块狭长三角地形的特点，在中空部分，从三角形的狭窄端将阶梯楼梯一通到底，越往下越宽畅，呈扇面展开，底部建成一个可以演奏交响乐的中央舞台，而楼梯成为席地而坐的看台。

从安藤设计的购物中心走出，走过天桥，对面是伊东丰雄设计的一栋建筑。

由于地震不断威胁，建筑都是木制而非石制或砖制。木质材料容易损坏，通常很短时间就要重新翻盖建筑。在日本文化中，设计出持久、坚固而结实的建筑理念从来就不存在。伊东丰雄发展了短暂建筑的理念，将建筑材料的坚固性减到最低程度。他把结构及细节的尺寸缩减到尽头，最大限度地使用玻璃，展现出一种短暂的、脆弱的、易变的外观。眼前的建筑物是个通透的玻璃匣子，建筑结构骨架呈树枝状不规则向上延展，人行道上的榉树映在玻璃镜面上竟同建筑结构的“枝杈”浑然一体，既抽象又现实，令人称绝。

伊东丰雄曾有这样一番表述，20 世纪的建筑是作为独立的机能体存在的，就像一部机器，几乎与自然脱离，独立发挥功能，而不考虑与周围环境的协调。进入 21 世纪，人、建筑都需要与自然环境建立一种连续性，不仅是节能的，还是生态的，能与社会相协调。

做完一号楼实验，万科建研的学习对象也从香港转到了日本。与香港大多数建筑仅使用预制混凝土外墙相比，日本的产业化住宅发展史更加完整，低层、中层和高层建筑中均有相适宜的成熟技术和产品体系，以及与之配套的供应体系。

更重要的是，香港的预制技术缺乏结构抗震规范，而作为地震高发国家的日本，整体式预制混凝土高层住宅仍能大行其道，正是有赖于他们高超的抗震技术。

2005 年 10 月，万科在上海与东京建物株式会社、大成建设株式会社签约，三方合资开发上海华漕 158 号地块。日本《日经新闻》头版在显著位置刊发了新闻报道。

项目规模并不大，为什么引起日本媒体的关注呢？这更多是由于大成建设在日本国内举足轻重的地位。大成建设创建于 1873 年，业务涵盖建筑施工、土木工程和房地产开发。2005 年，大成建设位居《福布斯》全球 500 强排行榜上第 377 位，在日本国内建筑和工程行业中位列第一。

大成建设旗下有专门开发混凝土预制住宅的公司，独树一帜。在万科推进住宅产业化过程中，大成自然成为学习的标杆。此前，建研中心同事也曾几次通过关系参观大成的施工现场，但仅能走马观花，学习不深。有了合作业务之后，参观学习就方便多了。

在那 7 年后，万科决心向日本优秀企业学习工程质量，实施“千亿计划”，用 1 亿人民币的预算，派出 1000 位工程师到日本工地学习，希望用几年甚至十几年的时间，追赶上日本建筑施工质量的平均水平，把万科住宅的建筑误差从厘米级提升到毫米级，在工地全面取消湿作业。彼时，大成再次对万科打开友好的大门，成为“千亿计划”最重要的学习基地之一。

派往日本的工程师，不仅仅要在工地上学习日本人的管理，更要在生活中感受日本人文明、严谨的民族性格。对此，我个人的体会特别深刻。

几年前，我曾购买过一台日本品牌的数码相机。有一次在海上使用，不小心被海浪打中，相机坏了。这不是一款主流相机，要维修，必须送到日本厂家。

正好付志强要出差去日本，委托他送去厂家办理维修。过几天，小付反馈回来：日本厂家师傅回复，可以维修，但维修费高昂，和新买一台的价格差不多。我一听，维修费这么高，显然不划算，不如新买一台吧。

小付说：日本厂家师傅叮嘱我转告你一句话。

“哦？什么话？”

小付：他说，还是希望你修这台相机。

“从表达方式来看，厂家也明知维修比起新买一台相机是划不来的，为什么还要我修呢？”

小付：他说，每台机器都有它自己的生命。相机坏了，就好比一个人生病，你治好它，生命就得以延续。当然也可以重新买一台，但那是另一个生命了。

“啥都甭说了，花多少钱都修！”

为什么同意修相机？感觉到日本人视产品质量如生命的精神，深深为之震撼！平时在与日本人接触中，也不时有类似的感触。日本人的产品观，对质量和品质的重视，已经渗入生活的每一个细节。这种精神，与日本人对茶道、花道那种精致、唯美的追求，骨子里是一样的啊。

希望万科工程师也能从日本人的生活细节中，看到对产品品质和质量的追求！

2006 年，日本丰田房屋的伏见文明先生加盟万科，担任建筑技术总监，全面负责工厂化住宅技术研发。这是万科引入的首位外籍高管。伏见到来，迅速让人感受到他工作风格的严谨务实。有意思的是，就连他的服装也带有强烈的工程师风格。上班时我们穿短袖衬衫嫌不够庄重，穿长袖衬衫工作起来又嫌拘束。伏见每天提前半个多小时到办公室，第一件事是整理他的长袖衬衫，袖子上配有几个夹子，夹上了，长袖就缩短一截，看上去十分干练。

2006 年底，二号楼在“全面学习日本”的思路下开工。

第一步是做模型。研发人员选取几个典型的构造节点，按照 1:2 的比例，完成大比例模型制作，每一根钢筋的位置和相互关系都能反映得非常准确。接下来，在广州一家混凝土预制构件厂里，做出了实体大小的梁、柱和墙板，反复进行拼装尝试。完成四轮工艺实验后，二号楼的梁柱节点和墙的连接有了最佳方案。

伏见的经验使得二号楼的实验顺利而准确。二号楼建成后，我们知道，部分技术可以到第一线推广了。如果说一号楼还处于概念车阶段，二号楼则更像一部上市前的样车，已经从实验室走向了车间，具备了可量产的基础，等待着评估和定型。

利华的人文力量

转眼万科已进入房地产行业十几年，从 1988 年闯入瓷器店的公牛，蜕变为行业领跑企业。我也通过不断补课，从城市建筑门外汉变为深度爱好者，努力能看出门道来。2005 年 2 月，我第一次到英国考察，大英帝国物华琳琅，可看的实在太多，想学到东西，只能“攻其一点不及其余”。

从爱丁堡驱车抵达格拉斯哥，造访麦金托什设计的格拉斯哥艺术学院。

学校没有院墙，也没有明显的大门，拾级而上，推开一扇高而窄的木门，就算进了学院。顺着木楼梯上二楼，廊道上挂着设计作品、装饰画，整体风格很容易让人想到包豪斯学院，包豪斯培养学生动手能力的木工间、金工间，做派同这里何其相像？从时间上看，想来是格罗皮乌斯创办包豪斯时，受“格拉斯哥四人组”的影响吧？现代工业设计源头追溯到了古老的苏格兰。

19 世纪末，英国艺术评论家、社会活动家拉斯金和莫里斯提出：“美术家与工匠结合，才能设计、制造出有美学质量的、为群众享用的工艺品。”英国出现了许多服膺这一主张的工艺品生产机构，这一思想随后广泛传播并影响欧美各国。20 世纪初，英国工艺美术转向形式主义，追求表面效果，使英国的设计产业反而落后于其他后起的工业革命国家。建筑师查尔斯 · 麦金托什和他的三个伙伴提出变革性观点，他们一改当时反对机器和工业的论调，抛弃英国工艺美术运动以曲线为主的装饰手法，提出“方形风格”，改用直线和简洁明快的色彩，室内设计常用白色墙面，家具以黑白两色为主。麦金托什和他的伙伴也被称为格拉斯哥学派，他们打破了英国设计界的沉闷气氛，是 19 世纪末冲击欧美设计界的新艺术运动最有影响力的思潮之一。新艺术运动在 1900 年的巴黎万国博览会达到巅峰。

细雨中，找到一所麦金托什设计的茶室，装饰简练，保持着大师的风格。茶室在营业，点了一杯英国红茶，慢慢品味。

驱车南下，连日阴雨，灰白相间的石砌房舍渐渐被红砖房取代，进入利物浦。这一天我们前往此次考察的核心项目，一个叫作阳光港（Sun Light）的地方。老天有意成全这好名字，霏霏雨天竟然放晴，明亮的阳光给城市轮廓勾勒了一道金边。

1887 年，肥皂生产商利弗（Lever）兄弟在离利物浦 11 公里的郊外开发兴建阳光港工业区，购置土地盖房，建学校、商店、公园、休闲娱乐设施、公共设施等，并以最低价格将房子租给雇员。他们相信这样可以提升雇员满意度，有利于提高生产效率。阳光中进入幽静的阳光城，100 多年前成立的公司仍然在原址生气勃勃发展着，这就是中国人熟知的“联合利华”公司，而这片住宅区已被政府指定为特别保护区。拥有大片草地、设计风格各异的建筑组团，按现在的标准也是中产阶层向往的生活环境，令人心生敬意！

联合利华公司何以能成为百年老店？两点感触：坚持专业化，一直专注于洗涤用品，产品畅销全世界；人道关怀奠定的人文力量，超越唯利是图的企业局限！

靠对外贸易急速发展起来的海港城市利物浦，高峰期人口达到 75 万，20 世纪 60、70 年代经历经济大衰退，至 90 年代人口骤减到 45 万。街道两边是失修的建筑、关门的店铺、待租的房舍，衰退迹象明显。

阿尔伯特码头，老远就看到一栋坚如磐石的建筑，建筑顶端是一尊振翅欲飞的海鸟雕塑。向导介绍：这座石砌建筑就是当年叱咤风云、挑起鸦片战争的东印度公司总部，现已易手为一家保险公司的资产。建筑物正面临海的游人广场上，竖着一座骑马的人物雕塑。弄不清被歌颂人物的身份，但从雕塑头部、脸颊沾满了鸟粪的状态感觉来看，应该早已不为利物浦市民所关心。

阿尔伯特码头，在东印度公司的一侧，是区内最大的码头，建成于 1846 年，占地 200 公顷。但到 1972 年关闭前，它几乎被无情地遗忘废弃。作为工业革命的发源地，英国有众多的码头仓储区，是城市环境最重要的部分。这些区域在“二战”后无情衰败，乃至废弃，成为帝国衰败最直接的表征。20 世纪 80 年代后，英国政府积极推进城市复兴运动，由于老码头仓储区分布广泛、数量众多、环境恶劣，它们的再开发成为城市复兴运动中最核心、最重要的组成部分。阿尔伯特码头的仓库被改建为海洋博物馆、现代美术馆，还有一些改建为公寓、酒吧、餐馆、手工艺作坊和办公楼。通过长期运营，废弃码头戏剧性地再生为富有城市活力的社区，甚至吸引来大量游客。

感慨：一些力量推动城市变化，衰落，重生，一些精神却又能让企业百年屹立不倒，社区生机勃勃。

住宅社区也敢后现代?

瑞典最南端的海港城市马尔默，曾是造船业中心，全球化过程中，造船业向亚洲国家转移，经济转型，旧码头改造成新兴产业和居住区。

一栋栋色彩鲜亮的小高层住宅，传统坡屋顶，烟囱的尺寸却极大。仔细辨认，发现烟囱上有窗户。SWECO公司马尔默火车站项目的总建筑师S微笑着解释："那是一间作为书房的单间。"恍然大悟，原来我们置身一个后现代风格的住宅小区。

S介绍："'土豆地'项目受启发于美国洛杉矶一个社区、建筑师查尔斯·摩尔的设计作品。20世纪80年代后期，SWECO联合摩尔所在事务所开展这个项目，中途经济不景气，搁置了下来。再次启动项目时，查尔斯·摩尔已经去世。"最终完成这个项目，前后用了15年时间。S作为SWECO方面的牵头人经历了整个过程。

信步来到一个叫作"阳光广场"的地方，一排金属柱呈弧形竖立，柱子顶端斜挂着单筒望远镜模样的金属造型，使人联想到星象观测之类。

"呵呵，猜猜'太阳广场'的寓意？这是美国人给广场起的名字，这个广场却是整个住宅区里唯一见不到阳光的地方。美国设计事务所当初确定的设计意图仍保留着，体现马尔默老区的中心线走向，再现当地传统建筑风格，连续城市记忆……"

后现代主义建筑与现代主义建筑恰恰形成鲜明对比。提到后现代风格的建筑，多数人的反应是：难以读懂，更难以接受。或许正因如此，后现代主义的住宅区比较少见，更多是博物馆、展览馆等公建。住宅小区里如果有后现代作品，充其量是其中的一两栋，或是小型的公建配套，一个完整体现后现代风格的社区，这还是第一次看到。

在住宅社区里看到后现代风格的建筑，感情上是抗拒的。但"土豆地"让我觉得好奇、吸引、很有趣味，流连不去。

"还有好多节目，如果再耽搁，住宅博览会就关门了。"

住宅博览会在码头区，场馆是旧码头改造项目，原计划建成永久的欧洲住宅博览会，响应的却只有斯堪的纳维亚国家。

参观SWECO公司名为“探戈”的罗夫特制式住宅。外表看，就是一个颜色鲜艳的玻璃盒子，看不出什么名堂。打开数码锁进去，空荡荡的房间，也没什么特别。经S先生解释，才明白其中的奥妙：计算机控制住宅功能，比如调节室内温度，通风窗会自动开合，互联网可以遥控做家务，包括清洁、做饭；最大可能的室内空间自由组合，比如全层敞开成一个大厅，也可以是两房一厅或一房一厅，魔术组建；环保节能……

“设计这件产品的，仍然是‘土豆地’项目的联合团队。这组团的颜色让你们联想到什么？”S先生细心解释完了，冷不丁问了一句。

“鲜艳的色块让人感受到拉美的热情、奔放，艳丽。”我说出自己的感受，脑海里浮现着布宜诺斯艾利斯意大利街的斑斓色彩。

“住宅组团的名字叫‘探戈’。为什么叫‘探戈’？瑞典人同美国人在设计价值观、建筑风格上有很大差别，但又要合作，之间交流免不了发生矛盾、摩擦，爱恨交织，又离不开对方，这不就像跳探戈吗？”

临海耸立着一座高层建筑和塔吊，格外引人瞩目，建筑物的外装饰板已完成一大半，结构上是扭曲向上伸展，非常特别。S先生告知：“为重塑马尔默的形象工程，希望建成一个类似于西班牙毕尔巴鄂古根海姆博物馆的建筑，借此吸引旅游资源。问题是，投资商已在为大厦的商业运营发愁了。”“这座大厦建在天津就好了。”我一本正经地接了一句。“为什么？”翻译谭博士没反应过来。

“嘿，扭曲得多像一根天津大麻花啊！”

我对后现代建筑有浓厚兴趣。记得2002年冬天与王受之教授考察洛杉矶建筑，很巧，我下榻的洛杉矶双树酒店就是一个后现代晚期的建筑，查尔斯 · 摩尔1992年的作品。还记得王受之教授的介绍：“廊是意大利式的，后现代的特点是很花哨夸张，但这里用得很低调。大量的拱，但不是复古，只是一种符号反复出现。拱是外挂的，没有功能性，只是一种装饰、符号。中厅花园的雕饰是罗马式的，但尺度却小得多，这是调侃严肃的罗马风格……

“再看看拱形符号的动机来源，看到对面那座罗马风格的市政厅了吗？拱形符号就是为了呼应这座建筑物，把周边的符号引用到自己的作品中，而不是形成对立，这就是大师的手法。”

好一段精彩的论述！

那次考察的另一个重点是现代主义建筑杰作盖蒂中心。

盖蒂中心坐落于郊区一个山丘的顶部，建筑组群呈浅灰白色调，随山丘起伏高高低低，简洁舒展，质朴文雅。教授介绍：“这是世界上最贵的博物馆建筑，当年许多建筑师参与投标，最后给了理查德·迈耶。迈耶一直坚持走现代主义，白色派。城市规划部门不乐意了，因为白色反光晃眼，干扰行车，建议改成米色，迈耶坚持不改，僵持了三年才达成妥协：可以用白色的自然石材，但不允许打磨。

“迈耶设计的纽约高等法院也是白色的，许多法官不适应，抱怨说判案都发生障碍。展馆之间用遮阴廊、亭阁连接，漫游其间十分舒心。盖蒂艺术中心各个展馆展览不同主题的艺术品，但王教授的兴奋点在白色建筑本身。沿着连廊继续往前走，台阶导向一个外平台。还有兴趣往前走吗？当然！走上去，只见错落的平台继续延伸，群山环抱，洛杉矶全城、太平洋蓝色海岸线尽收眼底。

教授说，“我带领的中国客人，走到这个位置的，你是第一个。这么好的景色，竟有那么多人不愿意多走两步路，背对建筑物照张相就想离开了。只有站在这个位置，才能体会艺术中心的象征意义啊：俯视大洛杉矶，把艺术、文化知识传播出去……”

在评审迈耶的设计方案过程中，业主方同设计师免不了发生冲突，最后往往是迈耶胜利，因为建筑师名气太大、太强势了。其中只有两次例外：按原设计方案，展厅的内装饰也一律白色，业主方不同意，因为白色氛围不适合展示艺术品，僵持到最后，迈耶勉强让步了；第二个是艺术中心的花园，原来是迈耶设计，业主方不满意，另外委托了后现代风格的设计师。设计出来的东西反传统，很先锋。迈耶很反感这个设计方案，两位设计师对骂，谁也说服不了谁。录像带把当时的过程如实记录下来，在盖蒂中心有卖。

园林设计主题是一条符号性的溪水从建筑群主体流淌出来。所谓符号性，你看，溪水以几何直线的形状向下流淌，两边是用铁锈钢板铺成的转角呈锐角的人行道、草地、树木。溪水汇集到一个圆形水池中，水池设计成迷宫式的环形图案，生长着茂盛的青草，圆水池旁边是一溜钢筋树形雕塑，钢筋“树冠”上种有绿色植物。虽然风格同建筑主题有明显差别，但充满趣味性。

嘿，看来不管现代还是后现代，好的设计师都得有足够强大的内心，强悍，大胆！

海洋文化的沉思

2005 年，深圳滨海规划分局和市广电集团发起“滨海 · 深圳”文化活动，邀请深圳的艺术家、建筑师、文化学者、摄影家、企业家前往地中海，探寻滨海城市发展轨迹、风土人情，为深圳未来提供借鉴。

活动策划者要求，每位嘉宾主谈一个城市，我选择了巴塞罗那。在我的意识中，一直觉得西班牙和葡萄牙这两个国家缺少进取精神，以至于最早开拓的殖民帝国拱手让给荷兰与英国，但对巴塞罗那这座城市的感觉是个例外。

巴塞罗那位于伊比利亚半岛两座小山之间的狭长地带，公元 5~7 世纪成为加泰罗尼亚王国首都。公元 8 世纪被阿拉伯人征服，9 世纪初，它成为地中海的重要港口和工商业城市。15 世纪末，哥伦布发现美洲大陆后，其商港地位被南方重镇塞维利亚取代，曾一度衰落，19 世纪工业崛起，又兴盛起来。

如今，这里交通发达，工商业繁荣。巴塞罗那同它周围的卫星城构成西班牙三大工业基地之一，是全国最大的综合性港口。

夜晚的兰布拉大街，沿着法国梧桐遮蔽的步行街散步。鸟市花店关门了，报摊兼卖旅游品的玻璃房子灯火通明，街头表演艺术家，兜售啤酒的北非人，用扑克算命的吉卜赛女郎，一溜的中国按摩师，露天的海鲜啤酒排档，游客如织，海风凉爽……

近零点的时候，步行街冷清下来，消遣的、兜生意的都消失了；着反光背心的清洁工拖出水龙头冲刷纸屑、烟头、香口胶、鸽子粪。店铺橱窗仍然亮灯展示时尚产品，亮光倒映湿漉漉的街面，偶尔一辆摩托车呼啸溅水而过，令人感受到这里光怪诡异的一面……

这条美丽的步行街上随处有卖鲜花的，到了周末，这里更成了花的海洋，芬芳四溢。路边有拉琴卖艺的，为人画素描的，身涂油彩做活雕像的，还有摆地摊卖各式民间古董的，整条大街充满了明快的生活乐趣。

穿着随意、不拘小节的巴塞罗那人就在这样的街道上悠闲游荡，看看活人雕塑，看看卖花姑娘。湿润的地中海暖风，让巴塞罗那的夜晚没有寒冷，而只多了一份华灯初上的温馨。夜间 10 点钟的巴塞罗那，路上热闹依旧。每到周末，路边的酒吧咖啡馆必定爆满，巴塞罗那人爱喝酒，周末常常三五知己相约，不醉不归。这份生活的闲适只怕神仙也要羡慕。

19世纪末20世纪初，巴塞罗那为世界带来了毕加索、米罗、卡萨尔斯，还有同样伟大的天才建筑师安东尼奥·高迪。高迪用不同一般欧陆风格的建筑使巴塞罗那成为一座梦幻之城，正是因为他，才有了今天这座更辉煌绚烂的巴塞罗那。高迪偏爱圆形、双曲面和螺旋面，摒弃直线设计。他的设计融合了东方伊斯兰风格、现代主义、自然主义等诸多元素，是一种高度“高迪化”了的艺术建筑。

领略出自高迪之手的米拉之家、巴特略公寓、戈埃尔公园，以及他的未完成作品——圣家族教堂，不能不感叹西班牙人敢想敢为、豪放大胆的民族特性。天空、云层、水面、山脉，以及各种各样动植物的造型能应用于建筑上吗？在高迪的建筑中，世界万物无不具有建筑的灵气，“创作就是回归自然”。巴特略公寓看上去就像抽象派画家笔下的风景画，可以读出高迪对自然界各种形状结构的独特诠释：壳体、骨架、软骨、熔岩、翅膀及花瓣。公寓的露台像骷髅头，柱子像一根根骨头，屋顶像布满鳞片的鱼背，烟囱被表现为山脊上耸立的险峰。1900~1914年建设的戈埃尔公园，怪异造型有如魔幻，缤纷的西班牙瓷砖使整个公园曲线动感强烈，每个细部都具有仿生学意义。眼前这条长蛇般的座椅，椅子的高度、背部的弧度，以及相距的空间，恰到好处地保持了朋友之间促膝谈心应有的距离。这种人性化的设计，又在公园的各个部位都能看到。遗憾的是，高迪的设计在当时没有引起人们多少兴趣，由于公园离城区较远，富人觉得不方便，穷人则住不起这里，园内只建起两栋别墅。高迪视戈埃尔公园为自己的失败作品，但100多年后的今天，当家庭汽车普及，多数人能购买郊外别墅的时候，人们对高迪只有感谢和赞赏的份儿了。

海洋是许多欧洲名城之魂，不仅影响及这些城市的建筑、规划，还给它们带来发达的经济和不朽的艺术杰作。站在哥伦布塔下，你能清晰感受到，古代东西方对海洋的不同认识和定位，是造成东西方文明差距的一个重要的历史根源。在西方文明的产生发展过程中，海洋扮演过不可忽视的角色，培育了欧洲人的海洋领土意识、海洋经济意识。同时，由于海洋交通和贸易的风险比较高，加深了人们对契约重要性的认识，还因此培育了契约精神，而契约精神是现代社会的基石。

对于旅行者或研究学者而言，滨海城市首先让人强烈感受到的是建筑、住宅。但海洋的本质是运动的，而不是静止的，从这个意义上讲，建筑、住宅仅仅是海滨特色的表面符号。海洋城市的性格特征就是沟通意识、冒险精神。希腊、罗马人长期艰难的海上开拓，在一定程度上造就了西方人的开放意识和勇于探索的冒险精神。这种精神，延续在威尼斯、巴塞罗那、阿姆斯特丹……海洋精神，奠定了英美人的民族气质。

一年之后，我又拜访伊比利亚半岛的另一头，葡萄牙历史名城——埃武拉。埃武拉曾是罗马统治时期的重要城市，一直经历着种族战争和宗教征伐的侵扰。首先是西哥特人的野蛮入侵，公元715年穆斯林占领埃武拉，1165年，基督教徒重新控制了这里，并使其成为独立的葡萄牙王国的一部分。

到了公元16世纪，以一些宏伟建筑的修建为标志，埃武拉达到了发展的黄金时代。当一些海上航线的停靠港——马德拉群岛、亚速尔群岛和佛得角群岛被相继发现后，宏伟的葡萄牙海上冒险计划开始了。

汽车驶进老城狭窄的石子路，停靠在教堂广场。小广场上一座圆形喷水池，散落着一群咕噜咕噜觅食的鸽子。矩形广场四边伸延着窄巷子。抬眼环视，苔藓挂瓦的古老教堂、光影强烈的拱连廊；白墙红瓦黄框搭配，拙朴简约，罗马、阿拉伯建筑风格混合体。

穿过教堂一侧的窄巷，进入一个带水池的小型广场。再往前，逐渐趋高，眼前就是罗马时代修建的神庙废墟，城市的规划设计就是从这里的制高点呈放射状发展，三个连续的城防系统（罗马时期、中世纪以及沃邦式）护卫着城市。

出城，开一段路的车，来到出海口要塞。这是一座坚如磐石的石砌堡垒，地理大发现时代的产物，据介绍是防海盗的，可那个时代最大的海盗是谁呢？恐怕是国王吧？

要塞脚下沙滩上，捡拾岁月留痕的石子。要塞不远处，耸立着帆船石雕造型的探险纪念碑。以亨利王子为首的一组探险航海家、传教士塑像远眺大西洋，正是这组人物，开了地理大发现之先河，使被海洋隔离的各大洲串联成一个整体。

15世纪，欧洲人试图南下大西洋，向东航行，以寻找新的财源。当时英、法、西班牙正处于北大西洋的百年争霸时期，长年战争使这些国家财力消耗过大，给了葡萄牙进行独家海上探险的大好时机。亨利王子可谓地理大发现伟业的开拓者和组织者。他建立了一所航海学校，传播最新的航海知识，聚集了一群出色的海员。在远航探险中，亨利王子耗费了大量的人力物力，在他生前得到的收获并不大。那些靠着简易航海图，驾着风帆，为发现新大陆的模糊轮廓而离家漂泊数年的航海者，的确是值得后人敬仰的勇士。

纪念碑广场上拼贴着一幅硕大的古代世界地图，标示出航海家达伽玛的环球航海路线。云朵缝隙中阳光倾泻，眼前的古老航海图显得格外清新耀眼。

地理大发现是地球科学史上最壮观的一幕，推动了全球范围海洋、陆地的考察。

自然资料的迅速积累，地球奥秘的不断揭露，有力地推动着地球科学的进步，由古代阶段迅速上升到近代阶段。地理大发现也促进了天文学、航海学、制图学、造船技术、天气预报等科学技术的近代化进程。

远在地理大发现前半个多世纪（1405~1433年），中国航海家郑和领导的远洋船队七下西洋，经由南海，穿过马六甲海峡横渡印度洋，最远到达红海沿岸和非洲东部赤道以南的海岸。就郑和船队的规模、装备、技术等航海能力而言，当时中国人完全有可能完成地理大发现，这已为中外史学界公认。但郑和下西洋后，明代再没有派遣船队远航。名扬中外的郑和航海壮举只是昙花一现，与地理大发现失之交臂，也许是因为我们这个民族血液里缺乏“海盗基因”吧。

那一日，我们从出海口要塞再翻山抵达罗卡角——欧洲的“天涯海角”。看到岩石角上立着一座高大的十字架，昭示着在欧洲大陆的最西端亦是主耶稣恩宠的领地。一侧是谦恭的石碑，上面铭刻着表示经度和纬度的数字。惊涛拍崖，放眼望去：风大浪高，乱云飞渡，苍苍茫茫，海天无际……

沿断崖崎岖路径下到岸边，冰川也尾随而至。攀登返崖上，恰夕阳橙黄浸染。坐下来喝杯咖啡、啤酒，返里斯本。沿大西洋沙滩海岸线公路，只是黑夜茫茫，不见海浪沙滩，让我想起葡萄牙哲人卡蒙斯的名句：“陆地止于此，海洋始于斯。”

探险有极，公益无限

2005年12月21日，我和七位同伴从南纬89度出发，开始了徒步南极之行。

这次南极之行与以往每次登山、户外探险活动不同，我们还带有两个特别任务，一是为北大生物学家潘文石教授的白头叶猴保护项目筹集资金，同时以一种人类曲折求存的极限体验方式，来印证生物多样性的美好，唤起人们的反思和行动；二是受北京华大基因研究院托付，在南极圈内不同纬度取雪样，以验证在极度严寒之地，细菌、微生物的存在。每到一处扎营，首要工作就是挖一个很深的坑，然后把样本小心翼翼地放进玻璃器皿。

徒步南极，每天都要换一次营地，搬家就成了每日必修的功课。安营扎寨，帐篷、睡袋、汽油炉、厨具等等，都要从沉重的雪橇卸下，一样一样摆将开来；第二天早上，帐篷、睡袋、汽油炉、厨具等等，连同生活垃圾，又得一样一样地拾掇回去。临行前再回头看看露宿的地方，想想一场大雪过后，所有踪迹都将化为乌有，只剩下相看两不厌的白色大地，觉得人类真的非常渺小、非常孤独。

这种挥之不去的孤独感，几天来一直陪伴在我身边。而且越是接近极点，感觉越强烈。企鹅、海豹都被挡在南纬60多度的圈外，茫茫天地之间，除了我们一行八人在不停行走，再也看不到任何生物。只有到这时，人才会感觉到我们生活的红尘俗世，原来是那么美好，那么有趣，那么值得珍惜。也许只有到这时，人类才能真正认识，以人为的因素造成物种的灭绝，破坏生物多样性，是多么的可悲！

我们在行进途中度过西历的圣诞节，对东方人来说，这一天印象更深刻的是印度洋海啸一周年纪念日。《圣经·创世记》记载，上帝在伊甸园创造了亚当和夏娃，最初的生活是与万物为友，与天地并生。可是当他们偷吃了禁果被赶出伊甸园以后，其子孙就开始进行各种征伐和斗争，人类从相互敬爱发展到了相互争斗，并频频按照自己的意志对自然进行“改造”。

其实，在自然面前，人类从来都不曾征服过。每到一定时候，自然都会以自己的方式有意识和无意识地进行反扑。长江中下游的水患，那是自然有意识的惩罚；而印度洋海啸，则是自然无意识的灾难。在自然面前，人类始终是弱小的。

27日，远远已经能看见阿蒙森–斯科特科学考察站巨大的轮廓。从宿营地照直线过去，距离只有5公里。但是美国人在科考站外围设置了规模巨大的天文射电天线网，要到达极点，必须绕过矩阵网，从划定的入口进入。这样还需多走5公里距离。

想想第二天就要到达极点，心里有一丝激动。投入登山探险运动这6年来，我所体验的，不仅仅是完成“7+2”这样一个数字化的目标，还经历了自我的改变。

2005年4月，北京首都机场，我和同伴们即将出发进行徒步北极之旅，在送行的人群中，意外地看到了北大生物学系潘文石教授，他一向是不在这种场合露面的。

他来机场干什么？

老教授交给我两样东西，一个是北大崇左生物多样性保护基地的旗帜，希望我带到极点去。此外还有一封信，信的大意：他非常佩服探险的英雄行为，他觉得探险是对大自然的尊重，与环境保护、生态保护等精神是一致的，他衷心祝愿我们成功。

飞机上读这封信，信中话语让我两耳发热，我知道自己身上没有教授所说的这种精神。作为一个户外活动爱好者，我肯定不会有意破坏环境，但是我仅仅把户外探险活动当作张扬自己个性的行为，从没想过把它作为一种社会正面的指向，教授的溢美让我羞愧难当。潘教授，才正是因为这种研究自然、保护自然的精神，常年安身野外，放弃了可以享受的一切。他的行动，和我仅仅为了张扬个性的行为，完全是两回事。

我是个明白人，我能读懂老教授的言外之意：你是一个公众人物，可以利用自己的影响力，以高尚的行为带动整个社会！我暗下决心，再也不能为了张扬而张扬，应该尝试把自己的户外探险活动与公益活动结合起来。对呀，可以结合起来。如果一个人的本质是好的，精神的升华就相对容易一些，但需要外界的刺激和契机。珍惜潘教授的信任和提醒！

4 月 24 日，我抵达北极点。回来后，开始策划年底的徒步南极，这是“7+2”的最后一站，我们提出了一个口号“探险有极，公益无限”。这一次探险和此前 8 次不同，因为它有一个特别的主题——为拯救白头叶猴进行募捐。我和赞助商洽谈：赞助不仅仅涵盖南极探险的费用，还有 20% 的公益善款。比如瑞士商家捐助了 6 块表，经拍卖后总额将近 30 万的资金全部用于白头叶猴保护。万科大股东华润得知我的想法，十分支持，愿意赞助南极的探险活动，同时资金的一部分用于支持崇左生物多样性保护基地……

12 月 28 日，走近南极点。

美国在这里建起了庞大的阿蒙森-斯科特科学考察站。这个考察站始建于 1957 年，名字来自第一个到达南极点的人罗阿德·阿蒙森和最伟大的南极探险家罗伯特·弗肯·斯科特。他们分别从不同的地点出发，于 1911 年 12 月到达了南极，其中斯科特在返航的路程中，遭遇恶劣天气，在距离下一个补给站只有 17 公里的地方献出了生命。

新的阿蒙森-斯科特站已经搬迁到一座新建筑里，老的建筑供探险者逗留。

跟北极的宁静极不相同，新考察站的建筑显得非常气派、豪华，乍一看，就像是美国的一座小城镇搬到了这里。一旁还有在建的工地，看得出美国人在这上面花费了大量的人力物力，在环境问题与能源危机日益严重的今天，这种做派多少有些夸张吧？

经过 7 天 120 公里的艰难徒步，我们终于站在地球最南端——南极点上，料想已久的激动和喜悦被漫天的雪粒和狂风摧残着。

即便如此，队员们情绪依然高涨，带着疲倦的兴奋，大家一起庆祝人生旅程又到达一个新的起点。

五星红旗、香港特别行政区区旗、崇左基地旗帜……一面一面地展开来，接着依次排开、拍照，然后四处走走，尽情感受这极地的暴风与万年玄冰。

公益性主题在我历次的登山探险活动中是第一次，成功完成募捐后，感觉和队友们探险的胜利感又多了一层含义——它不仅仅是个人的成就，更是一种属于社会的共同喜悦，这是社会价值和个人价值的双重实现。

当为自己又一次探险画上圆满的句号之后，我越来越多地有意识地投入社会公益活动。

此后，万科员工和我陆续给予崇左基地一些微薄资助，潘教授和他的团队很好地利用这些资助开展研究，并且非常认真地给予资助者反馈。我从基地获得了完善、透明的报表，可以了解每一笔资金的使用方向和效果，甚至可以了解志愿者和雇工的工作情况。

那一年，对我和万科而言，都是一次十分重要的转变。

2006年 公民

每上一小步，都是新高度

2006 年 5 月，重回珠峰北坡大本营。

大约一年前，金飞豹在云南电话告知：准备和哥哥金飞彪一起登珠峰。我即表态：到时会专程到大本营探望。如约来到大本营，惊喜地发现深圳农行的张梁。

2003 年那次“搜狐”攀登珠峰活动，张梁在 8300 米突击营地选择了放弃。攀登 8000 米以上高峰，是否能登顶带有较大偶然性，除了天气因素，个人状态也很重要。如果不在状态，却硬要冲顶，可能付出的代价是生命。有时，放弃比坚持更难抉择。

认识飞彪飞豹兄弟是在 1999 年攀登四川雪宝鼎。2000 年登云南哈巴雪山，飞豹还是我的向导，登顶之后，协助我寻找飞伞场地，一来二往，成了朋友。兄弟俩，哥哥开户外用品专卖店，弟弟做探险俱乐部，论登山资历、实力都在我之上。飞豹告诉我，他动登珠峰的心思，就是因为 2003 年看攀登珠峰的电视直播，老王都能上去，我也能！

既然到了珠峰大本营，就不能白来一趟，带了登山装备，趁探班顺便攀登位于珠峰东北侧、海拔 7000 米的向东峰。同伴是圈内人称“老爬虫”的万科职工委员会主席小彭（学运）。1999 年登青海玉珠峰时队友就有小彭，2000 年登海拔 7500 米的章子峰，他没能登上去，之后就基本远离登山了。相对张梁登珠峰的第一次失败，小彭更像是落败。正如登山可能无法登顶，人生不免遇到挫折，挫折是让人成熟的可贵阅历。即使遭遇挫折，也不要让自己失去信心，因为自信是未来获得成功不可或缺的因素。失败不可怕，可怕的是放弃努力。为这个原因，把小彭拽过来一起登向东峰。

出发在即，照惯例要举行煨桑仪式。

珠峰旗云清晰可见，彩色经幡猎猎，燃烧的柏枝白烟袅袅，乌鸦低掠觅食，神坛前队员集合祷告。喇嘛唱经，给山神供奉的贡品摆在架子上，架子下堆放队员使用的登山镐和冰爪。低声诵唱，持续一个小时。队员把生米粒扔向天空。诵经结束时，队员们用生面粉互相涂抹脸上、头发上。虔诚的祈祷仪式瞬间变成了放纵的游戏和欢乐。歌声中，年轻的藏族队员跳起锅庄舞……

同藏族同胞或夏尔巴人组队登雪山，他们都会在攀登之前煨桑，一种祈求神佛保佑的法事。开始，我有些不以为然，次数多了，逐渐感觉仪式的重要性：置身其中，感受到相互理解、互相信任的氛围；感受到队友如一家人，同甘共苦，迎接挑战；感受到尊重自然的虔诚；仪式后互相涂抹的放纵和欢乐，又是释放压力和提前庆祝！更深层地想，煨桑已是藏族登山文化的一个组成部分，它蕴含着藏族对雪山的敬畏，一种对无与伦比的美丽和可怕的未知世界充满冲突的敬畏。对于个体的人而言，雪山具有极强大的力量，看起来平和安详，却可能突如其来释放出致命的雪崩、暴风雪和极度低温。正是因为有了对超自然神秘力量的敬畏和信仰，才能让藏人和夏尔巴人在生死灾难面前坦然和超脱。

我们只在海拔 6500 米的前进营地做了一天适应性训练，走康雄冰川。第二天，由康华做向导，我和小彭朝向东峰出发，当天在海拔 6700 的位置扎突击营地。第三天一早，向顶峰冲击。

抵达海拔 6900 米的位置，裸露的岩石和风化碎石覆盖着一层亮晶晶的薄冰，极易失控滑坠。落在后面的小彭坐在一块岩石上嘟囔："太危险了，老板，要不别继续了。保险起见，下撤吧！"

"这种地方直接往上爬容易滑坠，要先横切，看到坚硬的冰，再踏上往上爬。你现在每上一小步都是新高度！"

我们顺利登顶，安全下撤。数天后，我在日本得到飞彪飞豹兄弟、张梁登顶珠峰的消息。

土地的记忆

4 月，日本神户，樱花怒放。参观明治时期创建的一家陶瓷厂旧址改造项目。锅炉房位置，三根拦腰截断的老烟囱，拆下来的老砖重新使用，堆砌成一面半围合的纪念墙，墙上镶嵌工厂曾经生产的陶瓷产品和劳动者资料。尊重历史，纪念曾经发生的过去，不仅需要责任心，还需要创意和巧妙构思。

房地产可能是城市中对地表地貌改变和影响最大的行业。毫无疑问，如何在所开发的项目上延续地块的记忆，包括自然环境和人文环境的记忆，是开发商最基本的社会责任之一。心中感慨，万科在这方面经历过一些曲折道路啊！

20 世纪 90 年代，万科在沈阳开发“紫金苑”项目，宗地上有两棵参天大树。在现场，我要求沈阳万科总经理，务必保留大树！总经理满口答应。一年半后，我再次到现场，面对已经建好的住宅小区，却不见了那两棵茂盛的大树。

“树呢？”

总经理解释，两棵大树的位置和设计规划冲突，如果保留，会影响容积率。当环境保护和经济效益冲撞时，我们牺牲了环境。保留两棵大树会牺牲多少经济效益呢？我们有没有技术解决方案？显然，一线总经理没有对宗地历史尊重的意识。要吸取教训！

再开发沈阳的另一个项目“花园新城”，宗地是有半个世纪历史的储煤场，有一批胸径 30 厘米以上的杨树、槐树，还有一座搬运煤的巨大龙门吊。我叮嘱沈阳公司负责人：都要留下来！吸取上一次的教训，要求同事们把每棵树的位置都标注在图纸上，然后再交给设计单位做规划设计。

项目完工，储煤场的树木保留下来了。虽然是新建的小区，却整个坐落在大树林荫的环境里，感受安逸舒适。保护原来的树林，虽然建筑设计、工程施工增添了工作量，舒适亲近自然的环境赢得了消费者的认同，不仅没有影响经济效益，还给万科的品牌加分。不过，转遍了小区，却没有看到巨大龙门吊的踪影。“龙门吊呢？”项目经理回答：“一堆废铁，有碍观瞻，当破烂处理了。”——哎！让我说什么好呢？

又过几年，天津万科买下天津玻璃厂地块。如何保存原有地块的历史记忆？经历沈阳公司的一次失误和一次遗憾之后，这次再不能遗憾了。新小区案名叫“水晶城”，本身就是对玻璃厂的一种记忆。时任天津万科总经理的肖楠是位优秀的建筑师，又是天津人，对如何保留地块文脉，有着尤其深刻的理解。最难处理的恐怕是三根高耸入云的烟囱。但是有肖楠，应该能处理好吧？

最后，项目不仅仅保护了树木等原有自然环境，还延存了人文景观：把制造玻璃的车间改造成会所，留下运输石英砂的铁轨。建好了一期，请原玻璃厂的厂长回来参观，见到用玻璃材料建造的迎门墙、旧厂房改造的会所和旧铁轨，老人流泪了。我到了现场，也很喜欢小区营造的新旧、传统和现代结合的氛围。但一再叮嘱并且也十分希望能处理好的三根大烟囱却不见了，怎么回事？肖楠无奈地解释："设计图上保留的，但三根烟囱的位置是联排别墅区，购买者不接受高档住宅前面杵着三根工业烟囱。"

眼前日本陶瓷厂旧址项目对旧烟囱保留处理的手法值得借鉴！回国后，第一时间与万创的设计师们交流日本见闻。经验很快被万科运用到新项目中，东莞"运河东1号"项目，地块原是厂房，不仅保留了154年的香樟古树、24年的厂房，还有33米高的烟囱，一根仍高高耸立，另一根保留了半截。今天，人们步入"运河东1号"，能感觉到这是一个有故事的地方，生活细节中，希望和回忆是共处的。我们尊重过去，未来才会尊重我们，因为面对未来，我们也会变成过去。不尊重过去就没有未来。

武汉润园和金域华府是近年在保护地块环境、文化方面做得比较深入的两个项目。润园地块前身是交通仪表厂，项目保留了精致的水塔和许多古老的乔木，包括梧桐和杨树。为了避让树木，在画图纸过程中，设计师甚至要参考卫星照片，力求精确。意味深长的乔木也使得临近的住宅单元升值，实现了环境和商业的双赢。用工字钢和地块原有水泥件构筑的中央花园，保留了郁郁森森的紫藤，一旁是从前防空洞的入口，用清水混凝土和玻璃重新罩上，给人以岁月的回味。

金域华府地块前身是"武汉建筑构建二厂"，始建于1958年。它所生产的"工"形构件广泛被武昌造船厂、鼓风机厂、关山炭黑厂和后来的武汉长江二桥所使用。武汉的建设和发展历史，有这家工厂深深的痕迹。万科将项目中工业遗存相对集中的约9000平方米用地划定为"保护特区"，占整个项目用地面积的1/6，在最大限度保护区域内斜片墙、双筒仓、搅拌工房在内的各种工业遗存物的同时，将非保护区范围内的旧厂房龙骨架整体搬迁移入，体现出浓厚的历史感。

金域华府对面就是大名鼎鼎的武钢总部新办公楼，武钢前身即清末名臣张之洞创办的汉阳钢厂。武钢面临"腾笼换鸟"，如何保留住自汉阳钢厂以来的悠久历史文脉？问题摆在了武钢人面前。看到对面的金域华府，他们想到——和万科一起来建一所"张之洞博物馆"。

要建张之洞博物馆，这件事情提交到我面前，我一下子想到了李布斯金，这位设计了柏林犹太人博物馆和纽约世贸中心重建规划方案的建筑师。我感到在这两个项目上，以及他设计的许多项目上，他对历史的思考，对延续地缘文化的技术处理，高人一筹。

2002 年，世贸重建工程设计投标。建筑师丹尼尔·李布斯金曾下到过被摧毁大厦的地基，看到原世贸大厦用来抵挡哈德孙河水挤压的护壁墙。这堵墙一旦崩溃，不仅大厦本身，整个曼哈顿下城都将遭殃。即使经历“9·11”，护壁墙仍坚不可摧。建筑师感受到，坚强才是纽约人的根基、灵魂，瞬间产生了灵感：一栋“自由之塔”拔地而起，在“9·11”发生的地点，一束来自天上的阳光透过塔尖洒到新大厦坚实基础的底部。在评标中，李布斯金的“光之楔”方案一举夺魁！①

我第一次见识李布斯金的作品，是 2000 年参观柏林犹太博物馆。这是一座旧馆改造项目，设计师极有创造力地用一条地下通道将两栋极端不协调的建筑融为一体。更精彩之处在新建造的部分：建筑物内部是没有任何装饰的清水混凝土，极简的几何锐角彰显出冲突和不安，暗示着犹太人曾经的苦难经历和不屈精神。进入建筑有三条通道，其中两条是死路，一条通向象征大屠杀的自由之塔。自由之塔只是一个筒形空间，光线微弱，没有任何展品，却让进入者不由自主地沉思默想。

1999 年新馆开放，在其后的两年中，几乎没有什么展品的博物馆就吸引了 35 万人前来参观。建筑的魅力让李布斯金一举成名。

武钢人认同我的推荐。

2010 年上海世博会期间，我在万科馆接待李布斯金夫妇，探讨在汉阳兵工厂旧址建造张之洞博物馆的方案。2011 年，李布斯金设计的张之洞博物馆方案摆到我们面前，美籍犹太裔设计师解释：它像一颗子弹，象征着从王朝统治打向现代社会的暴力革命；它又像波浪，象征武汉的江湖文化和九省通衢的地位；像一艘方舟，象征武汉的未来……

---

① 按照设计方案，位于曼哈顿金融区核心地带的世贸重建工程包括自由塔、纪念公园、表演艺术中心、文化中心、运输中枢等，工程异常复杂艰巨。然而更复杂的却是土地所有者和地产开发商、市民诉求、设计师之间利害的博弈，再加上突然袭来的金融风暴，10 年过去了，“归零地”仍然是一处遍地坑基的工地。现在，按照新调整的方案，新增加了 3 栋写字楼以增加商业利益。“目前在工地上的工作人员有 4000 人，24 小时不间断地施工。”向导不无自豪地介绍。按照进度表，“9 · 11”10 周年的时候，世贸中心公园将举行仪式对公众开放。即使如此，最后一幢楼也要到 2030 年才能完工。一项渗透美国人情感的世贸重建项目必定是项漫长复杂、充满变数的工程。

几经曲折，项目已经动工。最后如何评价张之洞博物馆的设计？还是交给武汉市民吧！他们对这块土地上的历史和文化，有外人所无法体验到的情感，毕竟，这块土地属于他们。

建筑的形与神

3 月暖阳，天空湛蓝。帕提侬神庙残破的柱子顶着残破的三角形山墙，山墙上的浮雕几乎不存在了。

“什么是残缺的美？眼前就是很好的例证，”一旁的清华大学建筑学教授李小东发出感叹，“不仅有自身构成的美和震撼，还给你无限的想象力，就像残缺手臂的维纳斯一样。公元前 400 年建造的帕提侬代表了古希腊建筑的最高水平，是后人精心研究的对象。柱子的线条与比例的精巧令人称绝！你能相信吗，整个建筑物几乎没有一条标准的直线？

“19 世纪对帕提侬神庙进行过仔细测量之后发现：建筑物表面各处都做成凹曲、隆起或是逐渐尖细的形状，这样才能纠正视觉错觉带来的不协调感，从而达到和谐。在古希腊的建筑高峰期，大多数建筑物都运用了‘收分’手法，即柱子被设计成逐渐尖细，在 1/3 处以上稍稍隆起，防止观赏者产生的柱体两侧向内凹陷的感觉；这种‘视觉纠正法’也用在水平线条的额枋和柱廊台座上，台基的棱线向上拱起成弧线形，中部比两端高起 60~110 毫米。还有，转角上的柱子比其他柱子粗一些，柱距比临近柱距缩小一些，在蓝天映衬下，柱子才显得均衡。还有，你看直立柱子上端略向内倾，以避免产生上端向外倾斜的错觉。帕提侬的设计需要精细的测量方法、精细的计算和精湛的施工技术以及极好的理解与敏锐。到了罗马时期，再也没有产生如此精美绝伦的建筑了。”

教授四两拨千斤地点出建筑艺术的门道，让我大开眼界，穿越几千年的历史，体会到建筑与人类之间的复杂感情。

“当然，这也是自然环境的产物——爱琴海的大海蓝天、石灰岩的山丘、棕榈树丛，还有成熟的民族意识，包括逐渐培养的数学头脑和审美情趣。

“简单归纳古希腊建筑，就是梁柱体系下的三种柱式：陶立克、爱奥尼、科林斯。柱式不仅是建筑简单的构成因素，而且显示这些构成因素之间及与整体之间的和谐关系和比例。陶立克式最早出现也最为简单，没有柱基，柱子只有平淡的柱头和柱身上的凹槽，约公元前1000~600年出现在希腊大陆。之后，出现比陶立克复杂得多的爱奥尼柱，柱子比较纤细，其明显的标志是柱头两端卷起成旋涡，凹槽布满柱身，一眼就可以看出爱奥尼柱比陶立克柱复杂得多。从源头来讲，爱奥尼柱受到了埃及庙宇柱式的巨大影响。科林斯式同爱奥尼不同的是柱头为倒钟形，四周饰以锯齿状叶片，表现出对精细匀称的追求，以满足时尚的奢华风气，这时已进入了罗马时代……”

缓步绕到神庙另一侧朝北的方向，相对应的是体量较小的伊瑞克先神庙遗址，这个庙祭祀雅典娜及海神波塞冬，在当年时宗教仪式中，比帕提侬神庙的作用更大。神庙建在高差不同的两层平台上，不能建造连续的回廊，但建筑师却对不同标高的爱奥尼柱进行了巧妙的设计，其侧面柱的高度正好是紧邻的正面柱高度的一半。

神庙的东侧是一个临崖的观景平台，平台一角竖着一根旗杆，飘着蓝白色相间的希腊国旗。举目望去，无限延伸着密密麻麻的建筑群，杂乱无章的院落，狭窄弯曲的小巷将院子接连起来。在这城邦中曾经发生过多少影响西方文明进程的事件啊。在围绕广场的连廊走道上，苏格拉底、柏拉图、亚里士多德曾信步闲游，是这些先贤奠定了西方世界哲学研究的基础……

考虑到在卫城内的观赏效果，这些院落和建筑相互之间既不平行也不对称，而是利用地形把最好的角度朝向人们。人无论在山上山下，也无论在前在后都能够观赏到不断变化的绚丽的建筑景象。

乍到雅典时，望着密密麻麻、白花花的建筑很不习惯。一进入城市，你会马上感觉到街道、房屋适合生活的尺度，色彩纯净和谐，让人很舒服，只是道窄车多，经常塞车。如果以为雅典是个拥挤的城市那就错了，脱离主街，走进蜿蜒小巷，强烈阳光形成阴影，一只猫卧在门阶上酣睡，惬意的静谧。一旦适应了，你会很喜欢由纯白、乳白和浅黄组成的主色彩，再加上阳光的调和，形成单纯丰富的城市色，妙不可言。

相比其他文化载体，建筑的持久性，使得它更忠实地记录了人类历史的发展和变迁。

从雅典到威尼斯，从神话时代到历史故事，再到现代商业文明兴起，时间被凝固在巍峨的古老建筑中，我们今天步入其中，依然能真切感受到。

十多年前，作为一个受无神论教育长大的中国人，我第一次站在古希腊建筑的面前，有一种强烈的感受，仿佛神就存在于那里，感受到人对神的崇敬，以及神给人带来的文明。

德尔菲的阿波罗神殿上，镌刻着神谕："认识你自己。"看到古希腊人在岩壁中腰修建的巨大运动场，环视壮观的竞技场和环形看台，才能理解古希腊的人文精神是多么深刻：健美的体魄是一切善和美的本源。

古老的建筑虽然已残破缺损，但其恢宏的结构、严谨的技巧，让人确凿无疑地印证：这便是西方文明最重要的源头之一，至今仍深刻影响着人类社会的审美和秩序。

我相信，好的建筑，是我们对人和土地的尊重，是我们对环境和社会责任的体现。保护自然环境，保护人文足迹之外，还有一个我们必须面对的问题：我们该怎么看待这片土地上源远流长的传统建筑审美？

如何在现代住宅建筑中体现中国传统审美？这是万科在建筑文化另一个维度上的探索。说到中式建筑，近年各地许多别墅项目都走了再现传统四合院的路子。万科第五园则进行了一种全新的探索：把中式建筑的元素抽取出来，用现代建筑的方式去实现，空间是现代的，审美是传统的。用工业社会最常见的工字钢，来表达徽派建筑白墙黑瓦的"黑瓦"，异曲同工，尽得其妙。一条窄窄的冷巷，体现中国古人舒适居住的智慧，又带有现代建筑简约的趣味。

冷巷是中国古代建筑之间狭窄的巷道，它让空气流动加快形成风，使炎热的夏天凉快下来。对于大陆性气候的中国，这非常实用。天气更热的时候，往小巷两边的墙泼几盆水，风过蒸发，降热效果加倍的好。这是古人的智慧，久而久之，实用的设计形成中式传统审美——而今天，我们要逆向操作，让中式传统审美具有现代居住的实用性。

2005 年，第五园建成，继深圳四季花城之后，成为又一个全国房地产开发商必参观的项目。如果说，参观四季花城是对万科开发模式的肯定，参观第五园，则是对万科建筑文化的肯定。

2008 年 5 月，美国《商业周刊》和《建筑实录》评选建筑奖，万科成为中国的获奖大户：良渚文化博物馆获"最佳公共建筑奖"，位于万科总部大楼内的体验中心获"最佳室内设计奖"，而万科则被评为"最佳业主"。

得知消息，我十分开心。但因为评奖的是外国机构，许多同事感到意外，尤其纳闷儿：良渚文化博物馆，这是哪里的建筑？

良渚文化村是万科和南都合作之后，从南都带过来的优质项目。这个博物馆更多是在合作之前由南都操作完成的。由于这些曲折的原因，在万科内部，它多多少少变得低调了。

万科人已经如此傲慢了吗？大家对这件优秀建筑作品有意无意的忽视，值得检讨。

良渚博物馆的设计师戴维·奇普菲尔德，是目前世界上设计博物馆最多的设计师之一。良渚博物馆的设计构思是“一把玉锥散落地面”：馆内有三个天井式主题庭院，简约主义风格的建筑中，穿插有美人靠和源自玉琮、玉璧理念的建筑小品，体现出中国园林建筑的元素。

博物馆占地面积 4 万多平方米，建筑高度 18 米，由不完全平行的四个长条形建筑组成，外墙使用黄洞石，远看给人玉石一般的质感。一家杂志评论：“站在良渚文化博物馆 18 米的黄洞石高墙下，你很难不感到震动——这种震动也许来自于对一座史前文明博物馆的预想和眼前这座极其现代简约建筑之间的强大反差，也许来自于它过于纯粹的造型和材料所体现的力度和强度。”

良渚的山水资源出众。万科接手开发良渚文化村时，它已经是杭州甚至整个长三角集聚文化人最多的楼盘。每一个来到良渚的万科人，都会对南都此前的精工细作心怀感佩。万科接手，能维持南都原有的品质和美誉吗？杭州城里的同行，尤其是主要竞争对手，是不看好这一点的。调任杭州万科总经理的周俊庭暗暗下决心，他要正面地赢得尊重。

白鹭郡、玉鸟流苏、阳光天际、春漫里、探梅里、柳映坊、随园嘉树……一期期累积下来，功夫越来越深，杭州万科研发的精工住宅超越同行，赢得市场口碑。

周俊庭苦心孤诣两年，推出“村民公约”，倡导垃圾分类、邻里见面问候、行车不按喇叭等文明行为，业主住户支持并且遵行良好。良渚文化村成为万科“好房子、好服务、好邻居”的标杆，许多社区照抄“村民公约”去用，却不见效果，问题还是在于心用得够不够深，功夫做得够不够细。

一次带领参观良渚文化村过程中，周俊庭问我：“要不要在这里建一座教堂？”

我是无神论者，但我相信在大社区里建这样一个公共建筑，会成为信徒的精神归属地，还会提升社区的品质。“可是，我们怎么可能获得批准在社区里建教堂呢？”我质疑。

周俊庭：“小区一位业主，手上就有建教堂的批文，也筹集了资金。”

“啊，那我们用他的批文来建，但是资金就请他用在更有需要的地方吧，万科社区里的公共建筑，当然应该由万科来出钱建造。”

这就有了后来的“美丽洲堂”。2009 年 11 月，东京的津岛设计事务所开始动手为良渚文化村设计教堂。今天，这座轻盈简洁的木质建筑已经成为小区里最受青睐的公建。

“美丽洲堂”是一个开放式建筑，人字形大跨结构，石板瓦覆盖。它用金属部件将木材集成材连接，架于两道混凝土矮墙之上，将中国传统的“硬山”式屋顶与西方宗教建筑融合在一起，简约大方。木结构是由日本的木工师傅现场安装的，日本师傅表示，希望自己的子孙还能继续为结构维护出力两百年。日本木匠人对材料充满信心啊！

接下来呢？周俊庭告诉我，良渚文化村还需要一个社区文化中心。这一次，我想到了有“清水混凝土诗人”美称的建筑大师安藤忠雄。

联系安藤。了解到杭州和良渚的文化背景，大师立即表现出浓烈兴趣：“原来白居易在杭州做过市长啊！”

我告诉他，苏东坡也在这里当过市长！

热带雨林之梦

雨声滴滴答答。摸索床头，“咔嗒”，灯亮了，光线昏黄，电压不足。窗外漆黑。什么地方？哎？正是旱季，怎么下起雨来了？

黎明的森林显得有些诡秘，浓雾中树影若隐若现。地面并不见潮湿，树叶上滑落的水珠发出“滴滴答答”的响声。中国客人登上约 2.5 米高的木架，坐上大象的背椅，随环保专家深入浓雾弥漫的雨林……

脸膛黢黑的阿 K 嘀咕：“昨天老虎闯进营区了。”

“你看到了？”

“没有。”

“谁看到的？”

“谁也没有。”

“那怎么知道老虎来了？”

“听到猴子惊恐的叫声，还有大象不安的骚动，就知道是老虎来了。”

啊哦，明白。

茅草丛有 3 米高，人即使坐在象背上，也淹没在草丛中了。边走动边用长鼻子卷起茅草吞咽的大象突然停住脚步，显得很不安。阿 K 指向右前方约 20 米处，跟我耳语：“犀牛，一共三只。”……

珍稀的独角犀牛、河滩上晒太阳的鳄鱼、机警的叶猴、胆小的孔雀、鸣唱的鸟类……在人口稠密的亚洲，就算是在野生动物保护区，能看到大型食肉动物的机会也很小。即便如此，弥漫的雾气中蹚过莽野丛林，分辨动物路径上的老虎爪印、熊掌挠树皮的抓痕、挨蚂蟥叮咬、观赏落日的辉煌、繁星苍穹的清澈，仍令人浑身充满欣悦。快节奏都市的人们需要这种与自然的接触和交流啊。

奇旺国家公园位于尼泊尔首都加德满都以南120公里的雷普提谷地，占地932平方公里，是尼泊尔最大的野生动物园，也是亚洲最大的森林公园之一。公园于1962年建成后，明令禁止捕杀动物，逐渐成为大象、犀牛、虎、豹、鳄鱼的繁衍天堂。

国家公园的历史可上溯至1872年美国国会批准建立黄石国家公园。从那时候以来，全世界已有100多个国家设立了多达1200个规模不等的国家公园。2006年，中国大陆第一个国家公园——云南香格里拉普达措国家公园正式开放。

各国国家公园规模大小各异，但一般都是以生态环境、自然资源保护和适度旅游开发为基本策略，通过较小范围开发实现大范围生态保护，还具备科研、教育的功能，是经验上较有效的保护模式。在生态环保和自然资源利用矛盾尖锐的中国大陆，建立更多国家公园已是当务之急。

7月，我接受瑞士旅游局邀请，担任瑞士旅游形象大使，穿越莫尔特拉奇冰川，随后参观苏黎世马苏阿拉热带雨林植物园。

马苏阿拉是非洲马达加斯加岛上面积最大的热带雨林区，苏黎世动物园同马苏阿拉管理局合作建造了这个巨大温室。温室再现了马达加斯加的热带雨林生态，包括温度、湿度还有气味，里面有478种植物、近百种动物，温度必须保持在20至30摄氏度之间，湿度超过80%，每天降雨量达6毫米。

造这个热带雨林温室的目的，为的是呼吁世人关注马达加斯加的热带雨林滥伐问题。马达加斯加的自然生态系统——无论是气候还是动植物，都具有独特的多样性。近年来，由于岛上急剧增加的人口以及极度贫困的条件，环境系统受到很大威胁，每5分钟就有一个与马苏阿拉热带雨林馆同样面积的雨林被砍伐，而换取的只是微薄的经济利益。

在瑞士建造热带雨林馆是一个极其精密的系统：大部分植物先要在马达加斯加的一个苗圃内培养，长到一定程度后，转植到马来西亚、泰国和美国佛罗里达的苗圃，让植物逐渐适应变化，条件许可后再运到苏黎世，种类达17000余种。

5年后，我受邀前往瑞士参加世界自然基金会（WWF）50周年年会，并尝试用英文做主题演讲，这也是我第一次在这么正式的场合用英文演讲。内容是关于万科社区和树的故事，我向外国朋友介绍：万科正在推行的住宅产业化将会减少对热带雨林的破坏。一番话引起世界自然基金会高层的共鸣，会间立即启动洽谈，希望与万科推动开展木材认证，减少木材使用，保护热带雨林，并就此启动全方位的环保合作。

会后，再次参观马苏阿拉热带雨林植物园。得知万科将与世界自然基金会合作开展热带雨林保护，略显保守的馆长来劲了，仿佛拿出一个收藏已久的宝贝："我知道您曾参观过这里两次，但您并没有看到这个植物园真正的精华部分。真正的精华，是这里的后台技术和管理！我们的整个温室没有使用任何温度湿度感应器，为什么？大自然并没有使用感应器，如果你使用感应器，那一定是错的。至于如何重造大自然的气候，得到建筑的地下部分去看一看！"

进入地下空间，这里就像一个巨大的机器，为温室提供温度和湿度恒定的充沛风源。行走在地下室里，更像行走在一个气候控制器的主机和管道中，见识瑞士人如何精确地控制风的温度、湿度、走向、出口的角度。馆长提醒我们：注意看管道的走向，并不是把机器一装上就了事，大的前提，是还必须根据温室的南北朝向而定。

所有管道铺设工整、干净、井井有条。瑞士人的科学性、精确性令人叹为观止。

第二天，我们来到一户普通公务员家做客，在阳台上喝下午茶。主人是个园艺爱好者，大阳台上种满各种鲜花和植物。边喝茶边聊天，阳台上有几种器具引起我们注意，这是什么？主人家解释："测降雨量的量筒，你看，昨天晚上刚下了6毫米的雨。不光要测雨量，这是温度计、湿度计、气压计，还有一个小风车，观察风速和风向。"

"为什么阳台上有两个水龙头？"

"有一个是滴灌。"主人的回答引起中国客人小小的惊呼，这才真正认识到瑞士人的生活态度！

阳台上布了细细的水管，延伸到每株植物盆边。主人说："来到阳台上，喝一杯啤酒心情舒畅，喝两杯精神抖擞，这时候动手调节滴灌，我可以做到所有植物的盆中刚刚好同时浇透，又不渗出一滴水来。"

我曾因为要维修一台相机，对日本人视产品如生命的观念印象深刻，他们注重细节、力求完美的性格，与茶道、花道、剑道中体现的民族气质密不可分。在瑞士，我被另一个民族的细节打动，阳台上的对话，让我感受到瑞士人严谨、精确的文化根源。

国际化的时代，万科与越来越多国际资源进行合作，甚至包括霍尔、李布斯金、赖斯、安藤忠雄等建筑大师。大师的参与当然有助于提升我们的工作，但我们能做到与大师有效沟通，传递市场和客户的需要吗？单单请来国际资源是不够的，万科内部还要建立起一个科学、人文、绿色的工作系统，把最先进的设计理念和建筑技术传播到所有项目上。而这一切，又要求我们每一个人，从细节开始，培养一种科学、人文、绿色的精神涵养和生活方式。

2006 年夏天的社会活动频繁，大都和户外运动沾边：担任瑞士旅游形象大使；8 月会同华润总经理宋林、中城联盟前三任主席和现任主席穿越海拔 3767 米的太白山主峰；筹措“玄奘之路”大型活动费用，担任江西陆风汽车形象代言人；10 月国庆假期，印尼雅加达、巴厘岛飞伞；12 月再次进入印尼，飞巴布亚省，攀登印尼最高峰，海拔 5030 米的查亚峰，于 24 日登顶。

企业公民元年

2002 年，媒体陆续曝光一些企业黑箱操作、做假账的行为，企业界面临诚信危机。这期间，普华永道会计师事务所和中央电视台联合搞了一个调查，在国内 1000 多家上市公司当中评选最受人尊敬的 10 家企业。调查结果很有意思，10 家都凑不齐，大家基本都能认可的就那么 7 家，万科排在第三。中央电视台邀请这 7 家企业的代表做一档节目，给嘉宾们出题目，各自写出认为企业值得尊敬的理由。多数人写的是“诚信”或者类似的内容，我写的是“社会责任”。

主持人表示惊讶，问我：“难道您认为诚信不重要吗？”

在我看来，诚信的确重要，但诚信是一条底线。对上市公司而言，诚信是一个基本条件，如果连这都做不到，就不要讲别的了。

对一家合格的公司来说，做到负起社会责任，才能说是值得尊敬的。如果没有负起社会责任，即使企业短期内能创造可观的财富，但长远看来，它可能对社会造成的破坏力更大。

2004 年底，我到北京领取“最佳企业公民”奖项时，有感而发：对我来说 “企业公民”这个词还很陌生，但是万科却站到了最佳企业公民的领奖台上——只是因为万科的企业文化、公司治理和道德价值观与企业公民的一些要求不谋而合。

在万科成长过程中，尤其从多元化向专业化转变的那几年，公司是非常困难的。

为什么在一路坎坷、工资不高、没有额外福利的情况下，还能聚集一批年轻人为事业奋斗呢？我想是因为对人的尊重，万科给他们公平选择的机会，给他们发挥能力、发表意见的自由空间。

从对员工的尊重，自然而然地，也会延伸到对消费者尊重、对合作伙伴尊重，进而是对社会尊重。

在过去，万科什么业务都做，什么赚钱做什么，这是赢利导向；进入房地产开发行业后，因为是卖方市场，就转向以产品为导向。这意味着尊重自己的专业，尊重自己的选择，但却不是对客户的尊重。几年前，我们提出以客户为导向提供住宅产品，花费更多的力气来研究消费者需求，钻研细分市场，衍生出对客户尊重的理念。

与此同时，我们也在检讨、改善与合作伙伴的关系。毫无疑问，我们的采购市场是买方市场，供应过剩，所以压价压得非常厉害，对待供货商也十分苛刻。我们认识到与产业链上下游共同进步、共同繁荣，对行业的未来至关重要，这是对合作伙伴的尊重。

以前我并不常参加公益活动，但个人收入的相当一部分用于公益。比如我接拍了不少广告，不是免费拍，价格随行就市，但收入百分之百用于公益。从 2001 年到 2006 年，捐出了 8 位数的收入。过程中我并没有想太多，只是做一些力所能及的善事罢了。

有一位企业家朋友曾经对我说："我每年都积极纳税，为员工创造了很好的工作条件和生活福利，因为我的事业，造就了许多千万富翁，我觉得这就是我对社会的最大贡献。"

万科也十分看重企业的纳税责任。2011 年，万科纳税 174.21 亿元，在国家工商联最新发布的中国民营企业 500 强排行榜上，是纳税第二多的企业，多年来纳税额持续超过企业净利润总额。

改革开放浪潮中，万科和我经历 20 多年狂飙猛进，对周围社会始终保持君子之交淡如水的态度：不行贿，不拉关系，做自己的事业，内心抱定一种独善其身的姿态，在出世心态下做入世的事。被评为最佳企业公民，并对企业公民了解渐多之后，我们开始了自省和变化。我们发现，万科的规模已经越来越大，社会影响力也今非昔比。能力越大，责任越大，仅仅洁身自好已经不够，必须以不同以往的姿态积极地履行自己所应负的社会责任。

对我来说，这也是一个从暗合转向主动的契机。

2005 年 10 月，在建设部支持下，发起"海螺行动"，在全国征集"中低收入人群居住解决方案"，表明万科不仅仅考虑股东、员工、客户等直接利益相关者，还要考虑间接利益相关者，目前尤其不得不考虑的是社会安定和谐的问题。面对贫富悬殊，普通老百姓买不起房子的现实，房地产开发商怎能说和自己没有关系？

这个行动在公司内部取名“海螺”，有两层意义：第一，海螺的壳常常为寄居蟹所居住，我们关注的是居住问题；第二，海螺常常被用作号角，吹响一种声音，呼吁更多的人关注。

第一届“海螺行动”中，我们收到了263个“城市中低收入人群居住解决方案”，最终将13份优秀方案作为成果上呈国家建设部住宅与房地产业司。

对于我们的行动，社会舆论给了很正面的回馈。我颇受震动，我们只是表明自己的一种态度，社会就明确地给予善意的回应。“海螺行动”投入100万，有50万是给予优秀方案的奖金，还有50万是10个月里的活动开支，在社会上便已好评如潮。要知道，在深圳立一块户外广告牌，一年得300万。

在今天，一个房地产商能够提供有品质保证、有安全保证、价格公道的房子给大众，已经是功德无量了。我对万科的理想，曾经也只是盖好房子而已。但在房源紧张、房价急速飙升、多数人缺乏购房能力的现在，万科必须正视这种矛盾，谋求更好的解决途径。关于城市中低收入群体的居住问题，是在政府应该考虑的范围，但作为房地产商也必须意识到自己肩负责任，尽己所能帮助解决中低收入人群的住房问题。

“海螺行动”之后，我和几位万科建筑师到福建山沟里去考察围屋——目前保存完整的传统客家住宅。

改革开放后，广东有大量外来人口；广东本地的客家人则是广东最早的移民，他们的住宅都有移民人群的特征。考察后头脑里形成了一种廉租房的大致形象：借鉴客家围屋圆形的外形，根据城市地块紧张的特点，改造成半圆形、1/4圆形；围屋厚实的土墙，在现代建筑中可以用双层墙壁来实现，既美观又可加速空气流通；而底层则可以建成开放式的下沉广场，变成聚会场所。

2006年11月27日，“万汇楼”即万科城市中低收入人群居住试点项目奠基；2008年5月，万汇楼投入使用并被广东省建设厅列为“面向低收入群体租赁住房试点项目”。①

---

① 这是一座直径72米、6层高的圆形建筑，根据传统客家土楼的形式，从密度、尺度、空间模式、功能组合模式上进行演绎而成，占地面积约9000平方米，建筑面积约12000平方米，容积率为1.3，最多可容纳1800人居住。其中，集体宿舍的户型约40平方米，可容纳6人居住，每个住户均有一套集单人床、书桌、储存柜为一体的组合家具。隔间式公寓面积35~40平方米，设有两个卧室、客餐厅，以及独立厨房和卫生间，每间卧室有双人床和书桌、衣柜，可解决一对夫妇的基本居住，月租金在450元左右。

万汇楼建有283间普通公寓及集体宿舍，以35平方米左右的小户型为主。公寓面对那些“通过互联网寻找租房，又不是开车来签约”的人群，即刚刚走入社会的年轻人。一般签约半年，最多签一年，不能转租但可以合租，一间公寓最多不得住超过6人。万汇楼明确规定可以打娱乐纸牌，但不能打麻将，养宠物也不能影响到邻居。楼内只提供简单的物业服务，公共区域的卫生需要大家共同维持和打扫，并且实行垃圾分类投放。在未进行大规模宣传的情况下，万汇楼平均入住率高于90%，部分时点还达到了100%。

这一时期，我更多参与一些行业和企业家的非政府组织。2004年我加入了阿拉善治沙协会SEE。SEE探寻不同利益背景的人群之间的理性议事规则，探索华人社会民间组织的民主自治形式，换句话说，就是治理我们心中的荒漠。

我1983年到深圳，直到2005年，我才真正感觉自己不仅仅“成功”，而且还“比较高尚”。

2006年，万科发布了自己的企业公民规划，这一年成为万科企业公民元年，主题年口号“变革先锋，企业公民”。

接下来的2007年，主题是“大道当然，精细致远”，同样是表达万科对自己的企业公民期许。这一年，发布了《万科企业社会责任绿皮书——暨2007年企业公民报告》。绿皮书，不仅是对万科过去践行企业社会责任的总结，还是未来的战略蓝图和行动纲领，公司从独善其身走向大道当然，从懵懂暗合走向系统实践，并希望接受利益相关群体与公众的监督。

万科自觉自愿地戴上了几年前被媒体加冕的一顶礼帽——企业公民。这顶帽子不再只是加冕仪式中的一个道具，而要成为一种习惯，一种深入我个人和万科骨髓的惯性之举。

从激情到琐碎

SEE成立初期的民主程序并非预先策划好的，而是争论出来的。民主选举的热情过后，进入琐碎繁杂的日常管理。大家在实践中慢慢体会到，选举仅是开始，选举并不能决定一个组织能否成功。由于会员们并没有治理一个民主组织的经验，麻烦事开始接踵而至。

从2004年6月到2007年7月，SEE第一届管理班子共召开过7次执行理事、监事联席会和3次理事会员大会，自始至终表现出一种鲜明的组织风格。刘晓光作为军人出身的企业家，以他的充沛热情和豁达胸襟，包容和团结了理事和工作人员，起到了关键作用。

一届一次执行理事、监事联席会议上，否定了关于秘书长资金审批权限的建议，决定以预算制度作为协会运作的方式，秘书长没有财务权限；关于资金管理和运作，决定不做增值投资，只做生态环保方向的项目；否决了秘书长提交的筹备期财务决算报告及2004年预算报告，这两份报告，要到一届二次会议上才获得通过。

十几个精通财务管理、个性鲜明的企业家面对一个并不熟悉财务管理的秘书处，批评又往往是直言不讳的，秘书长和秘书处工作人员感受到巨大压力。

一届三次会议，在冯仑动议下，要求秘书处组织活动必须突出生态主题，避免政治类议题。在后来形成的《战略规划》中也提到："SEE采取非对抗的合作原则，在业务上寻求政府的理解与合作。"不过，这次会议上，秘书处的工作总算得到了执行理事、监事们一次正式肯定。

一届四次会议上，秘书长杨平汇报工作安排：1. 推动基金会注册；2. 组建专业化团队；3. 深化与完善现有项目，形成SEE项目模式，包括社区发展项目、腰坝滩生态农业项目、能源替代项目、SEE生态基金资助体系、国际合作项目、梭梭林保护项目……

因为缺乏经验，秘书处的汇报缺少战略目标，要点不突出，而且过多文字表达，缺少数据和图表，不符合企业家的思维方式。会议气氛不是很好，不少企业家情绪烦躁，激烈指责秘书处，甚至以公开退出SEE相威胁。缺少议事规则，会场也显得混乱。包括我在内的几位企业家因有事提前离会，最后留下的执行理事甚至构不成形成决议需要的半数。

这次不成功的会议结束后，秘书处和执行理事会没有就2006年的规划与预算召开会议。SEE这个要求以预算制度作为管理和运作方式的组织，2006年竟成了没有预算的一年！

从充满激情的开始到日常琐碎的事务，SEE开始显示出了组织文化危机。

目睹这些问题，有一位理事坐不住了。杨利川，东莞东亚包装公司董事长，毕业于北大，身上带有母校那种充满理想与热情的鲜明基因。此前利川和企业家群体交往不多，他是在看到SEE成立大会的新闻后，主动找上门来加入SEE的。2006年春天，SEE面临组织文化危机之际，利川给会长会、执行理事会写了一封抗议信：

开会没有规则，会员随意缺席，盲目投票决定……可见我们在游戏规则上的脆弱，以及在理念上是多么缺乏共识。有问题连与最核心的会长们都不能沟通，这本身就是问题。

理事们把开会看得太随便，我估计会长、副会长们在会前也很少交流，对会议内容也不甚了了，所以才会东拉西扯，在不深入讨论的情况下草率投票，打击一线人员的积极性。尽管按照民主原则不应控制思想，但不等于不需要控制会议程序，也不等于不需要充分说明会议内容，任凭“会议闲逛者”草率表决。

协会成立时，在实践民主程序上不是曾经相当富有创新性吗？那么，在所有公共事务上，也完全可以体现新的理念、新的精神。对于一个组织来说，是需要灵魂的，是需要精神和文化的。其中最重要的是：忠诚、尽职、民主、守则、合作。这是基本的理念，也是基本的规则，不然，就不会有凝聚力。我希望会长们、执行理事们首先担当起这个责任。

在会长会上，张树新宣读了杨利川的来信全文，会长们和执行理事们很受震动！大家不禁进行反省：来自五湖四海，港台的、海归的，还有本土成长起来的这么多企业家，为了环保公益理想走到一起，这本是十分可贵的。现在的局面，是否我们已经忘记了初衷？我们没有理由不珍惜这个事业，把事情做好啊！

我发言：协会的决策管理确实缺位，对此，会长、副会长有责任。上次会议效果不好，我提前退场，更要承担责任。协会自成立以来的大方向应该肯定，有一些缺点要及时改正。理事的角色可以有两种，一是名誉的，二是干活的。会长、副会长应该都是干活的。

随后，晓光提出要求：会长会要每月开一次，研究问题。将议定的事情给秘书处明确的工作信号。各位会长要拿出更多时间为大家服务，并且进行了分工，树新负责战略，文宁负责国际，王石负责会员联络，宋军负责项目，他本人负责媒体与政府事务。

SEE经历了一次内部驱动的自我改善，在摸索中继续前进。

临危受命SEE会长

2006年6月9日，北京市分管城建的副市长刘志华被“双规”。6月17日，刘晓光被带走协查刘志华案。三天后，首创置业在香港公告停牌，各方怀疑和猜测不断，网络风传——晓光也被“双规”了。

军人出身的刘晓光，80年代初从北京商学院毕业，进入北京市计委商贸处工作，曾任市计委总经济师、副主任。1995年参与重建首都创业集团，在他的努力下，9年时间里，首创从一个效益不好的企业发展成旗下拥有170家公司，包括6家上市公司、3家上市基金的集团公司，总资产达400多亿元，成为市政府旗下的大型国企。

作为创始会长，刘晓光被“协助调查”，势必对SEE有很大冲击，最大威胁是理事们出于警惕和不安全感而退会。我们从各方收到反馈，理事们相互打电话，了解情况，交流看法。少数理事很紧张，要求尽快改选会长，认为如果不改选将会给SEE带来危害。

不过，更多理事在沟通中逐渐形成共识：目前情况不明，不能轻举妄动，还是等情况明了后再做决定。

我们考虑到，刘晓光“协助调查”是与首创有关，与他担任SEE会长无关。无论他最后出不出事，法律上与SEE没有关联。既然是“协助调查”，并没有被法院裁定有刑事罪行，SEE《章程》也没有规定会长如果被“协助调查”就要被撤销职务，SEE以有社会责任、追求现代民主制度的组织自诩，应该讲法治精神，不能过于政治敏感。

退一步说，在朋友遇到麻烦、情况不明的情况下，也不该落井下石，不讲起码的江湖道义。

执行理事们和监事们决心承担起责任，一个月后，在北京召开联席会议，最重要的议题自然是“讨论会长暂不能履行职责期间的应对策略”。刘晓光的助手聂晓华介绍了情况：调查基本到达尾声，目前首创集团情况稳定，北京市国资委很支持，帮助首创度过动荡期。

冯仑对北京社会生态了解比较深，他相信刘晓光不会有问题，但从协会的发展考虑，建议把个人优势转换成制度优势，保证随时有人来主持工作。

最后会议决定，在刘晓光会长暂时不能履行职责期间，由王石主持SEE协会工作，代行SEE《章程》规定的会长职责。

我接受了这个特殊任务。

这个决议说明，参会人并没有紧张恐惧，坚守了法治和做人的准则。执行理事和监事团队表现出面对危机时的担当精神，让大家心里都踏实了下来。

几十年的政治斗争，使中国人的神经都有了高度政治敏感，遇到事情，第一反应就是政治上是否妥当、是否安全。一般来说，因为大案被请去“协助调查”的，凶多吉少。如果是体制内的组织，主要负责人出事，上级重新指派一个负责人，组织就可以继续运行。但对一个民间组织来说，主要负责人被抓，如果出不来，很容易就树倒猢狲散。最初提议马上重新选举会长的人，并非是对刘晓光本人有意见，而是希望切断SEE与刘晓光的关系，以此保存组织。但是，执行理事与监事联席会议没有采纳这个提议。从更深层面看，能够做到这一点，体现了SEE是一个现代理念的法人组织，是大家共同参与、共同担当的团体。

2006年9月22日晚，SEE在阿拉善月亮湖召开一届六次执行理事会。刘晓光结束“协助调查”，出席了这次会议。他的重获自由，让会员们松了一口气，大家有一种共同克服危机后的团队感。刘晓光出事期间，秘书处工作没有出现混乱和中断，大家对我和杨平的工作表示肯定，气氛不像过去几次会议那样紧张激烈。

放下与坚持

2006年10月16日，塔尔寺前。

参加“玄奘之路”戈壁徒步竞赛的队伍在玩一个叫“放下”的游戏。

每个队员各伸出一只手，手握拳，探出食指，全队队员的食指形成一个平面，然后水平地放上一根细竹竿。游戏要求队员一齐将竹竿水平放到地面，过程中，食指离开竹竿的将被淘汰出局，看谁能坚持到最后。

看似很简单的游戏，做起来却出乎意料的难，每个队员的手臂像着了魔似的，不仅不往下放，反而竞相抬高，竹竿也跟着抬升，直到失去平衡滑落。换第二支队伍，竹竿还是被抬升到手臂无法往上抬的程度。换第三支队伍，结果一样。

游戏逗得参赛和围观的人都哈哈大笑，也带来困惑：为什么放不下？

道理其实很简单，每个参加游戏的队员都怕食指离开竹竿被淘汰，结果是每个人都手指紧贴竹竿，无意中起到抬升作用。手指不断紧贴竹竿，竹竿不断被抬升，形成抬升循环。没有一个游戏者被淘汰，直到竹竿失去平衡滑落，结果每个人都是失败者。

领队曲向东意味深长地说：“我们要放下什么呢？放下负担，放下面子，放下繁忙，放下功利，放下爱恨，放下情仇……我们只有一个目标——一直坚持走！”

能有所放下才能有所坚持。我若有所思，在万科发展史上，我们何尝不是放下了许多，逐渐走向专业化，才能够有所坚持？我们何尝不是放下了许多贪婪和急功近利，坚持规范化和透明化，才能够坚持至今？

沿着唐古道前行。

这段路东起塔尔寺，正是玄奘西行路上最孤独、最艰难的一段。从瓜州走向伊吾，这段 800 里的莫贺延碛路，平沙浩渺，黄浪滚滚，上无飞鸟，下无走兽，地无水草。

潜出玉门，玄奘孤身一人，无人相助。面对“人马俱绝，夜则妖魅举火，灿若繁星；昼则惊风拥沙，散如时雨”，玄奘暗下决心：“宁可西进而死，决不东归而生！”一连走了“四夜五日，无一滴沾喉，口腹干焦”，终于晕倒在地。这一倒，也不知多少时间，直到“忽有凉风触身”，才把他从死亡边缘拉回来。

玄奘从长安出发，经河西走廊，穿越中亚，进入南亚次大陆，印度境内比哈尔邦那烂陀，行程 12000 公里。17 年后，他带着大量佛经，从印度载誉而归。

在“玄奘之路”戈壁徒步过程中，每个队伍要取一个名字。我率领的万科队共 8 名队员，起名“八戒”队，要求 8 名队员在徒步期间每个人戒掉一个坏习惯，比如贪吃、懒惰、吸烟、饮酒等。

队员问我选择戒什么，我随口回答戒酒吧。当时这个回答，并没有经过细想。但徒步期间，坚持没有喝酒。

一个多星期后，来到乌鲁木齐，恰逢开斋节。从历史演变来看，斋戒应是沙漠游牧民族在生活资源极度匮乏下的一种被迫适应、以求生存的习惯，但经过伊斯兰教义升华，却起到了净化心灵、高尚情操的作用，还能让富人在一段时间内体验忍饥挨饿的滋味，学会节制。

在当今物质过剩时代，节制越发显得重要。第二天就要进入中亚国家，出于对伊斯兰信仰的尊重，何不尝试一下节制的滋味？我发愿：在穿越中亚伊斯兰国家期间，戒酒。

说来奇怪，这一天说戒酒，第二天开始见了酒，一点想喝的欲望都没有，好像换了一个人。一路上经历严寒天气，极其疲惫，适合抿一口酒呼呼大睡，有时候是好友款待，盛情难却，但我都没有再喝一口。

“玄奘之路”活动结束后，照理说发愿结束，可以恢复喝酒，但我继续发愿，再戒两年。两年下来，没有喝一口，决定从此长期戒酒。

我年轻时就不善饮酒，但平时朋友聚会或每逢佳节，喝上两杯的习惯是有的。至于公务应酬场合，也少不了常常要喝酒，因为自己不胜酒力，所以就是苦不堪言的感觉。

早些年到东北某市洽谈项目，市委书记、市长热情款待晚宴，步入包间，看到几瓶高档白酒摆在一旁，心中暗暗叫苦。

书记客气地问我，喜欢喝什么酒？我赶紧利用这机会，试图摆脱困境：“我的习惯是喝本地酿的土酒。”书记、市长面露难色，本地哪里有什么土酒？但又不忍心拂了远方客人的爱好，吩咐办公厅主任去找酒。主任开车出去好半天，好不容易买回来几瓶东北产廉价酒，口感极差，好客的主人哪里还有什么酒兴？就这样，我逃过一劫，自以为得计，心中颇为得意。

时隔半年，再次拜访该市，书记、市长依旧热情款待。刚入席，书记就说：“王总，上次来你要喝本地产的酒，我们一时找不到，没有招待好你。这一次，我早早就准备了一坛本地酿的好酒，咱们喝个痛快！”

我明白这是聪明反被聪明误，自己给自己下了个套。事到如今还有什么说的？只能硬头皮喝。那一次，回到酒店房间吐了一晚上。从此，在应酬场合不耍小聪明，干脆直言自己不能喝，以免失态伤身。

不时看到万科的干部常常要应酬喝酒，我不由得十分担忧。毕竟他们是万科最重要的人力资源，如果这么重要的人力资源，因为饮酒损害了健康，那就太不值得了。但我知道，中国人的酒文化一时半会儿是改不了的。尤其在商务场合，酒是最好的润滑剂，如果要促成项目促成合作，使劲喝酒就更是避免不了。

有一回走访一线公司，恰巧总经理中午有应酬，见到我的时候满脸通红，酒气四溢。我虽然能体谅他的苦衷，但也更加担心。

此后，我数次在公司大会上提出：第一，希望大家积极参加体育运动，锻炼身体，健康生活工作多十年；第二，希望万科职业经理人有一天能够做到不用喝酒应酬。朋友之间情投意合或者人逢喜事，喝上两盅不是坏事，但不希望为了公司业务发展去拼酒。

如何能做到这一点呢？我想，归根结底还是要看万科的产品，万科的品牌和能力。如果有一天，万科住宅产品和服务在市场上能够有苹果手机那样的号召力，成为一种稀缺资源，人人争先恐后想要去拥有，总经理还用去拼酒应酬吗？

我期待这一天早日到来，这才是万科健康丰盛人生的最好阐释。

与“玄奘之路”陆风车队追随高僧足迹……一个月后，来到文明古国印度，抵达那烂陀——玄奘的取经地，如今已是废墟，但睹其规模，仍能感觉千年前佛教的兴旺。披星戴月，行程 12000 公里，我们只是接近了历史上真实的玄奘。

传说，从喜马拉雅山脚下云游而来的释迦牟尼形容枯槁，虚弱的身体让他难以行走。一位牧羊女恰好路过，让他喝乳粥恢复体力。释迦牟尼便来到了菩提伽耶，在一棵菩提树下静思，发誓若不能大彻大悟，终身不起。他就这样坚持苦思冥想，直到有一天，一种思考方式被激活，让他清明澄澈，心灵穿过各种烦恼迷雾，如一轮明月高挂空中，明白了生命的真相，于是成了觉悟者——佛陀。

是放下？还是坚持？

“偷渡”查亚峰

2006 年 12 月 20 日，由深圳登协曹峻、深大梁群、万科王石、杭州吕钟凌组成的查亚峰攀登队从香港出发，开始了一次诡异神秘的攀登经历。

第一站飞抵印尼首都雅加达。当晚，探险公司告知：“气候原因，至少一个星期，直升机无法飞往查亚峰大本营。”

“至少等一个星期？”

“一个星期后也不好说，你们之前的德国队等了 12 天，气候始终恶劣，不得不放弃打道回府。”

“陆地方式到大本营需要多长时间？”

“陆地交通有两种选择：一是徒步，至少 4 天，途径食人族部落；二是乘汽车穿越矿区，只需 4 个小时。”

“那当然选择乘车了。”

“矿区对外封闭，严格限制外人进入。登山者走这条路线就要装扮成矿山工人，接受吗？”

我们没有犹豫，接受了“偷渡”方案。

翌日早班机飞巴布亚岛。登山装备用破旧的编织袋重新包装，登山队员也被要求着游客装。探险向导解释：如果登山装备和登山队员出现在岛上矿区专设的提米卡机场，会引起保安部门的警觉。有这么严重吗？

沿着赤道线从西向东飞 5 个小时，抵达提米卡镇。热带雨林风光，阳光灼肤。接头人将登山队安置在远离城镇一处雨林遮掩的村庄。

一座独处的小旅社，蚊虫飞舞。我们的护照被收缴去当地警察局签发旅游许可，同时还被告知："晚8点乘车穿越雨林，之前绝对不许外出！"此时，我们才意识到自己是被关了禁闭。

好不容易熬到8点，却没任何动静。忐忑袭上心头。和向导闲聊，抠出一些信息：格拉斯伯格铜金矿场已运行开采几十年，是世界最大的金矿场，年产黄金超过140万盎司。这里是美国人的地盘，绝对禁止外人进入，警戒矿区的保安至少2000人以上。提米卡镇经济主要靠矿区支撑，但当地原住民非常贫穷，和矿区经常发生流血冲突。少数民族闹独立运动更是使得当地治安恶化，外来者非常不安全……

零点，哗哗大雨。队员们换上了当地人衣服，几分似"偷渡民工"，被装进一辆车窗封得严严实实的白色面包车，上路了。

漆黑雨夜，车在标准沥青路上疾驰。透过驾驶窗，瞥见一闪而过的矿区路标。经过检查口时，按照交代，弯腰埋头，不敢发声。有惊无险，如此过了三道检查岗。行驶约两个小时，进入矿区：大型机械设备、高大厂房、输电网，灯火通明、作业隆隆，如同一座秩序井然的不夜城。开进一处独栋二层楼院子，看环境，像是警卫值班室。我们明白了，安排"偷渡"的人事先和矿区警卫串通好了。换上事先准备的工作服，戴上安全帽，看起来是厂区工人的模样。装备也倒到两辆吉普车上。吉普车司机的后腰位置鼓鼓囊囊的，露出微型冲锋枪管。车上路，驶进神秘的矿井坑道。

坑道行车一个小时后，重见雨夜。吉普车四轮驱动，颤抖喘息着，在雨水冲刷的泥泞土路上颠簸；路两侧堆放着小山似的矿渣，不见寸草，更不见树林。凌晨3点驶出铜金矿区，已经是海拔3800米，一座陡峭的岩壁耸立眼前。

23日上午适应性训练。爬上100多米高的岩坡，查亚主峰豁然出现。查亚峰海拔5030米，位于南太平洋所罗门群岛的巴布亚岛，是大洋洲有争议的两座最高峰之一，也是世界岛屿海拔最高峰。巨大、陡峭的石灰岩山体，经千万年雨水冲刷，形成一道道岩沟和锋利的棱角。岩体很结实，假如交通方便，一定是高海拔攀岩者的天堂。

24日凌晨3点，在满天繁星下，我们出发冲顶。陡壁千仞，向导开路，我跟其后，接着是梁群、钟凌，曹峻断后。1962年，三位奥地利登山家首次登顶查亚峰，后来者都是沿着他们开辟的北坡路线攀登。攀爬上陡峭山脊，太阳跃出东方，脚下云海漂浮，远处冰川反射晨光。一个巨大"U"形槽呈现在我们眼前，跨度40米，深20米。20天前一支德国攀登队架设的溜索绳仍保留着。我们有两个选择：利用溜索滑过去，或者下降到难以立足的槽地，再负角攀登上去。溜索过去当然省时省力，但因无法检查对面安全绳固定得是否牢靠，还是选择了第二种方案。

速降绳套上8字环，悬空下降到深20米的底槽，再把两副上升器卡到另一端安全绳上，悬在近500米高的峭壁上，借助上升器交替上攀。平时训练积累的能量充分释放了。

过了“U”形槽，趴在岩石上，差点儿背过气，此时顶峰已不在话下。

9点钟，全体队员登顶。

下山过“U”形槽时，北大山鹰社第二任社长曹峻露了一手，检查绳索安全后，把自己仰挂在溜索绳上，“嗖嗖”，顺利滑到了对面山脊。其他队员仍是用老方法过槽，费了不少时间和体力。

下山路线没有大碍，胜利在望，我却出了状况。在一段安全地带，我一度脱离安全绳下撤，却没能找到下一段安全绳，试着无保护下山。几乎贴在垂直的岩壁上，没有保护下降，随时可能从悬崖上滑坠。再返回有安全绳的地方？那会消耗很大的体力。上下两难，动弹不得。

“有人吗？有人吗？”我发出求救呼喊。没有回应。只能横下一条心，继续下撤。全身贴紧岩壁，四肢寻找支撑点，慢慢往下挪动。脸颊、双手、四肢被粗粝尖锐的岩石刮破多处，却感觉不到疼痛。也就是这刺破四肢的岩壁救了我的命，凸凹不平的尖锐表面是唯一能找到的支撑点。太阳毒晒，体力已透支，一个多小时才下降了70米，好在也终于发现了有安全绳的路线。

就这一个小时的消耗和心理折磨，几乎耗尽体力，水也喝光了。走几步就要停下喘气，再走几步再停下喘气，尽管是下坡路，却比攀登还要慢。熬到大本营，开口嚷嚷：“快给水喝，要凉的！”钻进帐篷不久，一阵乌云飘过，哗哗大雨。

“回程可以堂而皇之进出矿区吗？”

“不行。”向导摇摇头。

夜雨中，我们换上矿山工人的服装，乘车再次溜进格拉斯伯格矿区……

矿区道路系统给游客和登山者提供方便有什么不好呢？多好的企业形象宣传机会！如此严密警戒的矿区，总觉得哪一点不大对劲儿。

返回提米卡镇，再转到巴厘岛休整。上网查格拉斯伯格铜金矿的信息，搜索结果吓我一跳：这是矿业巨头弗里波特·麦克莫兰企业旗下最赚钱的矿区，上了绿色和平组织的黑名单，名声极差。作为世界上最大的黄金和铜矿生产企业，毫不顾忌对生态环境的破坏，每年排放含有重金属毒害的矿渣23万吨，侵蚀原始热带雨林

200 平方公里。不仅如此，格拉斯伯格铜金矿还把土著人的圣山铲平。许多当地居民在矿区工作，但矿区并没有改善当地居民生活，相反，提米卡镇超过一半的人口生活在贫困线以下。犯罪、卖淫和艾滋病问题逐年增加。国际人权组织声称，格拉斯伯格铜矿犯下侵犯人权和不可逆转的环境破坏，要求关闭矿井。

2007年 暗流

马不停蹄的一年

“2007”这个数字，很容易让人联想到好莱坞系列谍战片“007”。这一年，为500亿之后的万科做经营管理升级储备，集团人力资源部制订了一个国际精英人才招聘计划，就被命名为“007行动”。我在5月份参加的大同航校滑翔机培训班，也被调侃为“007班”，虽只有5名学员，却是80年代改革开放以来，航校第一次办班招生。

10年前（1997年），亚洲金融危机爆发。为了应对这次危机，时任总理的朱镕基大刀阔斧地全面启动了中国商品化住宅市场，作为刺激国内投资消费的主要手段。这之后经历了互联网泡沫破裂、美国经济衰退、“非典”爆发等事件，这些不利因素都没有阻挡住中国住宅市场高歌猛进。进入2007年，以住宅市场为主导的中国房地产市场被定义为国民经济支柱产业，当年产值超过全国国内生产总值的10%。这一年，在东莞万科建研中心，我参加了国家住宅产业化基地的挂牌仪式。也就是这一年，用预制方法建造的住宅项目在上海投放市场。面对城市化过程需求和业务快速扩张，从日本引进的产业化预制生产工艺进入操盘阶段。

……

2007年2月23日，从北京飞土耳其首都伊斯坦布尔，再转机飞军警戒备森严的凡城（Van），随后驱车三小时抵边境小镇东古巴亚兹特，准备攀登海拔5165米的大阿勒山。

大阿勒山位于土耳其东部边境，常年积雪，因为是《圣经 · 创世记》篇中诺亚方舟的停泊地，在基督教世界十分有名。对登山者来说，这是土耳其境内最高峰，却因民族冲突等原因被军方长期封锁，使攀登大阿勒山成为奢望。

两个月前，《DEEP中国科学探险》杂志年度活动，我恰巧同土耳其大使夫人坐一张桌子。这次邂逅，促成了中土联合攀登大阿勒山的活动。中方队员由香港钟建民先生、西藏登山向导旺堆和我组成。

清晨，透过酒店玻璃窗，壮阔的大阿勒山雪峰一览无遗。这是诺亚方舟搁浅的地方?

对我而言，诺亚方舟之说是否真实并不重要，当它是人类应该如何摆脱自己遭遇的困境的启迪，已经足够。记得2005年在广西生物多样性保护基地，看到潘文石教授的学生画的一幅壁画：贪婪的人类将野生动物居住圈挤迫得越来越小，一旦动物消失了，人类还能独立存在吗？人类再不检点克制自己，将面临自我毁灭的境地。只有尊重自然、爱护自然的人类才能继续生存下去。就这一点而言，诺亚方舟的启示仍有现实意义。

25日，同土耳其队员会合，驱车抵大阿勒山脚下，朝大本营徒步。举目戈壁、荒原、火山碎石。

26日，天气晴朗，顶峰豁然在眼前，谷底云雾遮掩。队伍行进到海拔4200米的突击营地，中方队员三人挤睡一顶帐篷。大风呼啸，睡袋冰冷，头疼难眠。

27日，凌晨4点起床，强风中出发攻顶。狂风卷起雪粒，随时可能将人掀翻，滚下悬崖。一小步一小步往上挪动。途中，攀登队的6名土耳其队员有3人放弃。

200米陡峭冰壁。铁索扣到预设的安全绳上，冰爪踩着光溜溜的冰壁，“咔嚓咔嚓”，一个接一个爬上去。再翻过一道冰坎，顶峰就在眼前，通向顶峰的冰坡寒光闪闪。无论风多大，今天一定要登顶!

事先得知，在攀登大阿勒山的历史上，一些登山者就是在接近顶峰的冰面上滑坠遇难。接近顶峰，脚下变成硬雪，悬着的心才放了下来。

顶峰是个雪檐，竖着一根手杖形的钢管，系在钢管上的标志旗在狂风中抖动。风太大，单独一个人恐怕会被刮走！我被两名先期抵达的土方队员夹在中间，互相依托，站到了大阿勒山顶峰。这一天，3名土方队员和3名中方队员登顶，另有两支队伍因强风放弃。

下撤途中，双脚疼痛，磨破的脚趾不能受力，几次趔趄，慢慢落在后面。窝在手套里的手指冻得麻木生疼。即使如此，我仍忍不住脱下鸭绒手套，端起相机，“咔嚓咔嚓”一番拍照，景色太美了！

抵达突击营地，太阳落下，天际线一抹橘红。狂风更甚白天，阿旺给帐篷边沿压了一圈岩石，再用三把冰镐固定防风绳。风中抖动的帐篷仿佛随时会被撕裂。我感觉恶心、头痛，又不敢吃东西，怕呕吐在帐篷里讨人嫌。睡袋里湿乎乎的，很不舒服，脚冰冷，脚趾伤口处疼痛。风中的帐篷摇摆着。是否穿上鸭绒衣，以防帐篷被撕裂万一？嗨，想点好事吧，撤回小镇第一件事要做什么呢？泡个热水澡，嗯，舒舒服服躺在热水池里享受人生……当置身在恶劣环境中，人很容易就能得到满足。现代都市人物质条件太好了，反而不珍惜所获得的幸福。

2007 年是我探险登山快节奏的一年：2 月攀登大阿勒山；5 月初，和几位科学家一起徒步穿越燥热的罗布泊；7 月，远赴瑞士攀登山国最高峰，海拔 4634 米的杜富尔峰；两个月之后，进藏攀登世界第 6 高峰，海拔 8201 米的卓奥友峰；从西藏撤回内地，稍事休整，又同中城联盟的企业家队赴马来西亚，登顶该国境内最高峰，海拔 4095 米的沙巴神山；然后再转战台湾，再次攀登台湾最高峰，海拔 3952 米的玉山。

斐波那契增长？

2006 年，在筹备集团春季例会时，一向对数字很敏感的郁亮无意中发现：万科历年净利润数与著名的斐波那契数列竟十分吻合！

意大利商人兼数学家列奥纳多·斐波那契在其 1202 年出版的《算经》里提出一个问题：一般而言，兔子在出生两个月后就有繁殖能力，一对兔子每个月能生出一对小兔子来。如果所有兔子都不死，一年以后有多少对兔子？

第一个月小兔子没有繁殖能力，所以还是 1 对。第二个月生下 1 对小兔，共有 2 对。第三个月老兔子又生下 1 对，小兔子还没有繁殖能力，一共 3 对。第四个月，老兔子和第一对小兔子各生 1 对，共 5 对……这样推算，就可以得出一个数列：1，2，3，5，8，13，21，34，55，89，144，233……人们称之斐波那契数列。它有一个十分明显的特点：前面相邻两项之和等于后一项。斐波那契数列还有一些有趣的性质，体现了和谐的自然之美。

万科 2002~2006 年净利润符合斐波那契数列：3，5，8，13，21……为什么会出现这种巧合呢？无法解释，或许也是按照某种商业规律发展进化的结果？或许是某种"优化方式"，使企业可以相对快速发展，又能保证效益和质量？

那两年，尤其2007年，中国股市、房市两头热，人们纷纷把钱投入，再次出现了市井无人不谈股票、无人不谈房价的疯狂情景。按照斐波那契数列发展，万科2007年的净利润应该是13+21=34亿元左右。事实上呢？市场过热背景下，2007年万科净利润48.4亿元，比上一年增长了110.8%！

眼看万科就要扶摇直上的时候，斐波那契数列又发挥作用了——2008年净利润40.33亿元。如果把2007年超出斐波那契的部分（48.4–34=14.4）加到2008年的净利润上来：14.4+40.33，四舍五入，正好等于55，回到了斐波那契数列的轨迹：3，5，8，13，21，34，55……

似乎有一种无形的力量，要求万科遵从这样的发展规律，一旦过热超速，就会在未来年份里跌落，恢复应有的轨迹。

如果未来几年照2007年110.8%的增速增长，万科会怎样？我的回答是：不可能，因为这个速度绝不可能持续。

首先，中国的房地产开发和建筑行业仍处于粗放经营的阶段，现状是：1. 产品质量问题。传统的渗漏、空鼓等问题至今仍困扰房地产同行，传统生产方式形成了瓶颈，难以根本性提高产品质量。

2. 生产效率问题。许多地产公司人均管理项目不到0.05个，同时，项目周期长，资产周转率只有0.5上下。

3. 施工和使用过程的环保节能问题。全国每年排放建筑垃圾上亿吨，占城市垃圾的40%。绝大多数建筑垃圾未经任何处理，就直接填埋。另外，全国城乡建筑达到节能标准的仅占5%，而住宅的建造和使用过程中直接消耗的能源占全社会总能耗的30%。

其次，我们的管理水平也处于十分粗放的阶段，哪怕是行业领先的万科，无论人力资源、组织结构还是企业文化都没有为千亿级企业做好准备——这也是中国优秀新兴企业做到千亿级时都会遇到瓶颈的共同原因。

从社会、经济的层面看，经历几十年高速增长后，大气变暖、水资源稀缺、能源危机、物种灭绝等环境问题，贫富分化、犯罪增多、诚信缺失、人际冷漠等社会问题日益凸显，并且成为我们进一步发展的阻碍。一方面，建立在资源的高度垄断和消耗基础之上的粗放增长，必然难以持续，产业调整只是迟早的问题。另一方面，缺乏制度保障和文化共识的高速增长，又必然带来效率与公平的冲突、物质与精神的冲突，成为限制未来发展的瓶颈——如果继续高速增长到很大规模，必将为各种各样的社会和环境问题所湮没，对个人、企业、环境和社会都只能是一场灾难。

社会和经济发展模式整体转型已经势在必行，企业发展模式的转型也不可避免——万科的住宅产业化变革，正是基于对这个大背景的认识。

住宅产业化第一枪

2006年底，二号实验楼开工并很快建成。建成研究成果能否让一线公司乐意投入使用，这是建研中心面临的最大困惑。对建研中心的同事来说，研发目的是为了实用，而不是发表理论文章。如果成果无法在一线公司的项目中推广，建研也就失去了作为企业下属研究机构的优势。

在公司内各种场合，我反复跟大家解释建研中心和住宅产业化的意义。应该说，一线公司管理层了解建研的工作，对产业化的理念也认可。但他们又认为这些理念太超前，若干年后用可以，但对当下来说意义不大。理解是一件事，真正使用又是另一回事，中间需要一段过程。

谁来打响第一枪？

最初我对深圳公司寄予厚望。一是深圳公司效益好，最成熟，二是万科在深圳也最有影响力。出乎意料的是，第一步尝试却是从上海开始的。这看上去偶然，实际上有内在的必然逻辑。

一直以来，深圳万科是一支以营销见长的队伍，以样板房为特征的营销手法受市场认可，也为同行推崇。深圳万科内部曾有句笑话：期房比现房好卖，客户一看样板房就想去掏钱。时任深圳公司总经理的徐洪舸是设计出身，设计中重视对产品卖点的挖掘，工作中偏重于抓设计与销售。所以，当总部想把住宅产业化的试点任务交给深圳公司时，深圳公司没有接茬儿。

与此相反，当时上海公司总经理刘爱明，清华土木系毕业，万科“海盗行动”期间从中海进入万科。他对建筑工程技术上的探索更为敏感，也更有热情。最终，上海公司接棒工厂化住宅落地的任务，在新里程项目20、21号楼应用。曾在日本笑话我住宅产业化做不成的付志强，则负责配合爱明。

在上海公司的全员大会上，刘爱明抒发自己对工业化项目的骄傲：“整洁有序的工地，精致严谨的产品，让人恨不得穿着西装躺在台阶上！”工厂化技术落地了，工地上洋溢着特别的热情。

2007 年 9 月，新里程 20、21 号楼封顶，这是我们国家第一栋用工厂化方法建成的商品住宅楼，工艺工法、现场管理、产品品质都获得了客户和专家好评。万科一线公司向来有不服输的精神，相互比拼，不甘落后。住宅产业化在上海取得成果后，深圳公司感到压力，在以现代中式风格著称的第五园，也用工厂化技术建了一栋住宅楼，名为“第五寓”。

另一方面，在建研基地，二号实验楼之后，三号实验楼继续对技术进行优化与更新，使万科VSI工业化住宅技术体系具备推广应用的基础和条件。四号楼首次完整运用工业化住宅产品开发流程来设计建造，标志着开发平台的形成。五号楼则以首次改善需求的客户群体为目标，涵盖了首改客户中的“三代家庭”、“小小太阳”，以及青年群体中的“居家型”三类产品。六号楼以大规模的工业化推广为目标，制作出了手工无法达到的精致效果……

很可惜，上海公司继续推动住宅产业化落地的另一个项目，局部工艺工法失误，导致产品出现瑕疵。这时恰好遇到 2008 年市场下行，客户群诉压力非常大。上海公司负责任、无条件为客户维修产品，事情最终得到解决。虽然产品出现瑕疵与工业化技术本身并无直接关系，但客户由于不了解，把二者画上等号。出于这样的顾虑，上海公司在两年后暂停了住宅产业化推进的步伐。

在后来拜会上海市委书记俞正声时，我提出由万科采用工厂化方式来为上海建保障房。俞书记很重视，提出由浦东区来配合。但上海公司管理层一哆嗦，没接这个招。产业化落地在上海突然刹车，是一件十分遗憾的事。我至今还想，如果当时冲一把，或许现在的局面会完全不同。

不过，好在此时的万科已经具备一定规模，东方不亮西方亮。产业化的另一个突破口出现在了北京。2008 年，毛大庆从凯德置地加盟万科，担任北京公司总经理。他此前任职的凯德置地是一家优秀的新加坡房地产开发公司，在新加坡，住宅产业化已较为成功，这也让毛大庆对此有较深的理解。随着他的到来，住宅产业化落地的领跑棒，就交到了北京万科。

作为首都，北京的天时地利都胜于上海和广东，住宅产业化的影响力在北京得以凸显。现阶段，政府是否提供政策上的倾斜，对产业化落地有关键性影响。一线公司总经理要计算成本，从经营的角度权衡利弊，这种时候，王石说话的作用也很有限。2009 年，北京市建委率先补贴产业化住宅，这令我非常兴奋。陆续地，上海、昆明等城市也开始了政策性补贴，局面慢慢打开。在深圳，由万科为政府代建的龙华公租屋，由于使用工业化等一系列技术革新，施工进度明显比同时开工的其他项目更快，品质观感也更好，成为部里、省里、市里高度关注和认可的项目。2012 年以后，南京、佛山等公司又在这方面各自取得突破。

2010 年 7 月 28 日，北京市委书记刘淇、市长郭金龙、副市长陈刚出席万科承建的半步桥工业化公租房项目开工仪式。北京市委书记、市长、副市长同时出席一个项目的开工仪式，这不仅在万科，甚至在房地产行业史上，也是唯一一次。很显然，他们的出席不是因为万科，而是因为工业化。

从日本经验看，也正是政府的政策大大推动了住宅产业化的发展。从第一个住宅建设五年计划开始，日本制定了住宅生产工业化补贴制度，以及技术开发补助金制度。此外，还对新部件的生产提供低息贷款。这些配套政策很快产生了效果，40 年后的今天，日本工厂可以十分灵活地生产各种大批量住宅部件。

我曾提出，到 2012 年，万科主流市场中 80% 以上应是产业化住宅。几年前，万科委托麦肯锡对时间表进行了重新测算。麦肯锡提出，2012 年完成住宅产业化时间太短，2014 年更为适宜。我马上同意，而且我心里很清楚，即便 2014 年做不到，我也不悲观，更重要的是住宅产业化的趋势已经因为我们的努力发生了改变。具体的时间节点并不重要，但如果我不给出个时间限定，大家都没压力，推广会变得遥遥无期。

住宅产业化做起来确实很难，其实也没那么难——好比登山，王石登上珠峰，很多人觉得不可思议，但其实也不像想象中那么难。我们不过是摸着石头过河，成熟一套再去做下一套，一步步走了过来。①

住宅产业化，仍在路上。

热困罗布泊

5 月，罗布泊。黄褐色湖底无限延伸，远处的热气在晃动中升腾，仿佛在燃烧，天空飘浮着绒毛薄云。

---

① 2011 年，万科完成申报的绿色三星住宅面积 268.4 万平方米，占全国总量的 50.7%；住宅产业化开工面积 272 万平方米，是 2010 年产业化开工面积的 2.55 倍；建筑研究中心投入研发费用 10352 万元，比 2010 年增长 10.4%。2012 年，万科新开工产业化住宅面积 272 万平方米。2013 年以后，集团确定以“两提一减”为标准衡量，实现开工面积 698 万平方米。

探险队伍从若羌进入罗布泊，计划徒步三天，行走100公里，穿越湖中心点，抵达北岸目的地。队伍中除了我，还有成都企业家余德芳，北京华大基因两位科学家汪建、王俊，在读博士阿山，乌鲁木齐企业家老唐、郭总和赵忠。

罗布泊曾经是塔里木盆地的积水中心，发源于天山、昆仑山和阿尔金山的河流，源源不断地注入罗布洼地形成湖泊。这里还曾是野骆驼、野鸭子、黄羊的天堂。近半个多世纪，上游大量截流分水，20世纪70年代，烟波浩渺的罗布泊变成了一片干涸盐泽。

之所以选择5月，是因为这个季节气温比较适合。如果再晚一两个月，夏季的高温将使得徒步探险成为不可能完成的任务。历史记录，5月份的温度可达45摄氏度。

早上11点钟，温度已经超过40摄氏度。温度还在升高。行进18公里后，老唐、赵忠不抵高温退出；到26公里的位置，郭总退出徒步行列。温度到了45摄氏度之后仍然跳升……已超过了50摄氏度！

远远高于经验值的高温，是事前没有预料到的。

头晕，感到缺氧，大口呼吸，精神有些恍惚。

晴朗的天空突然混沌起来，瞬间天昏地暗，风沙弥漫。不好，沙尘暴！本能地趴在地上，脸朝下，头发、脸颊、鼻孔、耳朵眼儿，全身上下全是沙子。沙尘暴呼啸而去，继续上路，此时温度显示51度。龟裂的板结路面坚硬锐利，行走非常伤脚，小腿肚、大腿根隐隐抽筋。咬牙坚持行走。

我尝试深呼吸，调整步伐，走节奏，慢慢速度提高了起来，浑身也感到轻松少许。余德芳落在我后面。前方400米处行走的，看着像是阿山博士，似乎步履维艰。800米处两个模糊的影子，是走在最前面的老汪和王俊。我加快脚步，30分钟后赶上了阿山，这位藏族博士曾登顶过卓奥友，走沙漠却不是他的优势。

超过阿山后继续追赶领头队员，到还差300米的位置就再也无法提速了，甭说提速，维持现有节奏也感吃力！这时看到一面标志牌：罗布泊湖中心。噢，已经到了！从早8点30分到19点20分，走了11个小时，41公里路程。我选择一辆游客吉普车阴影处，头枕着背囊，身体成一个“大”字摊开，平躺在盐碱地上，闭上眼，喘粗气，四肢既感到超强度肌肉痉挛的疼痛，又有一下子放松下来的舒坦。

第二天一早，脑袋伸出帐篷左顾右盼，看见银灰色圆月西斜地平线上，蛋黄色太阳正从东侧地平线跃出。看傻眼了。日月同辉，太壮观了！

8点45分出发。约走10公里，抵达余纯顺纪念碑，碑上刻着：余纯顺遇难处。

遥想余壮士徒步8万余里，五进西藏，行走寒冷缺氧的高原，他有丰富的经历，却没有穿越高温沙漠的经验。为什么选择6月份穿越难度极高的罗布泊呢？这个疑问多少年来萦绕在脑海，却不能解释。

环顾四周，升腾的灼热空气似在燃烧，灰蒙蒙的龟裂湖底，地平线呈现的弧线，围合成一个超级圆，严酷，寥廓，极简，联想到早上日月同辉的景象，这种环境不正是壮士英灵最好的安歇地吗？

壮士选择了罗布泊，罗布泊接受了壮士！

继续上路。一望无际的龟裂盐碱地，一块块翘起，露出结晶，剔透发亮。温度在上升，头发晕，双脚被硬面盐碱地硌得生疼，步伐减慢下来，眼看两位科学家渐行渐远；老余顽强地跟在后面，一瘸一拐。

“老余，腿怎么了？”“旧伤发作，每走一步都像针扎般疼痛。”老余被迫放弃了行走。

冉冉晃动的空气，热浪难当！又超过了50度。无遮挡的毒日下徒步，方明白为何阿拉伯半岛上的居民要把全身捂得严严实实——直接暴露的皮肤很快就会灼伤。书上常常描写酷热环境：人汗流浃背，汗水湿透了衣衫……但这些描写不适合干旱的沙漠环境：没有任何出汗的感觉，皮肤、衣衫始终是干的，汗水刚从毛孔排出就蒸发掉了。嗓子冒烟，头晕，思维迟钝，稍不精力集中就可能栽倒。

疼痛、肿胀的双脚在忍受煎熬，左大腿开始痉挛。差点就没走出罗布泊！这一天行走30公里的难度远超过前一天的41公里。

经验中最高温度45摄氏度的季节，我们却记录到50摄氏度甚至51摄氏度以上的高温，强烈感受到气候变暖的信号。地球气候每变暖1摄氏度，对环境和生命意味着什么呢？

内布拉斯加州是美国的粮仓，这个州的沙山地区出产最好的牛肉，但肥美牧场的下面却是黄沙。地质学家考证，6000年前，美国的气温比现在高1摄氏度，这片肥美的草原曾是寸草不生的大漠。假如气温上升1摄氏度，美国的“粮仓”将变回大漠。全球最热的撒哈拉大漠却可能会变得湿润起来，重现6000年前岩画中大象、水牛、野羊在草原巡游的景象。11000年来一直戴着雪帽的乞力马扎罗将不再有冰川，阿尔卑斯山的冰雪全部融化，频繁发生山体滑坡等恶性灾难；北极圈的冰体大量消失，北极熊面临灭顶之灾。因为二氧化碳排量增加，海水酸性上升，这对海洋低级生命是致命的，大堡礁的珊瑚将会全部死亡。

当气候变暖2摄氏度，地中海沿岸将酷热难当，人们纷纷北迁。格陵兰岛冰盖彻底融化，海平面上升 7 米。科学家的依据是，12 万年前，地球平均气温比现在高出 1~2 摄氏度，全球冰盖都是融化的。1/3 的动植物种群因气温变化而灭绝。

当地球平均气温上升 3 摄氏度，占地 100 万平方公里的亚马孙热带雨林将频频遭遇火灾；南部非洲和美国西部将出现更大面积的沙漠，上千万从事农牧业的人离乡背井；在南亚次大陆，印度河水位会开始下降，印巴因为抢水而爆发新的冲突；欧洲大陆和英国，夏季干旱与冬天极冷相伴，一些低海拔的沿岸地区将被淹没。

当地球平均气温上升 4 摄氏度，地球将遭遇“第 6 次生物大灭绝”，充满酸性的海洋使很多鱼类灭绝，复杂的海洋生物链失去平衡；许多地方缺少水源，大量植物和动物遭遇灭绝的厄运。

平均气温上升 5~6 摄氏度，绿色阔叶林重现在加拿大北极圈。由于陆地大部分被淹没，动植物无法适应新的环境，有 95%的种类灭绝，地球面临与史前大灭绝一样的最后劫难。

“这是我们人类想要的吗？我们短视的、不负责的行为却在将自己引向灾难。”侧风行走，细沙吹打在脸上，生疼。眼前是雅丹地貌，雄浑苍凉，大美无言。

民主改选

2007 年 7 月 28 日，SEE 在北京首创大厦召开第四次理事会员大会，也是它的首次换届选举。为了这次换届选举，一个月前的联席会上，进行了《章程》修改动议的讨论，并成立选举委员会，拟出选举办法。

选举委员会由监事会代表林荣强牵头，成员包括理事冯仑、韩家寰、刘晓光、田溯宁、王维嘉、秘书长杨平及专家杨鹏。

SEE 第一届领导班子是民主选举出来的，这个传统能否延续下去，首次换届选举是一次考验。会场笼罩着一种神圣感。有准备、有安排地通过民主选举进行公权的和平交接，这对除了台湾理事会员的其他会员来说，都是人生中的第一次——虽然，这只是个民间非政府组织。

大会开始，刘晓光发表离职感言。他说：“在担任会长的三年时间里，我最关心的是咱们别散伙，不仅老会员别散伙，还要有更多的新会员加盟进来，这个做到了。我回想，第一届理事大会非常非常重要，开了一个很好的头，逐渐形成了民主参与和民主决策的文化。如果没有这一条，今天到会的人就不会这样多了。”

在会议之前，发生了一起“永久名誉会长风波”。首届领导班子任期满，如何安排这些“老领导”呢？这是中国特色的焦虑。有理事向秘书长建议，应当让刘晓光担任永久名誉会长。秘书处没细想，直接在会议议程中加入了这个环节。

晓光在离职感言中说：“后来，有几位理事找到我说，假如你当选永久名誉会长，协会的价值就淡了，消退了很多颜色。大家提的是对的。我们这些企业家是改革开放以后起来的，我们走到一起做公益事业，应该有创新的时代精神，要有新的价值、新的组织模式。对于‘永久名誉会长’这个荣誉，我感谢，但是不能接受。按照协会新修改的《章程》，我这次不参加会长选举，退下来做一个执行理事，会继续做好工作，请大家相信我！”

晓光真情实感的发言获得一阵阵掌声。

下午议程，韩家寰宣读选举办法，大会进行讨论表决，除执行理事会候选人“在任职期间至少要发展3名会员，如做不到，自己要承担3名会员的会费”这条被否定外，其余条款都获得通过。

到了竞选演说和投票选举的时间。先选章程委员会委员，然后是监事会成员，最后选举执行理事会成员。大会邀请了其他公益组织负责人和媒体记者列席，“自然之友”梁晓燕和“中国扶贫基金会”沈东曙承担了监票人的工作。

章程委员会委员共有6人报名参选，最后王维嘉、周俊吉、万捷当选。王维嘉这位三年前在监事选举中落选的企业家，高票当选首届章程委员会主席。

监事共有8人报名，结果任志强、武克钢、陈致远、马蔚华、钱晓华当选。监事选举任志强担任监事长。

在2004年的监事选举中，任志强得34票，比王维嘉多1票，二人一起落选。2005年，因卢正昕不能继续担任监事，大会进行增补选举，任志强再次参选，但败给了台湾企业家陈田文。这次选举，任志强本不想参选，但有很多理事鼓动他：“我们需要有一个强势人物监督这些更强势的执行理事。”杨鹏说，大家感到新一届执行理事会可能会更加强势，因为王石最有可能当选会长。

执行理事共有14人报名，最后王石、冯仑、李谋伟、陈宇廷、宋军、张树新、杨利川、戴志康当选，与上任会长刘晓光一起组成9人执行理事会。随后执行理事选举我担任会长，张树新担任第一副会长，陈宇廷担任第二副会长。

选举结束后，我发表了当选感言：

虽然我年龄比晓光大，但是在做非政府组织方面，我跟他学到了很多东西。在成立大会那天，晓光还是很强势，突然不知怎么就变了，什么事都是好好好，对对对，哈哈哈，你说什么，他都笑脸相迎。一直到晓光组织最后一次执行理事会的时候，我才突然发现他原来的色彩又出来了，当机立断。实际上，他是在适应他发起和开创的非政府组织，他是在调整另外一种做法，如果没有他这样的一种包容，这样的自我批评、自我否定，没有这样一种妥协的精神，显然，我们华人圈企业家是不可能形成今天SEE这种局面的。

我是一个比较强势的人，很多人都说，我给别人总是一种很傲慢的、拒人千里之外的感觉。我希望自己在会长任期内，也能向晓光看齐，改变自我，放下自我，更多包容，更多看到别人的长处。在上一届会长任期内，晓光做得很出色，这点有目共睹。所以，我想，我担任会长期间最适合的施政方针是“萧规曹随”。

领导班子的更替从来是组织制度中最重要的问题之一。从2004年自发萌芽的民主选举开始，到2007年严格规范的换届选举，SEE的理事会员们已学会了民主选举的规则。

近百名理事会员用民主选举制度来进行领导班子的有序替换，这在中国社会中是少见的。换届选举参与者都感到心情很舒朗。民主选举是按选票数量定胜负，竞选规则公平透明，参选人在这样的规则下，不容易陷入黑箱操作的扭曲心理状态。从2004年首届选举开始，SEE就设计了落选者感言的环节。吴士宏这次参选执行理事落选，她在感言中说：生平第一次落选，选票念到1/3的时候，我的心就通通直跳，这人丢大了！然后再看跟我一块儿落选的人，感觉还行。

在第一届选举中，大陆会员第一次拿到选票，完全按照个人意愿投票。后来我们发现，台湾会员投票之前，是进行过协调工作的，他们投票的方向比较统一。这样，台湾会员占总票数1/4，却能在很大程度上影响选举结果！

这一次选举前，台湾会员专门设宴招待SEE会员，隆重推荐台湾籍参选人，公开拜票，在规则允许范围内发挥能量，结果是，台湾籍参选人全部当选！显然，台湾会员的选战经验比大陆会员丰富得多，也就能在公平选举中发挥更大能量。

这以后，大陆会员开始学习台湾经验，到后来的第三届选举，华南、华东、华北区域的会员开始有了协调动作，游说，拉票，拜票。这样，选举中的不确定性越来越少了。

第三届选举前，要选台湾大成集团总裁韩家寰当会长的协调工作就已开始，理由是第一届、第二届的会长分别来自北京片和华南片，第三届难道不该由台湾片代表来担任，以更好动员台湾、香港等地的华人加盟SEE吗？这个理由基本得到华南、北京、华东、云南片企业家的认可，加上韩家寰本人一直热心SEE事务，极具号召力，最终几乎没有什么悬念地当选了第三届会长。选举结束后，大家开玩笑说："其实解决海峡两岸的问题并不困难。"

三个月后的二届二次执行理事、监事会联席会议上，我提名杨鹏担任秘书长、张敏担任财务总监，均获得执行理事会全票通过。

发现潜能

2007年9月，按计划前往攀登世界第六高峰卓奥友。

抵达大本营时，天下着毛毛小雪，一队从前进营地下撤的牦牛从远处缓缓而来，牦牛身上和眼帘上覆盖着一层薄薄的冰霜，晶莹剔透……

和公司保持顺畅沟通。刚刚被选为阿拉善SEE生态协会的会长，进藏这些天一直与协会副会长、执行理事、秘书长、副秘书长等保持联络，处理协会一些具体事务。

通过选举获任阿拉善SEE会长，是企业家会员们对我的认可。可是，环保非政府组织与企业的运作规律毕竟有很大不同，能管理好一家企业的企业家，就一定能管理好一家非政府组织吗？

答案是不一定。

从公司治理看，万科的股东根据自己持有股份投票决定公司重大事务。因为股权分散，管理层拥有较大话语权。在公司内部，董事长更可以用行政命令指挥和调动下属。在阿拉善SEE呢？会长面临的是平等的会员，不能靠行政命令，而只能实施民主。会员是企业家，是各自领域中的风云人物，看事情都有独到理解和强烈个性，谁也不服谁。怎么能让这样一群人消除分歧，达成共识，一起行动起来呢？

阿拉善SEE不仅治理自然中的荒漠，更重要的是治理心灵中的荒漠。从管理企业到管理非政府组织，感觉自己在另一个平台上进步，还有许多潜能能够发现和发挥。

9月20日，天气晴好，经幡猎猎，桑烟袅袅。领队阿旺带领队员煨桑，这是出发前的敬山神仪式。[①]

从铝制盘子里抓把大米，抬头望望彩色经幡，虔诚地撒出去。一旁，两只黑乌鸦耐心等待着。乌鸦似乎成了山神的代表，准备享受撒到地上的大米。

自热爱上登雪山运动，对乌鸦的看法有了180度的转变：从讨厌到佩服，虽然说不上喜欢。

一般说到飞禽的飞行高度，就想到鹰、鹫。在高寒的喜马拉雅山地区，海拔6000米左右，你能看到鸽子、麻雀、乌鸦、雪鸡，偶尔也能看到鹰。再往高去，海拔7000米以上，能够见到的就只有一身黑羽毛的乌鸦了。似乎只要人类能到达的高度，乌鸦也能达到。印象中，2003年登珠峰，在海拔8300米的突击营地仍然能看到乌鸦。乌鸦之所以跟着登山队，就是要从登山队获取食物，如果不能满足愿望，它们会设法抢夺。在食物争夺战中，登山队厨师无论怎样收藏食物，都会被搜寻出来。乌鸦的智慧和技巧常常令我们赞叹。

我以为乌鸦是飞翔最高的鸟类，看了国家地理频道的一部介绍候鸟的片子，才知道山外有山：中国青海高山湖泊地区生活着一种候鸟——斑头雁，每年秋季，斑头雁都要长途跋涉，飞越世界第一高峰喜马拉雅山脉，到达目的地印度过冬。那飞行的高度得是多高呢？

行装背好，出发了。卓奥友峰笼罩在云雾中。

漫无边际的大雪坡。

上攀路线，改成横切，近60度雪坡。上升器换成铁锁，挂在安全绳上。

资料显示，排在世界第六的卓奥友峰攀登难度不是很高，顶峰的坡度比较缓，不容易产生致命的雪崩，故登顶成功率比较高。关键在对高海拔缺氧环境的适应以及登顶时机的把握。

一般来说，攀登一座8000米的高峰，队员要在冲击顶峰之前在高海拔地区上上下下适应训练半个月以上。我所在的队伍9月2日在拉萨集结，算来已经有20天的

---

① 在卓奥友前进营地遇到另一支中国攀登队，队伍中有一位深圳山友李斌。2006年一次在赴昆明途中，飞机快要降落时，空姐向我转告机长的意思：希望到站后我最后下飞机，同机组合影留念。驾机的李机长也是一位登山爱好者，递过来的名片上写着：波音737机长教官李斌。“哦，王牌的王牌！”

一年后在卓奥友相遇，因他进山已经有10天，晒黑了许多，与当时穿制服的机长形象相去甚远，我一下子没有认出来。

2010年5月，李斌在攀登道拉吉里山途中遇难。谨此纪念。

高海拔适应时间。由于公务原因，我拖到14日才进山，适应训练只抵达海拔6400米，但自我感觉还不错。按照高山运动医学理论，人体对高山缺氧环境的适应有六个月的记忆残存。2007年中，我2月攀登了海拔5000米的土耳其大阿勒峰，7月攀登海拔4600米的瑞士杜富尔峰，8月攀登海拔4000米的马来西亚吉纳巴鲁峰。所以，我有信心同队友们一起登顶。

岂止是有信心，如果到海拔7400米的突击营地感觉好的话，我还准备无氧冲击顶峰！

海拔8000米被视为人类的生命禁区，地球上8000米以上的山峰有14座，全集中在亚洲的喜马拉雅山脉和昆仑山脉。一般在海拔7500米以上，攀登者就要配备吸氧设备。20世纪80年代，国际登山顶尖高手挑战生命极限，开了无氧攀登8000米以上高峰先河。到目前，具备这种能力的登山者还是少数。队伍里，几位年轻藏族向导具备无氧登顶能力。这次，我为什么不试试？

第二天，太阳躲在了云层后面。云层加厚，白蒙蒙一片，能见度低了下来，温度骤降，飘起雪花……

阿旺放下沉重的背囊，取出保温壶，倒一小杯热水，递过来："王总，来！"我摆摆手，没有停步，沿着雪道前行。一般来说，高海拔攀登途中，两个小时左右要休息10分钟左右，补充些食品饮料，松弛一下肌肉或吸支烟，然后再行进。我的登山节奏是：连续行走8~9个小时，中途不停下来休息。换句话说，行走中通过节奏和呼吸的调整来达到休息的目的，但中途不补充水分、食品。这样做的好处在于节奏感好，如果休息、起身、再次行走，要有15分钟适应期才能走出节奏；其次，节约用水，不仅可以减少水的负重，也可以减少小便次数。在高海拔地区，多余动作要减到最少。

到达海拔7550米的突击营地。营地的雪很厚，帐篷1/3位置被雪盖住。

天完全黑了下来。对讲机通知：王静还需一个小时。

王静是队里唯一的女性，很顽强，但经验不足，攀登速度慢。每天她都采取"慢鸟先飞"策略，提前一个小时出发。在1号、2号营地她都是最后一个到达的，但到达时间和其他队员相差不多。今天，已经两个小时过去了，还需要一个小时才能抵达，说明体力已经透支了。明天呢？

临睡前，阿旺给我送来氧气瓶和氧气面罩。我没有吸氧，不到9点就钻进睡袋休息了。帐篷外风雪呼啸。

两点，风雪丝毫没有减弱。阿旺招呼起床。穿戴完毕，打开头灯，一溜排开，向顶峰进发。我没有戴氧气面罩，仍做好无氧登顶的准备。

新雪增加了40厘米的厚度，又遮盖了路线。

深一脚浅一脚摸索着上了路。扬起的雪粒打在脸颊上生疼。侧身顶风雪上攻……

高空狂风肆虐，夜空雪花狂舞。雪坡陡升，右手一侧是巨大的冰裂缝。垂吊着两条安全绳，队员们兵分两路。我选择了一条，卡上上升器，向上攀登。阿旺紧跟身后。

攀登了二十几米，气喘吁吁，心跳急剧。

顶上突出一块岩石。冰爪接触岩石，踩不着固定位置，不由自主往下溜，整个身体也随着下滑！

“王总，你的冰爪要踩住岩壁上的凹槽。”阿旺的声音。

我紧紧抓着上升器，运用臂力引体向上，稳住下滑的身体。冰爪的前齿刃刮得岩石发出哧哧咔咔的刺耳声。心脏激烈跳动，好像随时要从嗓子眼儿蹦出来。

总算爬上了岩壁。

张开大口，拼命呼吸着，似一条刚被潮水抛上沙滩的海鱼。

明显氧气不足，要不要吸氧？不做努力，怎么知道自己的潜能呢？我还是没有戴上氧气面罩。

7900米的位置，又遇到光秃秃的岩石。一番挣扎爬上去，心肺就像要炸了似的，浑身燥热，无法形容的难受。只能放弃无氧攀登的野心，乖乖套上面罩，接通了氧气瓶。

队伍继续攀登。天色渐亮，暴风雪中的混沌世界。

陡然感觉雪坡在移动。

“雪崩！用冰镐保护自己！”

本能地将冰镐直插进雪层，全身压了下去。

雪坡上的雪层在向下迅速滑动，掀起的雪浪冲击着身躯。

滑动缓慢停了下来。

是雪滑坡，不是雪崩。

抖抖身上的雪屑，继续攀登。

阳光照亮雪壁，大家连成长长的一条登山纵队向山顶冲锋。老王走在中间，紧跟队伍。这时候发现，由于刚才的风雪天气，带队的队员走错路线了！拿出卫星定位仪，仔细观察地形……

突然，队友一声惊呼："阿旺，你快来看！"发现前方5米处，有一处高达半米的雪层正在裂开，并缓缓向下滑。"不好！这是雪崩的前兆！"十多名队员都在这个正在塌陷的雪层下方，一旦发生雪崩，十几条生命将全部被冰雪掩埋。

空气一下子凝重起来，所有人都绷紧神经，屏住呼吸，似乎呼吸的动静再稍大一些，就会加速眼前的雪层崩塌。

阿旺冷静下来，拿出一根50米长的备用绳，让队员们一个个依次撤离。

20分钟后，全体队员安全撤离了雪崩区，大家忍不住拥抱在一起欢呼起来……

再次攀登，做最后的冲击！

在顶峰，我惊讶地发现，队伍中唯一的女性队员竟先我到达。

"王总，能给我照张相吗？"

"好，你摘下氧气面罩，否则看不见你是谁。"我故意说。

说心里话，很惊讶，王静能随队伍一起登顶，而且是第一个登顶。

顽强的女性！

人哪，不做最后的努力，怎能发现和发挥你的潜能呢？

拐点论

"拐点论"最初只是一家上市公司对市场状况的研判，却在很长时间内成为各大媒体、街头巷尾的议论热点，甚至掀起市场的狂风巨浪。

从2006年下半年开始，房价开始迅猛抬升。眼见价格就像暴涨的潮水，从深圳一路向北，漫过珠三角区域、长三角区域、环渤海区域……

2004年，万科销售金额91.6亿元，2005年增长52%，2006年增长52%，2007年继续暴增146%，达到523.6亿元，相比三年前翻了5.7倍！令人目眩神迷的数字，已经完全超出人们的预期和想象。三年之前，哪一个万科人能想到2007年销售金额突破500亿元？

过去10年，中国国内生产总值平均年增长率超过9%，而住宅市场销售面积和销售额的平均年增长率，分别约是20%和27%！地价和楼价在攀比中一路上扬，土地拍卖市场上连连创出天价，面粉比面包还贵。

乐观情绪也洋溢在万科发布的《2006年度报告》字里行间："这是狂飙突进的一年，这是激情澎湃的一年……2006年，不仅对于万科，不仅对于中国住宅行业，甚至从世界住宅产业史的高度来看，都是划时代的一年……不管我们是否察觉到，我们正处在一个非凡的年代。我们或许已经看到了过往的奇迹，但是历史的恢宏其实才刚刚开篇。”

这是那几年房地产人心态的普遍写照。整个市场都癫狂了，万科人也卷入这种狂热之中。2007 年 7 月，万科参加广东东莞塘厦地块拍卖，起拍价 6.4 亿元，以平均 1 分钟 1 个亿的速度上涨。最终，被万科以 26.8 亿元拍下，成为“广东地王”。

同年 9 月，经过 239 轮激烈争夺，万科又以 27.2 亿元拍得福州五四北一地块，造就了“福州楼王”。楼面地价每平方米 7096 元，比之前周边楼盘最高均价还高出近百元。更疯狂的是，万科进入福州拍下“地王”的消息，竟使得福州楼市亢奋一片，当天下午就有不少在售楼盘封盘拒售，准备提价。

可是想想，不过 4 年之前，万科拍得深圳天价“地王”坂雪岗地块时，还只有 9.7 亿元，却已引得外界一片哗然……时过境迁，此时回头看，让人有恍如隔世之感。

如果说从一开始，我还只是感到“浑身不对劲”的话，到 2007 年底，房价涨速已到了让我心惊肉跳的程度。①

2007 年 11 月 10 日，万科集团冬季例会在珠海召开。冬天的珠海依旧阳光灿烂，温泉水暖，与会的人们谈笑风生。一线公司负责人的热门话题是“东莞地王”和“福州地王”，大家神情轻松，踌躇满志——这种行动和情绪，在当时极具代表性。

也有忧心忡忡的人。时任战略和投资管理部总经理的刘荣先做市场报告：市场已经发生变化，大部分城市“金九”表现良好，但“银十”不佳。深圳、上海、北京、成都、武汉等大城市都出现了市场开始下行的明显信号，成交量环比下滑

① 在一次内部会议上，我向某一线公司建议：他们的某个高档项目应该考虑推出“买房送宝马”的举措，目的是为了一旦市场形势扭转，这个项目可以有每套 50 万元的降价空间。我身为董事长，不应过于具体干涉一线日常事务，所以只是提出建议。建议没有被采纳，的确，在那种市场形势下，采纳这样的建议是需要额外的勇气的。同时，我也正式向管理层提出：考虑调整 2008 年开工计划，缩减开工量。

20%~30%……结论：全局式市场调整不可避免。①

数据就摆在那里，市场的变化不是一种猜测，而是正在发生的事实。这份报告正击中我心里的隐隐不安。②

12 月，我明确地对外宣布：万科不拿“地王”。这句话，首先是讲给管理层听的。万科脚下的路并不确定，或许正在犯错，但还来得及挽救。万科开发规模庞大，一线老总都在争夺土地，他们可以找出两百个理由去拿“地王”。但是一旦市场变化，两百条理由就会烟消云散。万科的策略是：在不确定下的形势下，我们去做确定的事情。

面对市场变化，万科管理层坚决调整了开工计划：全集团将 2008 年的计划开工调低近 20%，不久，在上一次调整的基础上再次压低 23%，计划开工变为 523 万平方米——这个数字比最初缩减了 38%！

同时，管理层决定顺应市场趋势，坚决调价。12 月 9 日，广州万科金色康苑项目开盘，每平方米均价比周边楼盘低 3000~4000 元。这正是因为万科管理层基于市场信息进行充分研究后，形成共识和判断，改变市场策略，并且当机立断付诸行动。

2007 年 12 月 13 日，我在清华大学国际交流中心参加“中英低收入人群住房解决方案比较研究”新闻发布会。记者问：“进入 10 月以来，珠三角住房交易量出现了不同程度缩水……楼市拐点是否出现了？” 我说：我认可你关于“拐点论”的说法。

---

① 2005~2007 年间，部分一线城市的房价上涨速度远超居民收入增长速度。万科认为，库存量如果超过 6 个月的平衡点，就会影响市场，在当时，大连存货已接近一年，厦门则超过一年。

那时，深圳购房比例中，首次置业已从 50.8% 下降到 5.5%，佛山更是降低到 1.1%。一旦出现风吹草动，这个市场就必然面临调整。这些数字就是万科当时改变决策的一个依据。

与此同时，宏观政策却在持续收紧。市场狂热依然，但大势的转变已是山雨欲来风满楼。2007 年 1 月，房地产企业土地增值税缴纳，由先前的“预征制”转为“清算制”。这意味着，项目开发速度越慢、土地囤积时间越长，企业要缴纳的税款越多。

3 月至 9 月，央行连续 5 次加息。9 月 25 日起，上调存款类金融机构人民币存款准备金率 0.5 个百分点。

2007 年 9 月 27 日，央行、银监会共同发出通知，根据购房差异，限制购房首付款的最低限。贷款利率不得低于中国人民银行公布的同期同档次基准利率的 1.1 倍，且贷款首付款比例和利率水平应随套数增加而大幅度提高。这是雷霆万钧的一击，只是狂热的人们已经听不到暴风雨的呼啸声。

到了 2007 年 11 月，已经历 5 次加息，8 次上调准备金率；房地产融资实行 1.1 倍利率，开发过程中停止分期取证；物业税准备开征；大批保障住房可能推出……这些因素，都与导致市场下行的国际经验吻合。

综上所述，刘荣先得出结论：中国房地产市场短期结构调整不可避免。

② 事实上，早在当年 9 月的秋季例会上，战投部就曾提醒：住房消费透支和价格透支不可能是一种常态，地价、房价暴涨不可能持续；市场结构调整将会加速进行。

此言一出，坊间一片哗然！

在“拐点论”初期，行业内主流看法基本上认为我胡说八道。

比如，开发商A对媒体说：“寒流”不能说明“拐点”，那些梦想楼市大跌的人会失望的。开发商B说：中国城市发展水平和人们的收入千差万别，笼统地称出现“拐点”是不确切的。开发商C说：断定房地产市场即将崩盘的说法显然是夸大其词。经济学家A说：王石的“拐点论”是错误的，那只是他个人的观点。房地产专家A说：从经济层面、需求层面上，目前还看不到整个房市向下的迹象。社科院发布的《中国房地产发展报告》也认为：“2008年出现房价拐点的可能性不大。”

逐渐地，认为我对市场判断准确的声音才有所加强，但对我说“拐点论”的动机又有各种不同揣测：有人说“拐点论”是一场阴谋，认为万科是要打压同行、趁机收购兼并，是“行业叛徒”。有同行说：并非拐点到了，万科的降价是在市场上清理门户。事实上，万科当时的市场占有率仅为2%左右，对房价升降影响有限，何谈清理门户？我正面回应：万科确实为寒冬做了一些准备，但我一直向业界呼吁正视寒冬，却无人认真。2008年3月、4月，“阴谋论”的说法甚嚣尘上。①

媒体舆论和同行质疑的压力，让我和万科的日子不好过。

有一次，我在采访中举例：一个长沙的小女孩曾让我帮她参谋购房。我问：你准备结婚吗？她说没有，但是担心三四年之后就买不起房子了。我就说：如果三四年之后你买不起了，那是市场的问题。我的意思是：一个房价远远脱离了购买能力的市场，怎么还能持续下去？

第二天的报纸发文：王石说拐点已到，消费者应该三四年之后再买房。

有一次，我去某网站做访谈节目。访谈结束后，主持人说：“我最后请教王石先生一个私人问题，现在该不该买房？”我答：不予置评。他就说：“请把摄像机关掉，录音机关掉。”我看他这么真诚，就请他介绍一下自己的情况。他说他从海外归

---

① 2008年中一次私人聚会上，研祥智能科技董事长陈志列问世联地产董事长陈劲松：“你觉不觉得老王的‘拐点论’是一场阳谋，目的是扩大万科品牌影响力？”

陈志列的理由：“第一，‘拐点论’一出，全国各大媒体、论坛热议，一时间霸占经济地产版面头条，许多网站为此制作专题。你想想，要砸多少广告费才能达到这效果？可老王只不过用一句话。第二，中央政府并不乐见房价飞涨，老王的说法，符合中央政策精神。第三，老王的‘拐点论’出来后，万科马上在珠三角开始降价，随后是长三角。有言论，有行动，配合得步步到位，不是经过精心策划，是什么？”

来工作七八年，个人收入没问题。我问："你准备长期在这个网站做下去吗？"他说可能不会。

我说："那你急着买什么房？如果你在北京按揭买了房，但上海一家公司高薪聘请你去，房子反而成了牵绊。职业长远规划没确定前，不用着急买房吧？比如我，40 岁之前就没有买房子。第二天新闻标题：王石建议 40 岁之前不要买房——完全被断章取义。

因为"拐点论"，我还差点对中央电视台新闻频道的主持人柴静发了火。

她在一个节目里反复问我：关于"拐点论"，你到底是怎么说？我认真回答。重复问到第四五遍的时候，我就很想发火了。我认为我的表达和她的理解都很清楚，反复问同样的问题，好像警察在质问小偷，明显不相信我。好在我想起接受采访前有同事打过预防针，说柴静的风格就是不断质疑，直到你发火，我才忍住了脾气，没有失态。

后来我才知道，被她质问的还有任志强、潘石屹。采访完，栏目组把这些素材剪辑编排起来，最终呈现的效果是，柴静问：王先生，你认为到了拐点吗？我回答完，接着播放她问任志强的画面：任先生，你认为到了吗？任志强说：那怎么可能到了呢？看起来，就好像我在和任志强辩论，实际上却是两个不同时空下进行的采访。柴静咄咄逼人的追问有时候让人招架不住，最后问到潘石屹时，小潘说："我去找水喝！"

这期间，几乎每次与媒体接触，我都必须进一步解释自己的观点。后来我发现，越解释就越不清楚，干脆不解释。

同行对"拐点"有各种不同的判断，这很正常。自 2004 年以来，中央政府的宏观调控屡次进行，但每调一次房价就涨一次，这一次再调，大家也都预测还要涨——前面的经验表明，通常调控的结果都适得其反。而且，同行们已经习惯了房地产的牛市。

所以，这次大家都在等着看，政策指令和市场能量谁的力量更大。难免会有同行对万科的降价不理解："大哥"万科怎么能自己先跑一步，把宏调压力留给"兄弟"们去扛？

退一步讲，万科降就降吧，为什么非要说出来呢？这一说，市场陷入观望，我们再降价也不起作用了。所以万科降价，让同行反感，降价了还说出来，更反感。

深圳的一些房地产公司老板来找我，说是想听听我对市场局势的判断。席间，我足足用了40分钟分析眼下的形势，劝大家不要抱幻想，还谈了谈万科是怎么应对的，滔滔不绝说了半天。末了，一位老板站起来说："王总啊，我求求你，你能不能在公开场合说房地产走势就要开始上升？"

敢情我那40分钟的苦口婆心他都没有听进去？

这位老板说："前一年，我一天卖40套房子，现在40天卖不出去一套房子！"说得特别坦诚。我再看看其他几位老板，似乎就是公推了这位代表大家来表达这么个意思："之所以市场遇冷，是因为王石说拐点到了，现在只要王石发句话，说市场就要往上拐了，市场应该也会好起来。"

可是，市场规律岂是万科所能左右的？

除了同行，更大的压力来自各地政府。地方政府对宏观调控的态度一直非常微妙——中央要调整房价，地方政府当然不能不响应，但是又不愿意看到房价真的降下来，因为这和地方的利益息息相关。①

2008年5月，某城市召集开发商开会，没有邀请万科当地公司。会议内容可以用八个字概括：不许降价，远离万科。

第一个"不许降价"，我还挺高兴。有大部队掩护，万科可以撤退得更顺利。但第二点"远离万科"却让我胆战心惊。房地产牵扯到土地、规划、建设安全等多个方面，和地方政府各个部门有着千丝万缕的联系，地方政府要孤立你，生意就没法做了。

同行的猜忌可以理解，地方政府的不情愿也可以理解，但是"远离万科"的说法令人担忧。

在杭州，因为降价，一些已经购买了万科产品的消费者有情绪，冲进售楼处干扰销售，打砸售楼处、办公室，限制万科员工人身自由，甚至造成伤害。类似的行为已经破坏了正常的经营秩序，政府本应出面干预和维持秩序。但是，售楼处被砸，警察来了，却只站在一旁，熟视无睹。市场已经入冬，若再连法治也没有，对万科、对行业就是关乎生死的问题了。

---

① 自1993年的分税制改革之后，地方财政的力量被大大削弱，每年税收支撑地方经济发展捉襟见肘，这时候，土地出让收入成为地方财政最主要的收入来源。2004年，全国共出让土地17.87万公顷，出让价款近6000亿元。到了2007年，数字上升为22.65万公顷，1.3万亿元——比2005年同比增长了69%。

1999年，房地产业缴纳相关税费为463亿元，2007年则达到4363亿元，翻了近10倍。2007年，土地出让金和地产相关税收合计占地方财政收入的36.5%，而土地出让金占一些地方政府的预算外收入甚至达到了60%以上。

同时，在几个重点城市，政府派出调查组进驻万科查税、查账。

万科已经进入了30多个城市，这种恶性情况会演变到什么程度？会不会一城一城地蔓延下去？我不清楚。

9月，按照日程，我入藏攀登希夏邦马峰。身后“拐点论”的争论仍在继续，万科承受着来自舆论和同行的巨大压力与质疑。登山10年中，我从来没有哪次进山时心情如此忐忑不安——不知道“行业叛徒”、“妄图打压中小房企再实施兼并的阴谋者”的骂名还要背负多久，也不知道“远离万科”将要远离到什么程度……

房地产行业历来有“金九银十”之说，尤其看重国庆黄金周的销售。2008年10月6日，黄金周过了。我登顶希夏邦马峰下来，回到拉萨。一上网，看到各大网站地产板块头条，都是类似“开发商集体跳水，市场大幅萎缩”的说法。国庆节期间，全国同行都在降价，但市场反应依然平淡。

降价后，市场反应依然不好，说明市场没有需求，也说明万科之前的降价行为是基于市场趋势变化的理性判断。

此时，金融风暴席卷全球，国内楼市陷入低迷。资本市场对国内主要开发商的估值大幅下降，2008年9月市值与2007年11月比较，万科跌去78%，保利跌去72%，碧桂园跌去82%，中海跌去56%。

10月22日，财政部宣布个人首次购买90平方米及以下普通住房的契税税率暂下调到1%，并对个人买卖商品房暂免印花税、土地增值税；同时央行宣布，首次置业和普通改善型置业贷款利率下限为基准利率的0.7倍，最低首付款比例调整为20%。

虽然财政部和央行推出的新政暂时作用有限，但无疑表明中央政府已经看到经济寒冬来临，政策走向出现了“拐点”。

持续了一年的“拐点论”之争也出现“拐点”，媒体大多转向肯定万科最初的看法和做法。《中国经营报》的文章说：“事实再次证明万科是对的。在业内人士还在回味楼市的疯狂时，万科先一步看到危机。”

回到深圳，在被指责和遭白眼快一年之后，我突然摇身变成了“英明的预言家”王石。

我知道，将近一年来围绕“拐点论”而来的风波已经尘埃落定。“万科过关了。”我长舒了一口气。

但是万科面临的各种危机还没有过去。

还在9月份，我在登山途中接到郁亮电话，他告诉我：在上海万科推出较大规模降价活动几天后，互联网上出现一篇名为“万科松山湖会议纪要”的帖子。这个帖子模仿“万科某高层”口气，宣称：半年后全国各地政府在财政支付的压力下，开始大批量推出既好又便宜的地块，市场上没有几个购买者，我们尽可以努力压价，再迅速建设低价销售，这些不敢降价、不肯降价的房企的存货就一直没有出手的机会……

“万科松山湖会议纪要”使同行对万科的抵触情绪进一步激化，将万科推上风口浪尖，也给万科员工造成了一定困惑，因为贬损、打压同行并不符合万科的文化。

总部召集应急小组会议，经反馈核实：最近没有任何一家万科一线公司在松山湖开过会，也没有万科员工发表过类似言论。公司安排新闻发言人辟谣，同时全力了解谣言传播情况，安排查找谣言源头。

在电话沟通时，我表示：既然是谣言，并已危及万科形象，给社会造成困惑，应及时向公安局报案。

谣言在互联网上以最快速度传播，很快，各大网站都转载了这个帖子。即使在公司正式辟谣之后，人们也更倾向于相信谣言，理由呢？有的说这个帖子说话的口气像老王，有的说这个帖子说话的口气像郁亮。大家甚至不愿意做一个综合判断：年轻人郁亮的风格审慎缜密，老王一贯个性张扬，怎么会有人说话的口气又像郁亮，又像老王？

很快，公司同事查找到最早出现的谣言帖子，发帖人显然经过精心策划，有备而来：在A网站发帖，转载到B网站，然后删除A网站上的帖子，再转载到C网站，然后又删除B网站上的帖子……如此反复操作，谣言随帖子逐渐传播扩散，让人很难找到源头。

根据公司同事的分析，源头指向深圳某网站，与公安局的侦察结果吻合。几天后，警方反馈：已经查到发帖人，这个人在万科报案后，迅速外逃，表达愿意通过警方向万科致歉，警方也希望万科接受调解。

随着经济环境日趋严峻，房地产市场发生变化，围绕着“拐点”、“降价”，万科在几个月内遭遇多起谣言：6月，互联网上小范围风传万科资金链断裂；8月初，“万科向民生银行申请30亿元贷款被拒”……各种谣言散见于东方财富网、搜房网和新浪乐居论坛等处。

10月中旬，互联网上又有帖子宣称“万科破产”，“负债110亿元资产，多处财产被银行查封，各地已经低价放盘”，而且言之凿凿，“万科即将宣布破产，本月26日可能会召开新闻发布会”。

这一次的“万科破产”帖，“内容”丰富，第一次出现当日，被转载46次。虽然因为它过于耸人听闻，显得可信度不高，所以传播速度远逊于“松山湖会议纪要”，但此时国际金融风暴劲吹，寒意逼人，中国股市指数急剧下挫，各种经济数据转向悲观。这种情况下，这则谣言引起了政府注意。

10月23日，建设部向万科询问相关情况，并随后派出五个调查组，分赴万科各地一线公司，对万科经营和资金状况进行调查。调查结果证明，万科经营稳健，该传言纯属造谣。①

11月4日，消息传来，在网络上发布传播“万科破产”谣言的嫌疑人，已被公安机关拘捕。

① 万科因为及时控制了购地规模，在业内率先推出向购房者让利的举措，销售情况跑赢大市。1~9月，市场占有率上升，从2007年底的2.1%提高到2.6%。截至9月底，万科总资产为1214.7亿元，剔除记账因素后，万科实际的资产负债率仅为44.1%。9月末，万科持有现金较年初增加29亿元。

万科一贯坚持稳健的经营策略，一直是行业内财务状况最安全、资金状况最良好的企业之一。目前万科的这一优势进一步扩大，财务、资金状况处于非常健康、高度安全的状态。

2008年 风波

城市的性格

2008年初的冬天，中国南方遭遇百年一遇的严重雪灾：冻雨，暴雪，机场关闭，交通瘫痪……这些电视上北美国家才会出现的场景突如其来，让我们置身其中。

电力中断，京广线南段停运。十余万人滞留广州车站，进退不得。多个火车站车次延误。南昌、长沙、贵阳等十多个机场临时关闭。众多省份的高速公路关闭，无数条公路上都有车辆和旅客受阻。一些城市断电断路甚至断水，成为雪中孤岛……暴雪预警还在不断升级，更让人焦心。

航班延误3~4个小时是平常事，许多航班被取消，频繁公务旅行的我感受深刻。

雪灾引发的交通问题中，受影响最大的当然不是飞机乘客，而是那些想离开广东过年的工人。万科对保安员春节放假做了提前安排，让员工可以抢在运输高峰期之前回到家。万科旗下没有建筑公司，但合作伙伴单位的建筑工人会受到影响，我们同样有责任关心他们的状况，帮助那些不能正常返乡的建筑农民工。

还要考虑万科小区业主的安全。在受灾城市，物业服务人员发放草甸铺路，以免车辆行人打滑；及时敲打屋檐冰挂，以免坠落伤人；增强值班人力，以防突发事件。考虑到冰雪天气会持续，节日期间管理人员做特别值班安排。

特别时期，最辛苦的莫过于值班的万科保安人员。叮嘱一线公司管理层：必须给予特别关心和适当补贴。此时对保安的关心就是对业主的关心。

其间，我特意前往灾情严重的武汉，了解万科小区的应对情况。结果发现，小区里一切井井有条，矿泉水、沙袋、手电、蜡烛等物资储备丰富。我有点纳闷儿："怎么准备得这么好？"同事回答："武汉市里有统一的安排。"这更让我质疑：许多城市断水、断电、断交通，成为一座孤岛，面对突如其来的冰灾，武汉市政府怎么可能应对得这么井井有条？同事又说："武汉常常发大水，所以应对灾害很有经验，在其他省份眼中是大问题的，在武汉不足挂齿。"

我事后了解到武汉应对冰灾的一些做法：1. 不封闭高速公路，让车辆慢速通行，轮胎摩擦产生热量，防止路面封冻；2. 上午气温最高的 10 时至下午 4 时左右，在少量撒盐的主次干道上用高压水流将积雪冲到路缘，快速清除；3. 采用自行设计除雪机械，挂件于专用车辆前段进行铲冰除雪；4. 与气象部门密切配合，选择最佳时机，进行撒布除雪，防止形成凝冻。

面对灾害，武汉的表现令人激赏呀！

"万里长江，险在荆江，难在洞庭，重在江城。"武汉的发展史，从某种意义上说就是一部抗洪灾史。清道光以前，武汉地区平均约 20 年就有一次成灾洪水。自 1865 年汉口有水文记录以来，武汉水位超 27 米以上就有 15 次，其中 1870 年和 1931 年武汉三镇全部被淹。新中国成立以来，武汉经历了百年来最高水位的 1954 年洪水、1998 年大洪水。在抗洪灾的历练中，这座城市有了抗灾的组织、心理适应能力，在从未遇到的雪灾中也显示出较好的应变和应对能力。

一直以来，我对武汉这座城市性格的认识，和人们传统习惯的评价是很不同的。人们对武汉人的评价是：天上九头鸟，地上湖北佬。意思是武汉人刁蛮、狡猾、泼辣、不好打交道。曾经有武汉当地的媒体记者问我，我说，我的印象恰恰相反。万科在武汉的发展一直挺顺利。尽管我们投资的第一个项目就遭遇烂尾，但武汉万科的整体发展还是可以用一个"顺"字概括。记者问我：为什么武汉吸引来的投资，总是干不了几年就要走？而且他们走时大多会感叹湖北文化的劣根性，抱怨自己被骗进来，受欺负，干不下去。我觉得很奇怪："万科怎么没有这个感觉？"政府、媒体、消费者都对我们不错，武汉万科销售额最近连续两年占据本地市场第一，2011 年武汉万科销售面积 77.1 万平方米，在集团内各一线公司排名第二位。为什么？

后来我想到：首先，因为武汉依靠长江腹地，九省通衢，城市有码头文化，讲究实用。其次，武汉还是中国较早发展现代工业的城市。张之洞在湖北推行洋务新政，创办枪炮厂、炼铁厂、火药厂、纺织厂等一大批民族工业。另外编练新军，加强市政建设，经过近20年的经营，湖北由一个深居腹地、经济文化均处中等发展程度的省份，成为国内屈指可数的国际商埠。1911年，武汉较大型的官办、民办企业28家，资本额达1724万元，在全国各大城市中居第二位，教育、金融、交通等方面都取得了长足发展，是我国城市早期现代化的一个样板。

武汉在那个时代的开放过程中，已经接受了西方商业文明。这种现代文明，讲的是童叟无欺，按合同办事。武汉人的两面性也产生于此，你和我讲文明，我比你更文明，你奸诈，我比你更奸诈。“九头鸟”做生意不乏奸诈，像油抹布，打不湿拧不干。

为什么很多公司在武汉待不下去？因为玩奸诈，结果玩不过武汉人。

万科坚持市场化、规范化，行事透明，在一些城市会“搞不通”，可是在武汉却做得成绩斐然。如果没有好的外部环境，一家认死理、缺少关系的外来公司怎么可能实现从逆境中崛起？我的一个简单判断，武汉的经商环境、人文环境、管治环境应该也是规范、透明的，好的环境源头在何处？相信就是武汉从近代工业化中形成的契约精神和现代商业文明基因吧。

在万科各城市的万客会中，武汉万客会无论是网站流量还是线下活跃程度都是首屈一指，万科客服常常感叹武汉客户的厉害：为自己的利益据理力争，甚至是不据理也力争，怪招频出，让我们的客服人员大感头疼——这是“九头鸟”的刁蛮吗？我觉得只能说明武汉人更早习惯了契约谈判，具有追求自身利益最大化、市场化的理性。这应该是这座城市独特的性格吧。

万科是城市住宅开发商，尤其聚焦于核心城市、东部城市、省会城市。我常常往来于城市和城市之间，城市给我留下了各种不同印象。

相对而言，北京原本是万科最不适应的城市。万科在北京的发展一直显得很书生气，初期拿不到地，后来则是拿不到好地。为什么？北京是权力核心，文化上崇尚权力，重圈子。一家公司要想发展好，需要有千丝万缕的社会关系。不少很规范的企业在北京发展得很好，但万科就没能做到，我们应付不来北京的文化，没能走进它的圈子。但是北京市场是不能回避的。一家公司要是连北京市场都混不好，还想有朝一日国际化，进军海外，那不是开玩笑吗？

在2005年之前，北京万科不断更换总经理。周卫军调任北京之后，打开一些局面。直到土生土长的毛大庆来了之后，北京万科才如鱼得水，业绩一度成为当地市场第一，也成为万科集团内第一。

东北则是另一种风貌。东北多工业城市，辽宁是重工业大省。万科进入东三省的第一站，不是大家想当然以为的沈阳，而是鞍山。我对鞍山这座城市的第一印象，就是鞍钢。在中国工业史上，鞍钢扮演过非常重要的角色。当珠三角还是以农业为主的时候，东北就已经是工业基地，拥有大量经过工业系统培训和熏陶出来的技术和管理干部。万科早年进入鞍山、沈阳，无意中对后来再次扩张的人才干部储备有极其重要的作用。

我曾对辽宁的政府官员说，万科是在辽宁复兴的。他们听了虽然觉得非常亲切，却觉得是客气话，但这确实是我的心里话。在万科集团内部，辽宁出干部，现在很多一线公司的干部都是从辽宁派出来的。

说起深圳、广州，一般人都觉得这是中国比较开放包容的两座城市，我却不这么认为。

每个城市都会有些排外，但这一点在广州尤其明显，比如说，直到现在，能在广州生存的外地房地产商也屈指可数。1993 年，万科在广州被骗过一次，买地的定金已经交了，却连地在什么地方都不知道。在万科的发展史上，这是唯一的一次。2002 年，万科在广州拿地，本地开发商曾公开宣称，要联手阻止万科进入广州市场。虽然最终万科还是进了广州，但直到 2011 年，在这个市场的占有率仅排第四。广州文化对“地盘”的概念十分清晰，做生意的地盘界线很清楚。最早的时候，深圳没有机场，从外地来深圳是先飞到广州，再从广州乘车到深圳。整个过程就像在卖猪崽：如果总价是 100 元，第一辆车一次收齐票款，坐车到流花湖，车主收下自己的 20 元，然后以 80 元的价格把你卖到另外一辆车；车开到东莞，这段收 50 元，再以 30 元的价值卖到另一辆车，从东莞到达深圳。这个过程中，乘客不会多花一分钱，但一段段都被分包出去，转来转去，担惊受怕。他们就是这样做生意，每个人赚自己地盘上的那部分钱。我只赚我的，不问你赚多少。

而深圳就像北方文化在广东的一块飞地，其实也有非常排外的一面。比如富力、恒大这几家大开发商，那么大老远的北京都跑过去投资了，却进不来那么近的深圳，因为进深圳挺难的。深圳几家大的本地开发商都有自己的势力范围，蛇口是招商的，华侨城就不用说了，水贝工业区是特发的，还有我们熟悉的南油、中航、华强、华发，就连成立比较晚的金地，也划到了一片地。所以说，深圳的土地是基本瓜分完毕的，各大房地产商形成了自己的势力范围，别人进不来。只有万科，早期愣是凭着高价拿地进入房地产市场。外地开发商现在要进来，还是很难。

万科 2008 年之前进入的城市中，南昌比较特殊，它是发展相对滞后的城市。万科进入南昌时，政府工作人员带我看了三个项目，地段都比较好，但这也意味着拆迁费用高，成本高。我问：你们这儿有没有高新开发区？合作伙伴答：有，对工业开发有兴趣？我说：没有，但我想看看，可能选择在高新开发区投资住宅项目。他好心相劝：不要去，失败的可能性不小，政府规划了在那里盖住宅区，但是没人住，晚上漆黑一片。

第二天去一看，我立刻就决定在这里投资。开发区负责人很高兴，但高兴归高兴，他还是坦诚相告：我们盖的商业住宅都没人住，如果万科肯来简直太好了。而合作投资的伙伴则半信半疑，这能成吗？

对于在城郊结合部开发住宅小区而言，配套建设非常重要。比如在上海，万科就吃过配套不完善的教训——马上要交房了，因为和供电局没协商好，电供应不上。典型的案例还有北京城市花园——需要万科自己配套交通，勉力维持了 15 年——这些都超出了我们买地时的考虑。慢慢发现，在城乡结合部配套风险非常大，但这些问题，在工业开发区都不存在。开发区要发展，路、电、水一定是基本配齐。同时，一个城市要扩张，会出现人口流入，越来越多的外来人口往哪去？高新发开区。这种情况大大降低了投资住宅的风险，可谓是有中国特色的新都市主义了。

中国的城市化很有意思，因为条条框框管理复杂，城市增容一直非常艰难。国务院修编规章制度，几年一次，修订一次可能一直要管 10 年。但是开发区呢，相对比较简单，只要省里审批通过就行。所以，各城市的开发区往往包含了各种功能，非常有中国特色——如果说城市发展本无意如此，现在也已经基本形成了有意识的操作模式。

捐款门

2004 年，万科 20 周年，司庆前后，集团上下洋溢着过节的气氛。企业规模越来越大，也越来越规范，和刚创业时期必须求生存、血气方刚、左冲右突的气质已经有很大不同。我曾得出结论：万科再也没有创业时代那些惊心动魄的故事了。可口可乐有故事吗？没有。通用电气有故事吗？也没有。万科接下来要做的，不过是按照已经定型的逻辑一步一步发展下去。

但是，2008 年颠覆了我的看法。万科不是没有故事，故事才刚刚开始。

2008 年 5 月 12 日下午，我和同事正在上海拜会中国质量协会会长陈邦柱先生，结束会面，走出会议室，等候在门外的上海公司同事肖燕迎上来说："上海地震了！"

"嗯？"大家都一愣，没有感觉啊。想来是因为我们当时所在的是一栋一层楼的建筑，所以没有感觉。

肖燕继续说："听说，淮海路上写字楼里的上班族都跑到大马路上了！"

大家都来不及多想，立刻赶下一个拜会行程。路上接到女儿电话："爹地，北京地震了！"

询问得知女儿也已经跑到空旷地带躲避，女儿和家人一切平安，稍放心。这边报上海地震，那边报北京地震，我感觉有点不寻常。中国是个多地震多灾害国家，人们不得不面对大自然狂暴的一面，用加倍的艰辛和努力，换取生存的空间。

上海，一路上，看到人群在空旷地带聚集躲避……

傍晚，结束拜会，走出来，得知消息：2008 年 5 月 12 日 14 点 28 分 04 秒，四川发生 7 级以上强震，震中位于汶川、北川一带，川陕甘三省有严重震情，全国除黑龙江、吉林、新疆外，各省均有不同程度的震感，甚至曼谷、河内、菲律宾、日本等地也有震感!

此时仍不了解灾区确切的受灾情况和人员伤亡情况，但凭直觉判断情况比较糟糕。

地震发生后，照惯例，万科总裁办公室启动应急程序，向各一线地产、物业公司了解业主、员工和公司项目受影响情况。万科集团内部已经形成紧急情况下的习惯动作，在总部指令到达之前，一些公司已经统计受灾情况并上报。

成都与外界的通信中断，长达 22 分钟的时间里，总部与成都万科无法取得联系！集团执行副总裁解冻和工程部总工程师赵汉昌拿上卫星电话，驾车冲向深圳机场。机场方面告知：成都机场临时关闭，只能作罢。14 点 50 分，时任成都万科副总经理的蔡立彬好不容易打通解冻的电话，办公室主任谭文也通过一位北京朋友突然打进来的电话，与总部取得了联系。

这个傍晚，刚刚成立的万科企业公民办公室紧急行动，向灾区捐献 200 万元人民币。

晚上 9 点 36 分，我在博客上回复网友"兴来每独往"的提问："这次四川大地震对你公司是否造成经济损失？能否今晚发布一下解释性公告，以免对你（公司）股价造成大的波动。"

我写道："四川汶川县发生地震后，成都一段时间中断了联系。万科在成都开发有项目，受地震影响的武汉万科有项目；此外，受地震波及的西安、重庆万科在筹建公司。（随后）成都联络恢复正常，了解的情况：万科小区的住户和万科员工均无伤亡。西安万科有两位工人轻伤。地震发生后，万科总部和涉及地震的城市分公司成立了应急小组，彼此保持24小时联络，密切关注事态发展。"

接下来我还写道："中国是世界上遭受地震灾害最严重的国家之一。20世纪末以来，全球进入了第五个地震活跃期，日本、印尼、巴基斯坦等地区相继发生特大破坏性地震，中国云南丽江、新疆伽师和河北张北等地也发生了地震。此次汶川7.8级地震属强烈地震，高于日本的阪神大地震7.6级。"同时，也列了几个避震小常识，与网友们分享。

消息陆续传来，此次地震震级的公布数据不断调高，最后官方宣布为里氏8级强震，震中烈度最大11度，估计伤亡人数10万人！这是1949年以后中国发生的破坏性最强、波及范围最大的一次地震。

此时，万科总部和成都公司的同事已经投入紧张的救灾工作，而我和网友们在互联网上的对话却不知不觉中积聚着某种危险。5月14日，一位新浪网友在我的博客中质疑："你也太虚伪了，面对这么大的灾害，在各界纷纷解囊的情况下，仍一毛不拔，还谈什么社会责任？"面对这个质疑，我没有解释万科在做什么，只是说出了自己一个观点："不放高音喇叭也可以做慈善。"

紧接着，又有一位网友WLV1质疑："王总，不放高音喇叭确实可以做善事，但爬山和玩皮划艇不是。"

对此，我的回答是，不要把做不做慈善同一项体育竞赛和个人运动喜好相提并论。发生大地震了，但并不是一切都要围绕地震转才合适，我们不应该"泛慈善化"。专业提供住宅产品的万科，无论发生什么事情，第一要考虑的是保障购买万科住宅的客户的生命安全。其次，履行社会责任，支援灾区，包括从资金、个人影响力、号召力方面，尽自己所能。

又有一位网友回复我："（万科）才（捐）200万，太失望了!!!万科在我心中的形象大减!!!"

5月15日凌晨，我回复："地震发生当天，万科集团总部捐款人民币200万。一些网友对这个数字很不以为然，大呼和万科形象不相称。什么形象呢？不少帖子列出捐款超过1000万的企业名单，呼吁万科再多捐点，不要显得寒酸、抠门儿。

“对捐款超过1000万的企业，我当然表示敬佩。但作为董事长，我认为万科捐出的200万是合适的，这是董事会授权管理层的最大单项捐款数额。即使授权大过这个金额，我仍认为200万是个适当的数额。中国是个灾害频发的国家，赈灾慈善活动是个常态，企业的捐赠活动应该可持续，而不成为负担。

“万科在内部号召进行的慈善募捐活动中，有条提示：每次募捐，普通员工的捐款以10元为限。其意就是不要让慈善成为负担。”

当天中午，我邀请部分媒体吃饭，席间我还和大家讨论及自己发的这个帖子，又谈了谈自己的观点。当日下午，我计划出席新浪“小带子改变大世界”的发布会——万科与新浪提出“绿丝带行动”，呼吁网友们为“5·12”佩戴绿色丝带。

我万万没有想到的是，那篇博客当时已经引来铺天盖地的批评、质疑、嘲讽和谩骂，一天之内，“王石”成了十恶不赦的“吝啬”“小人”，“虽然登上珠峰，但是你的高度还没有坟头高”，有些谩骂更是照顾到了祖宗十八代。我被全国网民共讨之，口诛之，随后，强烈的情绪发酵，爆发，酿成了万科史上最大一次舆论危机。

不用说，因为骂声四起，万科最终被迫退出“绿丝带行动”了。此后一些全国性知名论坛，有人一听到王石也是嘉宾，就退避三舍。万科某家一线公司去车管所给新车上牌照，车管所工作人员回答：“万科的？明天再来！”正在积极抗震救灾的万科员工，被迫负担了超乎想象的道德压力。

网络上的暴烈情绪也对跨国企业普遍提出质疑，包括麦当劳、麦德龙、可口可乐等：“你们为什么这么吝啬？”甚至开始有人发起号召要去砸掉麦德龙，围攻麦当劳，恨不得把这些企业从中国大陆驱逐出去——这些企业当中，当然包括万科。可悲的是，这些跨国企业至少还有商务部替他们挡一挡，为他们说说话，但当时我真的不知道：谁能替万科说说话？

网络上的暴力会不会转变为肢体上的暴力？我非常悲观，甚至做好了可能被乱棍打死的心理准备，但是我不会跑，因为这是对我个人的考验，只能面对。万科无所依靠，我第一次感到自己与万科如此孤独。

15日晚上，我刚回到深圳，就接到总部同事电话：建议我前往成都。

16日早晨，我到达成都。中午，郁亮也赶到成都与我会合。下午，郁亮留在成都万科召集救灾工作人员开会，我进入都江堰灾区，了解灾情。当天，一张我身穿抗震救灾志愿者T恤的照片被放到互联网上，当时我正在废墟前与同行专家讨论房屋结构安全话题，讨论中的手势被网友们解读为象征着胜利的“V”字，这已经近乎

“莫须有”的罪名了，但网络一边强加解读，一边放任激愤的群情。

17日，我去了受灾最严重的北川，随后又与郁亮一起抵达遵道镇。这是一个辖有10个行政村、2万多农业人口的小镇。在地震中，98%房屋被损毁，包括镇政府办公楼在内的大批建筑倒塌，镇政府班子半数成员在地震中遇难。由于人员伤亡“相对较少”，遵道在紧急救援阶段未被列为重点地区，政府力量暂时顾及不到，救灾工作反而显得更艰难。此时余震不断，物资紧缺，当地灾民急需援助。

万科是第一支进入遵道的专业救灾队伍。5月18日早晨，成都万科近30辆工程车开到遵道，开始铲平土地、搭建帐篷。

按照中国人的丧殡习俗，死者亡后第七天是“头七”。灾难发生后的第七天，5月19日，也被国务院定为哀悼日。这一天，万科董事会以通信表决方式全票通过决议，决定召集临时股东大会，提请追加1亿元的特别授权额度，用于以遵道镇为重点的临时安置、灾后恢复与无偿援建工作。

文件特别强调援建是“以纯粹援助，不取任何回报的方式”，同时附加“郑重声明”，不在遵道镇乃至整个绵竹市开展商品住宅、旅游开发或其他任何内容的商业投资活动——这其实是多余的强调，但在当时却是必需的，因为那时的万科，任何表态都可能招来极端偏激的解读。

在去往灾区的路上，“时代纪录”的纪录片导演洪海曾用摄像机对着我问：“你想道歉吗？”我说：“道什么歉？我说错了什么？”但几天之后，我道歉了。虽然无论是当时、现在还是将来，我依然不认为我的帖子说错了什么。

5月21日，我接受凤凰卫视采访，对方自始至终没有把万科的捐款和道德话题牵扯到一起。说着说着，主持人曾静漪突然问：“王总您介不介意就那个帖子向网民道歉？”我一愣。首先，我感到了她的善意，知道她是想借这个机会让我澄清一下，另外，如果我有道歉的姿态，确实对平息事件有所助益。

我说我不介意。关于道歉，我避开帖子内容本身，说了两句话：第一，因为我的几句话，使大家的注意力集中在一个帖子上，影响了抗震救灾精力的投入。第二，这个帖子给投资者和消费者造成困惑，给管理层和员工造成压力，这些都是负面的影响。为此，我无条件道歉！

所有的压力，都体现在6月5日的股东大会上。按照之前公布的计划，这一天，我代表经理人团队，提请股东大会允许向灾区追加1亿捐款。我百感交集。我对股东说，发现自己还像个青涩苹果。由于万科的影响力，社会对你有了不同要求，我却浑然不觉。这是社会的问题呢，还是我自己的问题？显然，社会有问题，但更多的是我和万科在成长中未能意识到自身角色已经发生了变化。万科这几年成长太快了。

最终，大会以 99.8% 的高票通过向灾区捐赠 1 亿元的议案，投同意票的股东占股 18.96 亿股。万科管理层决定私人出资 1000 万，捐赠灾区。令我感动的是，在临时股东大会召开前，个人股东刘元生就表示：若大会不能批准追加赈灾款项的预案，他将个人出资完成此前万科与地方政府签署的赈灾框架协议——向成都下属两个镇援建政务中心及避难所。

在会上，我也坚持了之前的态度：无条件为此前言行道歉，但对所有质疑不做任何辩解。

两个半小时的股东大会，以我的道歉开始，以我的道歉结束。就在我发言刚刚结束时，一个小股东抛出难题："王石以前是万科的金字招牌，现在却成为万科的负资产，你将如何消除这种负面影响？"

这个问题没有让我觉得很突然。当时我甚至做好了辞职的准备。我表态，如果发生以下三种情况当中的任何一种，我都会辞职：第一，因我的言论引起万科股票逆市下跌，导致投资者损失，我应该引咎辞职；第二，当时已有网友号召不买万科的房子，如果万科的产品因此明显销售不畅，我会引咎辞职；第三，如果万科员工因此而辞职、怠工或是想不通，我也会辞职。

这三种情况都没有发生。但当时，许多万科员工内心也认为董事长帖子里说的话是错的——虽然他们不会有像外部那样激烈的表达。一位全情投入抗震救灾的员工志愿者在《万科》周刊上写道："每天都会有几个朋友、同学质问我，你在万科这样的公司上班，不觉得可耻么?!我无言以对。因为那时我也不能理解，素来令人敬仰的董事长是怎么了？"

我那时才注意到，网民中大多是八零后，而八零后员工已经占到万科员工的 65%。显然，网上的情绪会影响到万科一半以上的员工，他们可能并不像那些与我一起创业拼搏过来的老员工一样理解我。为此，我专门召开了全集团的沟通会，向同事们解释帖子的本意。但我依然能感觉到他们眼睛里的困惑和委屈。

股东大会的气氛压抑得让很多女同事哭了出来。万科人诚恳、务实的态度，最终还是得到了股东和公众的信任，追加 1 亿捐款的动议获得 99% 票数支持通过。这次股东大会之后，万科所面临的舆论危机，也逐渐平息了下来。

即使现在再来反思，我也不觉得博客内容有什么错。但我也在反思，为什么网民的反应这么大？因为他们对王石这个人有所期许，但我没有符合这样的期许不但没有，还说捐200万就不少，甚至说普通员工捐款不要超过10元。这种反差激起了大家的愤怒情绪。①当然，我当时的发言是不合适的，在汶川大地震刚刚发生后那样的时间和场合，讨论这个话题，表现自己的理性，当然是不够谨慎的。无论如何看待慈善，看待赈灾，都不应该在那种时候表达“冷静思考”。

事过多年，还有很多人问我：觉得委屈吗？我并不觉得委屈，但郁闷是有的。多年之后再谈论起这个事件，我会觉得，如果没有当时的负面压力，我们灾后重建的效率不会这么高，可能也不会有现在的成果。当社会对你有成见和误解，而你却在做一件对社会有意义的事——你可以放弃，也可以去做得更好。

“捐款门”之后，我依然频繁上网，发表博客，现在又在使用微博、微信。我不会因此和互联网赌气。但我的态度发生了改变，不再像过去那样随意而言、随意而发、有感而发。公司也对我的博客、微博设置了看守系统，避免我的不慎言论再次影响万科形象。

我记得很清楚，2008年，我在美国斯坦福大学胡佛研究中心翻阅蒋介石的日记，看完之后心有所感，就在网上发表对蒋介石的评价。原本想要一评、二评、三评，结果一评刚发送出去，就被公司相关同事删除了。

舆论旋涡中的万科

为什么我要对公司内部捐款设置10元的上限？

群体性是需要警惕的。慈善捐款一定带有强烈感情——强烈的同情或悲伤，人们往往是在这种强烈感情驱动下募捐和捐款。这种强烈感情一旦在群体中蔓延、渲

① 同时，在贫富差距被逐步拉大的中国，“劫富济贫”的思想仍很有市场，甚至一些政府官员和学者也是这样想的：改革开放让你们挣了钱，这时候不捐，什么时候捐？我和某省主管部门官员交换看法时，他就说：“你王石身家至少上百亿了吧，捐一两个亿不是很简单的事吗？你当时这样说，不骂你骂谁？”

我只好告诉他：我只是个公司的管理者，曾经公司实行的股权激励，奖给我的股票市值达到一个亿，但现在股票下跌，只有三四千万了。何况股票只是股票，不能马上兑现。不要说百亿身家，就说《福布斯》中国富豪排行榜首富，我过去不是，现在不是，将来也不可能是。对于公益慈善活动，我秉持这样的原则，第一看自愿，第二看效率，第三看持久。这是我从始至终的观点。几年前，我曾让秘书做过统计，我的收入中，大部分是用于公益慈善。

染，很容易形成情感绑架和道德强迫，在熟人环境下更是如此。同事捐了100元，我好意思不捐同样金额吗？领导捐了1万，我怎么也要捐2000吧？隔壁部门每人捐了1000，我们是不是考虑每人捐1500？这就形成一种自觉不自觉的逼捐，对经济能力较弱者，就是负担，甚至最终造成所有人的负担。更极端一点，多数人的慈善也会走向多数人的暴力。

2008年的时候，万科有员工2.8万人。他们的经济收入有差异，普通员工收入少一些，经理人员收入多一些。地产员工收入高一些，物业员工收入低一些。万科物业是人力密集型行业，有近2万一线物业保安，他们的收入是比较微薄的。如果公司内部捐款不设置上限，不力图遏制逼捐倾向，很容易造成普通员工尤其物业保安员工的负担！

公司与员工，可以说是一个主体，也不是一个主体。公司在公益慈善活动中号召、要求员工捐款，客观上的结果，是公司利用员工个人资源赢得社会好名声，甚至是公司管理层利用员工个人资源赢得社会好名声。只要过程中没有采用强迫手段，可以认为，员工在自愿捐款的一瞬间与公司（管理层）达成默契协议，同意对方利用自己让渡的个人资源，无可厚非。但身为管理层，尤其身为公司董事长，就有责任把这些道理说清楚，帮助员工规避常识的陷阱，捍卫公益慈善活动中的个体自由和权利。怎么能利用信息和知识的不对称，大占员工的便宜？怎么能不体谅员工，让他们承担一种不知情的隐形赋税？

所以我提出：公司内部捐款设置10元上限。同时我也不阻拦员工进一步的慈善行为，有更高捐助意愿的，可以捐给公司以外的慈善机构。公司有体现责任和爱心的机制，同时杜绝逼捐，不增加员工负担，不贪占本应属于员工的美誉。

这就是我的初衷。在一次内部会议上，我提出这个要求，并请职工委员会落实。职委会考虑到这个要求与公司习惯、与大家的认知有很大差异，于是“执行董事长的命令要过夜”，并没有立刻执行。

在万科集团内部，很多普通员工自发捐款都超过500元，多的有近万元。仅深圳万科200多名普通员工就捐了19万元，人均捐款额大约千元。总部没有执行“10元上限”的要求，一线公司更是没有收到有关“10元上限”的规定，甚至听说都没听说过。自己捐了钱，却还要遭受社会舆论质疑甚至谴责“只捐10元”，心中的委屈可想而知。

5月20日，网上流传一篇万科同事的辩解，充满对董事长言论的怨气：“我真的去捐款箱看了，除了两张10元的，没有100元以下的钞票。两张10元的，是因为一名员工掏光了钱包里所有的钱，捐了1020元。还有一位员工，在捐款第一天将钱包中所有钱捐出之后，第二天又补捐了500元钱。”“我们很难过。”公司内部论坛上，也有很多同事表达了不理解，如果说还不至于“口诛笔伐”的话，只是因为同事们给董事长留了面子。

“我们也不清楚董事长说‘10元上限’的初衷，可能这仅仅是一种建议，并不是一种限制。”对于董事长的表态，许多员工情感上很难接受，“在这次灾难后，万科所遇到的危机，让员工也成了意外受害者”。

员工对灾难的反应，也体现了团队在必要时候对董事长的纠偏：无论我个人说了些什么，万科的志愿和捐赠行动没有受影响。

地震后这段时间里，万科员工在干什么呢？

14时28分，大地剧烈持续晃动了5分钟，人们一下子陷入恐慌之中。

成都万科办公楼对面，城市花园小区附近的一个狭小丁字路口，物业总经理李旭东第一时间冲出来，没有警察，他就开始指挥交通，疏散车辆。地产、物业的员工也陆续下来帮忙，大家立刻形成分工，有的员工到附近小学去疏散人员，有的员工驱车前往其他项目帮助住户。

半小时后，余震袭来，疏散出来的小学老师带着全体小朋友，集中在操场上。

万科所有安全员在岗，以防止非常时期的盗窃案件发生。各小区迅速停用电梯，关掉燃气阀，电话打不通的，就开车往一个一个的项目传消息。很快，万科服务的六个小区全部恢复秩序，互相通报最新消息。

过程中发现城市花园9名业主被困电梯，技术员在15点50分将他们全部解救出来。物业服务人员对所有电梯进行了三次地毯式排查，确保绝无一名业主被困。

成都万科员工还立刻动手搭帐篷，给车加油气。随后几天的情况证明，这是非常有远见的做法。魅力之城的售楼处旁，城市花园的学校操场中，金色家园……帐篷迅速搭起，把业主集中安置。此后，不少业主在这里一住就是三四天。因为帐篷不够，万科员工自己只能睡在车里，四个人挤一辆车。

地震中冲出来的业主什么都没带，不少万科员工把自己的衣服脱下来给老人家，随手摸出二三十元递过去，以备紧急之需。5月13日一大早，一位万科员工正睡眼惺忪地走出城市花园，迎头过来一位大妈抓住他，说：“年轻人，我还你钱！”借给大妈钱的是不是这位员工？他自己也不记得。

5 月 13 日，部分重灾区下雨，万科员工开始对小区房屋进行排查。一些成都万科人穿上志愿者T恤，组成志愿小组，为灾区采购救援物资。两天后，由 2 辆轿车、1 辆面包车、1 辆货车连同 13 名义工组成的救援队携带 20 万元的急救药品及 2 万元饮水和食物到达绵竹县土门镇。得知救援机械设备不足，成都万科通过合作伙伴迅速租下 6 台大型平板车、6 台挖掘机和 4 台装卸车送到灾区救援队伍手中。

从这天起，直到 5 月 19 日余震，总经理刘军下令放假一天，成都万科员工才在震后第一次真正休息下来。

同一天，万科总部，两名《万科》周刊的同事前往灾区，并于 14 日抵达震中北川。建筑研究中心的工程专家会同清华大学地震研究所的专家，取道重庆辗转前往成都，在万科开发的住宅小区开展勘查工作。在完成万科小区的勘察之后，他们协助有关部门对成都的建筑进行安全鉴定。汶川、都江堰等震区的救人抢险告一段落，万科专家组就进入这些地区对建筑物进行勘察，总结抗震能力和损坏程度。

5 月 14 日，我得知集团一些员工和家属在灾区无法取得联系，便联系深圳登山协会，因为他们有山区救灾经验，希望由他们成立一支民间救援队来帮忙。

这支队伍很快飞到成都，并于 15 日向北川和绵竹进发，寻找困在灾区的万科人以及亲属。同时，成都万科也邀请了刃脊山地救援队，于 15 日前往南充搜救遂宁市、盐亭县已失去联络的两位返乡员工以及位于蓬溪县的一户员工家属。17 日晚上 21 点 47 分，万科总部物业服务中心的一位同事接到消息，万科救援队的队员找到了她外婆家，发现外婆和外公在一个倒塌的房屋角落坐着，已经三天多没有吃东西。此前帐篷和好心人送来唯一的两条青瓜都被无良年轻人抢走了。至此，在灾区的万科人及家属全部取得了联系。

情系灾区，成都万科在行动，总部在行动，武汉万科在行动……万科员工被灾区传来的画面震撼得坐不住，整个万科集团都动了起来，每个人都想为灾区人民做点什么。

也正是这时，万科员工因为我的言论遭受巨大社会压力，不仅要承受灾难带来的伤痛，还要承受压力带来的委屈。我能感到，这段时间对每一位万科员工来说都是十分困难的。

万科管理层和高级经理承受着更多压力。他们要面对舆论，安抚亲友，跟合作伙伴和员工做解释工作；时值房市和股市都十分低迷的时候，还要努力减轻事件对股东和客户的冲击；额外要应对突如其来的政府方面的责问和施压；与此同时，他们还关注着灾区的情况，纷纷投入抗震救灾工作之中。郁亮等万科管理层成员与我深入汶川，一起救助灾区同胞，并推动随后的重建工作。其中几位管理层成员频繁往返汶川，在灾区度过了 2008 年下半年的许多时光。

灾区 NGO 生态

5 月 17 日，我与专家组赴受灾最严重的北川继续考察，评估地震对建筑结构的影响，看看万科能够为灾区提供什么帮助。同日，郁亮带队到达遵道镇。

汶川是这次地震的震中，北川和都江堰人口密集，被列为救援的重点，政府的救援力量主要集中于该地。而绵阳和德阳绵竹的救援力量却相对薄弱。

遵道镇又是绵竹市的重灾区：镇上本有 23000 人，18 个自然村，近 1 万人需要安置。灾难中，镇政府楼房倒塌，领导班子 6 人中 3 人遇难。镇上 95%的建筑倒塌，400 多人遇难，需要安置超过 5000 人。最不幸的是一所私立幼儿园，80 个孩子，只有 23 个幸存，课本、玩具散落在废墟之中。万幸的是，镇公共建筑的中小学、医院在大震中未坍塌，中小学生没有伤亡。

一到遵道，我们就问代理镇长林建华：需要什么帮助？林建华原是绵竹市司法局干部，交换到遵道镇还不到两个月。他回答："帐篷、柴油和收割机。"

这一路上，我们曾问过很多镇上官员需要什么，还从来没人提到过收割机，只有林建华将它列为必需品。他解释说："小麦已经成熟，收割季节即将到来，收割完毕需要再种上水稻，否则农民就会在冬天挨饿。"我们意识到，这是个非常冷静、有条理的人。

当时，灾区药品奇缺，不少地方看到药品和物资都全部收下以备万一。林建华看过我们给他的药品清单后，只从中圈出了一部分说："我要这些，其他的给别的镇子吧。"这再次给我们留下了深刻印象。

万科决定重点援建遵道。我们也逐步意识到到自己的专业力量：利用强大的组织、动员和实施能力去做一般机构做不到的事情。

5 月 18 日早晨，成都万科组织施工单位近 30 辆工程车开到遵道，开始清理土地、搭建帐篷。废墟之上，大型机械最为缺乏——道路开辟、危险建筑拆除、平整场地、挖厕所都需要它。

工程车进入遵道后，经过两天全力抢战，整个小镇才依稀恢复昔日的轮廓。道路畅通了，军队的救援才得以展开。

组织施工单位工程车，起初，是由成都万科每日支付报酬的，原计划要征用10天。10天后，遵道镇附近的平整工作基本完成，成都万科通知车辆退出，所有司机都拒绝了。他们回答："你们觉得我这时候能退出吗？"他们选择了自愿前往有需要的地区实施救助。

5000~10000名灾民的安置，迫在眉睫。天气预报：21日有雨。万科内部下令：21日前必须完成220平方米的帐篷、板房搭建。联系万科各地公司：需要帐篷！5月17日下午，各公司同事加班寻购帐篷。

武汉，常规渠道没货。找帐篷厂，厂长表示支架可以生产出来，但是篷布实在是没办法。马上联系帆布制品加工厂，带着帆布厂的负责人去帐篷厂，两相一对，分头加工。

下订单：400顶帐篷，19日交货，20日送抵灾区。帐篷厂厂长左右为难："不行，生产不出来，要不我们把供应别人的先匀一点给你们？"万科同事回答："不需要！大家都是送到灾区去的，匀给我们，少了别人的，有什么价值？"最后谈定100顶——有总是好的，100顶帐篷就可以安置800个流离失所的人。

20日，武汉万科包下一架专机，向灾区送去包括这100顶帐篷在内的16个品种急需物资。

帐篷从武汉、西安、重庆、深圳、广州多地陆续运到。到21日，已解决了4000多人的住宿问题。同时建立了医疗中心，送去了发电机，以供灾民生活照明。大雨来临之时，万科为大部分灾民抢建出了遮风挡雨的地方。

镇政府牵头，万科配合，成立了救援指挥中心。一间板房划归指挥中心使用。此前来到遵道的非政府组织，只能在逼仄的帐篷里，现在都搬到指挥中心的板房一起工作，协同行动。指挥中心由代理镇长林建华担任主任，万科志愿者领队朱保全担任副主任，统一分配各家非政府组织物资，协调任务。板房的墙壁被各种纸张、纸条贴得密密麻麻，其中一张巨大的进度表，显示各家非政府组织的项目任务、进展和需要协调的内容。

灾区的救援队伍互相合作，形成了一个运转良好的生态系统。

24日一早，我再次前往遵道镇。看到镇救灾指挥部前，政府和公益组织的志愿者正在发放方便面和矿泉水，军队也建立了医疗救助站，并负责治安。但仍有一些灾民住在自己搭建的棚子里。雨季马上来临，救助行动还要再加快速度。

震后那几天，除了安置，水源是另一个大问题。

本镇唯一水源来自玉妃泉，地震的时候山间巨石坠落，堵住了泉眼。6天过去了，供水问题无法解决。尽管各方支援了不少瓶装水，但也只能维持短暂需求。

19日下午，万科组织工程专家实地勘探。水源距镇政府10分钟车程。现场情况触目惊心：大部分山体严重滑坡，完全没有道路可走，如果几个人同时攀爬，随时可能出现再次滑坡的危险，极端情况可能会一行人全军覆没！

大家还是鼓足勇气上山，找到了水源。泉眼不大，隐藏在山洞之中。因为清泉明澈，味道甜美，专家鉴定是优质矿泉，当地政府原来没有特别处理，直接接管引出。一块近3立方米的花岗岩堵在洞口，将引水管道压碎，并把洞口牢牢封死。

根本无法绕开石头，重新搭接水管。更让人头疼的是，花岗岩是岩石中较硬的石材，除非爆破，否则无法撼动。但此时搞爆破，无异于二次地震，会导致山体大面积垮塌。

万科人围着岩石各种打量，不停讨论，最后发现有个地方岩石和崖体接触较少，决定让工人用最原始的方法，斧钻劈石，拓出一条缝隙来。

次日，天蒙蒙亮，一个组长带领8名石匠和其他相关技工，再次上山来，准备穿石。现场工作面十分狭窄，每次只能勉强让一个工人作业，每个工人30分钟轮岗施工，人歇斧不歇。伴随着叮叮当当的微弱震动，山上不时有石块滑落，每个人的心都悬着，焦急、紧张，不敢随意走动。

就这样一直奋战8个小时，到下午4点，巨石终于屈服，闪出一道缝隙，泉水徐徐流出。开始管件连接，到下午5点，全镇百姓的用水问题解决了。

镇上有一座水库，是农业用水的来源，就悬在小镇头上。土夯的大坝，水泥的台阶已有裂痕。为防不测，水库还在放水。大坝是否存在隐患？必须即刻组织检测，不敢丝毫马虎。那天晚上，成都万科要留人在遵道值班。不管谁留下，都必须面对水库溃坝的危险。留谁呢？

负责人蔡立彬请大家自愿举手，没有人举手。

最后，一位同事代表大家发言："蔡总，大家都知道留下的危险，没有人会主动举手。但只要你指派，不管指派到谁，我们都坚决留下执行任务！"

当天晚餐在部队的工兵营，营部设在一座震塌的酒厂里。简单的餐桌上，少校营长讲述冒险穿越泥石流营救老百姓的故事：两次想放弃，两次开会讨论，最终还是咬牙穿越过去。要是上面泥石流滑坡，队伍不是被埋，就是滑进江里……聊天中，获悉少校的家乡也在震区，至今还没有联系上父母亲。敬佩油然而生。

临分手，少校见我只穿半截袖衬衫，送了一套折叠干净的迷彩服。“执行任务中，只有穿过的——你要是不在意。”他有点不好意思。

感动无从表达，我请英雄营长在迷彩服的左上衣口袋位置签上名字。

防震建筑

最初几天的紧张救援和安置工作之后，开始面临一些难度更大的问题。

首先是建筑垃圾。

遵道镇的建筑95%以上倒塌，初步测算需清除建筑垃圾50万吨。估计灾区类似的行政镇有58个，假定平均建筑倒塌在80%，需清除的建筑垃圾约2300万吨。建筑废墟重量和体积巨大，运输成本高，不容易解决。但生活在几被夷成平地的废墟里，灾民怎么能摆脱灾难阴影，重振精神建设家园呢？消除地震阴影，清除疫情死角，为建设美好家园腾挪出空间，清除建筑废墟其实刻不容缓。

和建研中心的同事一起为建筑垃圾填埋场选址。距镇上约3公里，紧靠公路有一处凹陷地，土地贫瘠不适宜种农作物，承包的农户栽种了速生杨树。

狭窄的凹地深3米，两侧高处是灌木丛，一边茶园，另一边栀子园。湿润的空气中弥散着淡淡的栀子花香。

我跳下楔形凹地，蹚着湿漉漉的杂草，穿杂树林，纵深约500米是一道1.5米的坎，坎下是较平坦的农田。这里距离镇上有一定间隔，又不太远，亦不占良田，是较理想的位置。

6月初①，正是双抢季节。待收的麦田、油菜子田焦黄，待种的葱绿秧田间夹其中。我同深登协和万科的志愿者一起参与赈灾物资发放。灾后重建，政府把握全局，进行社会资源总调配，基层组织在有效运转。但实施个体救助，却是民间组织的强项。

在援助过程中，我们慢慢找准了自己的定位：作为一家专业的住宅开发企业，万科的责任应该是到地震第一线，掌握一手建筑资料②，会同专家提出适合的防震住

---

① 6月1日，在秦家坎小学校操场，孩子们度过了灾后第一个儿童节。升旗、敬礼、国歌。260多位学生举手敬礼，志愿者也举起了右手，一只只小手与大手，交织成震后六一儿童节的独特风景。

万科员工和业主合唱《明天会更好》，祝福孩子们六一快乐，明天会更好。

② 汶川地震后，专家组勘察结论：如按照国家2002年的建筑规范标准，新建筑可以做到“中震可以修复、大震框架不倒”的要求。

宅方案，同时，考虑如何增强其他地区已建住宅的抗震性能。

5 月底，万科援建的学校、医院、避难中心设计方案就已上报政府审批。6 月 5 日，临时股东大会通过参与灾后重建议案，第二天，万科与绵竹市签订捐建协议。这是万科参加的签约仪式中最简朴的一次，却也从来没有这样隆重过：有建设部、省建设厅和地方市、县、镇各级领导，还有解放军红军师以及民间公益机构代表出席。

6 月 21 日，距地震发生 40 日，遵道镇的路两边已经摆上了地摊——生猪肉、熟食、啤酒、青菜、日用品，还有香烟和饮食店，镇里到绵竹市的公交线路恢复。最不可思议的是，一家从事红白喜事一条龙服务的专卖店也开张了。尽管都是星星落落的小营生，但到底已经有了集镇的样子。

街道两侧 30 米范围基本清理完毕，卫生院的危楼也拆除了，几台挖掘机和货车不停往镇外运输建筑垃圾。镇政府指挥中心非常忙碌，万科援建的临时卫生院已经开始正常运转，内科、外科、放射科、手术室一应俱全，沈阳军区和镇卫生院的医生联合坐诊。

志愿者办公室没有了之前的慌乱与嘈杂，墙壁上张贴近日完成的事务和即将要做的工作计划，一页页排得满满的。横幅上的字刚劲有力：“站起来！”四周志愿者密密麻麻地签满名字。

7 月 1 日，万科第一批援建项目正式启动。

这些项目应用了 17 项防震减灾技术，提高建筑物的结构安全，更关注减灾、备灾、避难理念的实现。

建筑物都选择对抗震有利的平面规则体型，采用框架结构、连续回字形平面与等跨布置，楼层不超过三层，保证足够的结构抗震性能。

我们还运用了“橡胶隔震支座”技术，使地震带来的破坏集中于隔震层，隔断能量传递。这项技术可以理解为在建筑物与基础之间安装橡胶垫，从而大幅降低建筑上部的水平振幅，提高内部设施及人员的安全系数。

遵道镇中心幼儿园设计为一层，依靠阻尼减震技术实现 9 度抗震设防等级。

我们使用延性抗倾覆轻钢作为内外墙体主材，每平方米墙体重量仅为传统砌块墙体的 1/5~1/7；同时，轻钢可承担一定的变形系数，轻钢墙体与结构主体之间采用“柔性连接”，允许水平与垂直方向上发生相对位移，减少墙体倾覆的可能性，震后也易于修复。即使发生倒塌，轻质材料对人的伤害也能降到最小。

在救援工作中，我们注意到，在众多未垮塌的建筑中，设施对人体的间接伤害是造成人员重伤的主要原因。在万科捐建项目中，配置了钢化玻璃、轻质灯具、壁挂风扇、加固护栏等设施，学校和幼儿园更是如此。

遵道学校教室内，较大的家具设施与墙体、地面固定连接，防止倾倒伤人或造成撤离障碍；学生课桌经过特殊设计，选择强化木材作为面板材料，缩小课桌抽屉大小，桌下预留临时躲避空间。线槽和照明灯具都通过缓冲装置来安装，防止坠落。

遵道学校教学楼设计了完善的紧急疏散系统，每层设置 6 个楼梯，扩大通道宽度，加快人员疏散速度。遇到紧急情况时，监控中心发出警报，黑板旁的报警灯闪烁，同时响起报警声。师生从前后门跑出教室，根据地面和墙面的疏散指示，从四个疏散出口疏散。考虑到儿童的识别习惯，所有疏散通道都以小动物的形象标示。经多次演练，1300 多名师生可在 65 秒内全部撤离至安全区域。

幼儿园教室则前后均设有开阔的活动场地，儿童从教室内任意位置到达安全区域的距离最远不超过 8 米。

在设计时，还考虑到建筑用作避难中心的需要。遵道学校和向峨乡政务中心配备有应急水源、净水设备、备用供电系统、应急照明和通信设施，还设有无障碍坡道、无障碍卫生间。

2008 年 12 月 31 日，万科交付遵道学校及卫生院，这是整个灾区最早交付、抗震设防等级最高的永久性建筑。从这一天起，遵道镇上千名孩子就开始在新学校的教室上课了。

遵道卫生院在交付的第二天就接生了一个孩子，灾后第一年里，卫生院迎接了 167 个新生命的诞生。

至 2009 年底，万科捐资并建设的遵道幼儿园、政务中心、向峨政务中心以及遵道梨花广场先后交付，均达到最高抗震设防标准。此外，万科还向绵竹、什邡、都江堰、彭州、雅安、巴中等极重灾区和重灾区捐款，用于重建公共建筑。

由第三方中砝集团编制的万科捐建项目独立审计报告显示：万科公司、万科公益基金会、万科员工及万科合作伙伴在四川共捐资 1.23 亿元，捐建项目约 5.4 万平方米。

“5・12”大地震之前，万科建筑研究中心就有一个防震研究室。在遵道重建过程中，万科将涉及防震建筑的技术都打磨了一遍，整合了一流的防震技术，意义远远超过建筑一两幢房屋。不少其他县市的灾后重建项目，都参照了遵道学校的技术解决方案——遵道学校能够为当地 1000 多名孩子提供安全的学习环境，当越来越多的学校参考和采用这一技术解决方案，则会有数以万计、数以十万计的孩子得到安全保障。

4000 万罚单

2008 年是万科跌宕起伏的一年，记得这一年过完时，我曾说过三个感谢：第一，感谢“捐款门”时网民对我的指责谩骂，这让我回归为零，重新给自己一个定位。检讨言行，重新认识自己。失望和沮丧是难免的，但也因此改变了我的态度，现在的路走得更踏实。

第二是“拐点论”，当“拐点论”造成的负面压力铺天盖地时，公司管理层和骨干起到了中流砥柱的作用。在此之前，对年轻管理层团队是否能经受住重大危机考验，我并不特别有底。虽然他们经历过“君万之争”那样的商战恶斗，但宏观调控加上突发舆论危机是另一种考验。结果他们扛住了残酷环境带来的压力。

第三个要感谢的是南京物价局给万科开出的 4000 万罚款单。

2008 年 8 月到 9 月，身处降价风波中的南京光明城市三期 707 套新房子面临交付。工地开放日，一些客户看了未完工的房子，发现不少问题，在网上提出“三十一条”整改意见，并发起拒收房签名。

就在此时，南京物价局给南京万科开出一张 4000 万元的罚单，认为万科上年销售的住宅不符合物价部门核准的价格，要处以行政罚款。

这是中国房地产史上的最大罚单。4000 万罚款如果执行下来，何以向股东交代？对公司来说，这是难以承受之重。但 4000 万的罚款金额不是关键，关键在于它说明在客户逼万科退房的问题上，政府的砝码是偏向业主的。

怎么办？

当房地产价格开始缩水，客户会对房子质量更加挑剔。在市场好的时候，房子不容易买到，能买到就很满意了，甚至还会带来增值，所以有瑕疵也无所谓。但现状是万科带头降价，房子没有原来值钱，消费者买了房子，不好硬说要退房，就在质量上找毛病。而当客户找到质量问题时，媒体很容易倾向他们。因此，关键在交房的质量。如果质量不过硬，面对天价罚单，不管它是否合理，万科都没有底气面对。如果最终交到客户手中的房子质量过关①，业主却不收房，我就有底气开新闻发布会。

势如救火。

在当时，万科的装修房经验仍然不够。我们在全国范围内寻找最强的装修队伍。与此同时，南京临时换帅，经验丰富的上海区域副总经理周俊庭调往南京，代行总经理职责。南京万科要跟自己打一场硬仗。

交付工作小组成立了，首先用一天时间组织内部验房，发现质量问题并不多，主要是功能缺陷问题，但整改代价很大。“改，还是不改？”部分管理人员接受不了全面整改的要求，“基本能达到要求，为什么要改？”

用了整整三天时间，大家才达成共识：改！

成立三个小组：客户组、整改组、后勤组。客户组由 23 名质量外使组成（并设 6 名替补），每位对接不超过 50 户业主，任务是站在客户角度，用客户的眼光做出判断：陪同客户预验收，跟进客户所提问题直到 100% 满意，交付过程中全程陪同验房。

整改组由 22 名工程专业背景的质量内使组成，制订整改施工计划、交付计划，提出资源需求计划，掌握整改进展，关注成品保护。

后勤保障组的任务是支援客户组和整改组工作。

接下来，邀请客户预验收，收集客户意见。这个步骤的细节是最重要的，质量外使随身携带相机，记录下看房时不明白的地方，以及客户的个性化需求，便于随后与各方研判。拍照时，要先拍楼号、楼门号、房间号，再拍实景，避免大量照片信息混淆。

进入整改阶段，落实客户要求，请客户确认，再收集新的整改意见。

每天晨会，明确当天施工任务，对前一天发现的问题提出改进要求。

晚例会，讨论客户反馈、整改进展、分组自查、跟踪保洁和交付情况。

8 月 6 日，一位客户预约第二天看房，他所在的 15 号楼刚进入整改阶段，尚不具备看房条件。怎么办？工作组决定特事特办，提前整改并完成细部清洁工作。短

① 在未交付阶段，南京光明城市是存在较多产品瑕疵的，这也是客户挑剔的理由根据。当时，万科集团执行副总裁、上海区域总经理刘爱明给南京万科全体同事写了一封信：“首先我想问大家三个问题。第一，我想问问你们有多少人去看过光明城市三期的房子？第二，我想问问你们有多少人去‘华侨路茶坊’（论坛）看过客户关于光明三期装修的意见？第三，我想问问你们看过之后是怎样的心情？或许你们觉得这三个问题问得很突然，或许你们也去看过，但我要说，如果我们不珍视质量、不珍视客户的意见，不管我们曾经有过怎样的辉煌，我们都已岌岌可危，随时面临生与死的危险……”

短10个小时，很考验工作人员的专业知识和操作经验。最后拿出来的是整洁的内部环境，零缺陷的房屋质量，贴心周到的看房服务，获得了客户肯定。

一位客户在前两次工地开放时没提出任何整改意见，但与他对接的工程师佟国东在自查过程中发现该户存在10处问题，怎么办？与客户沟通，告知情况，并说明整改安排，邀请客户整改后来看房。

客户的考场，不是那么容易蒙混过关的。

一位“维权小组”的客户：“我们的强化复合地板居然是纸做的，你们开发商也太黑心了吧？要求更换，否则退房！”

万科工程总监陈东彪：“我们用的地板确实是纸做的——强化复合地板学名叫作‘浸质纸承压复合板’，是一种新型的地板材料，防腐蚀、耐磨、防日晒，有质量保障。可以提供相关材料供您了解。”

客户二：“江苏省标，卫生间的面积不得小于4平方米，万科却只有3.5平方米，违反规范，要求退房！”

陈：“非常抱歉，的确不符合江苏省标，但卫生间大了势必压缩房间其他部分的面积，而该房型总面积只有55平方米，比较有限。万科一点儿面积都没偷，全部交给客户，请斟酌这些面积的分配。另外，国家标准卫生间面积是不小于3平方米，3.5平方米的设计完全能保证使用。”

客户三：“马桶坑距是否符合国家规范？根据国家标准，马桶装好后，水箱距墙面的距离应该在1厘米以内，万科没有做到！”

陈：“您确定国家规范是在1厘米以内吗？ 3厘米以内，都符合国家标准！”

客户三：“呃，我们是故意考你的……”

客户四：“国家规定门扇下沿与地板间距为5~8毫米，万科的门达到了1厘米，不符合规范，要求整改！”

陈：“对不起，为我们2毫米的误差道歉！是我们做错了，保证全部整改！”

客户四：“我们的小户型，进户门设计为内开，平白多占了面积，要求整改，统一为外开！”

陈：“对不起，如果都设置为外开门的话，对门两家同时开门会碰撞。对于长外廊，外开门也会影响通行，甚至有撞人的风险。因此不能同意这项要求，请谅解！”

……

交房前一个月，我破天荒到南京万科检查交付质量。在我进楼前，周俊庭请我脱鞋，递给我一副白手套，一双白袜子。看我疑惑的神情，他解释："请进去随处摸，摸到有灰就算质量不合格。"

穿白袜戴白手套验房是周俊庭的创意——精细保洁的房屋，力求以最佳状态呈现给客户：以白手套接触房屋内任何位置，不得有一丝灰尘；不锈钢龙头、台面等以清晰照出人影为标准；有阳台的门扇保持一拳宽的通风口，有空调机位的窗户留有一拳宽的通风口，保持室内空气流通；物业专人负责天气监控，遇雨天，提前及时关闭门窗。

我回答："不看了！过关。如果这样的质量，业主拒绝收楼，我有信心召开新闻发布会！"

交房那天我又去了现场，看到那些声称要拒收的业主在太阳伞下摆开桌子，派发小册子，建议业主联手抵制——当然，伞和桌子是万科提供的。

结果顺利交付80%。

如果没有南京物价局的天价罚单，南京万科能做到这么高的交付标准吗？换一个角度考虑，万科交房的质量标准能不能稳定在这个水平？从此之后，万科有了"南京标准"。管理层决定，自2008年9月起，在全集团范围内推广南京公司光明城市项目以下保障措施：第一，功能性设计缺陷整改；第二，质量大使；第三，质量控制及成品保护；第四，室内环境保障；第五，精细保洁。

万科的核心价值观中有一条：客户是我们永远的伙伴。此前万科已经连续7年聘请第三方盖洛普机构做年度客户满意度调查，据以改进产品和服务。2007年的调查结果，客户满意度89%，客户忠诚度66%，重复购买意向75%，推荐购买意向84%，平均每个客户向7.11个亲友推荐过万科的产品。这样的指标，即使放在有众多国际优秀企业的盖洛普数据库中，也是十分出色的。但不难看出，这和过去几年房地产市场大势良好、物业不断升值有关。2008年市场趋势扭转，房地产价格跌落，客户关系难免受损。怎么办？

这个不平静的夏天，外界看万科，风口浪尖上忙着处理投诉，应对舆论危机，与客户谈判……外界看不到的是，无论什么时候，尤其是面对客户投诉时，万科做的第一件事，是改进我们的产品和服务。

当质量与速度发生冲突时，质量第一；当质量与成本发生冲突时，质量第一。这是原则。任何忽略质量的行为都会加大企业的运作成本，更会造成对企业品牌的伤害。质量是企业长期稳定发展的重要推动力。

和很多企业一样，万科每年都有年会和颁奖典礼，其中一个奖项是质量奖。2009年年会上，我发言说，能颁发质量奖是非常好的，因为这表示我们重视。但是我希望，三年之后就可以不再设置这个奖项了。这是什么意思呢？我们强调质量是底线，这类似于大家都知道的“不行贿”是万科的底线一样。我滑雪滑了10年，最近才感觉到脚下那块滑雪板好像成了我生命中的一部分。所以我想，当产品质量成为底线，就不用再强调和鼓励，因为已经没有必要了，它已成为共识，是生命很自然的一部分。

2008年，由于降价群诉等原因，万科新交付住宅的客户满意度和忠诚度跌到46分和29分的低谷。三年后的2011年，这批客户的满意度和忠诚度提升到83和72，分别高于总体客户水平1个百分点和5个百分点。调查结果显示，在实际入住之后，通过对万科产品和服务的体验，万科重新赢得了这批客户的信任。

“007行动”

到2007年，万科业绩已经连续数年快速增长，销售额眼看突破500亿。不难预见，未来几年内规模将攀上千亿，达到中国民营企业的最高海拔线。我和管理层意识到，万科亟须提前为千亿级企业做好人才储备，补上短板。

中国大陆销售规模超过千亿的大多数是“国”字头的企业，尤其中石化、中石油这样的大型央企，超千亿的民营公司凤毛麟角，不过联想、海尔、TCL、华为等几家。通过和IBM、惠普、宝洁等大型跨国公司交流比较，我们决定将这次人才储备计划的方向定为：完善组织能力。

我们估计，当公司发展到千亿规模之后，供应链管理和经营管理流程会显得相对薄弱，公司品牌管理会越来越重要，与各种利益相关方对话的能力，甚至税务筹划的能力也都需要加强。

2000年前后，万科的目标是成为中国最优秀的开发商，而此时，我们已经更换了参照系，希望自己成为中国最优秀的企业。几年前的“海盗行动”引进了一批项目管理人才，为万科的全国性扩张提供人才保障。与“海盗行动”不同，这次招聘的第一目标是跨国企业高级经理，范围并不局限于房地产行业。万科更看重他们的国际视野，以及管理过大规模企业的经验。

比如快消行业，它的供应链管理、信息化系统一定会比房地产公司要好。比如沃尔玛，店面遍布全球，商品成百上千，如果没有发达的信息化系统、清晰的流程，能及时反映每件货品的库存、保质期等，经营就会陷入混乱。所以，它的管理一定比地产行业要难、要精细很多。

这次行动被命名为“007行动”。“007”，寓意网罗有国际化视野的跨国社会精英。

2007年底，分管人力资源的解冻正在麻省理工学院学习，在哈佛广场旁的一个酒吧认识了留学生孙嘉。年轻人给解冻留下深刻印象：眼界很宽，思路清晰，说话做事干脆利落。解冻萌生了挖他来万科的念头。

孙嘉拒绝了，他是麦肯锡送出去学习的，与公司有合约，毕业后第一选择还是回麦肯锡。解冻怂恿说：“毕业到回麦肯锡正式报到之间有两三个月，为什么不来万科实习看看？麦肯锡早晚要拓展房地产企业这个服务领域，对房地产不了解怎么行？机会就放在你面前，不需要任何承诺。”

孙嘉被说服了，到万科战投部实习，其间几位公司高管都和他多次交谈、沟通，甚至邀请他家人前来参观万科总部。一个月后，孙嘉表示：“好像找到点儿感觉，但一个月时间还不够。”解冻回答：“没问题，再延长一个月。”第二个月后，孙嘉决定留下，在战投部工作。

2008年，一次私下场合中讨论及广东碧桂园公司，我颇草率地给出评价：没什么了不起。不久在珠海召开集团季度例会，照例有一个分析竞争对手的报告，时任战投部副总经理的孙嘉在走访碧桂园后做了一份报告，把我的观点推翻，数据翔实，有理有据。显然，他为了反驳我的观点做了认真研究。

回深圳路上，我就致电碧桂园老板杨国强：我原来对碧桂园的看法是错的，希望能与杨先生交流学习。杨先生爽快地一口应允。

孙嘉后来先后担任战投部、西安万科第一负责人职务，业绩出色，2012年初调任上海万科总经理。

现任集团执行副总裁、北京公司总经理毛大庆，是“007行动”的最后一个目标。

其实，此前解冻已经盯住毛大庆两年多了，两人的饭局不下两位数。

毛大庆加入万科之前所任职的凯德置地，是新加坡知名房地产企业。这是他第一家长期任职的公司，一共待了15年，感情深厚。凯德对职业经理人的要求很高，注重制度规范，又比较阳光。对毛大庆而言，如果要选择跳槽，他期待的公司也应该是规范、阳光的，应该是一家职业经理人驱动的公众公司。

第一次见面，毛大庆就说：“万科终于来找我了。”

平时猎头找他，他拒而不见，有时连电话也不接。毛大庆说，在社会闯荡这么多年，冥冥之中就是觉得与万科契合。

毛大庆一直关注万科、中海、龙湖、保利等发展比较稳健的国内房地产企业，对万科的产品与组织系统不乏了解，在他负责凯德环渤海地区业务时，曾与北京万科有过工作层面的交流。

他自认是个不太喜欢做生意的人，看到万科董事长爬山，探险，走“玄奘之路”，创立非政府组织……他很好奇。

2004年，在北京的一次座谈会上，我发言：“现在房地产行业的状态就跟传统农业差不多，职业化、知识化、专业化程度很低，主要在倒腾土地，有点儿钱弄两套房子就卖了。”大庆找到我说，这些话让他有共鸣，整个行业水准确实太低，他非常认可房地产行业的专业化方向。

当然，万科吸引毛大庆的另一个原因是，他还缺少在中国房地产企业工作的经历，外资房地产企业毕竟很难完全融入中国市场。他能去哪呢？——中国最大的房地产企业，是万科。

郁亮去北京出差，常常约毛大庆见面，这种交流前前后后持续快一年，毛大庆对万科和万科职业经理人的认同感越来越强。

2008年奥运会前后，我在北京约见大庆，吃了3个多小时的饭，交流对行业的看法，论经济、环保、登山、阿拉善，说到哪儿算哪儿，就是没谈跳槽的事。

那天我下午还有个会，眼看要迟到。司机一直催我走，我没搭理，最后司机不得不给大庆打电话：“你们别聊了！”

最后我告诉大庆，希望他来执掌北京万科。北京万科历史很长，但一直没有红火起来，这不像万科应有的状态。大庆是北京人，我们希望有个对北京比较了解的总经理，毕竟房地产还是很本地的事儿，包括跟政府沟通、媒体关系，这些方面他都挺合适。希望他来了之后能把北京万科带起来，有所突破。

我问他：“你怎么想的？”

大庆明确回答：“我真心喜欢万科，但是我在凯德待15年了，人家培养我这么多年，怎么割舍？我现在非常矛盾。一个职业经理人最起码要职业，不能胳膊一甩就走了。我唯一的问题就是想不清楚这件事儿要怎么办，真是没想好。凯德是家国际公司，万科又是中国最大的房地产公司，我介于这两者之间，对不起谁都不合适。”

我摆明两个态度：“第一，如果需要，我会亲自到新加坡找你老板谈，你一句话，我就去！正好我也好久没去看他了。第二，你现在的顾虑我都很理解，你确实不能就这样走了，你要是这种人我也不敢要。一定要处理好这些关系。万科等着你。”

又一段时间过去了，大庆还是跟凯德开不了口。

一个周六，万科总部人力资源部一位同事从深圳飞到北京，给大庆打电话：“我这次的使命就是合同，你一定要签，签完我带走。”大庆说：“我开会啊，不一定有空。”

不入虎穴，焉得虎子？人力资源部同事到大庆家门口堵，恰巧当天大庆去了父母家，手机又没电。那位同事等到凌晨4点，没等来，第二天一早接着等。大庆早上打开手机，看到短信，电话回过来：“这事儿就它了！”

最后，我给凯德置地董事长去信，感谢凯德对毛大庆的培养，万科也希望能与凯德进一步合作。另外，如果凯德以后需要大庆，万科也绝不拦着。

凯德回信：确实很惋惜，但是万科是个非常优秀的企业，凯德与万科的关系不会因此改变。

几年后，再回顾“007行动”，在那一阶段招聘的人中只有20%的人留下来了，80%的人在两三年后陆续离开，其中一些人没有找到自己的管理经验与房地产行业间的契合点，他们带着抱负和期待而来，但在尝试改变万科的过程中遇到了阻力。

万科也有需要反思的地方。与之前的“海盗行动”相比，“007行动”的招聘计划和管理方向都不是很明确。另一方面，这些来自房地产行业以外的经理人拥有不同的职业经历，与“海盗行动”挖来一批有团队内在联系的人也不同。“007”之间没有紧密的联系，属于“单兵作战”，面对的却是万科的强势文化。我们没有在组织上、文化上给他们提供充分的支持——毕竟，契合点是需要双方共同努力寻找的。

不过，如今的万科已经留有他们的痕迹，比如打通业务平台的努力、信息系统的建设、物业系统的变革等等。他们的到来令万科文化更多元了，对跨国公司的管理也有了更多认识，其中许多是我们愿意接受的，只不过因为组织条件不成熟，或许还只能等待日后实现。

议事规则

2008年4月，SEE与《罗伯特议事规则》第10版的译者袁天鹏签订协议，委托他起草《SEE议事规则》。

袁天鹏毕业于北京邮电大学本科，美国阿拉斯加大学硕士，在邮电电信总局和外企当过工程师。在合作出版《罗伯特议事规则》第10版译本之后，他放弃工程师的工作，全心全意在中国推行这个规则。

SEE是中国第一家为了议事规则而与袁天鹏签约的机构。

企业家阅历丰富，各有各的经验和主张，他们个性都很鲜明，表达欲望强烈，又很难被人说服。SEE最初开会是比较凌乱的，随便打断别人讲话，不经举手申请就发言，讲话不控制时间，不围绕动议展开，讲的过程中跑题……也因此，有的企业家会员参加一次会后就再不参加了，认为讨论七嘴八舌，东拉西扯，议事不深，效率太低。

SEE的会员之间是一种非常平等的关系，没有任何人具有独裁的力量。自由平等的会员们要组织起来做公益，最大的问题是组织决策模式。没有平等参与吸引不了会员，而没有组织层级就没有效率，要在平等参与的原则下拥有组织效率，这对中国人来说是一个全新的挑战。在这方面，SEE多数参与者并没有足够的经验，就算是海外留学归来的会员，也没有受过这种训练。

大家聚在一起首先要面对的，就是如何开好会。

2004年的一次执行理事、监事联席会上，秘书长杨平正在汇报工作，晓光一边评点一边决策："好，就这样了！""不错，我认为这样行！"参会的其他执行理事及列席理事围坐两边，基本不参与讨论，和企业内部常见的独裁氛围差不多。

正当会议以习惯方式顺水推舟走向结束时，列席理事武克钢打断了议程，他站起来质疑："你们会不会开会？"

"开会要有动议！提议！大家讨论，然后表决！主持人是会议讨论和表决的组织者，而不应该是决策者！中国许多事情搞不好，就是因为不会开会！"

这一闹，会议气氛活跃了起来。刘晓光乐呵呵地组织大家讨论和表决，再不一言做主了。有时他甚至该表态时也不表态，只说"看大家的"。晓光常常说自己的优点之一就是"有错就改"。

武克钢这次"闹事"，对推动SEE逐渐形成自己的议事规则起了不小作用，后来的会议，刘晓光有意识地扮演一个合格的会议主持人，组织讨论和表决，自己很少发表意见。决策之前各执行理事都要表达看法，然后进入投票表决。晓光身为公司董事长，久已习惯了决策人的角色。但SEE是一个与公司截然不同的组织，会长只是执行理事会的召集人和会议主持人，并不是决策人。

民主选举和民主议事的习惯是慢慢形成的，由不习惯慢慢习惯，由习惯形成规则，由规则变成传统，大家都需要训练和学习。

4年后，专家袁天鹏着手研究了SEE历次会议的记录和视频资料，结合《罗伯特议事规则》，提交了100条SEE议事规则的初稿。

杨鹏组织秘书处各部主管逐条讨论，将100条压缩为43条，提请章程委员会审议修改，然后提交执行理事、监事联席会讨论，会议表决：同意向理事大会提出动议。

说白了，《SEE议事规则》就是关于怎么开会的文件，例如第2条：每位参会者的意见都是宝贵的，不同意见的存在是正常的。在有不同意见的情况下，会议以"多数决定"的表决形式来形成决议。

第4条，会议授权主持人分配发言权、提请表决、维持秩序并执行会议规则，但主持人在主持期间不得参与会议内容的讨论。

第5条，参会者在发言之前必须首先举手向主持人申请发言权，不能打断其他人的发言。

第6条，在辩论过程中，发言人表达意见的对象只能是会议主持人，不能直接与意见不同的人展开面对面辩论。

第7条，"动议"是会议议事的基本单元，"动议"必须是具体而明确的行动建议。会议遵循"先动议后讨论，没动议不讨论，讨论则只讨论当前动议"的原则。

据说，孙中山先生是最早试图把"罗伯特规则"带到中国的人。当年，他应该是有感于中国人议事做事缺少规则，就无法形成民主共识，也无法组织起来吧？

2008年12月底，理事大会通过投票批准：将《SEE议事规则》作为《章程》的附件，从此，这些规则在SEE拥有与《章程》一样的地位。

在这次会议上，大家开始运用这套规则议事。我作为会长，在讲台上充当主持人。理事想发言，必须先举手申请，在我同意后才能发言，每次发言不得超过3分钟。时间一到，我敲响手中的槌子，发言理事必须立刻停下。

不过，主持人一点也不风光。规则约束了与会会员（理事），更对主持人（会长）形成强大限制。当秘书处提交的项目预算遭到质疑时，我几次忍不住想发表意见。但按规则，主持人不能就讨论内容发表看法，除非他将主持权力暂时移交给别人。这看似放松了对会长的限制，不过，一旦将主持权力移交给别人，又必须在一个动议讨论表决结束之后，才能收回这个授权。所以，即便我有强烈意愿要发言，这种程序安排也很大程度上干扰了发言的思维，使得身为会长的我难以强势起来。

尽管有争论，有异议，但大家按照"动议—附议—表决"的流程进行，与主题无关的争吵、为议事规则而产生的争吵减少了，这次会议至少比以往节约了两个小时。SEE的民主议事规则逐渐走向成熟。

也是在这次会议上，大会表决通过了“乌兰布和沙漠200万亩梭梭林生态保护区”的项目建议。

保护梭梭林

2008年8月9日，北京奥运会开幕式的第二天，我和SEE协会的同事杨鹏、刘力一同飞抵兰州。下机后立刻驱车武威市，拜访甘肃省沙漠研究所。

武威是我国历史名城，古称凉州。1969年，这里出土了一批东汉青铜文物，其中便有后来世界闻名的“马踏飞燕”。著名诗人王翰为这座古城写下的名篇《凉州词》，可以说家喻户晓。

傍晚，习习凉风中抵达武威，见到研究所王继和所长。

王所长和我差不多年龄，典型的西北汉子面孔，肤色透露出：这是一个长期与沙漠打交道的男人。

1959年，甘肃省民勤治沙综合试验站成立，是隶属于中科院治沙队的单位，1980年升级为甘肃省沙漠研究所。经40年发展，已经是国内荒漠化防治与沙漠资源研究的权威机构。王所长从大学时代起，就一直没有离开与沙漠植物相关的课题。

王所长向我们介绍研究所的项目。进入沙漠地貌，远远地看到有几个人在沙丘上忙碌。走近一看，技术人员正在指导当地农民铺设一种塑料尼龙网，大约1米见方、20厘米厚的格子，网格相连，网格内栽上梭梭树。

王所长介绍：“在极度干旱地区，植物难以存活，传统的植树造林防沙效率很低，以工程防沙为主、植物防沙为辅更加可行。除了尼龙网格，因为本地多棉花秆，我们还研究用棉秆做成沙障栅栏。塑料尼龙网格、棉秆栅栏技术，经过6年的实验成功，已经在巴丹吉林沙漠推广了120亩。”

“成本呢？”

“塑料尼龙网格一亩沙丘花费660元成本，4个人1天可以铺设完成，使用寿命大约10年。棉秆栅栏属于废物利用，成本更低。”

各种旅行途中，我都曾经见过固定沙丘的尼龙网格，这是第一次了解它的性能和成本。

另一边的沙丘上，远看种有大片的灌木，走近了，发现不是活树，而是人造灌木，有树枝有树叶，大小和城市里常见的冬青、四季桂差不多。王所长边走边说：“这些人造灌木，是模拟油蒿、梭梭树等植物的生态效果。注意看它们的根部周围，都有一堆流沙被滞留在这里，以大片来看，流动沙丘就被固定了下来。人造灌木的思路虽然简单，但它不受季节、降雨量、地下水位限制，固沙效果和油蒿、梭梭树等沙生植物一样。”

我提问：“人造材料在生态脆弱的荒漠中使用，时间长了会不会造成环境破坏？”

“人造灌木的回收需要专门考虑，在选材方面已经有所体现，我们使用的是可降解的原料。”王所长话锋一转，“防沙治沙技术只是本所研究内容的一部分，从大的方面看，单纯因害设防的治沙思维是行不通的，我们重视沙漠综合治理与沙区农业可持续发展的关系，把内陆河流域作为一个生态系统来进行综合治理。在我们所，既研究人工梭梭林的生长和衰败，也研究盐渍化土地的治理技术，耐旱植物和新品种肉羊的引进，还对农民们开展培训……”

听王所长介绍，SEE一行人颇受启发。考察结束，向所长发出邀请：希望甘肃沙漠研究所参与SEE在阿拉善地区的生态保护行动。

半个月后，阿拉善盟龚家栋副盟长带领政府官员和林业专家、深圳华大基因研究院院长汪建，和SEE的同事们一道，赴乌兰布和沙漠考察梭梭林。甘肃沙漠研究所的技术人员受邀加入这次行动。

阿拉善盟一共有梭梭林 1461 万亩，包括人工林 13.8 万亩，其中盖度在 30% 以上的 590 万亩，盖度在 5%~29% 的 870 万亩，未成林地的 0.9 万亩。

有了各路专家的帮助，考察过程中，我头脑中逐渐形成了技术框架：第一，生态保护对象要具体明确；第二，科研要在行动之前进行；第三，动员社区村民参与。

保护梭梭林，是可以具体量化的任务。乌兰布和有 200 多万亩梭梭林，从保护这片梭梭林开始，延伸到阿拉善 1600 多万亩梭梭林，这是一项专业化的任务。通过保护梭梭林，减少荒漠区的地表沙尘裸露，遏制荒漠化的扩大，就可能减少沙尘暴。长期坚持下去，SEE就可能成为世界上最专业的梭梭林保护组织。

梭梭树，藜科灌木，被称为“荒漠植被之王”，是温带荒漠中生物产量最高的植被类型之一，具有极强的抗旱抗风沙能力。

SEE的标识就是一棵梭梭树。协会成立之初，梭梭树曾经是关注的焦点。第一个项目就是帮助农牧民自我组织起来，保护吉兰泰社区的2万多亩梭梭林。后来，随着对沙漠治理认识的加深，SEE逐渐把注意力转向社区扶贫发展，奶牛农场成为最大的项目，梭梭林逐渐淡出。

过去三年中，SEE的业务一直存在困惑：我们缺乏生态保护领域的核心专业能力，面对外人，就很难说清楚自己是干什么的。SEE是最专业的荒漠治理组织吗？如果是这个定位，每年治理荒漠化的面积应该成为考核指标，但这个定位的结果却是SEE无法控制的。"防治沙尘暴"的目标，如果量化为每年减少的沙尘暴次数，显然完全超出SEE的能力，因为影响沙尘暴的原因很多，包括干旱、大风、地表沙尘裸露等等。

实际上，SEE目前更像一个扶持社区发展的公益组织：动员村民开展经济和公共项目，投入资金帮助农牧民建立奶牛场。

如果以社区发展为目标，生态保护项目就成了手段。如果以生态保护为宗旨，社区发展就是手段而不是目的。大家围绕这个问题进行了许多讨论，也没有形成共识。我担任会长后，希望能解决两个问题，一是明确组织目标，二是为实现目标，寻求技术上的支持。

2008年1月20日，《新华每日电讯》刊登一份采访：阿拉善左旗在草原退牧调查中发现，位于乌斯太镇巴音敖包嘎查科泊尔地区的野生梭梭林区东西长约60公里，南北宽约50公里，总面积达200多万亩。资料显示，世界上有记录的现存面积最大的原始梭梭林在新疆甘家湖国家级自然保护区，面积82万亩，是中国研究荒漠生态系统的重要基地。但科泊尔梭梭林区远大于新疆梭梭林保护区！

向分管林业的副盟长龚家栋求证，龚盟长告诉我们，阿拉善盟共有1400多万亩梭梭林，面积最大的一片是在拐子湖，约有400多万亩——记者的说法可能不准确。

龚盟长还提到：黄河有80多公里河段从乌兰布和沙漠东缘经过，因为河床高于沙漠，地方政府曾经向国家发改委请求引黄河水入沙漠，这样可以增加几十万亩的耕地——一些老干部至今仍希望把乌兰布和变成粮食生产区。从地方角度看，这是有经济收益的，但从全国生态经济的层面来看则是负面的。乌兰布和的梭梭林生态很宝贵，如果SEE在这里开展保护项目，有助于平息引黄入乌的冲动，消除当地生态的潜在危险。

我本能地感觉：梭梭林保护可能是重要的一步棋。

同杨鹏探讨。杨鹏表达："不少企业家理事对社区发展项目很有好感，对于梭梭林保护，理事们会质疑组织目标转向以生态为中心，这是对过去几年做法的放弃。"

我说："怎么会放弃？社区发展项目很重要，但不能为社区而社区啊！社区工作还是要突出生态目标。"

杨鹏建议："毕竟是全新想法，要过立项，得在执行理事中寻求支持！"

立项是项目委员会的事情。执行理事中，项目委员会主任杨利川是社区发展最积极的支持者，他会赞同我的思路吗？

我叮嘱杨鹏："尽快安排项目委员会成员考察乌兰布和，我跟大家谈谈思路，争取共识。"

项目委员会很快动身去考察了。

在几个专门委员会中，这个委员会是运行最繁忙的，特能于建东、绿城钱晓华、天创周洲都是参与协会事务的积极分子，主任杨利川更是出名的充满干劲。

出乎我预料，在考察中，项目委员会逐步认可了我的想法，认为这有助于解决SEE长期定位不明确的问题。他们还了解到，目前各方面并没有关于乌兰布和沙漠的系统性研究。政府以经济建设为中心，科研工作就围绕牲畜、土地草场、梭梭林和肉苁蓉的利用展开，生态保护方面几乎缺位。例如，当地人认为沙鼠是破坏梭梭林的主要因素，但我们连一张沙鼠破坏梭梭树的照片都找不到。科研人员相信地下水位变化对梭梭林生存有重大影响，但也没有关于地下水位变化与梭梭林生态关系的研究资料。

我们都认识到，没有科研指导，行动就无从下手。乌兰布和梭梭林保护的科研工作几乎必须从头开始，这需要做大量工作，还需要一笔不小的资金。

人是其所非，非其所是

9月16日下午3点半，王静、华仔、居士、汪建、田同生、花雕、李捷、云南的金飞彪金飞豹兄弟、张梁和我11名队员组成的登山队抵达海拔4950米的希夏邦马大本营。我们组成了可能是中国登山史上年纪最大的一支队伍，平均年龄在45岁左右，最年轻的也是70后！

在我身后，"拐点论"的争论仍在继续，对"捐款门"的滔滔质疑更是让万科和我面临前所未有的压力。登山10年，这一次进山的心情是最沉重的。

希夏邦马海拔8012米，是唯一一座完全在中国境内的8000米级山峰，是世界14座8000米级高峰中排最后的一座，但也是人类登顶最晚的一座。到2003年，登顶希夏邦马峰的人已经超过200人次，但遇难率高过同期攀登珠峰的遇难率。2002年，北大山鹰社五名队员在攀登希夏邦马西峰时，遭遇雪崩遇难。

进山后几天，一个中午，队伍修整，我正坐在大帐里喝酥油茶，闲聊，意外有客人来访。荒山僻野，来访的是刘炎林——2002年那支北大山鹰社希夏邦马登山队的队长。他这次来，是要和朋友为6年前遇难的好友建一个纪念碑。

纪念碑的位置选在距ABC营地东侧1公里，碎石形成的谷地平坦、开阔，雪山环绕。了无生气的碎石夹缝中，生长、绽放着洁白的雪莲花。辨认一朵朵雪莲花，让人感慨生命的坚韧、顽强。在登山过程中，我们还常常看到岩石上黏附着斑斑点点赭红色印记——看似石头的花纹，其实是生长着的苔藓。华大基因研究院院长汪建介绍，在高海拔低温低压条件下，这些苔藓可能经历几十年、上百年，才能长到眼前这样大小。在几年时间里，它们看上去几乎没有任何变化。

不禁沉思：这沉默的生命，其意义何在？它们没有任何野心，生长是如此缓慢，让人几乎感觉不到它的新陈代谢、生命繁衍，匆匆而过的登山者会完全忽视它的存在。高海拔上顽强的生命让我感叹：这些生命存在的意义，就是存在本身！

我们用大块的片石铺垫，完成奠基。第二天，炎林过来垒纪念碑。遗憾的是，我们因为还要训练，不能参加。

9月21日一早，约上汪建来到新建成的纪念碑前。纪念碑用谷地里的碎石垒成，1.2米高，呈金字塔形。东北方向一侧，五块金属牌一字排开，上面分别刻着五名遇难队员的名字、出生年月及肖像：林礼清、雷宇、卢臻、杨磊、张兴柏。刘炎林没有采纳我的建议，让碑面向西边的希夏邦马峰，而是面向东北方——那是队员们故乡的方向，温馨的寓意：让托体雪域的他们能够回望故乡。

我们按藏族习俗，在纪念碑上挂经幡。碑前一把残留的藏香。打开小瓶装二锅头，洒向碑前的碎石，默默三鞠躬。纪念碑沐浴金色晨光，抛光的银色铭牌闪闪发亮。无言站立着，逐一辨别铭牌上激光打印的头像，阳光强烈反射，只能辨认出头像的轮廓。冷色调岩石、碎石，不锈钢铭牌显得很冰冷，与四周环境协调。激光打印的头像散射温暖的色彩，却又显出生命的活力。

我端着相机拍摄纪念碑、铭牌，试图把每个铭牌上的肖像拍下来做纪念。在数码相机显示屏上查看照片效果，不理想，激光打印的头像不容易对焦。继续贴近了拍，再打开显示屏，惊讶地发现，铭牌上出现的是摄影者的清晰身影！出现了我自己的影像！

五块铭牌似五面镜子，反射着活人的影像。我猛地一愣。雪山环绕的纪念碑前，我突然醒悟到：魂归雪山的五位学子不再是人们所理解的、所赞许的、所惋惜的或所责难的对象，而仅仅是五个已经消逝的生命。生命的消逝竟然如此突如其来，让人不由得想探究它的去处。

产生了从未有过的换位思考：假设铭牌上的名字是我的，假设死后会有另外一个意识存在，王石的灵魂是否会后悔攀登希夏邦马？倘若王石的灵魂能够选择彼岸和此岸，又会选择哪里呢？天堂、地狱或者人间，哪里才是我们灵魂的归宿？

我迷惑了，因为我还活着。登了那么多的雪山，感受死亡擦肩而过的恐惧，感受从死神手中抢救回山友生命的喜悦，感受亲手掩埋遇难山友的悲痛。我曾体验过极端恶劣环境下对死亡的默许，亦经历了濒临死亡时，临近“天堂大门”的美妙……我以为，这些经历足以让我坦然面对死亡。

“我思，故我在。”意识到死亡，人才开始学会思考，也才开始成其为一个个体。如果没有死亡，我们一生中就能经历无限多的东西，也会有足够多的时间去经历，人类就会像永远长不大的孩子，不在乎时间、机会甚至所有一切。因为没有死亡，我们将有无穷多的时间、机会和可能性，对我们来说，一切都失去价值。

死亡的确定性，使得每个生命成为唯一和不可重复的，从而具有了严肃的意义，值得我们为之奋斗、为之努力、为之思索。生命对我们每个人来说都至关重要，我们珍惜时间，珍惜机会，因为事物有了价值，我们心中建立了一个衡量体系。

站在纪念碑前，我突然想到，为什么这两天我这么投入地参与山鹰社立碑？又来到碑前反复徘徊？山鹰社五位遇难山友带给我的心灵冲击，不仅仅是缅怀他们的死亡，还有反思生命的价值——如何使活着更有意义。

人生的意义是什么呢？人非神灵，神是完美的，无所谓得到，无所谓欲求，也无从谈论神的意义——因为神意不可测。人又非动物。动物生命的意义就是存在，进而繁衍——延续存在，它们没有野心。相对于神而言，人是有缺陷的。人曾经将自己的意义归结于神。人生一世种种努力，是为了印证神的存在，增加神的荣耀，回到神的怀抱。相对于动物而言，人是有野心的，人总是不安于现状，试图创造出生命的意义，而且不停追问生命的意义何在。人同动物之间存在根本的区别，我们将自己视为一种有理性的动物、一种社会性的动物。人类是永不满足的，总是在满足自己一些需要的同时，又觊觎着新出现的需要。每个人都有许多新的、不确定的或非特定的目的。人用自己的智慧来发现新的需要，这点与其他动物截然不同，其他动物的智能只是用来获得它们所需要的东西。

这个世界上的一切事物，包括人以外的其他生物，终其“一生”，都呈现它们本来应该是的那个样子，“被安排于”某个固定的位置。只有人类，始终是一种半成品，保持一种开放和不确定的状态，可以“根据自己的意愿和尊严塑造自身”，既可以堕落到与野兽为伍，也可以升华自己，与有神性的事物平起平坐——一切都由人自己来决定。

如黑格尔所说，人非其所是，是其所非。我非我所是，我不是我天生所是的那个中国人、汉族人、男人，我也不是被生活环境决定的那个王石、万科董事长、业余登山家或者阿拉善SEE轮值主席；我是我所非，我是我所不是的东西，是我尚未成为和希望成为的东西。如果真的有创造人类的神，我们应该感谢他把人类塑造成了现在这个样子。我们有一种永无止境地更新自我、超越自我边界的能力，有否定我们之前所是的东西的能力，有不断选择和否定我们希望成为的那个样子的永恒倾向。

五位山鹰社山友用生命所体现的，不正是这样一种能力和倾向吗？人的存在可以没有意义，但人可以在存在中自我造就，活得精彩。所以人需要不断发展自身、更新自身，而不应被任何本质或性格所预定。此时在山鹰社纪念碑前徘徊的王石呢？过去20多年里，登山也罢，创业也罢，也正是一条努力摆脱预定、自我造就、活得精彩的“开放和不确定”的轨迹啊。

10月2日11点，我波澜不惊地来到了希夏邦马的顶峰，比原计划略晚。

峰顶风很大，把万科旗帜拿出来，请汪建、阿旺拉着，拍下在峰顶展旗的照片。

孔子说，人到了一定年龄境界会“耳顺”。这次登山，进山时心情沉重忐忑，最后冲顶时，我的感觉却很“脚顺”。一路上来，不觉得紧张，也没有特别放松，不觉得很有难度，也不觉得易如反掌，不觉得苦累，也不是甘之如饴。姿态从容，内心淡定，没什么特别感觉，波澜不惊地就抵达顶峰了。

弹劾，弹劾！

2008年10月10日，SEE在上海召开年度理事大会。刚刚从希夏邦马峰登顶归来的我做执行理事会年度工作报告，刘晓光、戴志康、杨利川、宋军[①]分别做会员委员

① 此次会议上，宋军是代陈宇廷做报告。

会、财务委员会、项目委员会和国际委员会的工作报告。进入监事会报告时间，监事长任志强一开始发言，会场气氛就紧张起来，他对执行理事会和秘书处提出严厉批评：

> 第一，本届执行理事会成立后，提出要先把内控问题解决好再花钱。我们同意，但我们认为这是6个月就能解决的问题，12个月过去了，存款余额是2000多万，今年只花了500多万，也就是说，只完成了工作计划的77%。
>
> 第二，执行理事会批准将500万资金投向泰康人寿保险，增值保值，但是后来又多投了800万，虽然安全回收并有几十万盈利，但在程序上是严重违规的。如果问题出在执行理事会，应该责成执行理事会检讨；如果问题出在秘书处，那就应该由秘书处检讨。不能让秘书处变成决策机构，也不是秘书处来决定SEE如何发展！

尖锐直接，典型的任式风格。监事长“放炮”刚结束，参会的香港商界环保协会中国区总监吴有家获得发言机会，他认为执行理事会和秘书处严重破坏规则，应该弹劾！

会场气氛越发凝重。

监事长所描述的情况是真实的，执行理事会同意秘书处将500万用于增值投资，但秘书处实际分两次共投了1300万元。

为什么会出现这种情况？这其中存在执行理事会、会长和秘书长审批流程和权限划分不明确的问题。秘书长杨鹏理解，执行理事会的批准原则上同意了将剩余资金进行理财，所以可以追加投资。在追加投资之前，也向我做了请示。而我在同意这个举动时，显然也没有意识到权限划分的问题。

内审过程中，秘书处已经发现这个问题，在理事大会召开前，杨鹏和张敏专门向监事长任志强做了汇报。但是，这些相对复杂的细节，在理事大会的会议氛围中不容易说清楚。

杨鹏发言，向执行理事会和监事会承认错误，并表态承担责任。

轮到我发言了，该怎么回应？

取巧的办法有三种，第一，推卸责任，把皮球踢到杨鹏那里去；第二，浑水摸鱼，复杂问题不容易说清楚，可以利用会长的权威否认指控；第三，避重就轻，重点回应容易回答的业务问题，对难以回答的越权问题则轻描淡写。不过我明白，取巧的办法往往会给自己带来更多麻烦，自作聪明的结果是自作自受，在一个有分权机制、有监督机制的组织里，尤其如此。明智的做法是正面回答指控，不回避自己的错误。

我说：

非常感谢监事长的提问，他提的问题很专业，提问题也比较直截了当。对于提问，我这里做出回答。

关于第一点，我们在内部整顿治理时，项目发展没有停止，而是正在从点到面地开展工作。过去3年，在阿拉善5个片区做20万亩梭梭林保护，以此为基础，我们开始调研立项，已从20万亩扩大到了200万亩。希望在未来的3~5年，从200万扩大到500万亩、1000万亩、1400万亩，目标是很清晰的。

除了阿拉善地区的项目，我们跟“大自然保护基金会”合作的生态奖、资助、培训项目也都在拓展和深入当中。类似这样的工作，账面上可能看不到。未来SEE不仅要做环保项目，也不仅是做奖励资助，还要探讨我们各会员单位如何在绿色环保方面做得更好，让SEE成为一个孵化器。2008年的工作，在财务指标上可能没有体现，但是在2009年会体现出来。

关于投资理财，这有一个规章制度问题，更有一个风险控制问题。在这个方面要斤斤计较。经济形势好的时候，赚到钱了，可能大家都没有意见；如果投资出问题，这800万打水漂了，组织弄不好就会毁于一旦。监事会的意见提得很好，SEE一直是强调透明度制度化的。刚才杨鹏秘书长做了检讨，但作为会长，我是要承担责任的。在第二届执行理事会出现这样的差错，确实是非常疏忽的，我公开检讨！

我非常欢迎监事会、监事长的监督，他这样做不仅是对执行理事会负责任，也是对全体会员负责任，谢谢监事长的意见！

秘书长和会长没有回避过失，认真检讨，会场气氛缓和下来。吴有家仍然坚持弹劾，但是没有形成动议。大家十分肯定监事长的认真态度，也对执行理事会和秘书处的表态感到满意。

就像公益组织圈子内普遍认为的那样，SEE的文化“很硬”，日常工作的沟通风格透明、直率。

虽然进行了一番严厉的批评，但在对《SEE 2008年度工作报告》、《SEE 2008年度财务决算报告》这两份执行理事会工作报告进行表决时，任志强投了赞成票。

躺着的摩天楼

5 月的骤雨中，抵达大梅沙万科中心建筑工地，雨刚好停下。

头戴白色安全帽的项目经理张雪峰介绍："建筑公司的钢筋工以川籍为主，'5 · 12'地震后，已安排 30 多位家在灾区的工人返乡。承包方中建三局抽调力量增援工地，工程进度未受到影响。西区拉索结构已经完成受力调试，荷载同香港昂船洲大桥的相同，是国内荷载最大的拉索。"

荷载多少？

"3399 吨。"

爬便梯登上工地顶层，背朝苍翠山峦，一览大梅沙海景。

这栋大楼计划承载的功能：万科总部、深圳万科写字楼、万科大学、体验中心、图书馆、万科博物馆、酒店、国际会议中心，不仅体量大，而且形态复杂。但受城市规划限制，近海的万科中心高度十分有限。要考虑充分利用自然采光，进深也不能超过 20 米。如何解决这个难题？设计师是被万科同事昵称为"霍大爷"的国际著名设计师史蒂芬 · 霍尔，他用一个最简单的思路来解决这个难题：把建筑水平拉成长条形，一字长蛇阵，再截取数段，安放到主体腹部的一侧，像延伸出来的枝条。不做特别的限制，让各种功能在大楼里自生。这样出来的平面图，有人说像 AK–47 冲锋枪，有人说像恐龙，还有人说像在做俯卧撑的人……

大楼的第一景观是：躺着的摩天楼。从最东端到最西端，长 380 米，与纽约帝国大厦高度相近。

这么一个庞然大物，如果横放到地面，势必像一堵巨大的墙，阻挡南面吹来的海风。夏季，北面学校里的孩子们会遭受难耐的闷热。同时，也会占用巨大空间，减少绿地面积。怎么办？霍大爷的想法是：完全不占用地面空间，把整个建筑抬升起来，海风可以从建筑物下方吹过。地面如同一个公园，向市民开放。就这样，大楼又有了另一个景观：漂浮的地平线。

怎么才能把建筑抬起来呢？梅林路 63 号万科建筑研究中心采用框架结构，做成一个中空、可以任意添加内容的盒子，用这种方法实现 20 多米的跨度，已经接近极限。而眼前的万科中心，至少需要近 60 米的跨度。霍大爷的方案：用悬拉索把整个建筑拉起来，像造桥一样造办公楼！设计部经理胡劲松介绍："设计采用了大跨度、斜拉索、预应力、钢结构、铸钢等综合体系，体现了省钢材、省空间、视野好、低能耗、高舒适度的绿色办公特点。”

技术指标能否具体些？

颇有书卷气的设计经理：“第一，大跨度50米以上，悬挑25米。首层占用绿地面积尽量小，建筑只有入口大堂和电梯楼梯间占用地面。第二，仅省钢材一项，估算拉索结构比钢结构+钢绗架结构节省6000万元左右。第三，构件尺寸变小，楼体自重减小，使用空间相应增大。”

构件尺寸变小了多少？能用数字回答吗？

“一般结构梁为900×1200，目前使用的悬拉索直径为550和650。”

啊，明白了。

顺着便梯原路下到一层，汗津津的。

“LEED[①]认证有把握拿到吗？”

“设计指标是按照LEED铂金级，也就是最高级，施工进展看来没有大问题。”

“啊，那就好。”

万科人对万科中心制定了最苛刻的环保绿色标准。

建筑表面是一层金属遮阳，可以根据阳光角度和人的需要变换角度。设计师考虑到建筑靠海，设计的遮阳片镂空许多小孔，阳光洒下来，感觉就像透过棕榈树叶投在地上，依然是海边的感觉。

通过太阳能光伏应用，万科中心年发电量超过30万度，占大楼用电量约20%。

建筑外观有利于防御海啸袭击，腹型屋檐将雨水、中水汇集，通过湿地的自然过滤后，流入池塘。还可以将水循环到地底100米深处，再将冷能经过建筑底部反射，在悬空地带形成局部气候。

建筑使用可再生的环保产品和材料，大楼没有使用任何木材，取而代之的是速生的材料——竹子。按照LEED标准的要求，这些材料必须是在本地方圆500英里范围内生产。

智能照明系统、自然通风、自然采光、冰蓄冷空调系统及地板送风系统，既提高了舒适性，又减少了能耗。万科中心相对同类型建筑节能75%；冰蓄冷技术每年节省电费约50万人民币；自然采光使75%的区域达到400勒克斯的照度，节能

---

① LEED（Leadership in Energy and Environmental Design）是一个评价绿色建筑的工具，由美国绿色建筑协会建立并于2003年开始推行，在美国部分州和一些国家已被列为法定强制标准。

5%；太阳能光电系统提供12.5%的能耗电量；中水利用率达到100%；通过节水洁具和耐旱景观植物，进一步节约30%的用水；垃圾分类收集率达到100%。

2009年国庆节前一天傍晚，总裁郁亮带领一批总部同事，从万科建筑研究中心总部出发，沿着山上的特区二线关巡逻道，在细雨中步行一夜后，第二天上班时间抵达新的总部——大梅沙万科中心正式启用。

万科中心不是一座静态的大楼，按照我的期望，它会持续一直变化，不断纳入大大小小新的内容。

万科总部进驻后，区政府向万科托管了大楼红线外的市政人工湖，万科义务为市民提供公园保洁和维护服务。我们在湖上引入小型帆船和划艇，既是很有趣味性的体育运动，又为湖景增色。湖中还进行了湿地植物净化水质的试验。

最初，湖边偶尔能见到一两只白鹭经停。曾经有一个月，一群十数只白鹭短暂栖居在万科中心一个草坡上，不时飞起环绕飞翔，美不胜收。询问专家，可能是因为万科中心绿植不使用杀虫剂，草丛中有一些昆虫吸引了觅食的白鹭。我们借鉴新加坡的经验，在人工湖上做了三个浮岛，试图吸引更多过往的白鹭栖息。可惜，浮岛景致很好，却没有如愿引凤。

我们不断微调和改善大楼的绿植，种植吸引蝴蝶的金橘和马樱丹，大楼外养了两箱中华蜂，“招蜂引蝶”，形成良好互动的小环境。不定期收割的蜂蜜，提供到员工茶水间。

世界自然基金会向我们介绍的动物学家对万科中心环境进行考察后，建议我们引入黄腹松鼠。胆小的松鼠要适应人来人往的环境，还需要一段时间。湖面芦苇丛生的角落，则计划引入斑头鸭。

楼顶开辟小菜园，种上几种家常蔬菜，每隔一段时间，同事们可以自行摘菜回家享用。

我们装备了小型气象设备，随时提供区域气象信息，也为隔壁学校的小学生提供学习观摩的机会。

楼下，环绕整个万科中心社区，加设了长度为1公里的塑胶慢跑道，50米泳道的游泳池投入使用，缤纷攀岩壁竖立起来，未来还将增设健身房、篮球场、羽毛球馆，俨然是一个运动健康中心。

楼内还将建设体验中心、万科博物馆、万科大学、旅馆，还加设图书馆、讲座、咖啡厅……

当所有这些合在一起，你想到的是什么？没错，是不是很像一个大学校园呢？将来，这里就是一个不断变化、不断创新、不断有新内容加入的万科校园，一个联系周边居民，为万科人服务，吸引世界各地优秀人才的未来社区！——这就是我对于万科中心的畅想。

2012 年 6 月，万科公开大讲坛在国际会议中心开讲，我们请来建筑大师安藤忠雄、上海世博会英国馆的新锐设计师托马斯、“大裤衩”央视中心设计师奥雷舍人、大黄鸭设计师霍夫曼开设讲座，几期讲座吸引了包括香港在内的珠三角学者、学生、设计从业者，济济一堂，气氛如同嘉年华，让人感受到创意的冲击，知识的魅力。

容加依哀思

7 月下旬，从里约热内卢经停圣保罗，转飞秘鲁首都利马。西南飞行，横越热带雨林，透云层缝隙，看到延绵的安第斯山脉。

安第斯山纵贯南美洲大陆，秘鲁境内为中段，平均海拔约 4300 米，这里是亚马孙河的发源地。环太平洋地震活动带也正分布于南美洲西侧，从秘鲁国境穿过。秘鲁是个地震多发国家，每年发生逾百次有感地震。1970 年 5 月 31 日下午 15 时 23 分，秘鲁钦博特海湾以东发生里氏 7.8 级大地震，50 秒钟的强烈震动，20 多万幢房屋建筑被震成废墟，6.6 万人死亡，10 多万人受伤，100 多万人无家可归。秘鲁最高峰、海拔 6768 米的瓦斯卡兰峰距震中直线距离 200 公里，主峰的冰冠被强大的冲击波震裂，一块上千平方米的冰块崩塌下坠 900 多米，撞击在海拔 3700 米处的冰山和冰湖中，形成一个 14 级涡流气旋，约 1 亿吨冰块、岩石、泥土和冰雪腾空卷起，约 5000 万立方米冰雪泥石流以 320 多公里的时速，咆哮着奔腾而下，轻而易举翻过 100 多米高的山丘，时速增加到 400 公里，倾倒在山脚下的容加依城，冲埋 2.3 万人。泥石流覆埋容城后，还继续向前推进了好几公里，最终流程长达 160 公里。荣加依城正是我们此行的目的地，38 年过去，荣加依的悲剧和灾后重建对刚经历了汶川地震的中国会有难得的借鉴。

接机的是旅行社的朱女士，沈阳人，到秘鲁已经十几年了，还不失东北人的豪爽，在介绍秘鲁政情时多次提到“我们的阿兰总统”，那口吻好像是自己的亲戚。这自然流露的亲昵话语透露出中国人对秘鲁的特殊感情——汶川大地震后，秘鲁政府宣布 5 月 19 日为“全国哀悼日”，以悼念中国在汶川地震中的遇难者。这是秘鲁第一次为外国遇难者宣布“全国哀悼日”。由总统阿兰·加西亚签署的最高政令说：“2008年5月12日发生在中国的地震，不仅是这个亚洲国家的灾难，也是全人类的不幸。”

第二天凌晨5点，被一阵响动闹醒，敲门声？这么早就打扫卫生吗？迷迷糊糊又睡着。起来后才得知是地震了：“利马三两天就会晃一下，地震专家解释是利马地震带的能量释放，没事。不怕小震不断，就怕能量聚在一起突然释放。”

上午拜会秘鲁国家环保委员会。环保委主任曾长期在联合国环境署任职，他介绍案例：位于安第斯山脉的拉奥罗亚小镇是国际上有名的工业污染城市，美国道朗公司（DoeRun）在当地兴建了金属矿物冶炼厂，金属冶炼所产生的二氧化硫形成酸雨降落地面，使这一地区的植被几乎毁灭殆尽，当地居民暴露于重金属的威胁之下。如何在经济发展和环境保护之间寻求一条可持续发展的道路，是发展中国家共同面临的问题。

中午在海滩边的餐馆午餐。浩瀚太平洋，和煦海风，粗砾的沙滩，鹅卵石堆积的海岸悬崖，远处是土黄色山丘。天空蒙蒙，似尘似雾，要下雨的样子。“下雨？哈哈！”朱女士乐了，“利马下雨就会上新闻了，你们不知道利马从来就不下雨吗？稍注意，就会发现利马没有雨伞卖。”利马是有名的“无雨之都”，冬天不寒冷，夏天不炎热，属于典型的沙漠气候类型。虽然降水少，但在冬季却多浓重湿雾，空气湿度往往高达90%。人们在露天逗留的时间久了，衣服也会感到潮湿，秘鲁人将空气中悬浮的小水滴叫作“加鲁亚”，意为“毛毛雨”。

利马处于南太平洋副热带高压东缘，盛行风向基本与海岸平行，沿海有强大的秘鲁寒流流过，空气与寒流水面接触，下层冷却，形成稳定的逆温层，水汽只能成雾，很难向上抬升凝结成雨。西班牙殖民者为什么会选择干旱的利马做总督府呢？是缘于绕城而过的里马克河。从安第斯山流下的雪水灌溉着沿岸的土地，使这里早在西班牙人到来之前就已形成了富庶的绿洲。但如今的利马是一座容纳600万居民的大都市，里马克河水早已不能满足需求。水成为困扰城市发展的大问题。

下午，拜访秘鲁灾害防御署总部。不大的接待厅墙壁上挂满了面部严肃的将军大头像，我猜想是历任署长，感觉到秘鲁救灾署同军队的密切关系，亦联想到南美洲国家军队干政的传统。

精神抖擞的署长在办公室接待中国访客。这个国家面临各种自然灾害的挑战之多，是世界少有的：寒流、海啸、地震、厄尔尼诺造成的洪水……容加依大地震后，秘鲁成立了灾害防御署。署长详细介绍防御署的功能：“灾害发生时，国家不同部门、省、市、私营企业之间的救灾总协调；平时的防灾安全检查，尤其是公共场所的消防、防灾措施审定；公民防灾教育……”

介绍在进行，一位办事人员进入办公室，递给署长一张条子，腰杆笔直的署长扫了两眼，略沉思，继续介绍。

一个小时介绍结束，署长平静地站起来：“对不起，我要赶飞机了，刚收到消息，某地发生了 7 级地震……”

出利马，沿着西太平洋海岸线北上，沙漠，绿洲，海拔高度逐渐提升，朝东北方向进入安第斯山区，雪山映辉……

五个小时后，抵达瓦斯卡兰山峰脚下的容加依遗址。

没膝的荒草萋萋。

远处小山丘上耸立着一座白色雕像，很容易辨认出来，那是张开宽容双臂的基督，面对瓦斯卡兰山峰，面对被泥石流淹没的容加依城。

1970 年 5 月 31 日地震引发的泥石流在瞬间淹没了容加依城，建立在制高点的城镇公墓是全城唯一没被淹没的地方。站在墓地中心点上的基督像目睹了灾难的全过程。超过 2.3 万名遇难者至今被埋在深达 4~8 米的泥层下。

站在公墓高地，容加依灾难的幸存者、新建的容加依市市长奇科·阿拉莫·菲格罗亚（Cico Alamo Figueroa）先生讲述 38 年前的经历：“地震发生时，我同父母在田地里劳作。整个大地摇晃，天穹黑暗下来，好像世界末日。我父亲在刹那间被滚动的泥石流卷走，消失……”翻译捂住嘴呜咽，不能言语。

容加依灾难被列为 20 世纪十大自然灾害之一。秘鲁政府在 2000 年确定，每年 5 月 31 日为国家灾难教育和反思日，以纪念拉丁美洲历史上最为严重的这次灾难。

2009年 绿洲

跳啊，勇敢地跳！

3月，中城联盟集体活动，在新西兰奥克兰参加国际城市花园论坛，然后是艾斯派灵国家公园三天野外纵走：穿越冰川、原始森林、峡谷湿地草原……我则准备攀登艾斯派灵峰。参加的成员是来自成都、西安、青岛、北京、上海、合肥、南京、郑州、重庆、深圳、南昌等地的16位企业家。融考察交流、会议与户外探险于一体的活动，已经成为中城联盟的一项特色项目。

峡谷草地机场。团员分三架次直升机飞往海拔1600米的冰川宿营地。联盟现任主席孟刚，下海前是大学老师，始终保持着为人师表的文质彬彬，加上个头不高，很容易麻痹商场对手。此时他身着户外运动服、太阳镜，嚼着干面包，显露出纯真率性的一面。万科的重要合作伙伴、南昌万科益达董事长夏刚，创业前是昌都飞机制造公司驻欧盟代表，工程师思维方式，做事一丝不苟，对于探险活动，也保持着风险评估之后谨小慎微的职业习惯。直升机上饱览壮阔峡谷冰山景色，他竟兴奋地举手敬礼，大为赞赏！北京的刘伟，创业前是《红旗》杂志社记者，常年打高尔夫球，皮肤呈健康的古铜色，此时却忧心忡忡，自称有严重恐高症，还担心脚踝能否承受行走冰川的压迫，因为10年前进行滑翔伞训练时，他一只脚踝曾骨折。西安来的阎明，爹妈给了一张能言善辩的巧嘴，后天卡拉OK厅练就一副好歌喉，户外活动除了偶尔高尔夫，没有其他爱好，不知动了哪根筋，报名跟上了队伍，冰川宿营地即席演讲："要不是为了保障全团的安全，我也会同老王一起去登艾斯派灵峰！"

我和来自深圳的摄像师洪海，与穿越冰川的大队人马分手，相约 3 天后皇后镇会合。在两位新西兰向导带领下，翻越山口，进入另外一条冰川，前往 10 公里外的艾斯派灵峰突击营地。

流淌的冰水将冰面分割成无数小溪，形成的裂缝一道一道横在眼前，四人结成两个结绳组，跨越冰溪。大步跳跃，冰爪踩在冰面上，"咔嚓咔嚓"，好不清脆！突然"扑哧"一声，"哎哟！"洪海的叫声，一条腿陷进冰水流淌的冰裂缝里……

艾斯派灵峰位于新西兰南岛阿尔卑斯山脉，海拔 3033 米，为新西兰第二高峰。资料显示，新西兰南岛登山有三个特点：第一，山脉狭长，很难快捷抵达主峰山脚，多乘直升机进山；第二，松散破碎的岩石；第三，变幻莫测的坏天气。

翻越裸露的岩石坡，眼前一个红颜色的小木屋，就是突击营地了。时近黄昏，仍然艳阳蓝天，没有风，天气非常适合冲顶。向导通过对讲机和气象台联络，给回的资料：预计后天暴风雪，开窗时间只有明天一天。

次日凌晨，四人两组结绳出发。冰雪岩石混合陡坡。没多久，就不见了洪海结绳组的灯光。艾斯派灵峰不高，但攀登的技术难度却比想象的要大。上攀路线极陡，洪海一组落得越来越远。对讲机传来：按洪海的速度，今天无法登顶。此时必须做选择：我这一组不管洪海，继续冲顶，还是同洪海一起下撤？最后还是决定，一起下撤。

第二天，沿原路线返回同大部队分手的冰川宿营地，没做逗留，踏上大部队的纵走冰川路线，急速追赶。按向导设计，我们选择了一条难度大的速降路线，不仅能一天之内完成大部队两天的路程，还可以赶在他们之前抵达营地。急行军，50 米高的岩壁速降。冰川变成松树林，再往下走进入参天的原始森林。挺拔的大树遮天蔽日，树干被苔藓蕨类包裹着，树枝上挂满须根。许多倒伏的树干已经腐烂，空气中弥漫着腐朽和清新的混合味道……新西兰约于 1 亿年前与大陆分离，许多原始的动植物得以在孤立的环境中存活演化。自然学家称这里是"摩亚方舟"，摩亚是指新西兰特有的巨大步行鸟"moa"。自从人类开始在新西兰定居以来，短短 1000 多年的时间，已经使许多原生物种消失。欧洲移民来到南岛后，将大片的土地开发为牧场农场，森林仅存 29%。这一带正因为人口稀少、开发程度低，才得以保存下来，成为世界重要的生态资源保护区。

下午 4 点赶到宿营地。一个小时后，大部队陆续抵达。最早到达的是陈淮军夫妇，惊讶地看到我和洪海在森林木屋出现。2006 年 10 月，我在穿越河西走廊戈壁时结识了安徽金大地公司董事长陈淮军和夫人，淮军个子矮胖却行走矫健，途中亮开嗓子唱流行曲，休息时脖子一歪就打起呼噜，到了宿营地就招待大伙品尝自己携带的各色小吃。一句话概括：能吃能睡能走能唱，乐于助人。此后，一起穿越瑞士冰川、攀登马来西亚最高峰、攀登富士山的活动中，都有淮军的身影，身边还伴随着夫人小王，可谓夫唱妇随。到达的团员们既疲劳又兴奋，叙述途中的奇观和疲劳的煎熬。

一夜好睡。第二天清晨，冒雨 15 公里，走出原始森林。

距皇后镇还有 20 分钟车程的地方，是一座跨河谷大桥——卡瓦特大桥。大桥已废弃，之所以保留，是因为已成为全世界最有名的蹦极点。1987 年，巴黎埃菲尔铁塔，一位名叫 A · J · 哈克特的新西兰人从 115 米铁塔高处纵身跃下，腿上绑着安全弹跳绳，毫发无伤地“着陆”。哈克特被拘入警察局。两年之后，他创办了全球第一家商业蹦极公司，地点就在卡瓦特桥。极限体育运动是新西兰人生活的组成部分，上山滑雪，下海风帆，拖行降伞，喷气飞船，激流快艇，雪山攀登……应有尽有，而风靡世界的则是蹦极运动。

蹦极，看着简单，自己尝试去跳则是另外一回事了。谁自告奋勇？“陈淮军夫妇。”老王提议。

“OK！我和小王一起跳！”

卡瓦特桥高悬于水流湍急的卡瓦特河谷上，落差 70 米。蹦极者可以选择单人、双人跳，高差可选择不碰水、碰水、完全入水三种形式。淮军夫妇选择双人一起跳、碰水式。但双人跳要求两人的体重不能太悬殊，称重结果，夫妻俩只能分开跳。

受金融海啸冲击，这里欧美游客稀少，嚷嚷中国话的有一大群，愿意冒险尝试的却寥寥可数。在淮军之前是位台湾团的年轻女性，镇定勇敢，一跃而下，引起赞叹和掌声。个头不高、敦实的淮军站到跳台上，丝毫没犹豫跃向空中，冲向翠绿的激流，“扑通”水花四溅，绳子又把小胖子拽出水面，抛向空中，上下振荡……

浑身湿漉漉的淮军上了岸，看到之前蹦极的台湾女孩，抖着浑身的水珠，笑着伸出双臂：“来，让海峡两岸蹦极的勇士拥抱吧……”

小王站在了跳台上，仰头望着湛蓝的天空……

一秒钟一秒钟过去，仍然站着，犹豫了。“跳啊，勇敢地跳！”观众叫喊声——算瞎起哄？

小王身子前倾，准备跳了，仍然迟疑，被绑着的双脚往后蹭。后面的指导教练扶住犹豫者的肩膀，耳语，轻轻推了推。淮军夫人又站到起跳位置，仰头，张开双臂，身体前倾，跃向碧绿的峡谷，像一只展翅的鹰。欢呼声、喝彩声、笑声在峡谷中回荡。

缺乏运动是现代城市人的通病，亦是影响我们健康的主要原因之一。我认可一位运动生理学家的断言："缺乏运动才是真正的慢性自杀，它给人们造成的危害不亚于酒精和尼古丁。"这位生理学家把由于体力活动范围缩小、强度降低而造成的一系列损害健康的症候群称为"运动缺乏症"。中国城市人的运动少，极限运动更是少之更少。参与探险、户外极限，不仅是身体的运动，也是精神上的升华，包括对未知的探索，与大自然的交流，生命力的激发，意志的磨炼，对日常平庸生活的超越，精神视野的拓宽。越是令人觉得危险的活动，促使人分泌的肾上腺素越多，感受到的兴奋刺激也就越大。

未来城市马斯达尔

2009 年初的一天，深圳万科第五园，白墙黛瓦，绿竹细雨，与美国佩罗集团的当家小罗斯·佩罗相谈甚欢。由小罗斯的父亲老罗斯·佩罗创建的这家公司，在全世界拥有多种产业，超过 15000 家分支机构，是全美前十大房地产商之一，还拥有美国第二大货运机场。

20 世纪 80 年代，我曾读过一本书：《雄鹰展翅》。书中写道：1979 年伊朗政变，EDS 公司两位员工被新上台的霍梅尼政府投入监狱，政府表示无力施救。EDS 的老板，就是老佩罗。猜猜老佩罗怎么干的？他组织了一支由退役海豹突击队员组成的私人武装，深入伊朗营救雇员！

小佩罗也不是等闲之辈。1982 年，他大学毕业，完成第一次驾驶直升机环游世界的航空记录：30 天飞行 26000 公里，跨越两个大洋和 26 个国家。如今，他的"得克萨斯精神"号直升机停在华盛顿史密森学院的大气空间博物馆。

获知老王将于 2010 年再次攀登珠穆朗玛峰，小佩罗相约驾飞机到珠峰顶上会合。

谈及万科推行的绿色住宅战略，小佩罗赞赏之余，向我推荐阿联酋的马斯达尔卫星城。"较传统城市减少 75% 的电力、60% 的水和 98% 的垃圾处理空间。目标：未来 25 年节省超过 20 亿美元的石油。"

咦，那得投资天文数字的石油美元吧？

“投资 220 亿美元。阿布扎比石油储备排世界第四位，富得流油，仅主权基金一项就有 7000 亿美元。”

与小佩罗相约考察马斯达尔，就不必等到珠峰顶上见面了。

漂浮热气中的迪拜城，仿佛随时都会融化，顶天立地的迪拜塔，骄傲地闪耀着银光，一副不屈服的模样。不过，这不是我此行的重点，行程一拐，直奔阿布扎比方向而去。

2007 年，为节约建筑中大量消耗的木材，万科第一次向市场投放 5 万平方米的工厂化住宅产品。此时的阿联酋出台了一项名为“源泉行动”的计划，与世界各大石油公司、高科技公司和知名科研机构、高等学府进行合作，投资开发可再生能源技术，计划在 6 年内把阿联酋建设成一个能源替代技术输出国、替代能源的“硅谷”。这个任务，由最富有的阿布扎比酋长国担当。

2008 年，在阿布扎比首府机场一侧炎热荒芜的沙漠上，全球首个零碳、零废弃物、零汽车的城市——马斯达尔卫星城举行奠基仪式，预计 2016 年完工，成为全球单个政府资助最大规模的“未来能源”开发项目。野心不可谓不大！计划中的一切无不需要大量的金钱投入和后期维护，为建造一个环保城市，却需要投入巨大的资源和能量！

人类不满足的野心和欲望能否带来美好的前景呢？现代大城市人的更新欲——更新、更大、更美、更好既是创新的动力，亦是资源枯竭的威胁。以更高科技为诉求的环保城，是否能胜出？

这一年，万科的工厂化住宅产品投放量增加到 20 万平方米。

2009 年 5 月 28 日，马斯达尔工地，蓝天荒漠，热浪灼人，气温 48 摄氏度。

临建指挥所，冷气风管卖劲送着冷风。

负责项目推广的阿瓦德先生来自英国，神采飞扬地介绍：“马斯达尔生态城将带来一种新的生活方式，它只需要同等规模城市 1/5 的能源即可维持运转，而且这些能源完全实现自给。生态城内没有常规意义上的车辆，人们出行完全依靠地下无人驾驶的电动车辆……”

幻灯片打出电动车的外形，我脑海里想起 2006 年参观麻省理工学院实验室见到的类似模型，计划用于未来城市的短途交通，可以随用随扔，创意来源于超级市场里的手推车。想不到麻省理工实验室里的创意，在这里捷足先登了。

城市的产业方向是什么呢？

"研发、教育、生物能源、节能产品，将引进1500家企业、研究所。替代能源的新技术、新产品、新设计在这里会层出不穷，不断刺激人们的神经。阿布扎比的经营模式是就地研发、就地应用，这将吸引众多寻找雄厚资金和市场的新能源公司前来。生态城巨大的投资产生了推动力，使高污染的工业向环保模式转变。比如，生态城的最初计划中并不包括铝和常规混凝土的生产，因为这两种产品在生产过程中会产生巨大的碳排放，导致温室效应。铝业公司提交了一个可以降低90%排放量的新计划，已经被纳入规划。欢迎中国企业家到这里投资……

"马斯达尔是一个'未来城市'的试验。事实上，阿布扎比的雄心壮志远不只是建造这座绿色的未来城市，马斯达尔仅仅是开局的第一步。有问题吗？"

能安排参观工地吗？

载重车掀起烟尘，水泥罐车轰隆隆，正在顽强增高的庞大建筑群，桩基林立的地基坑……正在建设的厂房，还是使用现场水泥浇灌的传统施工方法，令老王颇感意外——用传统的施工方法建造未来之城啊？

开车的工程师来自澳大利亚，脸膛晒得红彤彤，边把方向盘边挥手，兴奋地介绍："马斯达尔城禁止汽车行驶，来访者把汽车停放在城门外，进入城内搭乘电动车组成的快速公交系统。全城设有83个电动车站。完善的公交系统，从哪里出发，距离电动车都不超过200米。车站的电子互动地图将显示最直接的线路，由市民轻松选择。太阳能淡化海水，为城市提供水源，厨房用水经处理过后，用于灌溉城内的植物和城外的庄稼。"

第一期什么时候交付使用？

"啊，2009年10月份，用于同麻省理工合作的技术工程学院，培养硕士、博士生，全世界招生，入学的学生将享受免费教育和食宿。"

好家伙，将汇集世界顶尖级的学生啊。

越野车驶入铁丝网圈围的太阳能板阵列区。

这一片能发多少电？

"10万千瓦。类似这样的阵列至少还有10个。你们看太阳能板上灰蒙蒙的，这是有意不进行擦洗，以比较对发电效率的影响。我们正在测试用于项目的40多种太阳能电池板……"

过去10年是世界经济狂飙突进的一段时期，也是中国经济和房地产行业十分辉煌的一段时期：全球国内生产总值平均年增长约4%，中国经济更是以年均两位数的速度增长。从我所从事的行业看，1999 年我国商品房销售额不过 2988 亿元；2008 年则卖了 2.4 万亿，是当年前的 8 倍多……

金融海啸给这一时期画上了句号。如果要为这段历史立一个纪念碑，它应该是什么样子呢？828 米的迪拜塔或许是最佳选择。迪拜塔竣工前不久，迪拜当局宣布受金融海啸影响，它所欠的 800 多亿美元巨额债务将延期 6 个月偿还；迪拜世界公司被迫重组，曾吸引大批世界名人的棕榈岛面临“烂尾”结局。表面辉煌灿烂，背后问题重重——还有比它更恰当的纪念碑吗？

或许不是偶然，迪拜陷入危机后，阿布扎比扮演了援助者的角色。阿布扎比的马斯达尔和迪拜塔一样，都是十分昂贵的试验，但却代表了截然不同的态度和价值取向。迪拜塔追求庞大，马斯达尔讲究细节；迪拜塔立足于挥霍，马斯达尔立足于减排；迪拜塔是膨胀的、扩张的，马斯达尔则是内敛的、自省的；迪拜塔代表过去 10 年的成绩，马斯达尔却是对成绩所附带的问题的反思——从这个意义上说，迪拜塔代表过去，马斯达尔面向的是未来。

零碳桃花源

在马斯达尔的启发下，我对万科检验中心基地提出了二期更新的目标。升级后的建研基地占地 395 亩，建成实验楼区、研发实验区、住宅实验塔、中心景观区、展示中心和辅助功能区。它不仅是一个环保建筑技术研发基地，有国内领先的给排水实验塔、地震实验平台、环境仓、植物水净化、植物园……它还是一个零碳排放的社区，除饮用水外，所有用水均 100% 循环使用，垃圾分类回收，小型的垃圾焚烧发电……如今，这里是一个从荒地上生长出来的“桃花源”，绿树葱茏，鸟语花香。

这一时期的建研基地出了两个名人。

第一个叫“白蚁老头”。

2008 年 7 月，我和中国企业家代表团拜访位于肯尼亚的联合国环境署，在当地导游建议下，临时安排了一项考察——津巴布韦首都哈拉雷的东门中心。导游拍胸口说：“你一定会很感兴趣！”我却不抱什么期望。毕竟我曾在专家指点下考察过世界各地不少建筑杰作，而行外人大惊小怪也是常见的。没想到，这栋从没听说过的建筑深深吸引了我。它仿造白蚂蚁巢穴的原理而建造，是一座没有中央空调、完全依靠自然条件通风、降温的恒温建筑。

在非洲的热带稀树大草原之上，处处可见高耸的“教堂式”蚁穴。它们内部有许多细小孔道，通过开启和关闭气口，使得巢穴内外的空气对流——白天，冷空气从底部的气口流入塔楼，与此同时热空气从顶部烟囱流出。夜间外部气温降低，巢内空气循环减弱，有效避免热流失。这样，蚁巢温度保持稳定在 20 摄氏度。

生活在澳大利亚的磁石白蚁有另一套技术，它们通过感受地球磁场，建造出南北走向的白蚁丘。宽阔的东西两面用来吸收早晨和傍晚微弱的阳光热量，而相对较窄的南北表面对准正午炙热阳光，保证蚁穴内部温度相对稳定。

回国后，我兴奋地与同事们分享见闻，关于白蚁建筑的故事，后来还开启了上海世博会万科馆的创意。不久，建研中心请来了东门中心、墨尔本市议会大楼的设计者、仿生建筑师米克 · 皮尔斯担任顾问。公司同事一般叫他米克，或“白蚁老头”。

米克在建研中心设计了一个集装箱餐厅，也使用了白蚁建筑的原理来调节气温，仅使用少量的电，就使得建筑内部冬暖夏凉。餐厅有旋转门，也有平开门，但推荐使用旋转门，因为旋转门的运动带来空气流动，有利于调节室内温度。不过，这个带有浓厚概念色彩的餐厅也有一个小小的功能缺陷。它和米克此前设计的其他建筑不同，这个小体量的餐厅内部产生大量水汽，米克没有考虑到这一点，这些水汽现在正困扰着厨师们。

目前，米克正和建研同事一起研究的课题是：高层仿生节能住宅。

2011 年底，建研中心又引入另一位奇人，植物学博士黎昌汉。由于他在这个原来的偏门领域占据不可动摇的权威地位，同事尊称他“黎博”。

黎博入职后，调研了万科 12 个城市 38 个项目的园林景观植物，发现有的老项目中，上层乔木树冠增密扩大，形成林下隐蔽环境，原有植物阳性退化；华南地区入侵植物比较多，它们繁殖生长迅速，再生能力强，给园林植物造成损害；乔木在靠窗的墙体种植，不仅本身生长受阻，还可能破坏墙基，影响采光；热带植物跨气候带种植，缺乏活力，还增加养护成本。他甚至挑剔有的项目浇水时间不对，浇水应在上午 9 点前或下午 3 点后进行！

黎博建议：增加本地植物，养护成本低，能与其他生物建立联系，生态效益高；每个项目选 4~6 种香花植物，营造四季花香；水果植物可与业主分享果实，并吸引昆虫和鸟类……

最早的时候，万科一些项目因为要抢开盘，销售现场制造绿化效果，时间不够，怎么办？靠堆花盆。久而久之，有时间雕琢的项目，园林绿化也是一种“堆花盆”的审美风格。近年我们有了不少进步，但距离黎博的标准，依然相去甚远……

黎博士加盟万科后，着手进行项目园林绿化标准化的制定，根据不同气候带不同地域气候条件，为北至吉林、南到三亚、东自沿海、西达乌鲁木齐的60个城市设计标准化的绿化方案。与此同时，各区域开始进行树木苗圃的建设，为项目园林提供粮草弹药。

2011年，东莞建研基地承办了集团内部的一次会议，基地的新成果、新面貌立刻吸引了来自一线的同事们。此后，集团季度例会、各个专业系统的年会纷纷选择在这里召开，让各级管理人员随时接触了解新的建筑技术和环保技术[①]。

尽管地处偏远，基地也逐渐成为行业内交流的场所，业内人士频繁造访。如今，这里一位讲解员平均一天要导览五场。

从建研成立至今，我对它的重视从没改变。哪怕刚进万科的建研同事，只要做的事情有意义，就可以直接来找我汇报。我只要有时间，就会去建研基地走走，频率之高，已经让他们觉得快要跟我“无话可说”了。

建研中心实验性的阶段至今仍未结束。在未来的5年之内，也依然如此。

地球在变暖吗？

地球是不是在变暖？科学家仍有许多争论。

著名作家海明威在他的小说《乞力马扎罗的雪》开头写道：“乞力马扎罗是一座海拔19710英尺的常年积雪的高山，据说是非洲最高的一座山。”2002年2月8日，

---

① 2007年，为节约建筑中大量消耗的木材，万科第一次向市场投放了5万平方米的部品化住宅产品。2009年，万科部品化产品将投放60万～80万平方米。按着万科的投放的速度，2014年的投放量将达到500万平方米。

10年前，我们首次在建筑中采用太阳能发电；从2002年、2004年、2005年，万科先后在深圳东海岸、上海朗润园、深圳万科城尝试推广小区太阳能运用；未来几年，万科在可再生能源运用方面将会加速。2009年，万科各项目利用太阳能发电仅仅约10万度，而预计2012年，万科各项目采用太阳能、风能发电就达580万度。此外，我们还会在潮汐能、生物能运用方面做一些初步尝试。深圳大甲岛、天津东丽湖、青岛李沧区东部项目，是我们重点推广新能源的几个项目。

在委托环保机构完成的第三方调查后，万科形成了负责任的木材采购政策。复合木材在万科消耗的木材中所占比例接近95%。绿色采购已经成为万科装修房战略中的重要环节。2012年，万科更进一步与世界自然基金会签署战略合作协议，就木材认证和保护热带雨林开展进一步合作……

我登上乞力马扎罗峰顶时，一路都没有看到雪，它已经不再是常年积雪的山峰了。

2006 年初，我徒步行走南极，发现鼻子露在外面好一阵子，仍然是好好的——并不像原来听说的那样，很快会被冻坏。我的队友们还兴奋地脱掉衣服，在南极点附近打光膀子。也就是说，南极也不是想象中那么冷……

2007 年 5 月，徒步穿越罗布泊。选择在 5 月份，是因为根据经验这时候天气比较适合行走。再过一段时间就是魔鬼的天气，根本无法徒步进入罗布泊了。进去之后，我们把温度表挂在旅行袋上，第一天显示是 49 摄氏度，第二天气温就猛地上升了，52 摄氏度。那种高温是难以忍受的，不同于经验数据，更大大出乎我们预料，以至于我们差点就没走出罗布泊！

这给我非常深刻的感受。地球在变暖吗？这是一个全球性的话题，许多科学家还在争论。我不是地质气候专家，没有图表和数据，但是作为一名登山爱好者，我的回答是：是，非常明显。

2008 年 7 月，我前往亚马孙考察热带雨林。被那里丰富的生物多样性深深吸引的同时，我也从专家那里看到巴西兰多尼亚热带雨林地区的两张卫星照片，时隔 26 年，原来一片绿色的雨林已经变得稀疏斑驳。我们不得不面对，全球森林面积正以每年减少 730 万公顷的速度消失……

非法采伐是森林消失的主要原因。亚马孙雨林是地球上最大的热带雨林，面积相当于美国的国土面积。世界上已知的一半物种都生活在亚马孙流域。然而，这里也是世界上森林消失速度最快的区域之一。非法木材贸易与非法采伐紧密相关。在过去 10 年中，中国已经成为全世界第二大林产品进口国和消耗国，在原木和热带木材进口量方面，更是超过其他所有国家。中国还成为全球最大的木制品出口国之一，是胶合板、家具和纸张的世界工厂。大量木材源源不断地流入中国，加工后 40% 再出口到美国、欧盟、日本和其他国家或地区，60% 在中国市场消费，这其中，又有 70% 用于建筑。

应该正视：远在万里之外的热带雨林砍伐同我们中国公司和消费者有着千丝万缕的关系。

热带雨林是人类乃至整个生物界生存活动不可缺少的重要条件，如果它不复存在，地球的环境、气候将产生重大变化，而那样的变化无疑将是一场毁灭性的灾难……

这些经历和见闻坚定了我推进住宅产业化的决心。数据告诉我，如果整个行业有 10% 推行工业化生产建造方式，将极大有助于我们的环境保护：一年能节省 150

万户家庭的用电量，60 万户家庭的用水量，减少 3 万户住宅混凝土用量，节约 6000 公顷森林的木材！

到 2020 年，如果万科开发的所有住宅都采用工厂化方式建造，将为中国政府承诺的节能减排计划贡献 0.12%，如果全行业都做到用工厂化方式建造，则将占到全国节能减排的 12.42%。

对于我，对于万科来说，这个重任，首先落到了建筑研究中心肩上。

在工厂化住宅逐渐试点落地的同时，我们仍在探索建筑研究中心未来的发展方向。

脆弱的生物乐园

2009 年 6 月，从北京飞往乌鲁木齐。

“王总，这么大的金属箱是做什么的？”站在飞机入口的空姐笑容可掬，似曾相识。

“密闭金属箱，防沙漠风沙；还要防摔，骆驼并不知道驮运的箱子里装着电脑、摄影器材呀。”

“您要进沙漠？！”

“啊，是。”

提到沙漠，自然联想到广袤的撒哈拉大漠。对于农耕文明传统的中国来说，沙漠似乎只和遥远的新疆、甘西、蒙西地区有关。实际上，中国是世界上受沙漠化影响最严重的国家之一。全国沙漠、戈壁和沙漠化土地约为 165 万平方公里，其中人类活动导致的现代沙漠化土地约有 37 万平方公里。

这次计划用 12 天穿越的库木库里，是一个高海拔沙漠，面积 1600 平方公里，海拔在 3900~4700 米。库木库里沙漠底部潜水丰富，沙丘中悬湿沙层很厚，个别地方发育着小片绿洲。表面上看，它至今仍是一片野生动物的乐土。

吉普车穿达坂城谷地，茫茫戈壁上排列着白色巨人矩阵，巨臂飞舞——著名的柴窝铺风力发电站。达坂城因一首动人歌曲《达坂城的姑娘》为人所知，现实中却是狂风肆虐的风口。由中国和丹麦、德国合作建立的柴窝铺风力发电站是亚洲最大的风力发电厂，装机容量为 6.65 万千瓦。据说每个风车的造价在 300 万人民币，昂贵得令人难以置信！同中国农村推广的沼气能源相比，替代能源大都成本极高。

翻天山，穿越博斯腾湖，窗外翠苇翻浪，水鸟翱翔，烟波浩渺。博斯腾湖曾是新疆最大的淡水湖泊，20 世纪世纪 60 年代后，农业灌溉不断增加，引起湖水水位下降，湖面缩小，湖水矿化度逐年升高，如今已演变成一个微咸水湖泊。

满满塞着行李和给养的两辆吉普一路狂奔，戈壁上阳光刺眼。与中科院的张博士聊起沙漠保护、水资源保护、自然保护区的现状，身临其境，感触更加深刻。

第二天开始骑骆驼前行，每天走 40~60 公里。一路天气阴晴不定，刚刚在晴空下赞叹珍珠一般的沙漠泉水，就又要顶着雨水甚至风雪、冰雹前行。

许多路段海拔达到 4200 米以上，人已经感觉很难受，却生存有许多高原动物，如同一个动物乐园：藏野驴、野牦牛、藏羚羊、盘羊等，河里的黑金鹤、野鸭……这些动物都很害怕人。

我们先后遭遇了几个野牦牛群，最近的时候只有 30 米距离。如果宿营在溪水或湖边，早上起来，还会发现牛脚印和新鲜牛粪，因为水源往往是野牦牛的领地。队员晚上把一个小板凳放在营帐门口，如果牦牛冲过来会掀翻板凳，以便人惊醒逃走——问题不是这有没有用，而是这有没有必要。事实上野牦牛都很害怕人，只要人一接近，就纷纷离开躲避。

库木库里深处人烟稀少，但依然能看到人类对环境的影响。我们曾坐吉普车走了一段路，正奇怪为什么道路相当平坦，半路遇到另一辆吉普，一问，是找金矿的个体户。我们恍然大悟，找金矿的人来多了，路也就被车辆轧出来了。

中科院的张博士是兰州人，高中毕业后，为减少家里负担，选择读本地的兰州大学地理系，后来到中科院在兰州的寒区旱区研究所硕博连读。据说中科院的传统，博导对学生没有什么指导，全凭自己学，好处是——培养了独立思索的能力。张博士的毕业论文就是关于库木库里的《金字塔形沙丘的成因》，“金字塔形沙丘同巴丹吉林沙漠的成因可能完全不一样。我的假设：冰川运动过程中发生巨大水平作用，把冰下基岩研磨成粉沙状的细颗粒，再经过风力长期的侵蚀、搬运，形成沙漠。”

“库木库里是高原型沙漠，由雪山、草原、湿地、沙漠、湖泊构成独特的自然景观。我的问题是，为什么成群的野牦牛每天往返湿地和沙漠之间？沙漠虽然有湖泊，但并没有草原啊！很可能，它们是为了躲避人类。即使在远离人类文明的库木库里，野生动物也遭受人类的威胁。我们进沙漠前，就看到有重型运输车队，在保护区也有矿区作业。这些都很令人担忧！库木库里的高原生态环境非常脆弱，稍有不慎就会破坏……”

沙漠研究是个偏门，不像生物、化学，甚至海洋、冰川都有独立的学科。研究沙漠的人不仅寂寞，还很辛劳。一般城市人遇到大风就会躲避，研究沙漠的学者却要迎上前去。只要遇到大风天，人们就和张博士的爱人开玩笑：“老张又要出差了！”

对张博士的敬佩之情油然而生。

一路上时不常会下雨，雨水落在沙粒上，就下沉消失。途经沙子泉，又看到相反的景象：泉水从沙山中冒出来，流到湿地，汇成河流，感觉很奇妙。

但也有一处泉水水面泛着泡沫，味道刺鼻，疑似重金属油花。我们一一取样，等待张博士拿回研究所化验。

在走出库木库里沙漠的路上，戈壁、草原上没有了野牦牛、野驴的踪影，取而代之的是黄尘滚滚，满载矿石的载重车队——我们看到了张博士最担忧的场面。

依吞布拉克是若羌县一个因开采石棉而发展起来的小镇。

低矮的平房，墙根是散乱的空酒瓶、垃圾，粉尘飞扬。清真馆子大师傅告诉我们，因为石棉矿的废渣粉尘会妨碍正常呼吸，这个镇上现在生活着不过百十号人。

对面望去，蒙上一层白色石棉灰的围墙，透过一处墙壁缺口，看到随意倾倒堆放的白色石棉矿废渣。石棉絮状物满天飘舞，如同北京5月天的杨树飞毛絮，甚至离矿区很远的戈壁上也覆盖了一层薄薄的白色石棉灰。再远处，矿山脚下一排选矿机，“突突突突”地喷射灰白絮状物，同低垂的阴云混合在一起，令人无以名状地心跳加速，恐怖感阵阵袭来，仿佛置身地狱之门。加油站捂着大口罩的加油工说：“现在季节还算好的，到了风季，睡觉时都要戴口罩。”

吉普车在铺了一层灰白石棉毛絮的戈壁上飞驰，逆风，扬起的粉尘突然将吉普车包裹在飞絮中，能见度只有两三米，司机赶忙踩刹车，慢慢等待飞絮飘走。飘舞的飞絮飞过戈壁，飞进阿尔金山自然保护区，包括野生动物、家畜、脆弱的生态环境都被蒙上了死亡的灰白絮……

滴灌兵团

清晨阳光灿烂，绿树成荫，田畴泛绿。

来到米兰镇——沙漠边缘的绿洲，生产建设兵团农二师36团场部驻地。

团政委的吉普车前面领路，我们一行前往参观滴灌技术应用，来到一块棉花、枣树兼种的大田。薄膜保护的田垄上，棉苗破土而出，垄间生长着一溜枣树苗；田地间延伸着用于滴灌的黑色PVC（聚氧乙烯）管线。

张博士无限感慨：“河西走廊缺水，早就推广滴灌技术了，十几年过去了，还停留在小打小闹的试验阶段。”我也有同样的感慨：2007年，SEE在阿拉善腰坝村推广

120 亩滴灌种植棉花，第二年改种辣椒，第三年又改种谷子，始终没有下大面积推广的决心。眼前成片的滴灌应用农田让我赞叹：还是兵团人有魄力！

身体瘦削的政委介绍，兵团抓住国务院“退耕还林”的政策机遇，改种经济林业，推广滴灌技术，如果不采用，就不配发种子、化肥。

政委的总结很有启发性：“在干旱地区，漫灌的土地面临盐碱化难题，使滴灌好处更加明显。滴灌不仅节水 60%，而且是灌水施肥一体化，减少了大量劳力。为什么这么说呢？因为滴灌只在滴管的出水口滴水，渗水土壤的盐碱外排，几年下来，碱性土壤得到很大改善。问题的关键在如何把握投入和产出平衡。36 团引种河南灰枣是提高经济收入的一个关键。你们猜若羌红枣的价格是多少？干枣零售价一公斤 200 元，经济效益远高于种植棉花嘛！”

为什么河南枣到了若羌价值这么高？

“塔里木盆地的高温与阿尔金山雪域凉爽气流昼夜置换，造就了适合河南灵宝红枣的生产环境，果实维生素成分非常丰富。36 团全面推广种植河南灰枣品系。因收获期要等三年，前期投资较大，所以我们也在引进外来投资者，现在已经有了承包几千亩枣林的投资者。”

驱车前往另一处大田。

茫茫戈壁，路的一边寸草不生，另一边却是一望无际的绿色枣林，整齐的行间铺设着黑色滴灌管线。看出戈壁滩上，是新开垦的农田。

正是开花季节，干热的空气弥漫着枣花香。为建设防风沙林带，传统的沙漠绿洲农田四周都种植了速生杨，而新开垦的枣林外围，则种植着低矮的红柳林、沙枣丛。为什么？从节水角度看，速生杨的耗水量远大于红柳、沙枣。36 团的行动决策显然经过了缜密思考。

运用滴灌技术的农业灌溉水够用吗？

政委略皱眉头，望了望蓝天：“今年旱啊，塔里木河上月就断流了 1000 公里，只有抽地下水过渡过渡了。除了缺水，种枣也不是没有风险；若羌的干热风很厉害，枣花开的季节遇到干热风就惨了。师团科研部门在做如何防止干热风影响挂果的实验……”

塔里木河为环塔里木盆地的阿克苏河、叶尔羌河等九大水系 144 条河流的总称。随着人口增长、经济发展，加之水资源开发利用粗放、浪费严重，流域生态环境日益恶化，进入干流的水量不断减少，下游地下水位不断下降，断流已成为常态。两岸胡杨林大片死亡，自然植被退化，土地沙化，沙尘暴天气急剧增加。塔里木盆地的生态环境是多么脆弱啊。

怎么解决河水断流问题？

政委并未给出明确答案。

严重缺水已是中国面临的难题。国家投上百亿建南水北调工程，解决首都缺水问题，可是，其他缺水省份有这样大的财力来调水吗？即使具备财力，又有这么多的水资源可供调运吗？答案是明确的：没有。

我们唯一的出路就是节约用水：农业上，以色列人发明的滴灌技术是条可选择的出路；而每个人从生活一点一滴做起，节约用水，珍惜水资源，也同样重要。节约用水不仅是生活态度，也会成为一种生活方式。在生产节约用水方面，新疆建设兵团走在了前头！

科学与民主

根据SEE《章程》，上届会长从任上退下，自动转为下一届执行理事，并担任会员发展委员会主席。这条制度设计，是为避免上届会长退位后，一些与他关系密切的会员退会。2008年的理事大会，会员发展委员会主席刘晓光报告：截至2008年9月28日，SEE有效会员数78人。这意味着在新老班子换届的过程中，流失了10位会员。

怎么拓展会员？晓光提出思路：增加项目数量，加强国际合作，加强会员参与。

我也同样感受到压力。

一个会员，每年要向SEE缴纳10万元会费，但他们中的大多数却缺少足够的机会，来参与组织治理和项目发展。不少会员有意见，认为到交会费的时候，秘书处就来催钱，平时却看不到组织的活动。我想到，必须推动会员的片区活动，比如，秘书处应该向片区会员汇报工作，提出他们能参与的环保项目，支持开展以片区为中心的公益行动，并动员片区会员去发展更多会员。

在这几个月之前，华南片区会员曾在深圳有一个聚会，陈劲松、黄昌伟、刘小钢和我等20人参会。帆船出海，简单户外活动之后，回到会议室，由秘书处汇报工作，并且推出贵州4个古树保护的项目包，每个需要资金2.5万元，陈劲松、刘小钢、黄昌伟和我分别认领了一个项目。

我建议：发展各片区分部，通过片区之间良性竞赛，把会员发展和环保活动的积极性调动起来。

SEE的进入门槛不高，只要有人推荐，企业家不论大小，缴纳10万元就可享有一年的会员资格。企业规模大小不同的企业家都是缴纳10万元会费的会员，彼此是平等的公益伙伴关系。片区会员频繁参与公益活动，还可以打破隔膜，促进大中小企业家的交流，让大家更有向心力和归属感。

华南片区那次聚会之后，SEE在这一区域的活动越来越活跃。华北、华东、云南、台湾片区的理事会员互动也多起来。而华南片区更进一步，聚焦于深圳和华南沿海的红树林保护问题，最后在2012年促成了全国第一家民间公募环保基金会的成立。

2009年10月28日，SEE二届二次理事大会，也是第二次换届选举在北京举行。

早上，我代表执行理事会做简要述职，工作的具体内容由秘书长杨鹏报告。杨鹏的报告赢得理事们两次热烈鼓掌。随后监事长的报告也不像以往那样激烈，很缓和，看来大家对执行理事会和秘书处这一年的工作还是充分肯定的。

下午进入选举环节，首先要选出章程委员会。

执行理事冯仑一向自诩是组织治理和制度设计的专家，这一次要参选章程委员会，并希望当选主席。按规则，冯仑有5分钟竞选演讲时间。他拿起话筒，从演讲台往下走，开始发言：

“我不站在台上演讲，那里跟大家离得太远了！大家都是坐车来到这里的，之所以没有迟到，还能享受驾驶的乐趣，都靠有交通规则。此前我受执行理事会委托，专门负责这次会议的顺产工作，对交通规则尤其熟悉，我觉得我干下一任交管局的工作尤其合适。大家鼓掌！要鼓就鼓，憋着不太舒服！”

典型的冯氏风格，赢得一阵阵掌声和笑声。

冯仑接着说：“另外，我还想代表马蔚华参选监事。马行长前天去纽约，临走前拉着我，特别语重心长地说，‘冯仑老弟，这件事我可是特别认真的，一定要告诉大家，我是认真的。’……”

“严重违规！昨天我们讨论过，不能代人演讲！”有人打断了冯仑的演讲，大家一看，是监事武克钢。

冯仑说：“马行长委托我了。”

武克钢答：“不能委托，只能自己出面。”

冯仑说：“他有短信委托，有书面委托。”

武克钢说："昨天定的规矩，若本人不到场，演讲稿只能由工作人员来念。你这是严重违规！"

冯仑："请选举委员会来解释。请问王石委员，我能不能代表马蔚华说几句？"

我回答："如果冯仑是用自己的竞选时间，5分钟内，他说什么都是可以的。如果是马蔚华竞选演讲的时间里冯仑出来说话，那就违规。"

武克钢喊道："监事长！监事长！你说！"

任志强走上演讲台发言："马蔚华是第一届监事长，第二届我们把他选下去，他只当了监事，这届他还竞选监事长。我觉得连续三届竞选有问题，我们应该把他选下去！会长和执行理事都要求只能连任两届，是不是监事长也要求只能连任两届？"

冯仑反驳："老任，《章程》里没有这样的规定！"这时台下哗然，七嘴八舌争论起来，会场秩序乱了。

主持人张树新终于发声："请大家稍等！现在有一个问题，在竞选演说过程中，有人还在发言，允不允许其他人发言？请选举委员会告知。"

选举委员会众委员回复：不允许。

张树新说："那么刚才武克钢和任志强违规了。"

武克钢反驳："我是监事，我有权利监督违规行为！"

任志强也站起来反驳："我是选举委员会的，当然有权利发言！选举委员会的人如果不能对选举发表意见，那算怎么回事呢？"

张树新："我建议会议暂时中止，不要着急。请选举委员会出去会商一下，把竞选演说的规则重新明确。"

张树新是会议主持人，由她来宣布武克钢、任志强违规是不妥的，但她很快自我纠偏，让选举委员会来讨论、决定规则。

选举委员会成员任志强、王维嘉、周俊吉、杨鹏和我离开会场，到一个小办公室商议规则。几分钟后，选举委员会成员步入会场，王维嘉受委托公布结论：

"我们判决，第一，冯仑没有违规，因为选举委员会此前对这种情况没有明确规定。"

会场理事们鼓掌，笑声。

"第二，我们判决从现在开始，不许用自己的竞选时间替别人拉选票。所以，冯仑这个做法将成为SEE历史的绝版。"

哄笑，长时间掌声。

“第三，如果有人发现选举过程中有违规的情况，该怎么制止？我们判决，必须举手，等候主持人点名发言。”

又是一阵笑声和掌声。看起来，绝大多数人认可这些判决。

这一次临时判决，使得SEE的议事规则又经受住了一次考验。在没有明确规定和先例的情况下，如何判断某个行为是否合规？最终，大家选择由规则的解释机构来判决，并接受这一判决结果为新的规则。从这次小风波的解决过程看出，SEE已经有了一套行之有效的规则和程序。

接下来的竞选过程十分有序，22 名竞选人逐一发表演说，投票，计票，最后宣布选举结果。章程委员会：冯仑、周俊吉、万捷，冯仑被选为主席；监事会：刘晓光、李谋伟、周洲、朱亚芳、钱晓华，刘晓光被选为监事长；执行理事会：王维嘉、韩家寰、杨利川、陈东升、林荣强、仲刚、李岳奇、陈治，韩家寰被选为会长，林荣强、王维嘉为副会长。①

要离任了，会长有什么要说的呢？我把发表自己离任感言的时间交给了两个人：

一个是科学家汪建，经他推荐和促成，节水高产杂交谷子已经在阿拉善播种成功，前景令人期待。我相信，科学技术在荒漠化治理中，会发挥越来越重要的作用。

另一个是专门研究《罗伯特议事规则》的袁天鹏，这一次会议过程中，袁天鹏始终站在会场一角。现在，我让他告诉大家，站在那里干什么呢？——他在记录全场发言是否符合议事规则，这是研究我们这个组织的“遗传基因”。

比起感谢和回忆，更应该把离任感言的时间留给代表未来的因素。主持人张树新评价，我的感言其实是两大主题：科学与民主。

人类的一员

2009 年 12 月 7 日，联合国气候变化大会将于丹麦哥本哈根召开。

12 月 5 日，“气候特快”从比利时布鲁塞尔出发，经过德国的科隆和汉堡，前往哥本哈根。“气候特快”由国际铁路联盟发起，专列使用可再生能源驱动，二氧化碳

① 三届一次联席会议上，经会长韩家寰提名，全票通过决定请杨鹏留任，继续担任SEE秘书长。事实上，杨鹏已为秘书长的新老交替做了一些准备工作：邀请前“绿色和平”中国项目总监卢思骋到SEE工作，作为秘书长的接替人选。2010 年 1 月，杨鹏正式辞去SEE秘书长，担任SEE专家委员会主席。至此，SEE第三届领导班子完成新老交替的工作。

排放量为零。列车运行期间，车上乘客将参与多个以气候变化为主题的研讨会，希望以此引起各界对气候变化问题的关注，并强调铁路公共交通对减少温室气体排放的作用。乘客中有包括联合国副秘书长施泰纳在内的400多名环保人士、气候变化谈判代表和商界领袖。

得知新闻：温室气体排放量前两位的美国和中国宣布了各自的减排目标：白宫宣布2020年温室气体排放量比2005年少17%；中国宣布2020年每单位国内生产总值温室气体排放量比2005年减少40%~45%。

两大排放国在哥本哈根会议前展现出配合姿态，但这样的表态能保证2009年的哥本哈根成为拯救地球的重要坐标吗？

阴沉、小雨，西欧初冬的早晨。

专列驶出布鲁塞尔，蓝或浅绿色车厢上贴有联合国“橄榄枝”标志。

刚坐定，环境署王之佳先生抱出一摞硬纸板装裱的儿童画：“来，各位请在画上签个字。”

100幅环保画来自“2010中国儿童环保教育计划”，由中国环保人士罗红先生赞助，联合国环境规划署主办。共有380万中国儿童通过这个计划学习环保知识，并创作了将近60万幅环保绘画作品。这些作品将由联合国高级官员、各国政要、环保人士签名后，送返中国进行爱心义卖，义卖所得资金将捐给联合国环境规划署在中国的环保项目。

一摞签完了，意犹未尽，“还有吗？”

“100幅，都签吗？”

“不胜荣幸！”

车窗外风景如画，“气候专列”进入德国境内，舒展的农田、静静的农舍、哥特式尖顶教堂、浅灰色调阴郁天空、明朗简洁的城市天际线……

专列专门配置了两节用于会议功能的车厢，半个小时一场的专题讲演、新闻发布会持续进行，广播随时通知议程进展，提供即时信息。

400多名乘客中，有超过一半以上是新闻记者。相对中国记者的年轻面孔，欧洲记者年纪明显偏大，提的问题简洁、深刻，其中一些自由撰稿人更显示出对话题知识的深度把握。采访中，记者反复问我一个问题：“作为一位中国企业家，是什么原因让你关注全球变暖，并形成公司行为呢？为什么？”不理解的潜台词是：中国企业家也关注环保吗？

我出席会议的身份为SEE、中国企业家年会、中国企业家俱乐部、中城联盟等四个中国企业家非政府组织的代表，面对一再的“为什么？”我回答：“中国人是人类的一员，地球只有一个，全球变暖影响到全人类，中国要承担责任，中国企业家也要承担责任。这次到哥本哈根就是要告诉世界，面对全球气候变暖的困境，中国企业家是怎么想、怎么做的。中国企业家承担责任，理所当然。”

会议上，我与冯仑代表中国企业家群体做专题讲演。

我的讲演主题：让建筑赞美生命。

目前世界上合法、非法砍伐木材的70%源源流入中国，除部分制成品再出口外，留在中国的70%用在建筑工地上，而建筑工地的70%是住宅建筑工地。作为中国最大的住宅开发商是怎样想的呢？……

世界气候大会的会场在哥本哈根南郊的贝拉中心。

7日一早，湿漉漉的浓雾中，中国民间企业家团一行三人骑自行车前往6公里以外的贝拉中心。自行车是下榻宾馆免费提供的。我们商定，会议期间，行动距离不超过10公里的都骑自行车，身体力行。

气温在零上6摄氏度，没有配手套，握着车把有些冻手，脚踏车蹬，呼吸着潮湿的冷空气，很爽！

还没进入会场，强烈感受到民间环保组织对大会施加的影响力。

1999年初，我结识了“绿色江河”创始人杨欣。络腮胡须的杨先生告诉我，“保护藏羚羊”倡议得到梁从诫先生的全力支持。凭借梁先生家世的影响力，长江源的生态环境和藏羚羊的命运得到广泛关注，环境教育和科学考察项目在逐步展开。

2004年，中国企业家群体成立阿拉善SEE生态协会，在荒漠化治理、扶植中国草根环保组织、会员自身“绿色企业”建设以及非政府组织规范管理上，都很有影响力。

2008年，我参加由北京非政府组织“山水自然”保护中心组织的金沙江漂流论坛。创始人吕植女士专注中国西部乡村人与自然和谐相处的实践。汶川大地震中，吕植团队启动“熊猫卫士行动”项目，开展受灾保护区与周边社区的恢复与重建。这次中国企业家组团参加哥本哈根气候大会，吕植是积极的倡导和组织者。

在活跃的会场中，一支中国青年非政府组织代表团“COP15”格外活跃，我几次被其新闻官逮住采访。在他们充满激情、理想乐观的眼神里，感觉到了中国的希望。

据统计，目前中国民间环保组织从业人员22.4万人，环保志愿者的网站、论坛、组织更是如雨后春笋般涌现。民间环保力量逐渐壮大，民间环保组织开始走向联合，通过公众参与，对决策产生影响。

19日凌晨，哥本哈根还没有消息，会议推迟结束。

等待着。

当天，我代表阿拉善SEE、中国企业家亚布力年会、中城联盟、中国企业家俱乐部的200名中国企业家宣读《中国企业界哥本哈根宣言》，承诺：确立企业气候变化战略，努力减少生产和商务活动中的碳足迹，支持并参与气候变化减缓和适应活动，积极履行企业社会责任。呼应中国政府2020年单位国内生产总值碳排放降低40%~45%的承诺，并希望构建全面、长期、有效的法律和财政政策框架，支持企业的低碳努力，创造出一个激励企业走向低碳的社会环境。

“宣言”过后，心情却久久不能平复。

记者：“你预测哥本哈根会议的结果，是悲观还是乐观？”

我回答：“对我，对万科来说，11月26日中国政府的公开承诺是个转折点，是一个非常重要的日子。”

“为什么？”

“万科已经做好迎接低碳经济时代的准备，这是因为我们过去数年在住宅产业化方面的努力。坦率说，万科推行住宅产业化的初衷是为了提升企业竞争力，不是为了应对气候变化，后来发现推行住宅产业化节约能源、节省木材，与绿色经济的要求一致，才从不自觉走向自觉推行绿色住宅。无论如何，万科在低碳经济的预期中占得先机。”

“你不觉得企业家到哥本哈根是在作秀吗？”

“啊，看怎么理解吧。人生就是一个大舞台，每个人都在表演一个角色，同职业演员扮演的各种角色不同，在人生的舞台上，你能扮演的只是你自己。”

中国式买房

2009年，电视连续剧《蜗居》激起社会同感，上至国家领导人，下至贩夫走卒，大会上、办公室里、网络上、街头巷尾，都在讨论这部电视剧以及它所反映的社会问题。问题的核心，当然是人们对城市安居问题的困惑。

关于城市中低收入人群甚至普通市民居住的话题越来越多，争论越来越激烈，继而是越来越多对房价的担忧，对开发商的否定……

显然，万科也不应该是旁观者。对于万科来说，最核心的社会责任是为更多的人提供住房、改善居住环境，服务社区生活，参与城市发展。

早在1997年，万科就明确提出：中小户型是未来住房趋势。2001年，万科开始重点研究小户型住宅。

2006年的“90/70”政策出台很突然，但万科很快制订了应对方案。10天内，万科在苏州、武汉和厦门分别拍得“90/70”项目，是全国第一个积极响应政策的开发商。万科在杭州开发建设了全国第一个“90/70”项目；在上海首先推出的三个“90/70”项目中，万科承担其中两个项目的开发。目前仅广州一地，万科就有10个楼盘严格执行“90/70”政策，部分楼盘中90平方米以下户型比例达到100%。

截至2009年12月底，万科累计售出237671套住宅，其中较高比例是普通住宅，满足首次置业和首次改善性置业的需要。当年万科所销售的住宅中，首置、首改套数占67%，一房和二房户型总面积占当年销售面积的51%。与此同时，业主购房平均年龄从1995年的50岁下降到2009年的36岁。

买房的人越来越年轻了，反映了社会进步，经济发展。但也有更多的年轻人，为买不起房发愁，或是因为买房后沉重的经济负担而疲惫不堪。

年轻人应该怎么看买房这个问题？

新中国第一个商品房小区，是1980年开始建造并于次年春节发售的深圳东湖丽苑。那三年之后，我来到深圳创业，市场提供的商品住宅已经不少。万科的前身现代科学仪器展销中心除购买住宅外，还租农民房解决员工居住问题。这种做法在当时很普遍，因为员工的工资积蓄还不具备购买住房的能力。

到了90年代，万科不再购买住宅做宿舍，原来拥有的住宅私有化给职员。我当时具备买房的能力，但一直租房住，觉得这样挺好。

1995年，我44岁的时候，买了第一套住房；10年后买了第二套，购房款是自己的储蓄加银行按揭。

根据个人经历，我劝告事业还没有定型的年轻人不要急于购房，尽管购房有诸多的好处——尤在房价上涨期间。

有一回，到长沙远大参加张跃先生的活动。负责接待的是一位女孩子，北京人，刚刚大学毕业不久，她问我：“什么时候买房子合适？”

我有点纳闷：刚大学毕业为何急于买房子？靠什么供房？

女孩子解释：“是同男朋友合买，小一点不要紧！”

是准备马上结婚吗?

“不是。”

那为什么着急买房?

“房价涨这么厉害,三四年之后哪里还买得起?”

我笑了,照这逻辑,人们是不是还要考虑给自己的子孙后代买房子?这种心态下,已经不是为住而买,而是因为预期涨价而买房,已经是一种投资行为了。

我的逻辑:不要担心房价高企买不起房子,城市中产阶层买房压力过重时,也是房价下调时。即使国家不宏观调控,房价也会维持不住,市场规律会起作用。经耐心解释,打消了这位女孩子对房价上涨的顾虑,决定三年后再买房。

一位朋友要赴世界银行总部工作四年,征询我的建议,购房还是租房?我回答:“不了解华盛顿房地产市场,但建议,你要明确买房子的目的,四年之后要继续住华盛顿还是卖掉?”

朋友回答:“不准备长期落户华盛顿。”

我说:“那很简单,租。为什么呢?买房虽然有增值的可能性,但也额外增加了负担,比如任职期间因为一些原因想提前解除合约,却会因为投资房子,使决定困难起来,这种成本是很高的……”

现在一些大学生毕业没几年,就急匆匆考虑买房子。只要有能力购房,就不会考虑租房,使购房几乎成为房地产消费的代名词。这同中国农业文明的传统生活习惯有很大关系。在鸡犬之声相闻、老死不相往来的农村社区,房子不仅仅是居住场所,更是一笔可以传下去的宝贵财产,是一切生活的根基、命运的中心。基于这样的考虑,毕业不久的学生和他们的家长都把买房子看成头等大事。但是在快节奏、高流动的后工业时代都市里,还是这样来做购房决策,恐怕会拖累自己了。

万科在分析客户购房能力时,年龄分段是基本的分析方法。比如,除非是富翁,否则到了我现在的年龄再去买房,银行愿意给按揭才见鬼了。同样,年轻人也不是银行按揭的优质客户。银行的选择从一个侧面说明,购房与年龄有一定相关关系,年纪轻轻没必要做力所不及的事情,被房子拖累。

在现代都市生活中,租房应该是年轻人的主流。两年前,我的业务助理、一位毕业于清华的女孩子刚刚结婚,在万科新总部大楼旁的露天婚礼上,新娘新郎“宁买钻戒不买房子”的说法,让我感受到未来的消费趋势,相信租房这种方式将会被越来越多的人所接受。

2010 年 尊重

致敬埃德蒙爵士

奥克兰机场海关，遭遇到严格检查。训练有素的警犬嗅过每一件行李，在我们的行囊前不肯离去。开包检查，并没有发现违禁品，结论是，可能行囊里残留的水果气味引起了误会。

新西兰是一个非常注重环保的国家，任何动植物，包括标本和种子都不能带进境内。对于入境登山者，更是要开包检查，因为担心登山靴靴底有含草种的泥土，给新西兰带来新的入侵物种。

1 月 16 日，我与山友吕钟凌一同飞往新西兰，准备攀登新西兰最高峰，海拔 3764 米的库克峰。转飞南岛，再驱车前往瓦纳卡小镇。沿途风光秀丽，雪山蓝天，森林幽幽，绿草羊群，空气纯净得令人陶醉……

新西兰环境优美，畜牧业发达，草地和树木不仅仅是对环境的美化和装饰，还是新西兰的经济命脉，羊肉和奶制品出口居世界第一。路边水果摊，捡上一个鲜桃子，“扑哧”咬一口，蜜汁甜美！没有农药和化肥的污染，不洗便能入口。

海拔 2200 米的库克峰突击营地，沿一侧山脊进行适应性训练。南半球夏天的太阳毒辣，高温下，雪层似豆腐渣，踩上去发出“扑哧扑哧”的响声。实在太热了。冲锋衣、抓绒衣全脱下来，再脱就要短裤打赤膊了，这哪像登雪山啊？同伴小吕不耐热，容易出汗，头顶热气蒸腾，似发电厂的散热塔。

雪壁“轰隆隆”作响，雪雾升腾，雪崩了……

同我结组的向导迈克，瘦高个子，精力充沛，曾四次攀登库克峰，只是运气不好，尚未登过顶。同小吕结组的托马斯则是位经验老到的向导，25 次登顶库克峰。

南半球的 1 月就要进入盛夏，按规律，仍是攀登库克峰的好季节。只是今年气温偏高，路线上的岩壁雪层非常不稳定，经常雪崩，只有选择温度相对偏低的天气，在太阳出来之前穿过雪崩区，减少危险。据卫星云图走势判断，这几天温度都会偏高，但经验老到的托马斯押宝明晨降温，安排凌晨 1 点出发攻顶。

第二天清晨，望着云雾缭绕的库克顶峰，大家都不出声。温度还是太高，过雪崩区很危险。天气预报未来三天的温度仍然偏高，要么耐心等待，要么下撤。自 1894 年由杰克、托马斯、乔治等三位新西兰登山家登顶成功以来，由于气候变化莫测，突来的风暴雪崩等潜藏的危险，已使 100 多名攀登者死于库克山。

放弃登顶计划，撤离突击营地。

库克峰，后会有期。

飞回奥克兰。怀着崇敬的心情拜谒奥克兰博物馆的埃德蒙·希拉里爵士登山事迹和生平展。

博物馆进门正中，挂着一柄老式木把登山镐——希拉里就是用这柄登山镐创造了人类首登世界最高峰的奇迹。这柄镐见证了一个奥克兰小子如何凭借自己坚韧的毅力创造奇迹，通过它，人们似乎仍可以看见希拉里在攀登珠峰时所留下的每一个前进的脚印。它也帮助希拉里“开凿”出了自己的成功之路：自 1953 年登顶珠峰之后，他发起组织了多项探索活动，包括一次赴南极，六次赴喜马拉雅，寻找西藏高原雪人的踪迹，探寻长江源头，还带领新西兰队横贯南极探险……

2003 年，纪念人类登顶 50 周年。埃德蒙·希拉里谈人生体验，认为让他最感自豪的是慈善工作而不是登上珠穆朗玛峰。在登顶珠峰之后，他把主要精力放在了提高喜马拉雅山区人民的生活水平和环境保护上。他把所做的这些工作叫作“回报”。

1961 年，希拉里用筹来的资金在尼泊尔山区昆均建立了第一所学校，接着又盖了医院，应村民的要求在水流湍急的山涧上架设桥梁，用塑胶管从山上引来洁净的饮用水。在这之后的 40 多年中，希拉里的喜马拉雅基金会在尼泊尔建成 30 所学校、2 所医院和 12 间诊所。为了提高工程效率，他还捐资修建飞机跑道。希拉里付出了巨大的精力，甚至痛失家人。1975 年，他的妻子和女儿在尼泊尔参加活动时因飞机失事而丧生。1989 年，希拉里和登山家米格鲁的遗孀琼结为夫妻，一起致力于援助尼泊尔夏尔巴人的工作。夏尔巴人把希拉里和琼当作自己的亲人。

博物馆展示的一幅幅黑白照片和文字说明，让你深深感受到一位伟大登山者的胸怀、面对荣誉的谦卑和成名之后的社会责任感。

为什么登山？许多人喜欢引用著名登山家马洛里的一句话“因为山在那儿”。其实，询问者要问的是：登山的目的是什么？希拉里的回答更直接些：“我最初想攀登珠穆朗玛峰，是把它作为一次对极限的挑战。”这大概就是人类不畏艰险，甚至不惜牺牲生命冒险攀登高峰的动力所在吧。

懂得奋争正是生活本身向上并且永远向上的动力。正是这种动力，让攀登者从探险中得到快乐。

我回想自己的登山之路，自 1999 年攀登第一座雪山以来，10 个年头过去了，登雪山已经成为一种生活状态，并于 2003 年登顶珠峰。2010 年 4 月份，我准备再次攀登珠峰。清楚记得第一次登珠峰的目标：“证明自己与众不同。”7 年过去，在第二次尝试登顶珠峰时，心态则是：通过再次登顶珠峰来证明自己的能力和承担社会责任，宣传环保。埃德蒙·希拉里给我们后人做出了很好的榜样。能力有多大，责任就有多大！ 2008 年 1 月 23 日，埃德蒙·希拉里的心脏停止了跳动。许多登山者希望死后与山为伴，希拉里生前则表示，希望家人将自己的骨灰撒在他生活过的地方——奥克兰北部美丽的怀特玛塔港。埃德蒙·希拉里已去，但其伟大的胸怀和精神将激励后人永远向前！

尊重的可能

亚里士多德说：“人们来到城市是为了生活，人们留在城市是为了生活得更加美好。”

1999 年，上海政府决定申办 2010 年世博会。10 年后，第 41 届世博会在中国上海举办，主题是：“城市，让生活更美好。”

看到上海世博会主题时，我的第一反应是：这同万科“让建筑赞美生命”的品牌理念太契合了！脑中闪过一个念头：利用世博会这个平台，让世界了解中国企业家对环境生态的态度和行动。

2007 年 8 月，在一次与上海政府领导会晤的现场，我正式提出：希望在上海世博会做万科企业馆。

多数人并不理解这个想法。

上海市政府一位领导坦言：世博会所有建筑都限定在世博园中，而且绝大多数属于临时建筑，如果想展现企业建筑理念何须参加世博会呢？在公共空间建一座永久性的建筑博物馆不是更好？

万科同事们也不是很理解：距世博会开幕还有两年时间，而即将召开的2008年奥运会当时正是全国焦点，为什么不赞助最赚眼球的奥运会，而是做世博馆？

我的考虑是：奥运会两个星期，世博会有184天。奥运会是运动、竞技，企业参与纯粹是打广告，而世博会主旨就是引领生活、科技创新，二者概念不一样。更重要的，世博会主题与万科一直倡导的理念吻合。根据往届世博会经验推测，上海世博会参观者可能会超过5000万人[①]，这是非常庞大的受众群体，世博会是宣传绿色环保理念的绝佳时机。

我要求上海万科跟进落实，任务落到上海万科行政总监许青川肩上。

小许第一次与世博局工作人员联系，被兜头泼了一盆冷水：世博会16个独立馆已经满额，万科独立建馆参加世博会的可能性为零！

根据世博会时间表，万科要申请参展，时间无几。怎么办？万科成长起来的女职业经理人许青川，外表娇柔，做起事情来风风火火。一个电话打到世博局周汉民副局长那里，周局长表示很忙，稍后会打回来。连拨几次，都是如此。小许打听到，周局长第二天10点的飞机，要出差了。

参展需要相当长的筹备周期，失去这次机会，万科可能就无缘上海世博会，在国内第一次参展世博会的梦想即告破灭？

成与不成，一定要跟周汉民见一次面！单是电话沟通，不足以表达万科参展的诚意。

小许再次拨通周局长的电话：“希望您能腾出半小时，哪怕15分钟的时间！”周汉民同意了。

第二天7点，万科人拜会周局长。整整15分钟，一直是万科人在说。小许以爱知世博会上东芝企业馆使日本国人为之振奋为例，表达了万科的决心：全力投入本届世博，一定会代表中国企业做一流场馆，向世界展示中国新貌，为上海世博会争得更多荣誉……周局长极少发言，但听得很认真。

几天后，周局长答复：接受万科的想法。

2009年7月29日，万科馆开工建设。一年后的5月1日，7座金灿灿的“麦垛”建筑矗立在浦江西畔。

---

① 上海世博会原来预测参观人数5000万人，实际最终突破了7000万人。

为万科馆做设计的是几位青年设计师，他们的工作室刚刚成立不到一年，万科馆是他们第一件建成作品。

设计师选取麦秸秆压制成的麦秸板作为建筑材料。

麦子光合作用的产物有一半以上储存在秸秆中，麦秸板就相当于一个二氧化碳的封闭仓库。我们希望万科馆是一座快速搭建、快速拆卸、可搬迁、可重复利用的建筑，用麦秸板做建筑材料就很合适。最终促使设计师做出这个决定的，是清华大学建筑技术科学系的一项研究成果：从建材生产到建筑施工的总能耗中，建材生产能耗占92%，施工阶段的建材运输能耗占5%，施工作业能耗占3%。这个研究成果远远出乎大多数人甚至专业人士的想象，选择什么材料来盖房子居然如此至关重要。

设计师利用麦秸板的受压优势，构造出7个圆台。正、倒圆台间错布置，形成向心的筒内展厅，和圆台外部的流动空间。圆台顶部用ETFE（高强度氟聚合物）膜做气枕结构，气枕架空，满足通风要求，同时使室内获得充足的光线。建筑考虑了自然材料、自然采光、自然通风降温，更接近自然。

设计风格也非常符合万科的初衷：视觉上，让人联想起田野里的一个个麦秸秆垛，唤起欣赏、尊重、接受自然的观念与信心。

建筑过程中，不规则弧形也带来了许多难度。为了与外立面风格保持一致，筒内的许多东西也都设计成了不规则的弧形，不像普通建筑的成品构建可直接安装，而是需要定制加工。

麦秸板外墙的搭建也是一大难点：板和墙体要错开，才能保证麦秸板能安装上去。7个圆筒大概要安装70万平方米麦秸板，每块麦秸板长度只有4厘米，每个工人安装手法不一样，又是在曲面上安装，很容易导致表面不平。只要有一片安装不平，遇到热胀冷缩就会互相挤压。对建筑工人来说，这真是不小的挑战。

展馆建筑方案确定了，展出内容呢？比起硬件、软件——展出内容的确定是一个远为复杂的题目。关于环境话题，哪些是与我们最紧密相关、最能打动人的？

最终成形的万科馆自始至终没有提万科的名字，没有提房地产，它的核心内容非常纯粹：5个展厅，每个展厅讲一个真实的故事——白蚁建筑、水的故事、沙尘暴与退耕还林、垃圾分类、人类的朋友金丝猴，每个故事都由我们身边一些人物的启发而来，表现人、城市、自然三者之间的关系，试图启发人们想一想，什么是“尊重的可能”，响应“城市，让生活更美好”的世博愿景。

美国政府一位领事参观完万科馆后很不理解。在他看来，中国有两种企业，一种是政府的企业，一种是非政府的企业。万科馆所宣传的，本应是政府或政府的企业来做的事情，而不是民营企业应该做的事情，可万科这么做了。

媒体评论说："与其说万科馆是一个企业馆，不如说它是一种企业态度的展示。"

再上珠峰

海拔 6400 米的珠峰南坡前进营地，紧贴着"U"形峡谷的底部，即使晴朗的日子也见不到珠穆朗玛峰的雄姿，吸引眼球的是营地北侧陡峭冰舌形成的冰塔林①。向导特别交代，为了防止意外，一般忌讳进入冰塔林，万不得已必须双人成行。

2003 年第一次登上珠峰时 52 岁，为世界华人登山圈最长年龄，而之前的世界最长年龄登山者为 62 岁。也就在我登顶的前后，一位 71 岁的日本登山者三浦龙一郎从南坡登顶珠峰。我想，10 年后，如果中国人登顶的最年长纪录仍是 52 岁，我自己来打破。只是过了 7 年，我已做好了再次登珠峰的准备。

2010 年，为配合上海世博会和"2049 · 尊重的可能"万科馆的活动，我决定把再上珠峰的计划提前两年，把上海世博会旗帜带到珠峰之巅。

因为万科馆中有介绍台北垃圾分类回收的内容，为了推动大众对此的认知，我们在攀登珠峰的同时，发起了以"零公里行动"为主题的垃圾回收活动。

既然是第二次攀登，当然希望有一些全新的体验和挑战。我选择从南坡来攀登珠峰。

2010 年 4 月 9 日，我们进入海拔 5400 米的珠穆朗玛峰南玻大本营，雪峰环绕。

---

① 冰塔林是只有在低纬度、大陆腹地的冰川才可能出现的景观。起初是冰川末端的冰面融化，出现一些裂缝，然后纵横相间的裂隙继续融化，把冰川表面分割成一个个冰块，最终变成塔状。能完成这个过程的条件是"融化速度慢"和"阳光角度接近垂直"。

身处大陆腹地、缺少海洋暖湿气流补给雨雪的冰川叫"大陆性冰川"，这样的冰川，向下运动的速度慢，末端冰舌有充分的时间慢慢融化。而"海洋性冰川"运动速度相对较快，末端冰舌能延伸到海拔很低的地方，海拔低意味着气温高，冰融化的速度也快，所以难以形成冰塔林。在低纬度地区，夏季太阳光近乎垂直照射，像一把饱含热量的刀子，直直戳入厚厚的冰川，把冰川从垂直方向切割。而高纬度地区即使在正午，阳光也是斜射的。如果"刀子"是斜的，切开冰块的裂缝也不会垂直，当然难以形成塔形的冰柱。

冰塔缝隙中显示出的蓝色，是冰川冰的一大特征，因为冰雪在冰川内部要承受巨大的重压，冰晶细微的结构发生改变，对光线的折射与反射也发生变化，才能显示出独特的蓝色。

这支18人的EMX国际攀登队（其中有7名中国队员）由12个国家的人组成，年龄集中在40~60岁，其中，年龄最大的是一位70岁的日本女性企业家，然后是一名65岁的美国登山者，我60岁，排在第三位。我这个年岁在国内人们看来就觉得不合适登山了，在国外似乎才刚开始。

大本营设在孔布冰川侧积垄上，由于几座海拔7000米雪峰阻挡，即使晴空万里，也看不到珠峰顶峰，反而是千姿百态的孔布冰川时刻吸引着眼球，刺激神经；不断传来的轰隆声和冒起的雪雾，提醒登山者：冰瀑高悬的孔布冰川在崩塌！

珠穆朗玛峰约有冰川600多条，面积达1600平方公里。在南坡攀登珠峰，路线有七八条之多，但无论哪条路线，都无法回避穿越孔布冰川。

南坡向阳，冰体融化，或倾斜的冰体太重，都会发生冰崩。雪崩可怕，但有葬身之地，冰崩更可怕，人被砸成粉碎，死无可葬之身。缓慢移动的冰川就如同一大堆冰块组合而成，冰崩使冰块沿着峭壁翻滚而下，危险异常。过孔布冰川，就等于把头颅放在老虎口。

4月25日凌晨2点，我们戴上安全盔，全副装备，第一次穿越孔布冰川。按照经验，登山者必须在日出前、冰川相对稳定期间迅速穿越。

头灯闪烁，沿着架好的安全绳上攀，脚下发出冰爪抓冰的嚓嚓声，胸腔是咚咚的心跳声。宽不过1米的冰裂缝，可以一跃而过，但最宽的裂隙甚至超过10米，陡峭的冰壁超过20米。过这些障碍，就只有使用铝梯。咔嚓、咔嚓，脚下是深不见底的冰裂缝，每次过“铝桥”，都会紧张得手心沁汗，心脏似蹦出喉咙般狂跳——类似这样的“铝桥”有近40座在前面等着呢！

过了孔布冰川，天亮了。

太阳出来，周身温暖。很快，温度升高，上身脱得只剩下一件排汗衫仍感到酷热难耐，汗流浃背。此时的孔布冰川成了“反光聚热锅”，冰层开始迅速融化，耳边流水潺潺的声音，景色美极了……

走在身后的是向导伍迪，新西兰人。这位曾5次从南坡登顶珠峰的新西兰向导说：这里温度一年比一年热，冰川融化的速度之快令人吃惊。之前在网上曾读到：冰川的快速融化对恒河、印度河和湄公河等7大河流下游数亿人的生活构成巨大威胁。冰川融化速度快，无法起到缓和水流的“水库”作用，下游在旱季降雨很少，而雨季却很有可能造成洪水泛滥。亚洲面临淡水短缺的威胁：人口占世界总人口的60%，淡水储量却只占全球的36%……

穿越孔布冰川固然令登山者胆战心惊，但冰川的融化速度大大超过正常值，引起冰川融化的温室效应才是真正的恐怖啊！

组织这次珠峰活动的是罗塞尔公司。罗塞尔告诉我们，去年冰峰台这边的表面还是平的，因为天气变暖，今年已经是坑坑洼洼了，搭好的帐篷也就高高低低了。罗塞尔公司的活动是出了名的重视环保，要求非常严格，除了各类食品等生活垃圾要严格分类放置，连队员的大便也要自己最后携带回加德满都处理，所以，大小便要分开……

4月17日到18日，大本营搞了一个喜马拉雅变迁展览，陈列展出20世纪二三十年代的老照片，一张张看过来，明显看到气候变暖的作用。展览发起人是1996年的纪录片《珠穆朗玛》的制片人，现在专职做环保摄影师。他这次来，将使用三维影像技术拍摄珠峰，见证冰川的消融和喜马拉雅的变迁。冰河在慢慢消失，按照目前的人类活动模式，再不进行有计划的环境保护，估计在50年内珠峰附近冰川将全部消失。

5月22日，我成功从南坡登顶珠峰，并将上海世博会旗帜和万科旗帜带上了峰顶。

在这一个多月时间里，由腾讯公益基金会、万科公益基金会联合举办的“零公里行动”同时进行，呼应“尊重的可能”的主题。活动包括三个部分：珠峰北坡垃圾清扫、社区垃圾分类和互联网推广垃圾分类。

解决垃圾危机，决定性的环节是前端的垃圾分类，是我们每一个人把垃圾丢出去的那一刻，这就是“零公里行动”名字的含义。我们举手之劳，将决定垃圾是变成资源，还是威胁。城市环境的好坏，不在若干公里之外兴建的填埋场或焚烧厂，而是取决于零公里处。

“零公里行动”的珠峰北坡清扫行动由西藏登山学校的15名专业登山队员执行，腾讯、万科志愿者配合，贯穿从3月底至5月底的整个珠峰登山季。在每年的登山过程中，都会有不少空氧气瓶被丢弃在珠峰，8000米以下地区，尤其是大本营一带的垃圾，目前已经有持续、定期的清扫，但极高海拔地区的垃圾清扫难度非常大。

此次垃圾清扫是中国民间第一次大规模、高海拔清扫活动，将在7790~8844米的极高海拔区域进行，计划清扫超过200个废弃氧气瓶和2吨垃圾。

下撤到大本营，即刻起程转往北坡，参与那里的“零公里行动”，看望清扫队员和腾讯、万科的志愿者。

垃圾分类

作为“零公里行动”的一部分，万科在自己服务的社区发起垃圾分类行动，虽然是在低海拔的活动，但实现的难度远远大于珠峰清扫垃圾。

2004 年，我国的城市垃圾生产量就超过美国成为世界第一，各地纷纷发生垃圾围城的危机，比如北京市的所有垃圾填埋场已经饱和。武汉万科四季花城项目因附近一座垃圾场不能按时关闭引起项目居民的强烈抗议，成为当时武汉媒体关注的事件。如何有效处理城市垃圾已成为中国城市管理的头疼难题。

在巨大压力下，中国开始了庞大的焚烧炉建设计划。2000 年以来，国家陆续发布了一系列鼓励垃圾焚烧产业发展的政策，各地垃圾焚烧发电项目频频推出。

垃圾焚烧法比起填埋法，效率高、占地面积小，一度被视为“减量快”的好方法。日本曾一哄而起地建了 6000 多座垃圾焚烧炉，成为世界垃圾焚烧炉数量第一的国家。一些发达国家也进行效仿，把垃圾焚烧推向了高潮。

然而，垃圾焚烧法却一直未能被民众接受，倒不是因为它耗资昂贵、操作复杂、浪费资源这些弊病，而是因为它的潜伏污染更重。文献称，每吨垃圾焚烧后会产生大约 5000 立方米废气，还会留下原有体积一半左右的灰渣。即使是先进的焚烧设备，在运转正常的情况下，也会释放出数十种有害物质，仅通过过滤、水洗和吸附法很难全部净化。

在有害物质中，最主要成分二噁英是国际公认的一级致癌物。二噁英被称为“地球上毒性最强的毒物”，在自然界中几乎不存在，只有通过化学合成才能产生，毒性是氰化钾的 100 倍，砒霜的 900 倍。二噁英的半衰期是 14~273 年，会在人体内不断积累。

处理垃圾的有效做法其实早已存在：通过提倡循环再用和减少包装来减少生活垃圾的产量。即使没有得到循环利用，仅仅是有效地对垃圾进行分类，都能使焚化炉的排放更容易达到标准。因为焚烧单一成分时，温度可以被更精确地控制。这也是垃圾管理一直遵循的优先次序原则：减量、再利用、再循环。重要的是在源头减量，实行垃圾分类。

据统计，城市垃圾总量的 30% 来源于建筑垃圾。作为住宅行业的领跑者，万科 2010 年实现主流产品全部装修房，并努力推行住宅产业化，可以将建筑垃圾至少减少 70%。

2009 年，我在台北参观城市垃圾分类的情况，了解到台北市民通过自发行动，大大改善了城市环境的同时，民众意识也有很大提升。我有了在万科小区推动垃圾分类的想法，回到大陆，和总部同事谈起这个想法，无意中得知：北京万科有一个小区，三年多以来一直坚持试验社区垃圾分类，并且在小区配备的处理设备中完成厨余垃圾处理！

"哦？"即便是身为董事长的我也很难想象，在没有公司考核指标、没有上司布置任务的情况下，一个小区会主动做难度这么大的工作。

事情经过是这样的：北京万科西山庭院，居民 644 户 1800 余人，日产生活垃圾 1.2 吨左右。2006 年 5 月，这个小区获得当地政府"绿化示范单位"奖项。政府说：有两种奖励方式，一个是给奖金，另外一个是奖一台微生物厨余处理器。

物业的同事一琢磨，跟政府要钱，多不好呀，不如要机器吧。

把机器要回来，发现要让这台机器转起来，光接上电还不行，后面得配上一个庞大、复杂的社会动员系统。机器就放那儿了。

偏偏这时新上任的小区物业经理骆玉田是个实心眼，一看机器都来了，哪儿能这么荒废呢？用起来总不是坏事吧？

西山庭院要做垃圾分类，有一些优势，首先，这里是高校科研单位集中地，居民素质很高。但是素质再高的业主，一开始也不知道垃圾要如何分类，物业把管理员的电话公示出来后，业主最经常打电话咨询的一个问题是——怎么分类？

骆玉田想到，业主是垃圾的制造者也是源头，如何提高他们的知晓率和参与率是问题关键。她把人群细分为：老人、孩子、保姆、成年业主，分别采用不同方式。比如，保姆和老人参与意识比较薄弱，为他们制作了小卡片，说的是生活当中节水、节电、绿化环保等知识小窍门；给成年业主发放的是环境问题文摘；给家庭主妇的是印有垃圾分类类别的冰箱贴，帮助她们提高分类的准确性。

每个月的第四个周六，西山庭院物业会在小区做有关垃圾分类的宣传和交易活动，业主们可以用 30 个利乐包装和 1 公斤废旧塑料，从物业换得 90 个垃圾袋，这些塑料袋印有"可回收物"、"厨余垃圾"、"其他垃圾"字样，每种 30 个。

见效不大，但是骆玉田和她的同事坚持了一年，业主没有分好的，物业同事自己再进行"二次分拣"。政府一看，"好家伙，这帮人真有毅力啊！"就做了许多工作帮助解决后端的衔接工作。塑料瓶、报纸等被认为是高附加值的废弃物，一家回收公司为此愿意每年交纳 6000 元管理费，驻扎在小区里回收。而一次性塑料袋、利乐包等这类被认为是低附加值的废弃物，则被利乐公司回收再利用。不可回收的生活垃圾、建筑垃圾和绿化垃圾由环卫局运走。

社区最难处理的是厨余垃圾，因为中国人的饮食习惯，社区垃圾超过50%都在厨房产生。西山庭院的厨余垃圾处理设备24小时运转，每300公斤厨余垃圾经过机器高温分解，变成35公斤到40公斤的有机肥。每年的5月和10月，西山庭院的花草树木都要施肥，这些肥料便来源于厨余垃圾分解成的有机肥。物业也会将有机肥作为垃圾分类的奖励，送给业主们。

渐渐地，小区垃圾减量率平均在30%以上，可回收纸箱、报纸、塑料、金属等回收物100公斤，平均每天处理厨余垃圾120公斤左右，并且规范了小区内可回收垃圾的管理。2007年，西山庭院成为北京市垃圾分类试点单位。2010年4月，西山庭院成为北京市垃圾分类“零废弃”试点单位。

我来到西山庭院参观，大感惊讶，又被骆玉田和物业服务中心同事们的执着和努力感动：没有上级指令，不纳入考核目标，是什么支撑他们做这样一件艰难的工作，而且一做四年，终于做出成绩来？

我问小骆，需不需要公司给予什么帮助？小骆回答：政府奖励的机器用了几年，现在老化，处理能力下降，公司能不能配备新的机器？

“当然能！”

我了解到，西山庭院的分类垃圾减少量达到了46%，同时环境也比以前更加整洁干净。调查问卷显示，住宅小区居民参与垃圾分类知晓率95%、参与率88%、支持率95%、正确投放率60%——目前，这是万科社区垃圾分类的最高级别S级，被列为参观级社区。政府对西山庭院的做法也高度重视，2011年，这里每天接待参观的人数已经直逼万科总部。

我对在万科社区实行垃圾分类越来越有信心，这信心来自北京西山庭院——既然这里可行，意味着万科的社区都可推行。

下一步目标，是万科在全国29个城市的100多个社区。

第三部分

2011~2013年

第一学期 游学

百战归来再读书

1983年只身从广州到深圳创业时，看不清经济特区的前途，只是想过渡两年，把深圳作为出国留学的跳板。当时我向往阳光灿烂的加利福尼亚，中意的学校是加州大学伯克利分校。不想，做企业之后就没动过窝。时间飞快消逝，年龄增大，留学的梦想倒是始终在脑袋里萦绕，直到近50岁才感觉过了留学年龄，不再去想了。过去10年，公司之外，我将精力主要用在户外探险和社会公益活动上，亦觉得很充实。但一件偶然事情却改变了我的生活节奏，这一改变，让一个从未设想的舞台徐徐展开……

事情还得从一次会议说起。2010年初，应高希均先生邀请，参加由天下远见文化事业群在台北举办的论坛。会议间隙，阿拉善SEE财务总监张敏①介绍我认识香港科技大学商学院副院长陈慧珠女士，一位干练的教育管理专家。我以为陈院长也是论坛讲演嘉宾，但她的回答令我意外："我就是特意为了来见你的。"

为什么在台北？深圳与香港相邻，见面不是更容易吗？

"因为和万科相关部门约了几次，都约不上。"

是这样，什么事呢？

"邀请你去香港科技大商学院给EMBA班学员讲课。我听过你的

---

① 张敏是万科老员工，当时担任阿拉善SEE财务总监，曾就读香港科大EMBA。

讲演，很有感染力。你个人的经历和万科的经营之道是很好的案例，一定会受学员欢迎。你知道我们商学院EMBA在国际上的排位吗？……”

陈院长再介绍了些什么，我已不记得了，只记得当时内心很激动，被院长的诚恳和用心而感动。不过这不是最重要的，最重要的是，这几年我产生了到大学商学院教书的念头，而且在不同场合同几所商学院的主管都有所表示。或许他们以为我是说笑，或许商学院的兴趣只在我每次两个小时的讲演问答，总之，没有回应。没想到陈院长主动登门拜访，竟找到了台北。被感动，又有需求，一拍即合。

很快，科大商学院安排了一个小型欢迎会，科大陈院长给我发了正式聘书，合同一年。案例教学，同以往大学讲演有两点区别：首先，讲演一般一个半小时，再加一个小时的问答交流，再怎么延长也超不过四个小时；讲课却至少要安排两天 12 个学时或三天 16 个学时。其次，讲演即兴发挥的空间很大，也适合有感而发；授课却要拟大纲编讲义，不仅要考虑逻辑上站得住脚，还要在管理学上寻找理论依据。嘿嘿，看来，以前各家商学院不回应我做兼职教授的话题是有道理的！

站在教授的讲台上，我失去了作为企业家讲演时的信心和风采。教学和讲演是两回事。我早年创业和登山探险的故事固然引人入胜，但如何整理成可举一反三的案例就是另外一回事了。仅凭企业家的个人魅力来掩饰学识的不足，显然对自己、对学生、对学校都不是负责的态度。在教了两个班的课程之后，我有了“百战归来再读书”的念头。

那年 4 月，我在北京参加哈佛大学中国基金安排的答谢宴会。三年前，万科成为哈佛合作伙伴，每年接待哈佛本科生的暑期实习。合作的中国单位有泰康保险、招商银行、TCL、政府部门、非政府组织等。饭桌上没有固定的谈话主题，聊到东西方教育差异时，中国基金执行主任以不经意的口吻问了一个问题：“有没有兴趣到哈佛游学？短的三个月或半年，长的一年。”我没有任何思索，本能地回应：“有兴趣，一年。”

答谢晚会上，哈佛实习生做汇报演出。现代舞、小提琴、钢琴、非洲土风舞、女高音独唱，演出水准之高令人意外！坐在一侧的执行主任凑近耳语：“两位跳现代舞的，一位学经济，一位是学化学，已分别被波士顿和芝加哥的专业舞团招聘。”“这种情况在中国的教育体系看来，是不务正业啊。哈佛生果然不同凡响。”

演出结束，执行主任在答谢词中特别提到哈佛生的素质：“哈佛生除了智商高以外，还必须具备三者之一：体育好，或具有某类艺术专长，如果两者不具备，第三个条件是要有过苦难经历。对有理想、具备知识的人来说，苦难经历是财富，比如这次在场的实习生中就有经历过从越南逃离、途中又遭遇海盗的。对于缺乏胸怀、没有能力的大众来说，苦难就是苦难，多了就是灾难；但对有理想追求、有道德情操的人来说，苦难经历就是财富。比如曼德拉因反对种族隔离被判入狱失去自由29年，但正是这种苦难铸就了伟大的心灵和胸怀，出狱后坚定地奉行宽恕、和解，促进了南非非暴力民主进程，造就了南非的新生……"

答谢宴会后，就等着哈佛的邀请。

迟迟没有消息。我疑惑了，难道这次邀请只是餐桌上谈谈而已，我给认真了？后来才知道，在学校内部讨论会上，对为什么邀请一位中国企业家到哈佛做访问学者有很大争议，一时争执不下。7月份，又在香港安排了一次会面，对方是哈佛亚洲研究中心主任凯博文教授、助理主任米尔先生。凯博文教授是哈佛医学院资深神经心理学专家，80年代曾在长沙湘雅医学院教学，又是一位汉学家。对话是用中文进行的。交谈中，万科的经营理念，尤其是"不行贿"是经营底线的理念得到凯博文教授的认可和积极回应："哈佛欢迎你，来吧！"哦，面试通过了。后来收到的邀请函是凯博文签发的。我到哈佛之后，一些朋友很纳闷儿：进哈佛需要办哪些手续？就我的感觉，只要哈佛的教授发一封邀请函就行了，邀请函就是进哈佛的通行证。

收到邀请函，助理开始办相关手续。我却心虚了：英语只保留了最基本的阅读能力，听、说只能应付酒店出入，就这水平，怎么到哈佛学习？ 7、8月份到深圳某英语培训机构恶补英语口语，进展几乎是零。就要开学了，空投到波士顿再说吧？语言就是个环境，车到山前必有路。后来因为不可抗力原因，哈佛秋季开学时我没能成行，没有懊恼，反而庆幸有了更多准备时间——扪心自问，我还没有做好去英语环境中生活、学习的思想准备。就这样，秋季学期溜了过去。

转眼到了2011年。春季开学在1月25日，而这一年春节在2月份。我让助理转告学校：在中国过春节后再去哈佛——这是还没报到就准备逃课了！

助理转告助理主任米尔先生的回话："办公室早已经安排好了，你到底来不来？我们这是哈佛。"听这话中有话，我即刻表态："到波士顿去过春节！"

捡几本薄册子随身：弗兰西斯·柯林斯《生命的语言》、雅克·德里达《宗教》、詹姆斯·康斯勒《没有石油的明天》、迈克尔·博尔特《进化与人类的终结》，匆匆出发。香港飞波士顿，旧金山中转入关。脱鞋解腰带提裤子过安检门，提示板：安全第一！稍有可疑，旅客就被请进一间玻璃亭，举双手，鼓风吹全身，就像投降的战俘。很滑稽！美国航母战斧导弹可以耀武扬威将一个不听话的国家政权颠覆，本土安全却如履薄冰，丝毫没有安全感。

继续飞行，降落在波士顿机场。东北大学的杨晓晖教授和她先生、设计师邓东，以及曾经在万科工作、正在哈佛读博士的常征接机。夜色中驱车进波士顿市区。

波士顿是美国最古老、最有文化价值的城市之一，积聚着财富，也孕育着文化。它曾经是重要的航运港口和制造业中心，今天则是高等教育和医疗保健产业中心。穿过冰封的查尔斯河，进入剑桥。我租住的公寓属校产，只对访问学者出租。据说，中国才女张爱玲也曾住过这栋红砖楼。

早上起来，哈佛校区，雪花纷纷扬扬。裹得严实的学生步履匆匆，寒风凛冽，红砖楼、尖顶教堂、钟声、雪地上跳跃追逐的小松鼠、披上一层雪毯的哈佛先生坐像……注册，布置公寓，超市购物，熟悉地铁。

常征安排了我参加常春藤盟校中国留学生会联合举办的2011年迎新春晚会。晚会在哈佛纪念堂举行，1000座的剧场被挤得满腾腾的，同东亚研究有关的一些教授也应邀参加。印象深刻的是费正清中国研究中心主任欧立德的致辞。西装笔挺的教授叽里呱啦一通说，显然不是英语，也不是汉语。听众正疑惑之际，教授解释：致辞用的是古满语。常征小声解释，欧立德教授以研究清朝满文档案著称，以满人眼光看清史，是哈佛清史研究的新领军人物……

中国留学生的表演很精彩，又很亲切。我正兴致勃勃观看，一旁的常征传递过来一张纸条：“王总，一会儿配合做一个魔术节目，介意吗？”我点了点头。

是一个综合杂技和魔术的节目，表演者是一位来自北京的哈佛教育学院的研究生。主持人介绍：“有一位神秘嘉宾将上台协助表演。”说出我名字时，台下中国学子发出意外惊叹、掌声。我的角色是抽取表演者手中的扑克牌，看他能不能猜中牌的花色和点数。因为简单，配合得蛮默契。节目完，主持人让我说两句，我引用哈佛中国基金执行主任的说法：“今晚感到了中国留学生的文艺才华，不知道大家体育运动的水平如何呢？如果有喜欢滑雪的，可以周末一起去新罕布什尔州的滑雪场滑雪。有响应的吗？”

硬闯语言关

在亚洲研究中心的办公室里，有块用作日程提示的软木板，我钉上了课程表和各种讲座招贴。稍微留意就会发现，课程表不是哈佛的，而是语言学校的。每周星期一至星期五，我上午在语言学校，下午在哈佛听讲座，兼试听课程。

语言学校位置在公寓和校区之间，步行只需6分钟，很方便。英语课程分初、中、高、最高级四个等级。入学考试，根据测试的水平分班。我进了中级班。每个等级10个星期的课程，周末考试，10个星期后大考，通过了上一个等级，不及格就再上一轮原来等级10个星期的课，以此类推。也有选修课，不计考试成绩。去语言学校报到那天，同学误以为来了位老教师。

8:30~11:30是正式语言课，11:40~13:00选修商业英语、速读速写等课程。一个班约十二三个学生，来自世界各国，从十五六岁到二十二三岁，很少超过三十岁的。感觉是和一群小屁孩儿混。课堂强调互动，经常把同学一对一分组，一个同学比画单词的意思，另一个猜，看哪个小组先胜——我所在的小组经常垫底。周末考试，有的同学不到30分钟交卷扬长而去，其他的也陆续交卷，最后教室只剩下一个埋头答卷的学生。监考老师走到面前，伸出手："皮特，已经超时了。"把考卷交出的瞬间，放松和疲劳感充满全身，只想返回公寓倒头就睡。从星期一早起上课，就盼着可以睡懒觉的星期六。

最耗精力的不是白天听课，也不是周末的考试，而是晚饭后的公寓作业。7点半结束晚饭，8点做语言学校布置的作业：语法造句和一篇作文。作文费些功夫，但10点前能够完成。不过，费神的还没开始。先烧好开水，泡壶咖啡。波士顿的2月大雪纷飞，老式公寓里暖气热度不足，得来杯热咖啡暖身提神，开始翻下午哈佛讲座的英文笔记。我是怎么听英语讲座的呢？第一，选择讲座时，首选讲演者用PPT的讲座；再就是，由杨教授安排，请一位刚毕业的中国留学生随我一起听讲座，帮做英文笔记。熬夜的功课，就是要弄明白眼前的英文笔记。一些单词、术语，甭说英文，就是翻成中文我也一头雾水。

公寓临街，凌晨清晰听到扫雪车"叮当叮当"的警铃声。感到浑身冰凉时，下意识起身去厨房，水壶在电炉上，水早已烧干，壶底烧得红彤彤的，壶盖上的塑料扣已经熔化。冷却之后，水壶照样还能烧水！这质量——德国牌子。当听到垃圾车的隆隆噪声时，窗外透出曙光，看表，4点钟，做完做不完都必须停下来去休息了。

躺在床上，无法入眠，神经仍处在兴奋状态，告诫自己必须要睡一会儿，但怎么都睡不着。创业那些年，压力非常大，但睡眠一直很好，而且越是困难时期，睡眠越好，反正明天太阳还会照常升起。登山的时候只是肉体上折磨，心理上恐惧，但登珠峰也就是熬两个月，在哈佛至少要熬 12 个月！问题是：登山熬两个月，能登顶珠峰，而在哈佛熬下去——没有结果就罢了，别熬出个抑郁症来。

其实泡泡图书馆，做自己喜欢的选题，再聘请个翻译，也不影响和教授交流，何必如此苛求自己呢？但就此放弃吗？我真的尽到最大努力了吗？能到哈佛进修的机会对我来说，就此一次。这样放弃了将来不后悔吗？不记得是哪位哲人的话：存在可以没有意义，但人可以在存在中自我造就，活得精彩。人需要不断发展自身、更新自身，而不应该被任何本质或性格所预设。过去 20 多年，创业、探险，好奇、自我不满足，不正是努力摆脱预定、自我造就、修为的轨迹吗？继续熬，无论如何，太阳照样会从东方升起。

第二天清晨，洗把冷水脸，热一杯牛奶，两片烤面包，半个西柚，3 分钟早餐。背上背包，精神抖擞走在学校路上。

原来周末滑雪的计划，去了一次新罕布什尔州的太阳谷滑雪场就再也没有动力了，因为周末也用来学习语言。根据访问学者的语言能力，亚洲研究中心会介绍英语导师。给我安排的是一位女士，出版社的退休编辑，有很好的语言和文学修养。每周三次交际语言训练，一次一个半小时。周一至周日，每天的时间表安排得满满的，尽量避免应酬，尤其避免和中国学者、中国留学生应酬。这样做两个原因：第一，晚饭应酬至少一个半小时，平时做作业就要做到凌晨两三点钟，如果有应酬就得做到凌晨 4 点钟了；第二，和中国学者、学生是用中文交流，对学习英文没有任何帮助。哈佛的学生组织非常活跃，包括中国留学生的组织，但他们请去讲演，我都拒绝了，只有讲环保话题、绿色经济的才例外，而且前提是让我用英文讲演，既宣传环保又训练英语能力，一举两得。

3 月的波士顿雨雪交替，整个城市湿漉漉的，雨伞成了必备，雨靴也要添置。乍暖还寒，校园的玉兰树、北美狗木树冒出嫩芽。即使匆匆赶路，见到草地活泼跳跃追逐的灰松鼠，还是忍不住停留片刻观察，太可爱了。

所住公寓的隔壁曾是一所神学院，哥特式风格的建筑。每天清晨，透过窗户望过去，竟有置身修道院的感觉。一提修道院，不免和清苦呆板幽闭营养不良联系在一起。其实，清苦（不是饥饿）倒是有益健康的，现代人营养过剩，疾病多多；隔绝的环境有益于潜心学习、接近真理。哈佛的校训是“真理”，然而身处繁华浮躁的环境中如何追求、接近真理？追求真理必须全神贯注，否则只会无功而返。努力吧，清苦一点是必需的。

中国碑

哈佛校园有许多门，我习惯选择去主图书馆比较方便的校门出入。小径一侧是庞大的图书馆大楼的红砖侧墙，另一侧则是小尺度教学楼、白雪覆盖的草坪。雪地上追逐的小松鼠引我停步，机警的它又一溜烟蹿到了附近的树干上消失。注意到草坪上一座似雕塑的物品，约5米高，被一件绿色的防雨布罩子严严实实遮盖着。什么东西呢？

樱树花蕾在微风中跃跃欲试，昨夜还紧闭的玉兰花蕾，突然绽放枝头，馨香沁鼻。春天已到哈佛园。雪消融，绿草坪上的罩子拿掉了，竖立着的竟是一座汉白玉碑。出乎意料！中华传统制式的石碑同周边的环境不大协调。我凑近看：龟身狮头的神兽驮着石碑，碑额浮雕“二龙戏珠”及祥云图案，碑体两侧祥云、龙身环绕，碑文浅刻着行楷汉字。岁月侵蚀，石碑呈现裂纹，文字已模糊不容易辨认。身处哈佛校园，仰视如此精美的高大石碑，不禁感叹！是谁把这座汉白玉碑立在哈佛校园，但又是如此不起眼的角落呢？

细辨碑文：“文化为国家之命脉。国家之所以兴也繇于文化，而文化之所以盛也实繇于学。深识远见之士，知立国之本必亟以兴学为先。创始也艰，自是光大而扩充之，而其文化之宏往往收效于数百年间而勿替；是说也，征之于美国哈佛大学滋益信之矣！哈佛约翰先生于300年前，由英之美讲学于波士顿市，嗣在剑桥设大学，即以哈佛名之；规制崇闳，学科美备，因而人才辈出，为世界有名之学府，与美国之国运争荣。哈佛先生之深识远见，其有造于国家之文化大矣。我国为东方文化古国，然世运推移，日新月异；志学之士复负笈海外以求深造。近30年来，就学于哈佛，学成归国服务国家社会者，先后几达千人，可云极盛。今届母校成立三百年纪念之期，同人等感念灌溉启迪之功。不能无所表献；自兹以往，当见两国文化愈益沟通，必更光大扩充之，使国家之兴盛得随学问之进境以增隆。斯则同人等之所馨香以祝而永永纪念不忘者尔！”落款：“公历1936年9月哈佛中国留学生全体同学敬立。”

时间上算，学成归国的中国哈佛留学生进校时间不早于20世纪初，正是古老中国求变图存的洋务运动后期留学热。25年前，我曾读过的一本书《西学东渐记》，作者容闳先生少入教会学校，1847年以19岁的年龄赴美留学，考入耶鲁大学，1854年毕业，成为第一个毕业于美国大学的中国留学生。书中记述：“大学阶段，中国的可悲境况经常出现在我的脑海，令人感到心情沉重。我决定使中国的下一辈人享受与我同样的教育。如此，通过西方教育，中国将得以复兴，变成一个开明、富强的国家。我尽一切智慧和精力奔向这个目标。"

容闳 1855 年回国，旋即投入到师夷自强的洋务运动，奔走呼吁 17 年，倡议派幼童前往美国留学。1872 年，担任学监的容闳带领第一批 30 名幼童远赴美国，开创了中国近代官派留学之路。之后，陆续到达美国的学童共 120 名。幼童留美计划持续了 10 年，最后因朝廷保守派的阻挠而中断。虽然归国的"幼童生"受到朝廷的歧视，像囚犯一样被看管起来，但还是产生了詹天佑、唐绍仪、吴仰曾、蔡绍基等一批杰出人物。

1908 年，美国通过退还部分庚子赔款的决议案，并将该款用于为中国培养留学生。第一批 47 名学生于 1909 年送到美国，此后至 1922 年，清华学校庚子赔款留美学生中，在哈佛大学求学的人有 21 位。中国现代气象学之父竺可桢，是在哈佛攻读气象学，1919 年获博士学位后回国。中国第一个从事 X 射线研究的科学家胡刚复，1918 年获哈佛博士学位。还有杨杏佛、林语堂、吴宓、贺麟、梁实秋、胡先骕……

1928 年之后，哈佛燕京学会在燕京大学成立，前往哈佛求学的中国留学生逐年增加。2010 年上海世博会万科馆讲述的中国环保民间领袖梁从诫先生，他的父亲、著名建筑教育家梁思成就属于这批留学生之一。1928 年，梁思成获宾州大学建筑系硕士，进入哈佛美术研究院，回国后长期从事古建筑研究和教学，创建清华建筑系。

早年负笈海外的哈佛中国留学生，为开拓中国的现代科学技术和文化教育事业做出了重大贡献。眼前的这块汉白玉石碑静静地立在哈佛校园里已有 75 个春秋，见证着中国学子的求学之路。最新数字，2011 年秋季在哈佛的中国留学生、学者注册人数已超过 500 人，中国成为仅次于加拿大的第二大留学生国。

每天都有大批的游客参观哈佛校园，铜塑哈佛先生坐像是必然参观的项目，其伸出的右脚也被游客摩挲得锃亮。位于西侧的汉白玉石碑却不被人注意。驮石碑的赑屃四爪鼎力，昂首向前，给人以充满力量、不畏艰辛、忍辱负重的印象。中国古代传说龙有九子，各有所好，二子赑屃喜欢背负重物，所以背上总驮着一块重重的石碑。当时中国留学生所承载的不就是沉重的国运、族运吗?

英文演讲

哈佛纪念堂迎春晚会上亮相之后，常春藤联盟各家中国学生会组织发出讲演邀请，担心影响学习，能拒绝的就拒绝，但世界自然基金会美国基金（WWFus）的邀请，我却爽快答应了。2008 年夏天，第一次访问了总部设在华盛顿的WWFus，“大熊猫”形象标志深感有亲和力。此后，万科同WWF北京办公室建立了业务关系，共同推动“反盗伐，推动木材绿色环保认证”的环保行动。

WWFus知道我在哈佛访学，邀请我参加WWF成立 50 周年的庆祝活动，做专题演讲。我主动提出：用英文讲演。

英文由拼音字母组成，即使对话磕磕巴巴，念总能念下来吧？问题只是单词的重音把握对不对，语句说得流畅不流畅。30 分钟的讲演，能坚持到底吗？本来睡眠就不足，额外增加讲演练习，几乎有些体力不支了。大考前的感觉。

2 月 24 日，波士顿飞华盛顿。安排接待的是WWFus的牛红卫女士，负责中国业务，红卫的热情、周到让我紧绷的神经略微放松。讲演安排在总部三楼报告厅。做了PPT，就算听众听不懂我讲什么，还有PPT文字辅助。

“女士们，先生们，上午好！”声音干涩、低沉，不像是从自己嗓子发出的。接着，脑袋有些空白，张开嘴却没有发出声。听众在看着我。是不是就此打住改讲中文？之前红卫关照过：如果感觉中文更能发挥的话，她随时可以做翻译。定了定神，变得嘶哑的嗓子开始念英文稿。虽说是念稿，念的却是亲身经历的三个故事。

故事一：2002 年登非洲最高峰乞力马扎罗。据记载这是一座常年积雪的雪山，但我登到顶峰也没有看到雪。全球气候变暖，常年雪山变成了季节雪山。预测 30 年内，乞力马扎罗顶峰的冰川将全部融化，造成生态灾难。越接近大自然，越感受到全球变暖的趋势。

故事二：热带雨林捕捉、固化二氧化碳，是地球不可或缺的“肺”。但全球砍伐木材 70% 输出中国；在中国，建筑工地上使用的木材占了总用量的 70%，其中的 70% 又是消耗在住宅工地上。万科是目前中国最大的住宅开发企业。万科应该怎么办？我主动找到绿色和平组织北京办事处，却吓了对方一跳，因为只有绿色和平组织出击大企业，从未有大企业主动找上门的。

故事三：从日本引进工厂化施工工艺，木材减少使用 85%，水减少消耗 60%，建筑垃圾减少 90%……

此时，念稿的我已经是汗淋淋，但故事引起了共鸣，听众为一家中国企业的环保意识和环保行动所感染。

悬着的心算是平定下来，但对纠正发音却没有帮助，难发音的词要重复三四次才顺过来。有趣的事情发生了。前排的一些听众这时候小声、打提前量念PPT的稿子，引导我正确发音。

故事结尾：建设部2007年公布了类似美国LEED标准的建筑指标体系——绿色三星。2009年，只有万科的一个项目达标。到2010年，更多的企业申请绿色三星，30多个达标项目，万科占到60%，预计2011年万科仍会占到全国绿色三星项目的50%。在住宅市场上，万科市场份额只是2%，仅仅一花独秀，对全国碳减排指标意义不大，万科不仅自己做绿色建筑，更要在行业内积极推广。这就是为什么万科和WWF合作，从开始减少木材使用，到保护热带雨林。

讲演获得成功，在公共场合说英语，有了心理上的突破。

返回波士顿，即刻投入到紧张的学习生活中。4月份又接到邀请，参加WWF50周年的庆祝活动。

“哎，不是参加过了吗？”

那是美国WWF的庆祝活动，现在是WWF全球总部的，全球总部在日内瓦的格兰德，庆祝活动在瑞士的古城圣加仑。全世界70多个国家WWF基金的负责人聚在圣加仑“年会+50周年庆祝活动”。一天论坛，10个主讲嘉宾，其中两位企业家，一位是联合利华的首席执行官，另一位是万科董事长。但这次不仅仅讲演，还有讲演之后的问答环节。“还用英文讲演吗？”当然。“问答环节也用英文？”我可以用英文回答，问题是不确定能不能听懂提问者的问题，也不确定提问者能听懂我的回答。经协商，在回答问题环节时，借助一位英文翻译。

5月初，波士顿飞苏黎世，苏黎世再向东车行约一个小时，到达位于博登湖畔的圣加仑。山湖环抱的圣加仑是座古色古香的小城，曾是瑞士东部地区的宗教中心。8世纪时建成的圣加仑修道院，是中世纪欧洲的学术圣地，空前繁盛。现在建筑已不再作为修道院使用，却因巴洛克建筑风格的大教堂和修道院图书馆而被列为世界文化遗产。

第二天晨5点钟起身，乘车30分钟，山径攀登。知道我嗜好户外运动，WWFus特意安排了这个活动，同行的是WWFus的首席执行官司卡特先生。晨曦中，沿山径上行，绿草如茵的缓坡草地，新鲜的牛粪，哞哞的牛叫声，教堂的钟声，金色晨光洒向与德国交界的博登湖。卡特先生也是一位户外运动爱好者，长期从事环保事业，喜欢猫科动物，心愿是能在大自然环境中亲眼看到雪豹，而不是在动物园里。保护濒临灭绝的雪豹是WWFus正在进行的一项雄心勃勃的项目。两小时登顶，一小时下山。当 9 点钟出现在会议厅时，感觉浑身清爽。

WWF于 1961 年成立，已走过 51 年历程，是全球最大的独立性非政府环境保护组织，拥有将近 520 万支持者和在 100 多个国家活跃的机构网络。WWF发起超过 12000 个环保项目，其中保护野生老虎、海洋动物、热带雨林，控制象牙和犀牛角等项目已经深入人心。十几年登山经验，我无论走到哪个国家都能看到WWF的熊猫标志，在中国城市几乎家喻户晓。1996 年，WWF成立北京办事处，陆续全国成立 8 个办公室，资助开展了 100 多个项目。其特有的黑白两色熊猫标志，为世人熟悉、喜欢。

在我之前的讲演者是联合利华的首席执行官波尔曼先生。一米九几的波尔曼先生脸色红润，讲台上挥洒自如，紧紧抓住听众的注意力。成立于 1929 年的联合利华由英国Lever公司与荷兰Margarine United公司联合组建，是全球最大的快速消费品公司之一，在 100 多个国家和地区拥有 17 万名雇员。每天有 20 亿消费者在世界各地使用其产品，包括食品、家庭护理及个人护理产品。联合利华在全球的可持续发展实践赢得广泛认可：连续 10 年荣获“道琼斯可持续发展指数”食品行业第一名。2010 年，联合利华提出可持续行动计划，到 2020 年实现三大目标：环境影响减半，100% 农业原料可持续采购，10 亿人健康水平提高。

轮到中国企业家了。有过华盛顿的经历，走上讲台不再紧张。仍是三个环保故事的思路，在感受全球变暖的个人经历中，增加了几幅图片：2006 年 1 月在南极点打赤膊翻跟头；2007 年 5 月穿越新疆罗布泊，见证 52 度高温。“作为一个大自然爱好者，你越接近自然，越能感受大自然在变暖……”亲历 2009 年的哥本哈根气候大会，我认为中国政府“2020 年碳排放强度减少 40%~45%”的表态是个重大转折。中国建筑和房地产行业在减排目标中扮演举足轻重的角色，因为建筑里的能源消耗（照明、取暖、降温）占了社会总能源消耗的 30%~35%。按照万科的绿色建筑目标，2020 年，万科可以贡献中国减排指标的 1.2‰，如果全建筑和房地产行业达到万科的水平，将占中国减排的 12.5%。

故事形象，数字简洁有说服力，获得掌声。问题出在问答环节。我发现，我的回答翻译成英文，意思同中文差距很大，甚至根本不是那个意思，忍不住示意翻译打住。“还是我用英语直接回答吧，我的意思是……”真不知道哪来的勇气，哇啦哇啦回答问题。怎么会有那么多从来没用过的语句一下冒了出来？

会议间隙，许多国家的WWF基金代表邀请交流，有意思的是尼泊尔WWF办公室的代表。2010 年 5 月，我完成南坡登顶珠峰之后，在加德满都休整，其间特意拜访了这家办公室，探讨如何在中尼边境线保护野生动物。可惜，负责人当时在野外，没能见上面。有缘千里来相会，这次在圣加仑见了面。

返回波士顿没多久，WWF总部和WWFus都向我发出邀请，希望加入其董事会。很珍惜这种信任，但选择哪一家合适呢？逻辑上，当然是担任在日内瓦的WWF总部董事，但我人在美国，而且这几年在中国合作的环保项目也是和WWFus接触更多些，人脉比较熟。假如是你，选择哪一家？

WWF两次讲演的成功，给了我鼓舞。似乎找到一条练习讲英语的方法，那就是创造讲演机会。之后，9月纽约古根海姆博物馆举办的“城市未来”论坛、10月麻省理工学院中国学生会举办的“创新”论坛、11月伦敦政经学院举办的“网络时代大都市”论坛等，均以英语讲演。只是问答环节，还要借助翻译。

花花草草的学问

借着WWF在圣加仑开会的机会，同专程飞来瑞士的万科建研中心团队进行城市更新和环保项目考察，包括旧工厂改造区、老城水系保护、热带雨林馆、拜访两所著名大学及苏黎世绿化规划管理部门。其中一个项目没有在行程表上，但却留下深刻印象，那就是FIFA（国际足联）的新建总部。说来也怪，中国足球踢得如此臭，却丝毫不影响中国人民喜欢足球！血脉贲张、野蛮拼抢、战术配合、神奇进球等等恰是人类远古至今不变的基因吧。

FIFA总部坐落在苏黎世城东侧的山坡上，与动物园相望。5月的苏黎世阳光和煦，茵茵草地上大片黄花，间杂轻盈的蒲公英。一块不显眼的牌子上标示着“FIFA”。

顺着缓坡道穿过植物园，眼前一座银灰透青色的建筑，似方非方、似透明非透明、似豪放非豪放、似纤细非纤细、似简单非简单，哪位大师的“极简主义”作品？说它是方形的，每个立面却是倾斜的伸展；说透明，整个玻璃幕墙外层又罩着一层合金编织的细网；说简单，形状上就是个盒子，细部的衔接和材料的考究以及新环保技术的应用却一点儿也不简单。整个建筑用玻璃罩起来使阳光直接进入大楼，用FIFA主席的话来说，“代表透明度”。玻璃墙之外，用特别的材料编成的网罩，用来吸收太阳光转化的热量。

进入大厅，没有看到保安，虽没有预约却可进入，无声地表明“向任何参观者开放”。建筑内部的装饰令人惊叹，由合金件和玻璃构成的空间里，细部材料极尽精细，可以说是不动声色的奢华。没有门卫，不意味着可以在大厦里畅通无阻。进入内部需要通过电梯上下，这里使用指纹识别体系，指纹不被识别，电梯是不会打开的。一个小小的技术方案，使得大楼服务、管理显得简洁又省人工。

大楼的长度和宽度和足球场差不多，但高度只有12米，看上去有些矮，设计蕴含不少有意思的想法：建筑物有五层沉在地下，地面上只有三层，和周边的绿色植物区融为一体。为什么不把地下这五层建在地面上呢？大概是集财富、权力一身的FIFA总部有意降低身段，通过总部新大楼的扁平形象来弱化财富越来越不平等的社会现实。

国际建筑评论界曾将瑞士当代建筑风格评价为“极简主义盒子”。所谓“极简”并不是为简洁而简洁，而是许多概念和目的的“逻辑结果和干练表现”，是形式和手段的简约。它包含一种人对知觉的追求，是对形式主义泛滥的一种排斥。该建筑由瑞士天才女建筑师提拉 · 希尤斯设计。

从大楼出来，静谧的环境，置身“地理植物园”，给中国来的游客又一惊喜。按照规划思想，六大洲的各种植物会聚于此，以洲为单位划分不同的植物园区，以体现FIFA的国际性。拥有209个会员的FIFA，规模超过了联合国和国际奥委会，是世界第一大民间组织。在非洲植物园区的中央位置，耸立着一座由足球运动员共同托起足球的雕塑。纯木质的雕塑由17名身穿不同国家队服与号码的球员组成——有荷兰的14号，阿根廷的10号，巴西的10号等，但凡熟悉足球史的人都可以迅速联系到熟悉的传奇球员：克鲁伊夫、马拉多纳、贝利等。中国籍队员什么时候才能加入这个“叠罗汉塔”呢？

徘徊在植物园区，分辨来自世界各大洲的植物花卉，兴致盎然。在亚洲植物园区，发现了正繁花盛放的紫玉兰和中国特有的芍药。欧洲植物园，指着一丛红彤彤的花朵，问：“猜猜，什么花？”

“太阳花？某种茶花？”同事们显然在蒙。

“是罂粟花，想不到吧？”得意地公布答案。

“啊，这就是罂粟花？怎么可能呢？”

我解释：“在欧洲并不难见到罂粟花，佩戴红色的罂粟花是英国纪念‘一战’中牺牲将士的传统形式。谁能说说，这种罂粟花属什么科？”我继续出考题。显然，在植物辨识分类上，我占了上风。凡生活中遇到花草我都会留意观看，不认识的一定拍下照片，上网查个明白，并在微博上交流植物分类心得。一些年轻的网友惋惜万科的董事长丧失斗志，寄情花花草草；还有一些则猜测是韬光养晦。

学期里的某个阴雨天，独自参观哈佛阿诺德植物园。一旁的常征问："为什么喜欢观察植物？"

"个人偏好，同职业也有密切联系啊。"

"同建筑？"

"当然，建筑和环境密不可分。对于园艺植物的营造，中国同发达国家相比差距比较大，还停留在制造营销氛围的阶段。如何营造宜居环境，实现环保、可持续？这就是关注花花草草的意图所在。"我一边说，一边从椴树下捡起一块卵石端详，顺手放进背包。常征："这石子有什么特别吗？"

"没有，只是习惯，每到自己觉得有纪念意义的地方就选一块。"

"有捡到值钱的吗？"

"石头本身并不值钱，但世界不同地方的小石子儿放在一起，就有了回忆和故事。比如我曾在普利茅斯海滩上捡过石子，那是'五月花'号登陆的地方。"

喜欢收藏石子、喜欢植物分类，这都是我多年养成的嗜好，犹如其他人嗜好收藏古玩字画、喜欢打高尔夫一样。虽然植物分类是个人嗜好，但对植物的认识修养却和万科的业务密切相关。如果说，万科早期更多的精力用在了建筑本身的功能和设计上，现在则应该对小区的植物绿化给予更多关注。2000 年成立的建研中心，2007 年之前的研发重点是住宅产业化和建筑的减震技术，而之后园林绿化成为一个重点。

住宅精装修、住宅产业化、绿色建筑都是万科首先在行业内推广的。类似于小区户外装修的园林规划的重要性也凸显出来。给业主设计赏心悦目的绿化景观固然重要，但更重要的是绿化选种的合理性，保证小区园林能健康成长，随着时间的延长，树木花草越长越美，同时还要保证合理的维护成本。万科不仅在研发方面投入资源，还在各区域投资建苗木场。10 年前出国考察时，住宅小区是重头，现在则过渡到城市规划、老区改造和植物园。个人嗜好和专业方向结合起来，何乐不为？

暑假 见识

活命水与“城市矿山”

学习不仅仅在课堂。2011年暑假，趁短暂回国机会，考察新加坡水资源利用系统和日本资源循环系统。时间很短，却让我印象深刻。

曾在新加坡工作多年的毛大庆身兼导游，介绍认识新加坡国立大学的水务专家。

新加坡面积约700平方公里，要养活450万人口，天然资源十分有限，缺乏湖泊和河川等水资源。李光耀曾形象地说：“在活命水面前，其他政策都得下跪。”新加坡靠相邻的马来西亚供水，[①]建国时同马来西亚签订了100年供水合同，可谓一国命运悬于一条供水管线。每当两国发生摩擦时，截断供水便成为马来西亚最有力的要挟。一旦供水中断，新加坡将面临瘫痪。李光耀发誓，要让国家水资源自给自足！

新政府选择了发展蓄雨水、循环再生技术和节约用水。

我眼前的湖水，水面不宽却蜿蜒延伸，实际上是一个汇集雨水形成的水库。在新加坡，这样的集水区有15个，占国土面积的一半以上。城市的每个角落都连接到污水处理系统，所有污水都被收集起来，

---

① 新加坡与马来西亚关系密切。第二次世界大战中，新加坡被日本侵占。“二战”后的1946年，新加坡从马来亚联邦中退出，成为英国殖民地。1958年，英国承认“新加坡自治法”。1963年，马来亚、新加坡、沙巴、沙捞越组成马来西亚联邦。1965年，新加坡脱离马来西亚联邦，成立新加坡共和国。

经过污水处理厂净化，再用高科技进行超微过滤、逆渗透和紫外线消毒，最后成为可以饮用的新水。

从水资源的利用来比较，国内生产总值除以用水量，新加坡为北京的 16 倍。中国 60% 以上的城市缺水，新国的做法值得借鉴啊！

新加坡公用事业局计划在未来 10~15 年，修建 150 个水道美化工程，让原来只具备实用功能的水设施成为美化新加坡人生活的公园。眼前湖面上几处岛屿，仔细看竟在随风微微移动，原来是人工造的花草浮岛，既美化视觉效果，又有利于水质改善，还吸引来水鸟栖息。忍不住与同事们商量：大梅沙万科中心东南侧是一个愿望湖，偶尔有白鹭飞临，曾经一度有一群近 20 只的白鹭在这里栖息了几个星期，最终还是因为缺少适合的湿地环境飞走了。花草浮岛技术应用到湖里，会不会形成吸引水鸟的小环境呢？

预计 2065 年，也就是新马供水协议到期前后，新加坡将 100% 用水自给，并将成为国际水务运转交流中心。一个四面困境，缺少资源的海岛之国，能够朝这个方向前进，令人憧憬，更多的是感佩！

结束新加坡考察，飞往日本。此行是因为建筑大师安藤忠雄先生郑重推荐，赴日本本州秋田县的“小坂冶炼”进行考察。

小坂冶炼原本是一家矿山一体化的冶炼所，有 100 多年历史。20 世纪 90 年代，曾因矿山资源殆尽，面临无矿可炼的境地。20 年过去，如今小坂冶炼依然在运转，只不过冶炼对象从矿石变成了家电和电子垃圾。

小坂冶炼厂区位于一块浅丘地整理出的平地上，绿树环绕，青草茵茵。参观人员戴上安全帽、防护手套，先穿过码放着废弃电冰箱、电视机、空调的仓库，铲车将废家电运送至车间拆解线上，繁忙而有秩序。随后的分解车间一侧是长条玻璃窗，专供参观者观看。

据分解车间生产厂长介绍，电冰箱的回收价值最低，而空调则能回收出高比例的金属铜；分解这类家电中，收集氟利昂需要特殊的装具，因为氟利昂是破坏臭氧层的元凶，必须高温燃烧分解。最费工时的则是电子产品，但也因为其中含有黄金、稀有金属而最具价值。所有拆卸后的材料，先被分类，然后经传送带送走。显示屏上，可以看到废塑料壳即刻被粉碎成小碎块。

来到冶炼区，经过拆解的各类金属在这里被送进高炉，经 800~1300 猕摄氏度高温加热，分解成各类不同的纯金属。粗口的烟吐放着囱白烟——陪同解释道：“烟囱排放的只是高温水蒸气，没有毒害气体。”再乘车来到成品仓库，特意摆放着一块冶炼出的 15 公斤重的金块——纯度为 99.99%。目前小坂冶炼的年产量为金约 6 吨、铋约 200 吨、银约 500 吨、铜约 1.2 万吨、铅约 2.5 万吨。望着仓库码放着的电解铜、铅锭，我不禁感慨、佩服：资源匮乏反而成了日本资源循环再利用的动力，并形成了竞争优势。

正是由于资源匮乏，促使日本特别重视资源回收。一份研究报告显示，仅以含在零件和产品内的各种金属计算，日本可以与不少资源拥有国的储量相匹敌。在日本，含有金、银以及稀有元素“铟”等的旧家电和旧手机被称为“城市矿山”。日本国内的“城市矿山”蕴藏的黄金约有 6800 吨，白银约 6 万吨，稀有金属铟 1700 吨，钽约 4400 吨，这相当于全球黄金储量的 16%，白银储量的 22%，铟储量的 61%，钽储量的 10%。垃圾不利用是公害，利用是财富！

改革开放后，中国经济发展迅猛，已经在全球占据重要地位，但从模式、效率、创新能力来看，我们还是大大落后的。不管是经济全球第一的美国，还是大家一直以来认为疲态显露的日本，还是弹丸之地新加坡，经济效率远远比中国高，而且科技不断创新，发展模式升级，值得中国企业家学习的东西太多了。

最满意的作品是下一个

暑期回到美国，不是要等开学，而是参加了万科同事组织的建筑考察，主题：弗兰克 · 劳埃德 · 赖特的建筑。此前冯仑、葆森等中城联盟成员老总表示希望到美国探望我，那就一同加入考察队伍吧！

建筑大师赖特职业生涯长达 70 多年，90 余岁仍旧伏案创作。他创造了源于欧洲、但属于美国的建筑文化，被誉为美国史上最伟大的建筑师。赖特从小在草原长大，草原性格融入他的血肉中。水平横向发展、适合美国中西部草原气候的建筑，即“草原风格”，是他的基本美学。

考察起点是橡树园，芝加哥近郊小镇，方圆半英里地界内遍布着赖特最早期的作品，包括 12 栋别墅和 1 座教堂，这里也是 20 世纪美国最伟大的小说家海明威的诞生地。赖特第一座自住宅就建在镇上。外形相当朴素，要不是赖特的作品，谁会注意到这栋把在丁字路一角的建筑？按现在的标准，两层小楼相当局促，大概当初设计师不够富裕，也没想到自己的妻子那么能生孩子。10 年后，赖特已名声卓著，扩建了住宅，并在旁边加建了事务所。

因为是分几期盖起来的，宅子的风格比较杂。赖特把他在甲方那里不敢尝试的想法在自家身上试了个遍，最后发展出“草原风格”。其中诸多元素与思想贯穿他一生的作品，而且给欧洲现代主义建筑带来决定性的启发。

镇上还能看到一个宅子，由于业主的坚持，违背赖特意愿采用了很多哥特的形式，成为设计师一生最恨的作品，不愿承认是自己所作。

设计师和甲方的斗争硝烟从未曾消散。对万科来说，如何坚持我们的客户导向，又能做到尊重设计师，体现艺术性和创新性，是必须琢磨的难题。

1932 年，65 岁的赖特发表了《我的自传》和《消失的城市》，这两本书影响了后来的几代建筑师。他又和妻子在塔里森创立了一所建筑学校。在此一年后，他完成了传世名作流水别墅的设计。

1958 年，赖特已经 90 岁，这一年他还拿到 31 个新项目，并且设计了纽约的古根海姆博物馆。最后的 10 年他著书立说，让自己的思想被完整地保留下来。有人问大师：最满意的作品是哪一个？他回答：最满意的作品？下一个。这个回答后来成为许多设计师、艺术家和明星爱用的名言。

赖特崇尚自然的建筑观，他认为建筑如果有生命力，就应该反映此时此刻生动的人类状况。考察中领会大师的理念：建于 20 世纪初的唯一神派教堂，采用了草原风格的手法将建筑物两边拉开，平面发展，取掉竖向的尖顶和穹顶，对当时的基督教建筑来说绝对是颠覆性的。进入教堂，明亮的空间、温馨的暖调、极简的竖向装饰线条，感觉更像音乐厅。从建筑材料来看，这是一座全钢筋混凝土建筑，可以说是最早的现代建筑之一。

感受赖特的间歇，我们也走访芝加哥其他建筑师的作品：另一个弗兰克——弗兰克 · 盖里在新世纪设计的千禧公园，设计师阿克尼什 · 库马尔（Aknish Kapoor）的作品“云门”，还有西班牙雕塑家詹米 · 皮兰萨的作品“皇冠喷泉”，则给我们印象最深：由发光二极管组成的屏幕隐藏在玻璃墙之后，变换着 1000 张芝加哥市民的脸庞。间隔时间，屏幕上映像的口中会喷出水柱，潺潺形成水帘，给游客带来惊喜，更是孩子们的嬉水乐园。艺术家以超凡的想象力，让静止的物体与游人互动，赋予了雕塑新意。置身其中，你感到空间的开放平等包容友爱。这才是市民需要的公共场所吧？我想，赖特所说“有生命力、反应生动的人类状态的建筑”，正应该是这样。

继续考察赖特。芝大校园的罗比住宅是草原风格代表作。悬挑屋顶、连续开窗、狭长罗马砖……建筑几经易手卖给芝加哥神学院，神学院计划将住宅拆除，改为宿舍和餐厅，最后因为遭受抗议而搁浅。1957年神学院再度计划拆除罗比住宅，引发一场国际性抗议。对这次危机，近90岁高龄的赖特评论："把有灵魂的东西交给牧师是多么危险的事情！"

驱车至伊利诺伊州州府春田，继续赖特建筑巡礼：达纳住宅、劳伦斯图书馆。个性张扬的富豪寡妇苏珊热爱日本艺术，希望通过属于自己的日风建筑彰显个性，确立社会地位。赖特的设计不仅满足了女业主的愿望，更使她的建筑扬名世界。但铜皮饰面、屋檐翘角的所谓日本风格很不协调，看来大师也有走神的时候啊。

继续驱车南下，长时间在沙漠谷地行驶，昏昏欲睡。无意间看窗外，嚯，巨型仙人掌耸立眼前！高大躯体巍然挺立，伸展的手掌托起了太阳，荒芜、干旱、贫瘠的沙漠充满了生机！恶劣生存环境却造就了超强生存本领，叹！赞！美！

抵达沙漠谷地斯科茨代尔。褐色岩丘下有一处不动声色的平层建筑——这是赖特建筑之旅的最后一站：西塔里森。粗粝的石墙、不精细的雕木家具、狭窄暗淡的走廊、豁然开朗的客厅，充满童趣又颇有匠心地与沙漠荒野连通。这儿就是赖特1938年修建的工作室和建筑学院的冬季基地，至今仍在运转。这是大师的建筑理想，沙漠中的人文绿洲，令人有一种沧桑而又真实的感觉，充满艺术的力度！

居住在附近的志愿者讲解员告诉我们，当年基地建成后，当地政府在附近架电线。从基地看出去，能看到一溜电线杆。大师觉得这些后来的丑陋杆子侵犯了自己的景观权利，愤而起诉，官司一直打了几年，甚至惊动总统和国会，也没能改变现状。最后赖特失望地把一边落地玻璃改成矮墙，转过头去欣赏另外一边的风景了。

结束赖特建筑考察回到波士顿公寓，天色已晚。恰逢飓风"艾琳"来袭，已经导致9万户人家断电，230万人需要疏散，包括马萨诸塞州在内的五个州进入紧急状态。到超市去购买饮用水、手电、蜡烛。风雨中，一群光着膀子的年轻人狂奔而去，兴奋呼叫着，仿佛狂欢来了。

本来有饭局，收到朋友短信，吞吞吐吐言及飓风如何厉害，知道外国友人是不便直言，主动提出取消约会，对方如释重负。飓风夹着豪雨，树枝折断的"咔嚓"声此起彼伏。

翻书不觉到凌晨。好像校园里就是有特殊磁场，祛除浮躁，静心读书。第二天，就要进行新一学期的选课了。

第二学期 体验

艰难的适应

9月，回到学校，第二学期开始了。时间上做调整：上午哈佛跟大课，下午才去语言学校，把精力转移到了哈佛课程上。选的课程是“资本主义思想史”、“经济学原理”、“城市规划与投资管理”、“新能源经济政策”。以本科生的基础为主，也辅以研究生的课程。只选了全听的两门，其他的选择性跟进。选课虽然和感兴趣的课题有关，但课题方向上却优先考虑教授是否有PPT（幻灯片）演示——听不懂可以通过提示文字、图片明白在说什么。事实证明这种投机的选择对训练听力没有什么好处。阅读和听力不但不互补，反而相互干扰，当阅读PPT的文字时，耳朵就自动封闭了。开始时没有觉察到这一点，走了弯路。后来课堂上有PPT时，反而有意不看，但没有PPT的课堂，又盼望PPT，很纠结。

在商学院听了两次课，对老师的教课方式印象深刻。第一堂课，教授是1.85米大个的老外，自始至终在调动大家跟着他的思路走，课堂上全神贯注，神经绷得紧紧的。老师有如三头六臂的八爪鱼，有时一边板书一边提问，感觉身后还有两只眼睛似的，一写完板书，高谈阔论两大步，已经到了教室后面，学生感觉芒刺在背，他两步又到前面去了。一堂课下来老师衬衫全湿透，得马上换衬衫。心想，在哈佛当老师首先是体力活，得身体好，得精力充沛。第二堂课的老师是中国讲师，毕业于复旦大学，个头很小，但富有活力，在教室里活像一颗出膛的子弹，让每个学生必须全神贯注！整个教学过程同样是体力、精力完全投入。这样的商业训练，只有年轻人承受得住。

上午 8:40~11:00，在哈佛听主课。下午 1:00~2:30，英语选修课；2:45~6:00 英语语法课。每周两次晚 7:30~9:00 口语课；每晚看资料做笔记至凌晨，这就是我的一天，日日如“赶集”。第一堂课下课前就整理书包，一结束就往经济系跑，跑 8 分钟，爬上三楼溜进开始的下一节课。如果后面几排没有座位了，选择一个角落席地而坐。结束课程是午餐时间。哈佛广场随便一间咖啡屋，一个三明治权当午餐。1 点半开始广场对面的语言学校下午课。5 点钟课程结束。返学校图书馆还书借书、打印资料。出图书馆已经过 7 点，快餐店买一个 4 美元的土耳其鸡肉卷，量大，吃一半就饱了；另一半打包带回，下一顿饭也有了着落。回到公寓，烧壶水，开始做家庭作业……

刚开始听课时一片茫然，根本不知道教授在说什么。好在美国的教学法是在课程之前已获得阅读资料，课后继续阅读。如果说第一学期是感到脑袋累，担心自己神经衰弱，第二学期则是眼睛累，老花的程度明显增加，散光严重，重新配了眼镜。眼睛充血，视网膜硬化。我第一次经历这种阅读方法，要快速读大量读物，以此弥补听力、口语的缺陷。由于晚上熬夜太厉害，白天上课就会打瞌睡，觉得全无出头之日。每天都是煎熬，盼着可以不用早起床的周末。

匆匆赶路途中，抄花园小径走近路，簇簇沉甸甸花朵压弯枝头，形状似绣球，瞥了一眼怎么是乔木？想停下仔细辨认却不敢停步，担心迟到，走过了，还是忍不住转回头，拍下照片。课后返公寓上网查对，嗯，是绣球科，绣球藜属，一种嫁接的北美特别绣球种。哪怕再忙，也要找点给自己减压的方法。路过花园，总是被各种花卉所分神，停步欣赏，搞不明白的花卉品种则拍照，上网查对。一位朋友知道我的嗜好，介绍谷歌有一款软件，只要拍下照片，很快能显示对应的资料。“真的吗？”朋友当场自拍了一张头像，对比很快出来，是一张发怒的黑猩猩相片。都笑了。软件精确度有待提高。

随着年龄的增长，感觉脑袋不再像年轻时好用，思维凭经验主义，忘性也大。并且总对自己有一些心理暗示，老了，不用再辛苦动脑子了。也成功了，不用再这么辛苦了。但置身学习环境中，每天强记、做作业、强迫接受需要动脑的训练，封存的思维竟开动起了，就像给生锈的机器灌了润滑油，开动起来，激发出新的活力。这是一种很特别的豁然开朗的全新感受，强烈感到，脑子回到了 20 年前的状态。

慢慢地，也许是语言过了关的原因，人就放松了许多。哈佛亚洲中心的一些人知道我刚到时的语言能力，还纳闷儿一年过后我就可以哇啦哇啦讲英语了。实际上，刻苦学习不需说，放下身段敢讲也很重要。如果你熟悉的一位不会讲中国话的老外突然开口同你磕磕巴巴地讲中国话，你会什么感觉？笑话他吗？不会，欣赏还来不及呢。就是抱着这样的心态，大声讲！老外能听得懂吗？听不懂的话，也许是你的问题，也许是他的问题，但不要认为肯定就是你的问题。一次，没有任何准备情况下，我接受英国广播公司的采访，硬着头皮和主持人对话了 20 分钟。节目录制后，问主持人："您听懂了几成？" 主持人不大确定地回答："80%吧。"一个人最大的挑战是自己，对一位所谓成功人士，如果能放下身段，潜力还是很大的。你不抛弃自己，没有人能抛弃你。

语言只是一种沟通的工具，它并不能增加才智。但掌握了这个工具就如同打开了一扇窗，可以更加自由地交往，最起码和老外交流时不必通过第三者的转译，更不会在没有翻译的情况下选择回避了。有了这个工具，就同外部世界一下建立了直接联系，可以在哈佛这座知识殿堂里如饥似渴地学习，犹如获得新生。

语言逐渐掌握了，学习逐渐适应了，研究的课题也选定了，学期却要结束了。觉得时间过得太快，怎么一年已经到头了？申请访学延长一年。

真正感觉到变化，是再到香港科技大学教书时，助教说："您讲课的感觉和之前完全不一样了。"变化主要有两点：一是更有逻辑，二是注重引导学生思考，而不是简单告诉学生一些什么。课堂上互动交流多了，我提出问题，学生来解答，但并不一定有正确答案。我也发现自己和学生之间的关系产生了变化，之前觉得自己是老师，传播知识，讲授案例，是在帮助学生提高。现在觉得自己是个启发者，从学生那里，我也收获颇多。

如何在美国管理万科？

哈佛亚洲中心与我相邻的是一位日本防务省退休将军，一年期的访问学者。交谈中，他以为我是位退休的企业家。在哈佛，几乎没有人相信我是中国最大房地产公司的在职董事长——怎么可能？你哪来的时间？你在美国怎么处理工作呢？比如说业务会、董事会、股东大会？

1999 年我辞去总经理职务后就不再处理日常事务，但作为董事长，需要主持的董事会和股东大会是一定出席的。也有例外，2003 年 4 月的股东大会我缺席了，因为正在攀登珠穆朗玛峰。作为上市公司，万科一个季度至少开一次董事会。身在美国怎么出席呢？这就要感谢互联网视频技术。万科很早就建立了视频会议系统，我的电脑上也有视频软件，是否可以用来在公寓中参会？IT 部门表示没有问题，董办却表示有压力：毕竟公寓的环境和会议氛围不是很搭配，还是选择到波士顿当地的酒店会议室吧。第一次通过酒店商务中心的远程视频系统同公司连线，商务中心经理感慨：设备投入 3 年了，你是第一个用户。之后，第一个用户成为常客。

自游学美国以来，我多次在子夜凌晨通过视频召开董事会，其中一次，董事们分别在波士顿、深圳、北京、香港四个城市通过视频网络参加了会议。以现代通信技术，不用面对面也能主持会议是很平常的事。作为董事长不必亲力亲为打理公司，应该做什么事呢？

我以为，万科董事长需要做三件事：第一，战略；第二，用人；第三，担当。

就战略而言，万科选择房地产行业，走专业化道路。专业化的决策相对简单一些，如果是多元化，决策涉及的面就会更广泛、更复杂，决策成本也大。我曾经说：如果中国城市化终结的一天，城市不再需要住房，我希望最后一个住宅社区是由万科人建造并提供服务的。这个表述其实就是万科的战略决策，决策之后就要坚定地走下去，不能犹豫。

第二，用人。俗话说“用人不疑，疑人不用”。我的观点：从管理学的角度，每个人都是可疑的，包括我自己。一定要清楚，我们都是凡人。每个人都有正义邪恶、善良丑陋、向善向恶、宽容嫉妒两个层面。用人要怀疑，但是是制度性地怀疑。像企业的管理制度、人事制度、财务制度、合同审查、离职审计等，不就是要限制管理者和员工不犯错误，或者及时发现、纠正错误吗？

不可否认，人和人是不一样的，凡人中间有能人。但我的原则是：少用能人。所谓能人，能人所不能，这种人作为发明家是好样的，作为创业家也会是好样的，但作为企业的管理者却不合适，因为能人喜欢打破常规，不喜欢遵守规章制度。往往能人在企业发挥作用时，对企业的伤害也是很大的。还需要做到的是：机会均等原则，亲属回避制度，人与人之间关系简单化。最后把握的一点：员工是企业的最大财富，关心、爱护他们，持续的培训必不可少。

第三，担当。企业做好了，成绩、荣誉和光环自然会往创始人、董事长头上套，但企业出了差错，谁来承担责任呢？当然也是董事长。但许多领导人不这么想，把责任推给部下，“你怎么搞的，辜负了我的信任，把事情搞成这个样子！”当企业出了问题，一把手不可能没有责任。首先可能是决策失误，这一定是领导者的责任；其次，决策是对的，但用人错了，那就是失察，仍是领导人的责任。当然，错误犯多了，就不能仅仅是检讨了事，要考虑引咎辞职了。

实际上，这之前10年我一直在登山。那时也是一离开就两个月，并不影响万科的正常运营。现在只是登山换成了在校园学习，从通信联系上来说，其实是更便捷了。仍是登山，但不是物理的山峰，而是心中高耸入云的知识的山峰。

老司机遇到新问题

差不多30年前，我来到深圳创业，没有秘书，没有司机，生活自理。公司上轨道后，日程、事务由秘书打理，出门有司机接送，是工作效率的要求。一切都安排妥当，我只是做好心理准备，出现在需要出现的地方，做需要去做的事情。可以说，我已经不习惯生活自理了。到美国之后，发现必须面对一切生活细节，比如说，信用卡。

拿到社保号，到银行去，和工作人员说我要办信用卡。银行的人哇啦哇啦一阵说，似懂非懂，把申请表填好，交上去。

过了一段时间，没动静。去银行问，反复沟通几次，闹明白了，因为我在美国没有信用记录，银行又不接受中国提供的征信记录，所以不能直接办信用卡。要先办理借记卡，使用一段时间，有了信用记录之后，才能申请信用卡。

折腾了一个月，办好借记卡，也算摆脱了现金支付的“前工业社会”状态。两个月后，银行通知我，可以来办信用卡了。

不料，办好的信用卡用了两个月，突然就不能用了。我嫌麻烦，没再去问银行，就还用回借记卡。过了半年，我到银行办其他手续，顺便问了一句，我的信用卡怎么回事，用着用着就不能用了呢？银行的人说：你刷了2000美元，没有还，已经成黑户了！我一愣，我借记卡上有很多余额啊，怎么会欠钱呢？银行的人说：因为你没有要求我们还钱。我说：银行不就是替我做这个事儿的吗？他说：我们可以替你做这个事儿，但是你得先委托我们。

就这样，他很难受，我也很难受，全球最大住宅开发公司的董事长，平生最较真自己的信用，却欠银行 2000 美元没还！欠款利息不是问题，上黑名单这事儿，对一个爱惜名声的人来说，那是非常非常难以面对的。那我赶紧把钱还了吧？银行的人说，得去跟另外一家公司办理还款，因为银行已经按有 20% 回收可能性把我这笔坏账卖给另外一家公司了。我哭笑不得的同时，也惊叹美国商业系统的高效。一系列契约，把不同分工的公司连接起来，分摊风险，各自拿到自己最擅长的利润空间，形成一个严密运转的系统。不过，这回可便宜了那家资产管理公司，因为它买到的根本不是一笔真坏账。

第一学期过后，万科执行副总裁周卫军带领一个小组到纽约考察，顺道拐到波士顿来看我，电话里说："到酒店了，告诉我们您的地址，我们过去？"

我说："你们在哪儿，我搭地铁去看你们。"很随意的一句话，让同事们非常意外，怎么还搭地铁？我的逻辑很简单，波士顿我比他们熟悉，我找他们比他们找我效率更高。搭出租车拐来拐去的，还耽误时间，搭地铁只需要两站地，再走几分钟就到了。初到美国，我就像外星人来到陌生的地球社会一样，艰难尝试独立生活，最终挺过来之后，又感觉一种重获自由的喜悦。

在美国生活，如果没有驾照，会非常不方便。我又比较喜欢郊外的休闲生活，登山，滑雪，如果不能驾车去，什么都搞不定——那就考一本吧！我当兵时当的是汽车兵，17 岁就开车，开到 22 岁，5 年下来驾驶里程 18 万公里，车技相当棒。但是创业之后，差不多有 30 年不开车了。

在中国考驾照，也有各种复杂、刁难，考个三次、四次通不过的，并不少见。但是我们的难度难在倒桩、半坡起步，很少教育司机怎么尊重行人。在美国考驾驶照也难，但难在如何成为一个文明的司机。

首先是笔试，可以选择英文，也可以选择中文、西班牙文。我选英文，是想把笔试当作一个练习英文的机会。

哈佛设计研究生院（GSD）的常征支着儿：考驾照有两种考法，一种是聪明方法，一种是笨方法。笨方法就是把交通规则全背下来。聪明方法呢？首先，考试题目大多是关于各种标志，以及违规之后怎么惩罚，这些内容只占交规 1%，把这 1% 都记住就差不多了。其次，醉酒驾车被抓，是罚一天、三天，还是一个月？如果记不清，就选罚得重的那个选项。第三，剩下的题目怎么办？考试是 ABC 三选一，选定一个，概率上 1/3 是对的。这就是聪明方法。

笔试难不难？不难。东方人的头脑应付美国人的考试是容易的，难在路考。路考最难是在前后 15 分钟不到的时间，通过一个区域，道路上有各种红色交通标志，司机必须迅速判断该不该前进，该不该停，能不能左转，要不要打灯。比如，遇到校车了，什么时候该停，什么时候该通过？路人违反交通规则过马路，要不要让？在美国考驾照，更多是考如何遵守交通规则，如何尊重人的生命。在一个文明的城市里，当一个人想拥有使用交通工具的资格时，考核的是如何变成文明人，如何尊重他人，如何爱惜生命。一个简单的考试，把人往文明人的方向指引。

亲历“占领哈佛”

坐落于哈佛纪念堂的桑德斯剧场可以容纳 1000 人，算是哈佛最大的讲堂，中国留学生的“新春晚会”就是在这里举办的。凡超过 500 人的大课，也在这里进行。曼昆教授的“经济学原理”非常受本科生欢迎，本学期有 700 多位学生选他的课。我读过曼昆教授中文版的《经济学原理》，再加上他喜欢用 PPT 授课，便慕名选择了“Ec10 社会分析”，属入门课。

慕名是一回事，能持续有兴趣是另一回事。有关经济学的课程，还选了本杰明教授的“宗教思想如何影响资本主义思维方式”。两位教授都是从亚当・斯密的《国富论》开始，一个是微、宏观经济原理，另一位则是资本主义思想史。风格是如此不同，前者喜欢引用大量的分析数字、图表解释原理，信手拈来的故事引发学生发问讨论，深入浅出；本杰明教授则是自始至终，一口气讲到底，没有提问题，你只管做笔记就是了，课堂上只听到教授的柔和自信的声音和敲到键盘的“唰唰”声。我喜欢听本杰明的课，一堂 60 分钟的课，行云流水，就像才过了 20 分钟。本杰明亦属受欢迎的教授，有 150 人上下选修。在他的课堂上，我遇到一位中科院经济所的博士，每次结束，都情不自禁对刚听的课程评讲几句。

11 月 2 日中午，桑德斯剧场里，曼昆教授刚开讲，一些学生离开座位，聚集在过道上，宣读一份公开信，申明：“我们今天从教室出走是对你（曼昆教授）不全面介绍经济学理论的抗议，我们还要表示对‘抗议美国经济中非正义成分运动’的支持，我们的出走是‘占领华尔街’运动的一部分”。有几十号学生退出了，仍坐在位置上议论纷纷。大多数学生没有响应，授课继续进行。

显然，学生的行为不仅仅是罢课、发一封抗议函那么简单。位于哈佛先生坐像前的草坪上，一些学生扎起七顶帐篷，打出“OCCUPY HARVARD”（占领哈佛）的横幅。一顶大帐前的桌子上摆放着《占领哈佛》宣传小册子，静坐学生向过路学生解释他们的动机和目的，明确他们针对全社会仅占1%的高收入富人阶层。也许因为天气渐冷，也许因为学习压力，响应的学生寥寥。

临近感恩节前，校方关闭了主校区的一些进口，通行的入口则有警察、门卫检查证件，非哈佛师生莫入。与此同时，哈佛女校长福斯特在一份声明中解释："我们要确保'占领哈佛'运动开始以来的和平氛围。我们不是要限制自己的学生和教师，而是要确保他们的安全，以及住在帐篷附近的将近1400名大一学生的安全。"校方的举动很谨慎，既要控制事态不扩大，又不愿冒犯学生的"占领"行为，给进一步的过激行动制造口实。

从新闻得知，纽约和其他城市的警察部门在同一时间以公共卫生理由，驱逐了占领公共场合的示威者。以崇尚自由为感召力的哈佛大学管理者，这次和政府形成了共谋。感恩节后冷雨沥沥，树叶纷纷落下。"占领哈佛"的帐篷仍然在草坪上扎着，但已人去帐空。

一位访学教授、爱尔兰诗人谢默思・希尼在《探索哈佛》的诗中曾这样抒发对这座历史悠久的大学的感情："一个精灵，漫游在哈佛园，书本还张开着，门都敞开着。"（A spirit moves, John Harvard walks the yard, the books stand open and the gates unbarred.）可现在，校园的一些门被警察把守着，而另一些则上了锁。

又过了几个星期，曼昆对罢课学生做出回应。他说："我的第一反应就是想到了过去，那时学生运动相当常见。如今大学生更关注润色他们的简历，而不太关心社会改革。这些走出课堂的学生思考的不只是个人利益，而是试图让社会变成所有人更好的社会，对此，我表示赞赏。我的第二个反应是，这些抗议者的见识是多么狭隘，对此我感到可悲。在我看来，他们的抱怨似乎就是反对现有体制的陈词滥调的堆砌，缺乏冷静的分析，没有提出明确的政策方法。"

曼昆说："如果我的职业需要倾向于某种世界观，那我跟其他写经济学教科书的人一样有罪。但是，与大部分经济学家一样，我并不认为经济学的研究充满意识形态。"

中国学生的裸奔

中国留学生常征此前曾经在万科短暂工作过，因为获得哈佛录取通知书和奖学金，选择离开万科赴美深造。我来到哈佛之后，与常征接触多了起来，感觉：友善，书生气，擅长理性分析，出色的数理逻辑能力，是学生圈中打“得州扑克”的好手。

有一次，依然独身的常征问我：“我想参加了江苏卫视的《非诚勿扰》节目，您觉得怎么样？”

“不怎么样。”我回答。

“为什么呢？”

“一个人怎么可能在做电视节目的几分钟时间里找到自己的结婚伴侣？这不现实。”

“嗯。”常征同意我的判断，但最终仍决定参加节目。这次轮到我好奇：“既然同意我的判断，为什么还参加？”

常征回答：“江苏卫视的广告，一分钟值多少钱？《非诚勿扰》节目又是这个台的黄金档节目，我能在上面出镜5分钟，这5分钟里，我是完全的主角，面对全国观众，这又值多少钱？对我未来征婚和求职都大有帮助。稳赚不赔！”

我欣赏他的理性判断，并支持他出镜。

参加《非诚勿扰》让常征成为哈佛中国留学生的焦点。

主持人对哈佛学生裸奔的话题颇感兴趣：“你看过几次？”答：“5次。”“你为什么只看不奔呢？”“有冲动，但不够有勇气，毕竟东西方文化有差异。”“都观摩5年了，还下不了决心？”

在节目中，常征没有选择速配，但正如他计划的，节目播出后两个月里，他收到许多来信，最终与其中一位姑娘定下良缘。

有一回，跟未婚妻讨论起裸奔话题，常征说：“以后有了孩子，一定让他在哈佛裸奔一次。”

未婚妻问：“你都做不到的事情，为什么要求孩子做到？”

常征被问住了。几天后，他告诉我，他想好了，要参加寒假前的裸奔并邀请我现场助阵。此前，还没有过中国留学生参加裸奔的明确记录。

2011年11月12日晚11点40分，我和裹着一件风衣的常征一起进入主校园区。寒冷的空气中飘荡着欢快诙谐的乐曲，让人感觉既像狂欢节又像置身舞会。看热闹的人群涌向哈佛先生的坐像，学校的铜管乐队围着坐像呈弧形排开，演奏乐曲烘托氛围。从着装上就可以感觉到谁是看热闹的，谁是准备裸奔的。扎堆的学生中，有些更像是准备参加化装舞会，男生扎蝴蝶结、戴礼帽，女生则是淑女扮相或戴动物头像。准备裸奔的男女学生迅速脱掉外衣，跺脚驱赶寒冷，并不忌讳围观学生的闪光灯和摄像机镜头。12 点整，哨音响起，裸露着青春躯体的男女学生涌上街道，尖叫着。裸奔队伍的两侧是一同跟跑的兴奋观众，汇成一股不可阻挡的洪流，其景象很像西班牙小镇的奔牛节，奔跑的牛群被驱赶上街头同观众混杂一起的疯狂场面……

围绕大草坪奔跑一圈后，裸奔的队伍开始缩小，两圈之后只剩下 1/4，第三圈、第四圈、第五圈，到第六圈时只剩下三位男生仍认真地跑着，就像运动场上竞赛的运动员。眼前的情景不禁让人联想起古希腊奥林匹克运动会的裸体竞技，那时，参加比赛的运动员毫不介意赤身裸体，古希腊人把展示矫健的身躯和夺取竞技会的优胜视为最高的荣誉。资料显示，在最初几届奥运会上，运动员并非裸体参加比赛，选手于腰上束兜裆布。在公元前 724 年第 15 届奥运会上，一位运动员在跑步比赛中不慎把兜裆布给散落了，但他仍然坚持比赛。运动员的赤身裸体使观众耳目一新，人们从他身上看到了肌肉的健美，感到男性特有的魅力，让人觉得裸体竞技更能体现运动员形体的健美和姿态的动人。此后，“裸体竞技”便形成了奥林匹克一种风尚。

哈佛学生的裸奔缘于何时呢？据说起始于 20 世纪 70 年代嬉皮士文化风行的时期，延续至今已有 40 多年的时间了。流行的说法，裸奔是学生在考试前的压力释放。我感觉更像是年轻学生对身体、青春和美的自信，所谓考试前的压力释放不过是个说辞。

完成裸奔的常征一脸兴奋，告诉我：“裸奔的还有另外一位中国留学生。”

据记载，20 世纪初，第一代中国留学生来到哈佛，归国后成为许多学科的奠基人。1949 年，中国大陆中断了同美国的联系，直到改革开放后，第二代留学生才又进入哈佛校园深造学习。这批留学生归国后，许多成为两院院士或大学校长，他们是神秘又稀缺、可望而不可即的少数精英。而进入 21 世纪之后的第三代中国留学生，数量要大得多，不仅在哈佛，在许多名校都有许多优秀的中国学生。他们不再神秘，不再稀缺，更有勇气、更有个性、更富活力，他们是中国未来的希望所在。

2012 年 5 月，在博士论文答辩前，常征把媳妇“背”到了哈佛校园，在大教堂里举办婚礼。莎士比亚诗句、舒缓浪漫琴曲，庄严承诺：执子之手、与子偕老。

祝贺常征！

寒假 社会

联盟的力量

2002年9月，中城联盟12家公司决定，每家拿出1000万元，成立中城联盟投资管理有限公司。这家谁也不控股的基金，是中国最早的房地产基金之一。10年内，中城投资从“互助基金”到以项目投资为主的“公司型基金”，再到以基金发起和管理为主业的“投资管理股份公司”，股东从12家增加到51家，资本金增加到5个亿，股东和基金投资人合计分红超过7.5亿元，基金规模达到70亿元，累计投资规模达到110亿元。

最令人振奋的是，这个高度体现同行企业之间信任度的基金，投资回报优异，坏账率为零。

2003年，中城房网更名中城联盟。2006年，戴大为担任联盟秘书长，勤奋肯干的他给联盟带来许多活力。如今联盟成员已发展到59家，相互之间往来交流更加频密。中城联盟组织的会议、活动、考察总是高度纪律性、实用性，联盟会员之间亲密友善，在所有非政府组织中已经很有口碑。联盟创立之初提出的“信息共享、共同培训、共同采购、共同投融资”四大目标，除共同采购外，其余目标都在按计划推进。

近年，中城联盟成立了公益委员会。“5·12”地震后，联盟参加“拉住孩子的手”活动。在所有参与组织中，中城联盟是反应最快、资金到位最快的。与此同时，联盟多家成员单位均成立了公益基金会，如万科、万通、南都、建业、天泰、中大、荣华、俊发，等等。“企业社会责任”逐渐成为联盟活动的一大主题。

此时，距离联盟成立已经过去了 11 年时间。

2010 年 1 月，中城联盟董事长新春家宴。每一年，联盟成员董事长有两次固定聚会，一次是新春家宴，一次是中秋家宴。这回举办新春家宴的同时，还要开一个战略研讨会。

我做些什么，才能够帮助联盟提升整体战略呢？我想，绿色住宅应该是我们的努力方向，这是我几年来一直有的思路。我打算在会上介绍万科的绿色战略，但仅仅一个会议，作用极其有限，需要更大的动作，来刺激联盟成员接受新事物，提升联盟的“含绿量”。

这些年，除了万科，还有三家企业在绿色建筑方面也享有口碑，甚至比万科做得更加前卫——锋尚、当代和朗诗。这三家新锐开发商大胆使用地源热泵和地板辐射技术，在材料上下功夫，提升住宅气密性，打出“告别空调暖气时代”的口号，令市场耳目一新。

我打算在会上呼吁联盟会员向锋尚、当代和朗诗学习——不过，如何能邀请到这三家企业加入联盟呢？对联盟内大多数企业来说，它们的规模更接近，它们的做法也更有可借鉴性。

1 月份，锋尚张在东、当代张雷、朗诗田明三位企业家受邀来到大梅沙万科总部，参加中城联盟董事长新春家宴和战略研讨会。

和田明见面，寒暄几句后，我提出一个问题：“万科有没有可能投资朗诗，成为朗诗的战略股东方？”

田明一愣：“王总这个提议太突然了，很开心，但无法立刻回复。”

我说：“可以理解，这当然需要时间考虑。”

田明：“还是觉得太突然了，王总怎么会有这个想法呢？”

我回答：“之前对朗诗进行过简单调研，技术领先，管理有体系，企业富有理想激情，透明度也高，和万科的理念有相通之处！”

战略投资的事情，后来没有继续操作，但这次长谈一小时，让我感觉政府官员出身的田明身上，带有 60 后企业家的鲜明特征：受过高等教育，踏实细致，热衷于钻研技术解决方案。

参观万科中心。张在东、张雷和田明尤其对这栋LEED白金认证的大楼充满好奇，这三位企业家对绿色建筑都有自己独到理解，一边参观一边询问各种技术参数，担任导游的万科志愿者招架不住……优秀企业家心里，都有一颗好奇求知的心。

第二天会议上，我向大家热情推荐“绿色三剑客”。锋尚、当代和朗诗也正式加入中城联盟。

这一年，由锋尚、当代、朗诗、万通、万科等企业牵头，在联盟成立了绿色专业委员会，加快绿色建筑的推介和推广。2011 年，中城联盟贡献了住建部绿色三星评定项目的大部分，其中万科完成 274 万平方米，占全国绿色三星项目的 41%；朗诗完成 74 万平方米，占 11%。

“绿色三剑客”给联盟带来了新的活力！

“绿色三剑客”刺激和带动中城联盟绿色战略，是我意料中的事情。但此后带来的一些变化，则是我完全想不到的。

2011 年 9 月，西安。

中城联盟第一次联合采购签约大会，建业、万通、华远、朗诗等 9 家成员企业，与TOTO、老板、通力等 13 家供应商签订 2.2 亿元的采购协议。从总额看，2.2 亿元是个不小的数目。从效率看，平均采购成本降低了 5% ~ 10%。

这次联合采购的意义远远超出这些数据，因为这是中国房地产行业的第一单联合采购，意味着中城联盟走出了最重要的一步。

远在美国的我从联盟秘书长戴大为处得知消息，颇感意外，一问，原来正是田明力挑大梁，完成了这个攻关项目！

房地产开发企业扮演的是一个资源整合的角色，采购量很大。采购的成本和品质，很大程度上决定了住宅产品的最终成本和品质。联合采购是中城联盟成立之初的四个主要组织目标之一，并且是排在首位的工作。我在担任轮值主席前后曾大力推动，但没有见成效，究其原因：联盟成立之初，成员企业之间开始磨合，缺乏足够信任。其次，各家公司的产品标准化和公司采购流程标准化都做得不够，难以统一行动。

冯仑担任轮值主席期间，也在这方面很下功夫。他独辟蹊径，成立专门公司来推进联合采购，想法极有创意，但也没有见效。

任志强担任轮值主席期间，朗诗地产成为联合采购委员会的主任单位。田明亲自上阵，他麾下的采购总监和采购经理也加入项目小组。朗诗在绿色建筑方面领先，与他们强大的采购能力是分不开的。经过一年摸索，田明和他的团队发挥自己优势，带领联盟兄弟会员走通了这条路，促成了 2011 年 9 月西安的签约大会。

趁热打铁，田明立即筹备第二次联合采购。这回除了牵头的朗诗，其他几家公司也分别牵头某一门类的采购，其中电梯灯具由万通牵头，涂料五金由建业牵头，厨房电器由华远牵头，地板、墙地砖由新地牵头。

从 2012 年 1 月 6 日开始，联合采购委员会用 95 天，在 6 个城市组织近 500 场会议，吸引了 300 多家供应商参加。4 月份的签约大会，联盟参加企业达 17 家，签约供应商达 24 家，采购额比第一次翻一番还多，达 5.5 亿元。

分门别类看，电梯平均节约成本 4%，灯具节约 5.5%，涂料节约 11.8%，五金节约 8.2%，厨房电器节约 12.6%，地板节约 8.1%，墙地砖节约 22.3%，入户门节约 7%，空调节约 4.4%，所有品类平均节约了 8.4%！

不仅如此，在联合采购的推动下，供应商提高了报价透明度，除了参加签约大会的项目，其他符合条件的在建项目也可以享受同样报价。通过联合的形式，会员企业找到了一些原本没有接触到的优质供应商。

2012 年 4 月，在联盟年会上，田明宣布：预计年底举办的第三次联合采购，将有 26 家成员企业参与，几乎占到联盟成员的 50%，采购品类也大大增加，计划采购金额比第二次再翻一番！

在掌声与激赏中，田明作为联合采购委员会主任期满卸任，此时，中城联盟的联合采购已经走上轨道。

回头来看，联合采购能做成功，除了会员企业之间信任度增加，标准化程度提高外，联盟作为一个非营利机构来搭建采购平台，实现公开透明，有效降低成本，也是很重要的一个原因。而田明个人的努力和才能，更是成功链条上关键的一环吧！

民主的细节

1999 年底中城联盟初创时，确定了“主席轮值制”，每两年换届选举，不得连选连任。

2002 年初，我担任第一任轮值主席届满，很多联盟会员希望我能再做一届，理由是：利益关系松散的行业联合体，领袖人物的号召力非常重要。

不管这是理性劝说，还是客套话，我都拒绝了。规矩就是规矩，如果开始就不照着规矩来，谁还愿意和你一起玩？

客观地说，中城联盟作为一个行业联合体，虽然强调平等相处，刻意营造家人友情氛围，但很难做到像SEE那样民主、平等的气氛。万科作为行业最大的公司，我作为联盟中最年长的人，很自然具有较大影响力。

在这种组织文化中，虽然实行民主选举，但结果毫无悬念。前三任轮值主席，自然而然是我、冯仑和胡葆森三位创始人。到了2006年，葆森卸任，宣告创始人“坐庄”时代结束，天泰集团董事长王若雄被选为第四届主席，他自称“平民主席”。

实际上，王若雄和接下来的两届主席成都交大房产孟刚、北京华远任志强都有这样的特点：50年代出生，创始人密友，威信比较高，在联盟内部有影响力。这一时期，依然可以称为“大佬政治”，还不能说是“平民”的。

2012年4月27日，中城联盟董事长年会在重庆举行，这也是第七届轮值主席选举大会。在上一届选举后，确定了一项重大修改，本次会议将选出一个轮值主席和一个轮值副主席，这届轮值主席任满，副主席如无重大变故，就担任下一届轮值主席，这样便于保证联盟工作的连续性，也就等于把以后的主席选举变成了副主席选举。

报名竞选的是四位60后企业家：重庆协信吴旭、青岛新地漆洪波、南京新城陈俊、福建泰禾黄其森。大家均认为，联盟真正进入了“平民主席”的崭新时期。

轮值主席与咨询委员会确定选举程序：如果第一轮投票有候选人得票超过50%，就算获胜。如无人超过50%，就选出得票率领先的前两名，再投一次票，得票超过50%的当选。然后再进行副主席选择。

每位候选人有15分钟发言时间。第一位演讲的陈俊已经是第三次参选，屡败屡战绝不气馁的他，这次得到许多会员打气支持。他发言结尾引用雨果的一句话“最终到那一天，我们所有的成员无须丢掉自己的特点和闪光的特性，大家交织在一起的那天”，赢得满堂彩！

第二位演讲的是漆洪波，他宣布自己的执政方针是“萧规曹随”，并声称自己有一个优势，秘书处四个人中有三个人和他一样，家在青岛，方便开展工作。

第三位吴旭借着会议东道主之便，演讲前先给大家发了一份资料，他的竞选纲领内容最丰富，能看出下了一番功夫。在选举之前，吴旭是最努力造势、拉票的候选人，也是获胜呼声最高的。

四位候选人中，黄其森是唯一一家上市公司董事长，他强调自己公司得益于联盟帮助，过去几年没有拿一块高价地，很好地把握了宏观调控的节奏，2012 年将实现百亿销售，期待和大家携手共进。

第一轮投票，准备工作做得充分的吴旭得了最高票数 19 票，漆洪波得 15 票，陈俊、黄其森各得 14 票、7 票。没有人超过半数票，按规则，将由吴旭和漆洪波进入第二轮投票。

会是第一轮领先的吴旭获胜吗？决定权掌握在第一轮投票中投给陈俊、黄其森的那 21 票，在第二轮，它们必须重新确定选择。

第二轮结果出来，第三方票源更多流向了漆洪波，31 票，超过半数，漆洪波将成为中城联盟第七任轮值主席。

第一轮领先的吴旭得了 23 票。看来，第一轮选择陈俊、黄其森的那些人中，只有 4 个人的第二选择是吴旭。换个说法，如果选举规则是只投一轮，谁得的票多谁获胜的话，吴旭将获胜，而漆洪波将失败，是因为陈俊和黄其森这两位看上去优势较小的候选人分流了他的得票。

类似这样的故事，在美国大选历史上不止一次发生过。1992 年，企业家老罗斯•佩罗自掏腰包成立“改革党”，加入美国总统竞选，挑战老布什和克林顿，最后赢得了 20% 的选民票。研究表明，如果不是老佩罗加入战团，这次竞选获胜的将是老布什而不是克林顿，因为老佩罗抢过来的，主要是 80 年代支持共和党的那些选票。

竞选规则是一门精妙的学问啊！

接下来，将由陈俊、吴旭、黄其森三位候选人竞选副主席。

结果再次令在场所有人一片惊呼：陈俊 28 票超过半数，吴旭 20 票，黄其森 7 票！陈俊当选副主席，如无特殊情况，他也将在两年后成为第八任轮值主席。

第一轮得票领先而且颇有一定优势的吴旭，最后连续输掉主席竞选和副主席竞选，充分体现了选举规则带来的戏剧性。从表面分析，第三轮投票中，第二轮选择了吴旭的人，有 4 个回流向陈俊或黄其森；第二轮选择了漆洪波的 31 个人中，除了 1 个选择吴旭，绝大多数流向了陈俊；而第一轮投票那些选择了漆洪波的人，只有一个投票给了吴旭，有 14 个转向了陈俊！很明显，漆洪波和陈俊比较“相似”，吸引的是同一类“选民”。

随后，漆洪波发表简短就职演说：第一，我主要是一个勤务员，如果有什么需要处理的就找我，我可能不像任总他们这样有影响力，但是我可以替你们去请动任总、冯总；第二，今天是一个非常好的学习机会，联盟的选举让我感受到民主的魅力！

嘿，果然是充满“平民主席”色彩的就职演说。

壹基金再生

就在我赴哈佛游学前，中国社会公益事业发生了一件深远影响未来的大事。

事情要从一年多前说起。2009 年 11 月底，接到《中国企业家》杂志刘东华电话：“李连杰想约您吃个饭，谈点事情。”

李连杰？很意外！此前与这位红遍全球的武打巨星没有交集，但很欣赏他阳光、爽快的个人形象，从运动员向演艺的成功转型，也令我印象深刻。①他找我能有什么事情呢？

12 月 2 日，在北京见到李连杰，第一感觉，个头没有印象中那么壮实，却散发出强大能量。这种能量不单单是一个武术和电影明星的光芒，更在于他非常善用这种光芒，善于利用自己的个人魅力，去影响身边的人。②

事情源于李连杰三年前发起创立的壹基金。

我对李连杰为壹基金做的广告有印象：“每一个人每一个月拿出一块钱来，大家是一家人。”

利用银行和互联网支付的便利性，倡导一人每月捐一元，新颖的形式加上李连杰的良好形象、巨大影响力，壹基金迅速成长为国内最有名的专项公益基金。收到的捐款不限于中国内地，还来自港澳台、美国和新加坡等，每年大约 2000 万，不是

---

① 李连杰十分成功地扮演了三个人生角色：武术冠军、电影明星、慈善家。从 1975 年到 1979 年，他连续五年获全国武术比赛冠军。1980 年，他在电影《少林寺》中扮演觉远大获成功。他意识到，自己在武术界和民间的影响力可以转化为惊人财富。1991 年，他正式进入香港影坛，10 年后，他的片酬跻身国际一流影星行列。2004 年 12 月 16 日，李连杰在马尔代夫经历印度洋海啸，与家人劫后余生，其间目睹人们在灾难中互相关怀和扶助，促使他从此一心向善，致力于公益事业，并以慈善家身份登上美国《时代》周刊封面。

② 李连杰曾经跟我说过他赴港“二次创业”之前的几件小事，那时候他的收入并不高，有两方人找上门来，一方有资金，一方有地，希望李连杰做第三方，整合资金土地，开发房地产；当时海南的地方政府也找到他，愿意提供一个岛屿，让他开发国际旅游。李连杰都婉拒了，他说：“钱来得太快，让人害怕。”我在早期创业的时候也面临过类似的诱惑，并且也选择了事业和理想，听到李连杰这些故事，我颇有共鸣。

个小数目。2008年汶川大地震，壹基金更是收到了1.2亿捐款。

但是，依照国家相关法律，此时的壹基金并不是一个独立的公益基金会，也不是一个独立法人，而只是设立在中国红十字会的一个专项公益基金，用通俗的话讲，是挂靠在红十字会下面。募集善款和使用款项，都是通过红十字会的账户。

善款募集越来越多了，怎么有效使用？组织越来越大了，如何规范管理？李连杰看到了这些难题。

在壹基金最初成立那几年，阿里巴巴、QQ、招商银行是主要募资平台。李连杰与企业家“三马”——马云、马化腾、马蔚华联系密切，与帮助过壹基金的柳传志、牛根生关系也很好。他和这些企业家交换意见，大家的共识是，壹基金出路在于注册成一家独立的、有公募资格的公益基金会，找到一个有管理经验的执行理事长——最好是企业家。这个人应该有这么几个特征：第一，是一个好的管理者；第二，口碑好，正直；第三，有公众性，有影响力；第四，热心公益，认真做事；第五，擅长时间管理，能够为壹基金拿出时间。

李连杰说：“综合条件一算，在中国就是你了。”

我认真询问：“汶川地震‘捐款门’事件，对我个人影响很大，你不担心？”

李连杰：“大家对你的正直和理性有信心。”

他的说法切中我的虚荣心，但是接不接壹基金，考虑要复杂得多。

一旦接下来，就必须投入时间和精力。这是个新事物，许多东西一时看不太清，自己心里没把握。壹基金在李连杰的光环下，名头很大，名声很好，如果我担任执行理事长，在战略和管理上没有做好，会造成反弹，损害个人声誉。虽然说我管理万科比较成功，又有担任SEE会长的经验，但是管理不是简单复制，壹基金也是截然不同的组织类型。①

但我仍然决定接下来。

对于公益事业，对于中国社会，壹基金是一个值得珍惜的新事物，简单的公益理念、全新的募捐形式，和李连杰个人形象结合在一起，如果做好了，对中国公益事业和公益组织的发展是一个里程碑。壹基金具备成为中国第一个民间公募公益基金的底子。几位企业家都热心帮助这项事业，既然找到了我，我义不容辞。

---

① 中城联盟一直高度关注企业开展公益事业，多家成员单位均成立了公益基金会，如万科、万通、南都、建业、天泰、中大、荣华、俊发。从法规上看，这些基金会都没有公募资格。

怎么来做壹基金？初步聊聊，我心中有了雏形：延续既有的募捐机制和形象，发挥柳传志、马蔚华、牛根生、冯仑、马云、马化腾这几位知名企业家的能量，成立理事会，把SEE的治理机制和议事规则移植过来。至于管理日常事务的秘书长，心中也有了大概人选：已经辞去SEE秘书长职务、准备回到书桌上进行中国宗教研究的杨鹏。大家也觉得他是适合的人选。

时间进入2010年，李连杰、冯仑、杨鹏和我开始运作注册事宜。我们组成了一个临时团队，相当于筹备组。第一步，我们找到了国家民政部社会福利和慈善事业促进司司长王振耀，王司长热心中国民间公益事业，三年前曾入选中国改革开放30年论坛“30年30名社会人物”，和大家都比较熟悉。

通过王司长牵线，2月25日，我们拜会了民政部民间组织管理局孙伟林局长，表达注册公募基金会的意愿。孙局长表态很支持我们的尝试，事情开了一个好头，大家都觉得出乎意料的顺利。

但是，从大环境看，毕竟法律法规在这方面没有明确规定，政府管理没有放开，从民政部这个层面走，落实到具体环节，还是困难重重。经过半年时间反反复复，事情没有进展。

考虑到上海作为中国最国际化的城市，政策上可能更加灵活，我们又转而尝试与上海民政局接触。经过一段时间努力，由于种种原因，一直没能和上海民政局正式接触。

最初我们有一个共识，新注册的公募基金会保留“壹基金”品牌和人马，但与原有业务截断。一旦注册下来，新基金会将接管旧基金账上的善款，旧的壹基金逐渐关闭。①

壹基金原来与红十字会签订了三年的合作协议，在2010年2月5日就已到期，但新基金会的注册还没有眉目，事情陷入困局。这一年9月12日，在央视《面对面》节目中，李连杰接受柴静采访，他透露，壹基金面临许多问题，甚至有可能中断。采访播出后，各方面都感到了巨大的舆论压力。

失之桑榆，收之东隅。没想到，李连杰这番话，引起了一个人的注意——深圳民政局局长刘润华。

---

① 2010年深圳壹基金注册成功后，“中国红十字会李连杰壹基金计划”及“上海李连杰壹基金公益基金会”将清算注销，其项目、资金及工作人员由深圳壹基金承接，其中善款资金近7000万元。

10 月的一天，刘润华致电王振耀，请王司长转告李连杰：“如果他到深圳来，我愿意提供一切方便。”民政部走不通，上海走不通，深圳能走得通吗？李连杰半信半疑，他把这个信息告诉杨鹏。杨鹏找我商量，我自己此前与深圳民政局也没有什么接触，不过何妨见见呢？

就这样，杨鹏与刘润华约在深圳碰头。当天向我报告情况：有戏！

“哦？怎么可能呢？政策上有支持吗？”

杨鹏回答：“民政部曾经与深圳市政府签署过一份合作协议，授权深圳民政局登记注册公益基金会，作为特区的特殊政策。见面时，刘局长一上来就说，‘杨鹏，壹基金的事，没有细节，只有大局。壹基金落户深圳，这是大局，一切细节要让路！’”

“太好了！”听到政府官员有这样的表态，我十分振奋，“刘局长还说了什么？”

杨鹏：“没有其他的了，后来基本没谈太多关于注册的事。”

“哦。”信息量不足，我有些失落，“怎么回事？”

杨鹏：“饭桌上，刘局基本一直都在谈关于王石的话题。80 年代末 90 年代初他担任李灏书记的秘书，通过间接接触，觉得王石是一个有良知的企业家，为了社会公益、为了一些正确的事，愿意承担风险和责任。”

哦，原来是故人！听杨鹏描述的刘润华局长，依稀看到李灏书记那种锐意改革的精神！

一个月后，我和杨鹏一同拜访刘润华局长。刘局长向我介绍，多年来，深圳在社会组织管理登记方面一直积极改革，从 2006 年开始，陆续放开了行业协会、商会、工商经济类、社会福利类和公益慈善类社会组织的登记，为此曾荣获第五届“中国地方政府创新奖”。“我们绝对不是心血来潮，这么多年是有理念、有方向、有步骤，一步一步走下来的。请王总相信，我们一定做得到！”

听了这番话，我很受感动，连连说：“灯下黑，灯下黑，灯下黑！”

说“灯下黑”，因为我是深圳本土成长起来的企业家，却不知道在深圳可以这样有作为。之前把目标瞄准其他地方，就没有把深圳考虑在内，听了刘局长一席话明白，深圳才是我们做慈善的地方啊！

刘局长接过话茬儿：“王总，你把公司总部设在深圳，不妨碍万科成长为全国最优秀的企业。如果壹基金把总部放在深圳，同样不会影响它成长为全国最好的公益组织。”

这位曾荣获 2008 年“中华慈善奖”的政府官员，鲜明带有深圳“拓荒牛”时代的进取精神和干练作风，有社会抱负，意识超前，令人感佩！

会谈中确定，事不宜迟，接下来马上进入注册具体工作：5000 万注册资金到位，开立账户，完成有全部理事签字的文件。这期间，事情高度保密，不能对外界透露任何消息。

事后我才知道，刘局长曾对下属表示，如果出了问题，由他个人担责任，不牵连任何人。

进行到最后关头，刘润华向民政部部长李立国进行非正式汇报，立国部长回复："高度共识，共同奋斗。"与此同时，深圳市委书记、市长均表示支持。

12 月 3 日，由上海李连杰壹基金公益基金会、老牛基金会、腾讯公益慈善基金会、万通公益基金会及万科公益基金会五家单位发起的深圳壹基金公益基金会在深圳注册成立，这是中国第一家具有公募资格的民间公益基金会！

2011 年 1 月 11 日 11 点 11 分，深圳壹基金正式揭牌并召开第一届理事会，我担起了执行理事长的重任。①

作为壹基金的创始人，李连杰将担任永久理事。对于公众来说，他也是壹基金唯一的形象代言人，代表壹基金出席各种重大公众场合。

这一天刚好是农历腊八，在晚上的宴会上，即将前往哈佛游学的我作为执行理事长给大家舀腊八粥。第一碗给了创始人李连杰，然后给每一位在场的壹基金员工来一碗。寄语：

这是一份全新的事业，大家一起努力吧！

---

① 理事会由李连杰、周其仁、王石、柳传志、马蔚华、马云、马化腾、牛根生、冯仑、周惟彦、杨鹏 11 人组成，监事由刘东华、宋立新、马宏、张敏 4 人组成。理事会、监事会 3 年一任期。经济学家周其仁担任理事长，马宏担任监事长，杨鹏担任秘书长。

第三学期 聆听

企业微环境

“在企业家、登山家和‘不行贿’三个标签里，我选择了‘不行贿’。

“人生不满百，常怀千岁忧。人对自己的命运有无穷好奇的期盼，一直试图创造生命的意义。物质生活越丰富，工作形态越超脱，事业成就越大，社会影响力越大，对这个问题的焦虑就越强烈。

“万科企业文化的要点：简单、透明、规范、责任。就中国传统文化和目前转型中的中国社会现实来说，要做到上述几点不容易。正是不容易，才值得去努力，知其不可为而为之。这也许就是万科精神吧。”

2012 年初，由哈佛亚洲中心主办的“亚洲企业伦理研讨会”在深圳举行，我和来自日本、韩国、印度、东南亚、中国台湾和香港的企业家一起，探讨各自企业伦理的形成机制。与会的学者除了哈佛商学院、亚洲中心的教授们，也有杜维明教授这样的中国海峡两岸“新儒学”大师。按计划，这是我在哈佛参与的重要工作项目之一。

哈佛亚洲中心主任凯博文教授因为生病不能前来中国，就在家中通过视频发言，介绍中西传统哲学伦理精神对现代企业的影响。凯博文教授认为，道德经验体现为个人和团体如何认真处理和对付生活中的危机和无常。一般意义上的道德，往往是从地方立场①出发的，但

---

① 这里所说的地方立场，并不局限于地理上的局部，而是广义的利益群体上的局部，接近于中国人俗话说的“屁股决定脑袋”。

地方立场需要受到伦理的评判，包括外部的审视，内部的细究，挑战原本已经被接受的地方价值观。道德生活与伦理观念紧密相关，伦理观念要求我们，要追求超越地方环境的、可以用来指导我们生活的价值观。追求有道德生活的人们可能会意识到，他们身处的基于广义道德定义上的道德环境是错误的，于是他们会站出来批评或抗议，并身体力行正义的事情，而不管形势对他们有多不利，也不管这个选择会为自己带来怎样的负面后果。在实际存在的道德经验包围下，这常常会使他们招致麻烦，处境艰难。这就是何以有些人尽管私下对不道德的政策有意见，公开场合却随大溜附和。而当他人因这种不道德的政策蒙受伤害时，又会产生犯罪感，谴责自己错误效忠。

现场与会者围坐，四块液晶显示屏近距离与远隔重洋的凯博文对话，感觉十分亲切。现代社会高科技可以拉近人们的距离，也可能让人们封闭自己，更加疏离，从而加速伦理的崩塌。古代社会伦理，更多体现为宗教、国家、家庭等关系，进入现代社会后，企业大量出现，成为社会肌体最重要的组成分子之一，其伦理形成、演变，深刻影响及每一个人——企业家不得不重新审视自己的意义。

会议规模不大，却是大梅沙万科中心第一次举办国际研讨会，对大楼的硬件和软件都是一次考验。这之后，万科中心举办类似的活动逐渐多了起来，7 月份举办中美房地产投资峰会，不定期举办大师公开讲堂……期望这里未来是一个国际交流的平台。哈佛商学院副院长琳·佩恩女士也参加了此次企业伦理研讨会，这是哈佛商学院第一次与万科接触。教授很认同万科的伦理精神和经营理念，之后连续三次邀请我到哈佛商学院上课，并且提出：希望到万科进行调研，编写案例，纳入哈佛商学院的授课案例库中。2012 年 8 月、2013 年 8 月她两次亲自带队到万科进行调研。

这次会上提供了一份特殊的饮料：万科中心自产的蜂蜜水。我向嘉宾们介绍：拜访WWFus总部，建筑的环保理念给了我很深印象：阴暗的地下部分，被引出到户外阳光下，本来是职员们避之唯恐不及的低效空间，如今却聚拢人气；屋顶绿化不是简单一种了事，而是精心挑选草种、花种，达到更好的视觉和生态效果；同时，屋顶还养了几箱蜜蜂，使环境更加和谐。我当即致电万科总部总裁办，希望在深圳大梅沙总部的绿化中也要引进蜜蜂。几个月后，引进的两箱中华蜜蜂已经开始产蜜，每次可割蜜 15 斤。随后又增加到 6 箱蜜蜂，就万科中心周边的花源来说，达到相对饱和状态。我们还利用两个土丘，种植马樱丹和柑橘，这是蝴蝶和蜜蜂喜爱的植物，有意营造一种“招蜂引蝶”的微环境。

企业可以微调建筑的周边环境，可以破坏，也可以营造和谐怡人的微环境。对于社会环境也是如此，我们能营造一种什么样的伦理微环境？我们是驱动社会向善，还是向着贪婪无节制的深渊狂奔？

晚宴也安排在万科中心。与其说是晚宴，不如说把研讨会搬到了宴会厅里。嘉宾们手持酒杯，继续当天话题。北大的杜维明教授来自台湾，是台湾“新儒学”的代表人物，风度涵养极好，此前久仰大名，却是第一次见面。面对大梅沙的优美夜景，矜持的老教授忍不住大赞万科中心的建筑。“想不到，想不到！”大师看着我说，“这座建筑太美了！这是中国最美的社区，希望明年的研讨会还能放到这里，我一定会再来！”

聆听大师，回望传统

第三学期开始，我选听了一门很特别的课程：中国古典道德与政治理论。授课的是普鸣（Michael Puett）教授，这是哈佛大学第三受欢迎的课程，仅次于曼昆的经济学原理及计算机科学原理课程。在几年前第二次开这门课时，报名学生多达 1000 人，最后不得不把课堂移到哈佛最大的场馆：桑德斯剧场。

普鸣教授认为，21 世纪的美国人和 2500 年前的中国人一样，都面临自我中心的困惑。他希望通过中国哲学思想赋予美国人具体的、反直觉的甚至是革命性的理念，指引他们成为好人，并创造一个良好的社会。

通过这堂课，美国学生越过东西方文化鸿沟，感受到人生观、价值观的震撼。我也深受震动——被美国人看自己、看世界的态度和方法震动了。如果说，美国大众对东方中国还更多是隔洋猜想，甚至不乏贬义的揣测，美国精英阶层尤其学术精英则已经在正视中国传统文化，开展系统的研究。不仅哈佛、哥伦比亚、斯坦福，很多其他美国大学都有专门研究中国的机构，对亚洲文明持一种肯定、客观的研究态度。

我们中国人又是怎么看自己，怎么看世界的呢？不得不承认，我们缺乏客观、理性的精神。我们对先进国家固然有溢美，但更多是夜郎自大、忽视和丑化，在看待强邻日本时尤其如此。就说研究日本吧，往往是先入为主地持一种否定、蔑视的态度，保证政治正确，再来谈研究。这样的研究怎么可能产生有价值的成果呢？反观日本学界则对古代中国到当代中国进行大量研究，卷帙浩繁，把主观情绪和政治纷争放一边，先研究透问题。有这样的精神，有这样的研究，不管是睦邻友好，还是敌对状态下，都做到“知己知彼”，显然是更有建设性，对本民族更有利的。

我们甚至做不到平心静气地看自己。对中国文化，我们采取了“移民”的态度。一种是地理上的移民，移到国外去，逃离传统文化和中国的生活环境。一种是学术上的移民，完全否定中国传统文化，拒绝研究，拒绝面对。不可否认，和中国的环境现状一样，中国的传统文化有许多缺点。而我们的种种缺点、种种不尽如人意之处，又与环境、传统有千丝万缕的关系。想找到答案，找到出路，我们必须到传统中去找原因，找解答。如果对身处的环境和传统采取逃避和拒绝的态度，怎么可能看得清自己，看得清现在呢？

过于自傲和过于自卑，其实都是一种封闭的观念。我的看法是，关于自己，关于强大的邻居，不管你喜欢不喜欢，它都值得你认真研究。

对于我们来说，传统文化不是有益无益的问题，而是我们根本没法儿摆脱它。这是身份问题，是我们的身份认定，好也罢，不好也罢，是不可能摆脱的。今天的中国，已经融入全球一体化。过去，我的心态是全方位拥抱西方世界，向西方学习。但到了哈佛后，我发现自己还需要补上中国传统文化这一课。作为中国人，你是谁？你从哪里来？你到哪里去？这个问题不解决，也就无法解决到哪里去的问题。要了解中国传统文化，因为我们是从这传统中来的，所以我选了普鸣的课，重新学习“庖丁解牛”这些看似习以为常、实际似懂非懂的东西。我还会继续补这一课，这是一个身份辨别的问题，如何找到自己定位的问题。

现在，我能够很心平气和地看中国问题，很容易理解中国的现状。在国内的时候，总是觉得改革力度不够，到了国外，心情反而很容易沉静下来，更清晰地思考中国从传统社会向现代社会迈进所经历的第一个100年——可能，还会需要第二个100年。

在这里，我还有幸结识并拜访了丘成桐、傅高义（Ezra F. Vogel）等知名教授。我知道傅高义的名字，是因为他对日本的研究，而此时他的一本《邓小平传》，也正在被翻译介绍到中国大陆。哈佛名家荟萃，游学其中，不时得闻宏论，大开眼界。我选听的城市规划课程，其中有一位名教授——城市经济学家爱德华·格雷瑟。格雷瑟教授说，过去60年里，美国只有三个城市的规模在持续扩大：纽约、旧金山、波士顿。其他如底特律1950年人口接近185万人，如今只剩下71万；费城1950年时人口超过200万，如今只剩下152万。而纽约人口从那时的700多万，到2010年又上涨到 817 万。纽约、旧金山和波士顿兴盛的奥秘何在？格雷瑟教授的解释是对人的投资，形成聪明脑袋瓜聚集，包括培养更高素质的劳动者队伍和激发企业家创业精神，使城市能够应对产业转型的变革，最终提升生产力。

纽约、旧金山和波士顿由于不同的优势——国际经济中心、科技和产业创新和发达的教育体系，能源源不断吸引来自全美甚至全球的聪明的大脑，聚集一起。城市与城市的竞争、国家与国家的竞争表现在很多方面：资源、农业、工业、金融、军事……但归根结底，在这些硬件的背后，是知识决定了城市和国家的核心竞争力。

2010 年，旧金山和纽约居民中大学毕业生的比例都在 40% 左右，远远高出底特律 27% 的水平。旧金山湾区从 20 世纪 70 年代开始大力投资教育，并将加州大学伯克利分校、斯坦福等大学的知识创新能力与企业家创新精神融合，形成了后来的硅谷。而纽约利用区位优势和企业家精神，提供金融和高级生产服务，成为世界经济之都。反观底特律，不仅缺少对人才的投资，在看到城市衰退迹象时，选择了通过大规模投资基础设施建设和城市更新改造，试图刺激城市复兴，最终未能如愿。

我不由得想到深圳。大概在 10 年前，《深圳，谁将你抛弃》一文乍出，洛阳纸贵，也深深刺激深圳人的心灵。普遍感觉，改革开放的排头兵深圳已经笼罩在上海的光环之下。前有京沪穗地位超然，后有苏州天津紧紧追赶，深圳会不会走向衰退呢？很多人都疑惑。听完格雷瑟教授的课，我说深圳不会衰退，就一条逻辑：深圳是成功新兴企业最多的城市，是知名民营品牌最多的城市，聪明脑袋瓜聚集，深圳就充满希望，充满竞争力。

格雷瑟教授还一反批评城市贫民窟的传统立场，他认为贫民窟是由大城市生物链造成的，它能给予进入城市的农民更多选择、更多希望——不是和城市中产阶级比较，而是和他们原来的生活比较，尽管他们现在生活在贫民窟，但是生活状态要比原来更好。如今，教授大作《城市的胜利》不仅高居美国畅销书排行榜前列，而且也已经风靡中国。

房地产泡沫有多大？

湿漉漉的雨天，熬夜准备演讲稿，第二天一早起来，匆匆往哈佛商学院赶。

哈佛商学院的 J 教授开了一门中国房地产市场的系列课程，邀请我作题为“中国房地产 1997”的演讲。课程结束匆匆往语言学校赶，下课时突感饥饿难耐——噢，一整天忙忙碌碌，完全忘记了吃早餐午餐！

回味早上课程J教授的判断：中国的房地产泡沫在2013年会破裂。理由是，在中央严厉的宏观调控下，房价停止上涨，土地价格神话破灭，严重依赖土地财政的地方政府将会破产，呆账使银行面临危机，美国“两房”诱发的金融危机也将在中国出现……。

使用模型分析，得出此结论并不出奇。但作为讲座嘉宾的我却持不同观点，理由很简单：中国的金融体系同西方的金融体系有很大差别，并没有完全市场化，即使出现大量呆账，也不会通过大量企业破产来迅速实现市场重新组合，亦很难出现地方政府破产。再者，中国存在的房地产泡沫同美国通过透支信贷发生的信贷危机没有可比性，因为完全处于不同的经济发展阶段：一个是工业化和城市化进行时土地只涨不降神话催生的泡沫，另一个是后工业发展时代的金融衍生工具催生的泡沫。如果比较，中国房地产现状同日本20世纪90年代的房地产泡沫更有可比性。

2004年以来，中央政府不断出台以控制房价上涨过快为目标的新政策，结果却是房价在短时间被抑制后即刻报复性反弹，直至2007年下半年出台了以金融工具为手段的严厉政策。此时，许多房地产发展商根据以往经验，采取惜售或捂盘的姿态。万科却持不同的观点：宏观调控发挥作用，价格到了拐点。万科开始降价，但大多数同行却保持观望态度。进入2008年，消费者观望，市场萎缩，但大多数发展商仍坚持不降价，市场进入诡异的胶着期。直至10月份，坚持不住的发展商全面降价，调控政策见效。此时，同行才对万科先行一步降价悟过劲儿来。万科之所以这样做，并不是有什么先见之明，而是抑制了资本与生俱来的贪婪。

恰在此时美国爆发金融海啸，致使国际环境发生巨大变化。抑制通胀即刻变成防止紧缩，中央政府采取4万亿刺激经济新政策。房价调控功亏一篑。进入2009年，房价全面报复性反弹，20个重点城市中，12个城市成交均价超过历史最高水平，其余8个城市也已接近历史最高水平。北京尤甚，房均价上涨幅度超过60%，深圳等地也紧跟其后。一线城市房价的疯狂上涨迅速向二、三线城市蔓延。具有讽刺意味的是：2008年捂盘惜售的发展商到了2009年却因房价上涨赚到了原来利润的1.5倍，而万科却因降价少赚了。有媒体说王石看走眼了，为什么那么早降价？我不后悔降价，反而对疯狂涨价忧心忡忡。日本泡沫破裂的历史记忆犹新：

20世纪70年代日本政府开始了以高速公路、新干线（高速铁路）为核心的大规模基础建设。以此背景，“广场协议”后大量热钱流入，致使房地产价格暴涨。最初是东京地区，随后上涨风蔓延到大阪、名古屋及其他大城市。受房价骤涨的诱惑，许多日本人纷纷拿出积蓄炒股票和房地产。到 1989 年，国土面积仅相当于美国加利福尼亚州的日本，地价市值总额竟相当于全美国地价总额的 4 倍；到 1990 年，仅东京都的地价就相当于美国全国的总地价，可谓世界经济史上空前的房地产泡沫。

面对房地产泡沫，日本政府没有及时采取有力措施遏制，1987 年才终于出手。1988 年，东京地价开始回落，但是以大阪、名古屋为主的大都市圈地价仍在上升。1991 年，日本全国范围地价开始回落，至 1993 年，房地产业全面崩溃，遗留下来的坏账高达 6000 亿美元。受此影响，日本迎来历史上最为漫长的经济衰退，至今也未能彻底走出阴影。反观中国，在 21 世纪初至今的大规模基础建设和城市化过程形成的房地产热同当年的日本有许多相似之处，尤其是 2009 年的地价房价疯狂上涨，前景堪忧！

2010 年中央政府开始新一轮的严厉措施，限贷、限购、行政审批三管齐下，抑制投机性需求，成功达到了调控预期的效果。根据 70 个大中城市新房价格统计，2011 年房价同比微涨 1.6%，但同期人均收入实际增长了 14%。到 2012 年三季度，住宅价格同比下降 1.1%，而同期人均可支配收入增长 13%。换句话说，按照购买力计算，2011 年至今，房价实际每年下降了 12%。再看万科的经营状况，在严厉调控政策下，万科坚持主流消费市场，2011 年营业额 1200 亿，2012 年持续增长。与此同时，公司着眼未来，推广住宅产业化、全装修、绿色住宅，产品性能和质量得到全面提升，正从一个传统的营销型发展商向技术研发为主导的技术性公司转型。假设经济持续增长，坚持调控政策，再有 2~3 年时间，房地产软着陆是有可能的。在这个过程中，企业也可能从规模速度型向质量效益型增长的模式转换。

一年后，美国哥伦比亚广播公司的金牌节目《60 分钟》对我进行采访，话题还是中国房地产。

主持人：你们是世界上最大的房屋建筑商吗？

王石：我想是吧。

主持人：也许是？

王石：是的。仅就数量而言，而不是质量。

主持人：中国目前的房价是不是太高了？

王石：是的。

主持人：有泡沫吗？

王石：当然有。

主持人：存在泡沫，关键问题是会不会破裂？

王石：如果破裂，那就是灾难。

主持人：许多经济学家指出，泡沫大到这个政府难以控制了。

王石：我相信最高领导人拥有足够智慧来处理这事。

我个人结论是：2013 年中国经济不可能因受地产泡沫牵连硬着陆，但我们却不能不对泡沫有足够的警惕。

一份三明治，一杯咖啡，咖啡厅匆匆简餐。校园里传来阵阵乐声，高亢激昂，这是在为我脑海里思考的高歌猛进的中国房地产伴奏吗？

远离浮躁喧嚣的校园。走到街上看，雨点还在飘洒，没有停的意思。乐队行进中，青年学子撑伞载歌载舞，是哈佛的 375 周年校庆。乐队奏响了贝多芬第三交响曲，引数万听众兴奋地回应。激昂的曲子不是盲目的欢歌，而是追求博爱、自由、正义的凛然正气，恰如哈佛人的精神。

求知的修道院

来到哈佛第一年，神经是紧绷的。到了第二年，我终于可以略放松下来，仔细打量所在的这个求知的修道院。

在波士顿剑桥镇，我住在哈佛广场附近，从这里步行到主校区最远的教学楼或图书馆，也只需要 15 分钟。关于这些图书馆，有许多动人的故事，让人可以管窥美国社会进步的动力。

闻名世界的哈佛大学是波士顿的著名旅游景点。好奇心重的游客会停留在一座铜像前合影。铜像是坐姿，伸出的左脚鞋面被游客摩挲得闪闪发亮。据说，这是美国摄影留念最多的四大雕像之一，与自由女神像、林肯纪念堂的林肯坐像和费城自由纪念馆前的富兰克林塑像齐名。

他是何许人也？铜像的大理石基座上写着：约翰 · 哈佛，创立者，1638 年。

旅游者满心欢喜地同哈佛大学创立者的铜像合了影，但哈佛的学生却一笑了之。他们开玩笑说，这里边有三个谎言；第一，这座铜像并非哈佛本人，而是以一个学生为原型雕塑的；第二，哈佛先生也不是大学的创立者，而是学校的捐资人；第三，学校建于 1636 年而非 1638 年。

即便如此，哈佛先生对哈佛大学的贡献还是无法忽略。1638 年，担任学校校务委员的约翰·哈佛病逝，他将一半遗产和私人藏书捐献给学校，学校也因此更名为“哈佛”大学。哈佛的捐献构成了当时哈佛大学图书馆的主要财产和藏书。经过 300 多年的发展，哈佛大学图书馆不仅是美国最古老的图书馆，也是世界上藏书最多、规模最大的大学图书馆，藏书达 1000 多万册。有 5 位总统和 30 多位诺贝尔奖获得者曾在这里留下求学的身影。图书馆下设 100 多个分馆，包括各学院的图书馆和各类专业图书馆。其中的燕京图书馆收藏有中国的珍贵善本，以及异常丰富的中国研究图书、资料和文献。

记得 2003 年访问哈佛时，我在一位来自上海的哈佛本科生陪同下，参观了燕京图书馆、学校专供本科生使用的拉蒙特图书馆以及规模最大的韦德纳图书馆。指着韦德纳图书馆内犹如迷宫的层层书架深处，这位本科生略带自嘲和得意地说：“哈佛本科生毕业前必做三件事：一、裸奔一次；二、在韦德纳图书馆做爱一次；三、在哈佛那座铜像的脚面上撒泡尿，哈哈，当然是晚上没有人看见的时候。”

韦德纳图书馆是哈佛的“旗舰”图书馆，也是全球最大的大学图书馆。图书馆门外的石碑上的纪念碑文：韦德纳是哈佛大学毕业生，生于 1885 年 6 月 3 日，死于 1912 年 4 月 12 日泰坦尼克号的沉没。这座图书馆是韦德纳母亲捐赠的，这是爱的纪念。1915 年 6 月 24 日。

韦德纳家族是一个十分富有的家族。1912 年，27 岁的韦德纳与父母从欧洲搭乘泰坦尼克号返回美国，船沉没前，老韦德纳把妻子和女佣送上小艇，自己和儿子留了下来。据说小韦德纳爱书如命，在临死前，仍欲奋力抢救一本弗朗西斯·培根的散文集。从灾难中幸存的母亲以儿子名义给母校捐赠了一个图书馆，藏书容量可达 500 万册。对校方唯一的要求是，在为小韦德纳保留的房间中，每周都换上一束鲜花。100 年来，这个房间每周都会换上一束鲜花。

可以说，哈佛就是由毕业校友捐赠建设起来的大学。在韦德纳这座迷宫一般的大型图书馆中，你能呼吸到特殊的气味，感受到美国社会进步的动力，包括社会财富的积累，乐善好施的慷慨，还有不懈求知的渴望。有人说这个图书馆是呼吸着的，“呼是指学期开始时，大量书籍从书架上被席卷而去；吸是指学期结束时，这些书又飞了回来。韦德纳图书馆的书架比其他地方更意味深长，我常暗想，宇宙是由书这个单一元素的无穷变化形态所组成，所以，人类也是由书构成”。

参观哈佛的游客，还少不了要到“哈佛桥”看看。哈佛桥横跨查尔斯河，连接波士顿市和剑桥镇，麻省理工学院就位于大桥的北岸。问题来了，为什么位于麻省理工学院校园前的大桥却以“哈佛”命名呢？一位在麻省理工学院就学的中国留学生告诉我：“哈佛大学认为，哈佛对教育的贡献卓越，提议该桥命名为哈佛桥。麻省理工学院分析了桥的结构后，认为不稳固，出于不愿‘蹚浑水’的想法，就同意了哈佛大学的提议。哈佛桥建成后才5年，由于交通量剧增，桥居然真的垮了。”

现在的哈佛桥是后来重新兴建的。当年兴建的哈佛桥不够坚固这是事实，但这位留学生所说的八卦却是麻省理工学院人对哈佛的调侃。

事实是，该桥建于1891年，而此时麻省理工学院的校址还远在波士顿市的后湾区。25年之后的1916年，麻省理工学院才从后湾区迁址到现在的地方。为什么从波士顿迁到剑桥镇？麻省理工学院的学生会继续调侃“因为哈佛实在太糟糕了”——虽然是笑话，但对哈佛的微妙情绪却表现出两个美国名校的竞争姿态。

相对而言，哈佛的学生更为正统，有才华、有能力，出了许多政治家和诺贝尔奖获得者，其中总统就出了8位。而麻省理工学院却汇聚了一批最聪明的人，创造了无数令人称奇的产品和设计。例如建筑方面，国防部五角大楼就是麻省理工学院的杰作，即使其中一个角被袭击严重破损，其他四个角仍照常使用；成功登月的4位美国宇航员也全部毕业于麻省理工学院。

不过，你要就此认为哈佛与麻省理工学院水火不容，那就错了。哈佛与麻省理工学院之间的竞争一直是友好的，或者说是良性的。今天，两所学校的竞争与合作相辅相成，不相上下，有很多合作的研讨会和项目都是互通的。我作为访问学者到哈佛才一个月，所参加哈佛亚洲中心举办的讲座中，就有两次是在麻省理工学院举行的。

在哈佛城市规划学院攻读博士的中国留学生常征，选择的3位博士生导师中既有哈佛教授，也有麻省理工学院名师。实际上，哈佛和麻省理工学院的学生可以在对方学校注册，而不需增加学费，获得的学分也被各自学校承认。哈佛与麻省理工学院的关系颇类似中国名校北大和清华的微妙关系。实际上，在哈佛和麻省理工学院的中国留学生中，也以来自北大和清华的学生最多。而这两所美国顶级高校竞争并合作的关系，也值得我们学习——不仅仅是在教育领域。

地板门

2012 年 2 月 16 日中午，我正在纽约飞回北京的班机上。这时的国内，正是一个平静的中午——不过，平静被一篇网文打破了。

11 点 50 分，凯迪互联网社区出现署名“李晓燕”的文章，声称安信木地板甲醛超过国家标准，并指万科采购系统员工与安信存在不当交往，致使不合格地板流入万科多处楼盘。

“李晓燕”自称为国内某建材专业杂志副主编，甘冒人身受威胁的风险检举揭发，帖中写道：“两个多月前，收到朋友转交的确凿证据，并经本人多方核实，确信中国房地产行业龙头企业万科企业股份有限公司，近年来在十多个城市的上万套全装修房项目中，大量使用甲醛严重超标、劣质的安信品牌地板，有的批次甲醛释放量超过合同约定标准 5 倍，成为生命健康的杀手，名副其实的‘毒地板’，而且这些劣质地板面层厚度严重不足，使用寿命仅为合格产品的两成。”

后来，这个帖子中的“毒地板”一词，在未经求证情况下即被大部分媒体直接引用，伤害性极大。

帖子出现后一个小时，万科总裁办同事即获知消息。如果帖子内容真实，不仅中国地板行业整体信誉倒塌，万科的产品质量也不复有保证可言，装修房战略能不能继续推进更要画个大问号。这无疑可以归入万科历史上最严重级的危机。即使帖子内容不实，这也极可能是万科在 2008 年以后面临的一起最严重的舆论危机！

此时，我正在从美国飞回中国的航班上，总裁郁亮则正在东莞建筑研究基地参加商业系统大会。势如救火，没有时间等待指令！执行副总裁解冻启动应急机制，召集总裁办公室、客服中心、工程管理部、采购部、媒体关系中心、法务部开紧急会议，分析形势，讨论对策。郁亮结束那边的会议后，立刻赶回总部，下午 4 点到达会议室。

应急小组在会议室用免提电话拨打安信地板董事长卢伟光的手机，手机关机了。

所有人疑虑重重。卢伟光是否在逃避面对问题？甚至更严重的可能……

总部统计出使用了安信地板的一线公司名单，要求这些公司立刻成立应急小组，了解地板使用情况。同时，会议室里分析“李晓燕”发布的帖子，给人初步印象：言之凿凿，配有图片，有大量安信员工往来邮件的截屏。

此时，外界关于安信地板质量问题的消息已经甚嚣尘上。一家门户网站向网友调查：你相信这个爆料吗？有 69.4% 的网友选择：“无风不起浪，我相信安信地板在卖有毒地板”。另 17.4% 网友认为：“万科太无良，毒害业主啊。”愿意保持中立、等待调查结果的网友不足 14%。

即便在万科总部应急小组的会议上，大多数同事也倾向于相信“李晓燕”帖子的内容。

网上“爆料”的“内幕”有多少真实性，此时没有能力百分之百进行验证。虽然大家对万科工程采购系统的管控体系有信心，出现系统性风险的可能性不大，但不能完全排除有时出现漏洞的可能。

在万科采购的地板中，安信按数量排第三，使用量很大，如果采购管理和质量控制体系有漏洞，会对业主健康造成影响，对万科品牌也会是致命的打击。

继续拨打卢伟光手机……拨通了！电话中卢伟光表示，刚刚下飞机。感觉尚未掌握全盘情况，百无头绪。应急小组依然疑窦满腹，安信方面是心虚，还是经验不足？

无论如何，会议决定立即对外回应：一、万科对网上质疑高度重视，已启动紧急调查程序，并要求安信做出全面说明。二、在确认调查结果前，暂停采购安信地板；对已采购未安装的安信地板，全部封存。三、对已安装安信地板进行复检，并邀请质检机构协助检测。四、对采购管理工作进行内部调查。

对外回应的最后一句话是：“如调查发现产品质量确实存在问题，我公司将严格承担我方所有应尽的义务和责任，并充分维护我公司客户的合法权益。”

这个回应暗含了一句话：万科不会与安信站在同一边。

与此同时，我们一直在拨打“李晓燕”在网上留下的手机，但始终处于关机状态。几天之后，万科经过多方了解，证实“国内某建材专业杂志副主编李晓燕”这个人根本不存在，可那时候，由这则网帖吸引来高度关注安信地板质量问题的媒体，已经无人在意此事了。

我从美国纽约飞北京，飞机落地后刚刚打开手机，收到总裁办电话，通报安信地板事件及应对进展。感觉管理团队应对迅速，表态得体，而且表现出负责任的态度，令人放心。

2 月 17 日，万科集团审计监察部总经理周清平与工程管理部总经理王卫锋赶赴上海，对安信公司进行考察，与卢伟光进行沟通，要求安信本着对产品负责、对客户负责的态度，以积极面对、公开透明的方式面向社会公众，调查处理此次事件。

万科总部每天定时召开应急小组两次，早上 9 点一次，下午 5 点一次。如果有任何新情况，应急小组随时集合商讨应对。每个环节，小组成员都要一一表达自己的意见态度，最后由郁亮拍板。这天下午，万科对外公布已向客户交房的使用安信地板的 16 个城市 29 个项目，并且全面向国家认证的质量检测机构申请质量复检，部分批次当天已经开始送检。

向质检机构了解，第一批检验结果报告将在 10 天左右内（即 2 月 27 日左右）取得。由于送检批次较多，取得最后一批检验结果报告预计需要 20 天到一个月左右时间（即 3 月上旬到中旬）。检验结果报告一经取得，将第一时间向客户及公众披露。

消息主动公布后，得知自己购买的房屋是使用安信地板的客户或找到万科，或通过互联网表达担忧，情绪激动，万科压力骤然加大。

万科把自己放到了公众的显微镜底下，检测结果会如何？打电话，开会，收集资料，推敲回应口径，忙忙碌碌，心里并没底，七上八下。

应对安信地板事件，在这段时间里，成为整个集团第一重要的事情。

一个问题摆到应急小组面前：我们得知，万科只是安信第三大客户。安信第一、第二大客户，都是万科在行业里最重要的竞争对手，其中第一大客户 100% 的地板都是由安信提供。

应急小组中有同事提出：现在媒体全部盯着万科，舆论压力全部压在我们一家公司身上，好像我们是十恶不赦的坏人，如果我们暗中向公众释放这个数据，把同行拉下水，有可能缓解万科承受的压力。其次，竞争对手拥有的丰富社会资源，也有助于平息这起公关危机。何况，现在这种被动的局面，谁知道是不是竞争对手暗中做手脚呢？

这是一个奇招。但大家经过讨论，还是形成了共识：不恶意揣测同行，也不把同行拉下水。万科是房地产行业的领跑者，行业中的新事物，不管好坏，很多都是万科第一个遇到。如果遇到不好的一面，独自承受这种压力是领跑者不得不承担的责任——谁让万科选择了当大个子？在后来应急小组的讨论中，把同行拉下水的建议还被提出过几次，都被郁亮否决了。

我想起 2008 年“捐款门”事件中，一位新加入万科的同事说的一句话，他说他目睹的万科人是一群聪明人，所以什么歪脑筋都能想到；万科人又是一群更聪明的人，所以最后都否决了这些歪脑筋。

17 日下午，安信召开新闻发布会，发布会形式简单，发言人表现得坦诚自信，拿事实说话，解释得清晰，分寸感好又不失幽默，让人感觉到这是一家诚信、成熟的企业。

18 日正好是星期六，公司内部自查结果：采购流程合乎规范，质检文件齐全，采购部同事与安信之间没有不当交往。同时，周清平和王卫锋从上海反馈调查走访结论：没有迹象表明安信在质量管理方面存在系统性风险！

应急小组召开会议，综合各方面情况，认为“李晓燕”帖中内容不实的可能性很大。大家舒了一口气，觉得可以平静地过一个周末，相信这个事件应该会渐渐平息。

这时候，我却有不同看法，安信地板事件发展到这一步，对安信、对万科、对房地产行业的伤害已经形成，尤其对精装修这一行业未来的大趋势，更会带来影响。如果以保守方法应对，固然能安全度过这次舆论危机，但却无法消除它对行业已经造成的损害。我向公司建议：变保守为积极，变被动为主动，召开新闻发布会，澄清事实，高调应对！随即，我在新浪微博上表态：一旦发现产品问题，万科将承担全部责任，维护消费者权益。即使1%差错，对消费者就是100%的损失！

2月20日，事件发生第五天，万科召开新闻发布会，介绍情况：2010 ~ 2011年度，万科份额最大的地板供应商是圣象，占近40%的比例；第二大供应商是北美枫情；第三大是安信。与安信的合作史上，万科还没有发现有甲醛释放量超标或者其他几个指标不合格的情况……①

新闻发布会后，万科高调回应“地板门”的新闻出现在各大媒体和网络上，有网友赞扬万科负责任的态度，也有网友立刻质疑：万科怎么大包大揽，表现出和安信站在一起的态度？

的确，这个时点上，虽然万科对安信地板的质量有了底，但检测结果会是怎样很难预料，毕竟检测过程中存在偶然性因素和人为因素，一旦出现不好的结果，我们能否应对得过来？

危机公关的原则是多一事不如少一事，高调应对，需要对公司同事、体制和文

---

① 按照采购规定，对供应商的选择是重中之重。在对投标对象的考察期间，如果质量抽检不合格，即取消投标资格。入围的供应商不仅必须经过质量管理体系认证，还应是行业知名企业。同时，由于万科采购规模很大，我们对供应商数量要求不是单一的一家，由此引入竞争机制，除了价格竞争，还有合作的态度，包括合作质量的竞争。

万科与供应商约定，严格遵守国家标准和规范要求，有些指标甚至高出国家的技术标准。在投标前，万科有飞行检查制度，多个部门的同事共同参与，质量不合格的供应商被取消资格。材料在进场时，万科还将进行质量抽样检验。而内部管控则是“三权分立”的架构：合约、技术标、经济标三项工作管理分设三个部门，部门之间相互协作，同时相互制约。

遵循阳光、透明的价值观，在与供应商签约时，万科还要同时签署一份阳光合作协议。如果发现供应商有行贿行为，第一次黄牌警告，并处合同金额10%的罚款；第二次，出示红牌，暂停或终止合同。

化有高度自信，同时需要勇气和决断。

2 月 22 日，首份检测报告公布，经武汉产品质量监督检验所检测，万科武汉魅力之城复检的安信实木复合地板，所检指标全部合格，其中甲醛释放量指标仅为 0.2mg/L，远低于 1.5mg/L 的国家标准。此外，送检样品的静曲强度、弹性模量、含水率、表面耐磨等指标也均合格。

第一份检测报告合格，没有让大家更加放心，反而更加绷紧了神经，因为接下来，一份份报告将陆续公布。

此后几天，各地复检报告陆续公布：武汉合格，青岛合格，广州合格，重庆合格，北京合格，杭州合格……

3 月 1 日下午，佛山万科送检四份样品的复检报告中，新城湾畔 7 号楼的一份样品甲醛释放量为 1.9mg/L，超出 1.5mg/L 的国家标准限量！

按照国家相关质量检测流程，每次送检样品，要送一式三份。如果第一份检测合格，则结果为合格；如果第一份检测结果不合格，可以再检测其他两份样品，以三次检测结果中的多数为最终结果。也就是说，我们还有一次争取的机会。怎么办？应急小组讨论决定：按规则启动其他两份样品的检测，但以第一次检测结果为最终结果。也就是说，万科已经接受这一份检测不合格的结果！

消息通知安信。安信方面感到非常委屈，卢董事长表示：他们对自己的产品有信心，希望万科按质检所的建议再争取一次检测机会。万科与安信沟通：复杂形势下，事情越简单、越透明，才越有公信力。过于复杂的检测程序可能会招致流言蜚语和大众本能的质疑。最终，安信接受了我们的决定。

随即，佛山万科启动紧急预案，商量地板更换及客户补偿方案，同时要求安信就这批地板甲醛超标原因做出说明，安排为客户更换地板的备货。备货中，安信地板赫然在列，表达万科对安信的信心和支持；同时，也备有其他品牌地板，供客户选择。

3 月 2 日，万科在佛山再次召开新闻发布会，公布佛山检测结果并做情况说明，同时向客户道歉。根据此前承诺，只要有一例检测不合格，万科将更换整个批次的地板并给予客户补偿。这批地板的使用面积共 3012 平方米，用于佛山新城湾畔 7 号楼 104 套装修房。7 号楼是 2011 年 9 月底交付，目前实际入住的户数为 25 户。

启动更换和补偿方案同时，万科承诺将严格承担所有义务和责任，尽最大努力，尽快为客户解决好问题。如确认使用该批地板对客户造成了其他损害，公司将 100% 承担责任。

至此，由17家各地质检机构出具检测报告，先后公布的武汉、青岛、广州、重庆、北京、杭州、昆明、厦门、南京、镇江、合肥、上海、天津、佛山、西安、中山等72组结果中，有71份的甲醛释放量低于国家标准，1份送检样品超出国家标准。

全部抽样中，有41组是从已交付业主家中取样，22组是从备料库取样，3组来自已到货未安装的封存产品，6组来自样板间取样。

其间，苏州市吴江质量技术监督局、上海质监部门也先后对安信地板进行了执法抽检。2月21日，上海质监部门在万科业主代表、媒体代表、上海市建委和房管局、万科等多方监督下，对万科在上海与安信合作的四个项目进行抽检。3月1日，上海市质监局通报了对万科项目所用安信地板的抽检结果：甲醛释放量符合现行国家标准。

几天后，佛山这一例样品的其他两份检测结果出来：甲醛释放量低于国家标准。

佛山项目地板检测出不合格产品，给客户带来损失，影响他们正常生活，这是我不愿意看到的结果。但从另一个角度看，这个结果也会带来一些积极因素，工业产品出现瑕疵是符合逻辑的。如果所有检测全部过关，管理层大概会骄傲自满，这很可能会造成未来更大的纰漏。如果将一个企业比喻成人体的有机系统，佛山的检测结果就像一场感冒，调试了整体的免疫系统。

当负面新闻出现，一些公司是用掩盖的方式解决问题。但可惜的是，他们一旦拥有了掩盖的能力，就失去了其他的能力。这不是万科的做法，万科需要的是解决自身问题的能力。对客户、媒体和自己都坦诚相待，就为企业确立了明确的标准与价值。

安信地板事件之后，有同事心存疑问：既然装修房受到外界质疑，我们为什么还要继续?

对此，我的回答是：装修房的确受到了一些质疑，但是如果万科不做装修房，客户仅靠一己之力也无法完全解决质量问题。我们拥有比客户更多的资源，应该比客户更有能力做好。同时，做装修房也是为了建立万科的竞争优势，我还相信，推进装修房对社会节能环保目标的实现有所助益。所以，我们不会放弃理想。①

第一位环保主义者

从波士顿驱车20公里，来到康科德小镇。人间四月天，沿途蓝天白云，树林、

① 安信地板门事件后，万科建筑研究中心建成整套环境仓测试系统，在检测建筑家具材料、部品污染程度方面，具备国内最领先的设备和技术。

草地、湿地之间镶嵌着白色调的维多利亚风格独栋房舍、纤细的教堂尖顶，仿佛时光倒流，返回工业文明之初。

小镇外一条蜿蜒公路，两侧自然生长着橡树、枫树、松树的次生林，顽强的绿色幼苗和黄色野花顶开了覆盖其上的枯叶。聆听鸟儿清脆的奏鸣曲，踏足在柔软地毯般的枯橡树叶上，发出“唰唰”的响声，周身都感到舒坦、自在。次生林围绕着的是一处清透的湖水。沿着湖边带有隔离铁网的通道行走。铁网是为了防止人为对野生环境的干扰损坏，但每隔一段距离都设有亲近湖面的开口。波光粼粼的湖面上有皮划艇，湖边不乏垂钓者和享受野餐、日光浴的人们。

停下来，同一位正在放鱼饵的垂钓者搭讪：“能钓多大的鱼？”垂钓者询问我的国籍，并主动介绍自己：土耳其移民，喜欢钓鱼，喜欢这片保持着原生态的瓦尔登湖。

瓦尔登湖，这是一个写在文学史上的名字。1845 年，康科德小镇的一位退职中学教师携带斧子来到湖边，[①]建起了一座小木屋，开始独居生活。他就是散文家、哲学家、超验主义者亨利 · 戴维 · 梭罗，1837 年哈佛毕业生。

1854 年，梭罗的散文集《瓦尔登湖》出版，详细记载了他在瓦尔登湖畔两年又两个月的生活历程和人生感悟。这部被称为“寂寞、恬静、智慧”的作品为无数后人提供了精神指南，成为文学史上不朽的经典之作。因《瓦尔登湖》，梭罗本人确立了在美国文学史上不可替代的地位，本处偏僻一隅默默无闻的瓦尔登湖也一跃成为风景胜地。还因为这本书，瓦尔登湖周边的次生林得到保护，免被现代工业文明侵扰。同样因《瓦尔登湖》，梭罗被认为是第一位环境保护主义者。

在梭罗所处的 19 世纪，美国经济突飞猛进，迅速成为世界强国，对自然资源的浪费和破坏亦达到了极为严重的程度。首先是对森林的过度砍伐。焚林开荒是当时的普遍现象——10 年时间 3000 万英亩森林被辟为农地；当时，轮船、火车和其他动力机械大都以木柴为燃料。据估计，19 世纪中期美国所需能源的 90% 以上来自树木。今天，中国同样面临经济发展所造成的环境问题，美国的历史经验应为有益的借鉴。

梭罗性格庄重，体格结实，强壮敏捷，善于游泳、赛跑、溜冰、划船，喜欢从早到晚的长途步行。在梭罗看来，生活是一种简单的旅途，人则是大自然中不断前行的过客。生活就是重新确立自己在大地上的位置，任何远离大自然的做法都是对

① 有趣的是，梭罗这把斧头是向小说家路易莎 · 梅 · 奥尔柯特借来的。奥尔柯特是美国小说名著《小妇人》的作者，是梭罗的康科德老乡。

人本性的违背。如果一个人能满足于基本的生活所需，其实可以更从容、更充实地享受人生。

除了有《瓦尔登湖》传世，梭罗还在拒绝向政府纳税被捕入狱一夜之后，写下论文《论公民的不服从》，思考什么才是好的政府，为什么政府会滥用权力。他认为，最少管事的政府是最好的政府；一个公民如果认为法律是不公正的，就有义务拒绝服从它。《论公民的不服从》影响了列夫·托尔斯泰、甘地、马丁·路德·金等人，甘地曾宣读这篇文章，为触犯种族歧视法规的印度人辩护。梭罗的思想，引领了21世纪民主主义思潮和非暴力不合作、消极抵抗运动的发展。

在湖岸蜿蜒的便道上，有一条伸向小山丘的岔道。沿着岔道的缓坡，来到一处林中空地。石桩围起的矩形篱笆，其上的标识牌上注明：梭罗建造小木屋的遗址。遗址临近湖的一侧，散乱地堆放着大小不一的石头，一些石头上写着纪念梭罗的文字；还有一些石块被细心地摆放成“玛尼堆”的样子，有些石块下压着纸鹤……游客、凭吊者用自然的方式纪念这位热爱自然、身体力行的超验主义者。

在湖的另一边的停车场一侧，按照当年建房子的草图模拟了一间小木屋供游人参观。狭小的房间里家具非常简单：一只做饭的铸铁炉子、一张简易的床、一张小学生尺寸的桌子和三把椅子。啊，三把椅子，再多一把的话，中国的一些读者要猜测：他冬季没事儿也打麻将？对于这三把椅子，梭罗解释：独坐时用一把，交友时用两把，社交时就得用三把了。

梭罗亲近自然、自食其力、俭朴生活的实践，在今天看来不是对贪婪物质追求的一种人生目的的追问和反思吗？反观今日的中国，人们迷失在自己所创造的种种物质需求之中，而这种种需求如果失去了精神家园，那么就算拥有整个世界又有何用？梭罗对工业文明、喧嚣社会挤压人类、侵蚀人性心怀忧虑，他认为人类只有过简单淳朴的生活，才能享受到内心的轻松和愉悦。那么，如何抵御纷繁复杂的物质世界的引诱？梭罗通过《瓦尔登湖》，带给我们的启示是“simplify，simplify，simplify”（简单、简单、再简单）。

暑假 世界

用经历，定义自己

2011年底，《中国国家地理》社长李栓科给我打来电话，杂志社合作方克莱斯勒想在中国物色一名形象代言人，为全新的Jeep大切诺基拍摄一部视频广告。想来想去，觉得在认识的人当中，跟Jeep品牌的精神气质最符合的还是王石。有意思，我已经很多年不开车了，现在正在美国重新捡回这门“手艺”。决定接下这则广告，并像往常一样，广告收入全部捐给公益基金会。

几乎是前后脚，瑞士手表品牌百年灵也邀请我参加一年一度的飞行节，并且探讨广告合作事宜。知道百年灵，是主打航空的手表，崇尚冒险、自由精神、精确性。此前曾有另一家瑞士名表找到我，婉拒了，因为对方是顶级奢华的形象，和我一贯风格不同。百年灵呢？我表示：喜欢飞滑翔伞，也有滑翔机驾照，但没有动力飞行器驾照，不可能驾驶动力飞机。瑞士人回复：可以先教会王石先生开飞机，再拍广告！

自2000年开始接拍广告，感觉每次参与都是新的体验，获得报酬全部做慈善公益，何乐不为？收到拍广告的邀请，什么邀请接，什么邀请不接？我的原则很简单：第一，双方品牌必须是帕累托最优，精神气质配合，互相给对方加分；第二，既然广告收入要捐给公益，做广告的产品不能与公益内容有冲突。多年前接的途锐、中移动是这样，今年接的“深航加入星空联盟”广告，则是出于为深圳企业加油助力。

拍摄安排在北京，导演和摄像是2010年金马奖最佳导演钟孟宏，来自台湾。广告公司暗地里叮嘱我："请到钟导拍广告可不容易！"接触之后，感受到钟导团队非常专业，为我拟订了详细的拍摄计划，什么时间该做什么，一清二楚。拍摄前给我准备了三种风格的服装备选：正式西装，休闲西装和登山服，还特意叮嘱我带一套自己的深色西装，以防他们准备的服装尺码不合适。重视细节的专业态度，让我非常欣赏。

第一天在石京龙滑雪场拍摄登山画面，给我安排的到场时间是早晨8点，工作人员6点多就到了现场。登山画面拍完，紧接着拍汽车在路上奔驰的各种场景，还有路牌等元素。第二天移师怀柔篱苑图书馆，拍摄读书镜头。这是清华大学李晓东教授设计的一个公益图书馆，依山傍水，钢架结构，全玻璃外窗，建筑四周以几万根柴火棒环绕，既可以透光，也避免强光的暴晒。内部宽大的空间和错落有致的台阶设计更是让人赏心悦目，最后片子出来的效果非常好。

第三天去首都机场3号航站楼拍摄，最后用到的镜头是我逆着进站的机场轻轨列车行走，这个镜头的意思很明显，所以是成片里的最后一个镜头。

片子中有这样一个镜头：我端坐，凝视着桌子上一条被激怒、昂着头的眼镜蛇。导演介绍：计划入镜的我和眼镜蛇分别拍摄，后期合成凝视对峙的画面。

"不能一次完成吗？"我问导演。

"你不害怕被毒蛇咬吗？"钟导演反问。

"你不招惹蛇，它是不会进攻的。怕什么？"

导演采纳我的建议，镜头一次拍摄完成。

成片主线是我的画外音叙述："当你仰视着我，你看到的是王石，还是一个符号？这个符号充斥着，被世俗反复夸耀的成功，却跟我毫无关系。真正靠近自己，你明白那些融进你生命里的，不是万科，不是珠穆朗玛，或是乞力马扎罗，而是走向它们，和告别它们时，留下的脚印，正是这样的经历，而非名字，决定了这个世界，只有一个独一无二的我，和一个独一无二的你。用你的经历，定义自己。"

广告播出后，许多朋友和同行问我，这段话是不是我亲自执笔撰写？嘿，我哪里来这么好的文笔？大家公认，这是最符合王石个人气质的一则广告，而这段画外音，如同心声。

大切诺基选择了欧洲杯战火时段播出广告，万科同事发来短信：看欧洲杯，中场休息时间，突然出现老板的广告，感觉好像是在加班！

不少企业通过朋友渠道来打听：哪位导演拍的广告？能不能介绍给我们？遗憾，据说钟导演志不在此，一年只接一两部广告，一拍完，就进山去继续追求他的电影艺术了。

邂逅联合利华

暑假来了，阿巴拉契亚山中放松几天。阿巴拉契亚山脉位于美洲东部，山系森林茂密，景观独特，其间的阿巴拉契山道蜿蜒 3380 公里，成为徒步旅行者的“圣道”，全程走下来需 3 个月，每年完成者寥寥。我只能选择麻省境内的一段纵走。森林氧吧，鸟鸣溪流声，分辨动物足印，驱赶蚊虫。轻松，愉悦，一学期的紧张压力抛在脑后。

6 月，连续考察华盛顿、费城、纽约三个植物园，飞往圣保罗，还是参观植物园。转飞里约，应巴西外交部邀请，参加为期 4 天的全球气候应对大会，之后再和万科同事会合继续欧洲植物园考察。

6 月 15 日飞抵里约。三年前的哥本哈根会议上，与会的中国民营企业不超过 5 家，这次里约大会，注册的有 21 家，主要是SEE的会员。在中国民间环保活动中，民营企业扮演着越来越重要的角色。绿色环保，从自己做起，从自己的企业做起，潺潺溪水，能汇成大川。

会议日程排得很紧凑：出席SEE与联合国环境规划署主办的“绿色中国竞跑未来”中国边会并做主题致辞，介绍万科产业化和绿色建筑。率领SEE企业家会员与联合国环境署署长施泰纳见面。出席联合国环境署、WWF、德国边会活动并发言。由WWF推荐，向大会联合主席、巴西外交部长帕特里奥塔、巴西环境部长特谢拉递交民间行动建议书，呼吁各国政府利用民间资源，尽快采取合作行动，并组成国际民间团体推进气候环境议题的对话。日程中还有一天是世界经济论坛“里约+20 朋友”圆桌会议。“里约+20 朋友”由全球 30 位企业领袖、非政府组织领导人、学界领袖组成，在其中，我再次看到了联合利华首席执行官波尔曼先生的身影。

波尔曼先生分享了联合利华在节水方面的环保项目：在整个价值链过程中减少用水，向供应商推广番茄和其他农作物滴灌技术。此外，联合利华还在开发产品使用过程中用水量较少的洗衣、洗发和洗手产品，希望到 2020 年之前，在 7 个主要消费国家，使用该公司洗涤剂、洗发精等产品时的用水量较 2008 年减少一半。

在这次会议后，“里约+20 朋友”组建了世界经济论坛可持续治理日程理事会，按照区域和主题划分 88 个日程理事会，成员由学者、非政府组织领袖、商业界领袖和意见领袖组成，类似于一个全球商业界的智囊机构，目的是为次年的冬季达沃斯峰会制定日程。我被推荐为理事，同样在理事会中的还有雀巢、联合利华等公司领导人。会后，与波尔曼先生简短交谈，表达对联合利华全价值链节水项目和环境目标的赞赏，并提及数年前我与联合利华的偶然结缘：在英国考察住宅期间，造访 1887 年肥皂生产商利弗兄弟在阳光港工业区为雇员兴建的住宅、学校、商店、公园、休闲娱乐设施、公共设施等，向伟大的百年企业致敬。

有趣的是，万科和联合利华是两家根本不可能有业务往来的企业，近年却数次在正式场合相遇。

2011 年，在瑞士出席 WWF50 周年庆祝活动，波尔曼和我同为主题演讲嘉宾。那时我正逐步尝试正式场合用英文演讲和回答问题，磕磕巴巴讲下来，依然赢得掌声喝彩——因为演讲内容相关的环保话题，都是我在探险活动中亲身经历，故事动人加上演示文件的照片画面震撼，颇具吸引力；更因为英文口语不好却敢于用英文演讲的勇气和友善态度，值得听众们献上鼓励的掌声。不过，既然还说不好英文，也就没有和波尔曼单独沟通的机会，但作为企业领袖的他对环保议题的投入，使我感到认同。

几个月后，在世界经济论坛全球日程理事会迪拜峰会上，我与联合利华全球对外事务总监托马斯・林加德再次交集，向大家分享了产业链上下游合作节约木材和节水的案例，共同推动将供应链可持续管理纳入冬季达沃斯议题。这次峰会期间，世界经济论坛“全球领导组织课程”院长普罗布斯特专门找到我，表达意图：将万科住宅产业化与宝马、雅培的可持续行动进行比较研究，在世界经济论坛和日内瓦大学的案例库中进行发布。

哈佛游学第五学期，我已经渐渐有了自由自在的感觉，活动空间也更加扩大。2013 年 1 月，受主席施瓦布教授邀请出席达沃斯论坛，并出席“世界经济领袖非正式会晤”。这是冬季达沃斯的最高级别会晤，讨论对于全球商界具有影响力的议题，规模不大，安保严格，与会者限于受邀请的各国部长级官员、联合国高官、知名学者人士。这一年主题是“2015 年千年发展计划”结束后的发展目标。我的发言主旨是住宅产业化对于气候变化、热带雨林保护的作用，呼吁发挥企业供应链的作用。会议上发言的有联合国秘书长潘基文、世界银行行长金永吉等国际机构首脑和各国官员，比尔·盖茨作为国际非政府组织领袖与会。当然，我又看到了保罗·波尔曼先生，他和我是仅有两个受邀参会的企业界领袖。

与联合利华的五次邂逅，看似两个不同国度企业的偶然交集，实际上体现了企业在今天这个世界中扮演的角色：企业公民的一员，全球化的主角，环保运动的中坚力量。更感受到中国企业作为全球合作伙伴，公平积极地参与到环境议程的制定和推动中。

你好，米兰！

2010 年上海世博会，万科以“尊重的可能”主题独立建馆参展，向世界介绍中国企业在绿色环保领域的理念和行动。上海世博会刚刚落幕，筹备参与 2015 年米兰世博会的小组就开动了起来。

2013 年 6 月到 9 月，我两次率队前往米兰考察。第一次考察目标是世博会工地，探讨万科馆可能的形式和方案，确定万科馆由李博斯金担纲设计。第二次则要与世博会办公室进行正式洽谈。

早晨 8 点半，SDL 米兰事务所集合，万科团队和设计师李博斯金夫妇一同前往世博会办公室，拜会米兰世博局首席执行官萨拉（Sala）先生。会谈快速进入主题，万科团队做参展主题演示。

对于奥运会、世博会，中国人还习惯作为国家盛事来看，不惜以举国之力来办一场体体面面的大会，还颇有点古时候中央上国“让八方来贺，万国来朝”的意思。从世博会最初的历史来看，外国人也是近似的态度。第一届世博会，是“日不落帝国”展示工业革命成果和帝国肌肉的盛会，维多利亚女王亲自发出外交邀请函。1933 年芝加哥世博会，以“一个世纪的进步”为主题，展示美国和世界工业的伟大成就，霓虹灯、航空技术、空调建筑出现在那次世博会上。1970 年大阪世博会，展示继东京奥运会之后的发展成就，此后 10 年，日本经济加速腾飞。

随着技术革命成果普及，信息时代到来，各国对世博会的态度产生微妙变化，“举国体制”的色彩渐渐淡化，美国国会甚至立法禁止联邦政府以财政收入参加世博会建馆。刚刚结束的伦敦奥运会，就是这种思潮的体现，与北京奥运会华丽宏大的风格恰恰形成鲜明对比。

我在开幕式前夕抵达伦敦，即发现除了候机楼的广告，几乎难以感到奥运在即的气氛。如果说北京奥运场馆是不计工本的投入，伦敦奥运场馆则体现从铺张炫耀走向实用高效，许多新建场馆都是临建，主场馆甚至已预卖给里约，作为下届奥运会的主场馆！田园牧歌、羊群、驭马耕作、戏耍的青年男女……开幕式展现的是英格兰乡村的散板。或许，正急速城市化的中国不大能领会这种怀旧情感。但对英国佬来说，冷清寂然的乡居才能生出牢靠的美德和纯净的欢快，亦是留给现代生活的宝贵遗产。开幕式风格节制、轻松、幽默，如同老百姓参与的大派对，权贵名人只是不可忽略的佐料，仅此而已。

更典型的是，伦敦人作为东道主，对奥运会并非像北京人那样持有好感，喜迎八方客。恰恰相反，他们多是对奥运占用城市交通设施的抱怨牢骚，甚至趁机大罢其工。开幕几天后，抱怨声因晴朗的天气而减少了一些，但罢工却没有因此停下，甚至连海关也罢工了。伦敦佬自嘲，他们罢工的动机只有一个：拒外国运动员于国门外，金牌就全部属于英国了。

总之，让生活继续，让奥运会、世博会回归功能，回归快乐，是大的趋势。这次米兰世博会万科馆的主题是什么呢？

食堂。从何说起？和意大利人对美食的热爱一样，中国人甚至说，民以食为天。计划经济时代的公社食堂，大学校园里的食堂，万科社区开设的“第五食堂”……呈现的是人们不同的生活状态和线路。

演示结束，简单回答世博委员会的提问。最后，萨拉先生代表米兰世博委员会表示，“食堂”实在是个很好的主题，欢迎万科成为2015年世博会第一家企业参展方。

窗外风和日丽，双方工作人员在世博办公室拍照留念，象征性开香槟，举杯庆祝。

威尼斯华人

参展米兰世博会的申请通过，万科一行人从米兰搭乘火车前往威尼斯。此时的威尼斯满是各种艺术活动的海报和时尚气息，正是双年展举办的日子。

本届双年展主策展人是英国建筑师戴维·齐珀菲尔德（David Chipperfield），主题：共同基础，和城市、建筑、居住贴近，很棒！不过相比上届，更偏向前卫装置艺术，让圈外人云里雾里。从福斯特的“媒体森林”开始，恍如置身关键词和信息不断漂浮的黑房间里。我看得入迷，不知不觉落在了队伍的最后。午饭时间，同事们纷纷叫饿，让他们去认认真真吃顿饭，我买了个三文鱼三明治，嚯，可真难吃！

垫巴垫巴，继续看展览。步入中国馆，几位建筑师的作品也似乎偏纯艺术表述，相对来说，我更欣赏日本、俄罗斯、意大利、法国、以色列等馆的风格。

近年的威尼斯双年展上，中国艺术家的身影已经处处可见，“中国势力”隐隐升起。2011 年秋季，我在哈佛大学设计与规划研究院遇到两位来自中国大陆的讲席教授，其中就有中国美院的王澍教授。之前与王澍教授没有交往，只是在参观威尼斯建筑双年展时，观摩过其作品，印象颇深。

2006 年，第十二届威尼斯建筑双年展，中国第一次以“国家馆”的形式参展，展览作品就是王澍与许江合作的“瓦园”：一大片青瓦屋顶呈现眼前，毛竹架做支撑，一面硕大的青瓦顶从地面倾斜着向上延伸，形成一个典型中国特征的“屋顶”，上面有可供行人走动的“竹桥”。绿荫遮掩、蝉声鼓噪，沿着简易的竹桥徜徉，一下把你拉回到中国传统建筑的意境之中。将中国传统建筑材料的“瓦”和建筑样式“瓦顶”如此简洁、夸张、艺术地呈现出来，令人印象极为深刻。

当天在馆内恰巧碰到中国馆总策展人范迪安先生。他介绍了为何选择王澍：在当今中国超乎寻常的城市化过程中，大量的传统建筑被拆毁，取而代之的是毫无城市记忆的高层建筑集群，本土建筑“失语”现象日益严重。中国本土建筑师试图对此做出回应，以他们的实验性作品，探讨中国城市发展中面临的困境，并为未来的城市建设提供新的思路。

王澍是中国为数不多的实验建筑代表人物，致力于将中国传统文化资源运用到当代建筑中，实验将中国的传统建筑当代化，着迷于中国传统建筑的营造方式，并形成了个人独特的建筑语言。其代表作有苏州大学文学院图书馆、宁波美术馆和中国美院象山校区。这次为建造“瓦园”，王澍从中国运来 6 万片青瓦。这些回收的青瓦都是来自城市拆迁的废料。“瓦园”不仅表现了本土建筑师对中国传统建筑的执着和文化记忆，还隐喻中国城乡变化的速度和资源的惊人浪费。

2010 年威尼斯双年展，又不经意间看到了王澍以个人名义参展的作品“腐朽的穹隆”：一件由许多长木条标准件互相拼接成的“穹顶”造型，占满了整个空间，简单、通透、轻盈。透过连接件之间的矩形格子空当钻进“穹顶”中，我试着揣摩创作者的意图：“穹顶”是典型的罗马传统建筑造型，其特点在中世纪基督教建筑中最为明显，并延续至今为许多公共建筑所采用，可追溯到罗马的万神殿。但就建筑材料而言，罗马人运用坚固的石料和轻质混凝土（天然火山灰）拼接成穹顶，而眼前的穹窿结构却采用轻质的长木条搭接。作者的“妙”正在于这木条之间的搭接。

木条之间的搭接只是用最简单的金属连接钉，却连续组合成一个完整的穹顶结构，让人不免联想到传统建筑结构的梁柱体系中特有的“斗拱”结构。你可以感受到，作者在试图通过木条构成的“穹顶”，来进行东西建筑差异的对话和交融，或是在霸权的西方建筑形制占统治地位的今天，对当今中国传统建筑形制衰落的无奈和抗争？

2012 年初，在一年一度的普利兹克建筑大奖评比中，候选人有“万科中心”设计者斯蒂文 · 霍尔，但最终评委会把大奖颁给了中国本土建筑师王澍。王澍是 1979 年普利兹克奖创办以来的首位中国获奖者，也是第四年轻的获奖者。当时在哈佛的中国留学生都特别兴奋地议论这件事，因为他还是哈佛的“丹下健三”客座教授。毕业于东南大学的王澍是本土成长的建筑师，弃绝浮躁地模仿现代流行，孜孜追求本土建筑的特质和形式，终于获得国际建筑界的认可。我以为，在中国振兴经济、城市化的过程中，中国建筑师迟早会获得普利兹克大奖，但来得这么快是出乎意料的。大奖落到王澍身上实至名归。

第四学期 思索

对话肯尼迪政府学院

肯尼迪政府学院（HKS）位于查尔斯河一侧，同哈佛商学院隔河相望，距哈佛主校区只有几步之遥。虽然是20世纪70年代的新建筑，其气质和哈佛主校区上百年的佐治亚风格保持一致：红砖、石屋顶、烟囱、三角山墙。进了主入口，有些憋屈，上截短楼梯才进入大堂。这是个摆满了餐桌的大堂，餐厅？不仅是餐厅，还是会议中心、交流中心，来访的重要政治家讲演也在这里。位置不够时，多层围合的走廊上摆满椅子权当听众席，有点类似音乐厅。不拘一格的空间感飘散着古希腊广场的辩论遗韵。单从功能上考虑，不得不折服于设计者把有限的公共空间发挥到了极致。如果政府的办公场所都是如此紧凑，那是纳税者的福气了。

托尼·赛奇教授是我在肯尼迪政府学院接触到的第一位中国问题专家。年龄相若，再加上略带京腔的汉语，一下拉近了距离。1976年，我在兰州铁道学院上大二，赛奇参加英中教育交流项目来到中国，成为"文革"以来最早进入中国的西方年轻学者之一，现在是著名中国问题专家，在肯尼迪政府学院负责东亚研究的资深教授。虽说是礼节性拜访，我们谈得很投机。听完我对万科的介绍，赛奇不动声色地发出邀请："下星期约个时间，我安排一位研究员，再谈一次，将万科'不行贿'的经营实践整理成案例，在转型期的中国很有借鉴意义。"一来二往，熟络起来。

在教授堆满书的书房谈中国“文革”经历。教授：“来中国前，我在伦敦大学读书，研究方向是东亚政治和社会发展。那时，欧洲左翼学生运动澎湃，我也卷入其中，但不是狂热分子。对一些学生而言，毛泽东就是左翼运动符号，还有格瓦拉，游行中举着毛泽东画像示威，必不可少。对于中国，我是带着兴奋和渴望的心情来了解，读过《毛泽东选集》和许多宣传材料，说中国如何好，‘文化大革命’如何伟大，但真实情况又如何呢？充满了好奇。刚到中国时，毛泽东还没去世。我几乎不懂中文，只会几句常用语。但很快发现，即使能讲中文，也无法沟通，因为中国人对外国人很警惕，对我们这几个资本主义国家的留学生更是充满戒备和疑惧。经济很萧条，政治气氛特别紧张、诡异和复杂。

“和先前想象的迥然不同。那时中国大学的教材枯燥，授课呆板，课堂气氛沉闷，学生能学的东西很少。进修‘中国当代史’，但老师只讲授两条路线的斗争，以阶级斗争为纲，反帝反修，很没意思。”

回忆我在大学的生活，因为是工科，数学、力学、工程结构、工艺设计，老师教得也认真。在批“臭老九”的时代，这很难得。但我不喜欢所学的专业，也不想当工程师，课余时间潦草完成作业，就去泡图书馆读文史哲的书籍。

说到改革开放，话题就更多了。印象深刻的是教授对邓小平关于改革开放“摸着石头过河”提法的评论：“这是一个特别聪明的说法，充满东方人的逻辑和智慧：第一，不明确讲发展方向和目标是什么，就不会招致保守派的强烈反对，减少了人为阻力和纠缠，赢得了改革发展的时间。第二，这也表明，改革开放是一种试验，没有现成的答案，需要摸索。农村改革和城市改革，都是经过试验，证明可行了，再加以推广。王总，你所处的深圳特区就是最早的试验田，你也属于最早吃螃蟹的。根据多年来的观察和研究，我得出了一个有意思的结论：每当中国发展出现困难，西方认为中国可能出问题的时候，它总能找到解决困难的途径。所以说，中国人摸着石头过河，总能找到过河的石头，我内心乐观的一面这样告诉自己，但……”

对小平充满敬意的教授话锋一转：“不能老摸着石头过河。经济增长带来举世瞩目的成就，也面临越来越大的挑战。环境问题、能源问题、社会公平问题，等等，一些新的挑战摆在了面前；国企改革和金融改革也进入最困难的阶段。和改革开放初期不同，河宽水很深，怎么办？如果还一味强调摸着石头过河，那就很危险了。宏观经济、城市发展、环境问题、市场经济管理、金融体制等方面的问题，需要科学论证和决策，绘制可持续发展蓝图。中国政府的发展目标还不够清晰，目的还不够清楚。

“当前的改革绝大部分是行政体制改革，而不是政治体制改革。长期以来，社会与文化的多元特质，以及表现出来的政治多元特点，没有反映在政治体制改革上。从政治制度和政治形态层面上说，中国也存在巨大挑战。说到中国坚持共产党的领导，也就是共产党一党执政，这只是中国政治的特色，没有什么不可以的。坚持共产党的领导和社会主义道路，也意味着它要处理一些世界上其他国家没有出现和未曾遇到的新情况、新问题。尤其在经济起飞之后，面对一个急剧多元化和日益复杂的社会，要维持自己的领导地位，就必须回答这样的问题：如何在一党执政下建成一个透明、可问责的政府。为了保持高质量的经济增长，高速的信息流动非常重要，也就是如何扩大民众的公共事务和政治生活的知情权、参与权和决策权。如果共产党能够成功做到这些其他国家所没有做到的事情，这将成为经济奇迹之外的又一个奇迹。”

教授关于“中国一党执政是中国政治特色，没有什么不可以”的提法，我的直接反应是“中国文化传统特色决定了它的政治特色，但这种文化传统是建立在农业社会的文化，随着城市化的人口比例增高，必须适应另外一种政治特色——城市文明。也许还需要100年？”不管怎么说，受教了。

几周后，肯尼迪政府学院联系我，希望为中国政府的官员培训班上课，欣然答应。可容纳80人教室，课桌围绕讲师的位置成弧形，方便师生互动交流。每个同学桌前摆放着姓名牌。这堂课讲三个话题：一、万科的底线——不行贿；二、多元化转为专业化；三、绿色建筑，可持续发展之路。有意思的是，在问答时间，官员们首先关心的还是房价走势和对中央房价调控政策的评价，再往下才问和课程有关的内容：

问：怎么讲“不行贿”成了万科竞争力？

答：不行贿是对企业的基本要求，如果90%以上企业遵守，当然构不成竞争力。但如果行贿受贿形成社会风气，不行贿企业就会处在不利的经营位置，怎么办？或同流，或到市场上找出路，如何在地偏价高的地块上创造消费者喜欢的产品和服务？久而久之就形成适应消费者需求的竞争力，当然这要经历一个过程。

问：你说不行贿是现在，以前呢？也有人说，董事长不用行贿，手下呢？

答：不行贿是底线，万科过去、现在、未来都不允许任何员工有行贿行为。

问：很难啊！

答：实际做了，没有想象中那么难。

问：您强调万科不行贿，如何做到不受贿呢？

答：无法做到不受贿，但一旦发现追究责任绝不姑息。有几次，公司发生受贿案子，万科人事将涉案人送到检察机关，表明万科的态度。对一线管理层有定期不定期财务审计，人事上实行亲属回避，将受贿现象降到最低水平。树立员工良好职业操守，是管理层的责任。

问：社会风气不正，做好人难。

答：做坏人容易？行贿受贿双方都会受良心谴责，沉迷应酬寻醉，是不是麻痹痛苦的自己呢？

问：没有台下交易能拿到好地吗？

答：随着市场化、透明化，拿地的公平性提高，但早期肯定拿不到好地。万科地块在远离市区交通不便的地方，且土地价格贵。80年代末，有一家同万科同期发行股票的企业，也做房地产，其协议拿地的能力是万科的10倍，而且价格便宜。但这家企业多年前就退市了。而高价拿偏僻地的万科却很好地生存下来。不行贿成就了竞争力。

问：在哈佛的学习方向？

答：企业伦理。企业制度是资本主义文化的产物。追根溯源，是基督教新教对资本主义思维方式的影响，再往下就要追到耶路撒冷了。所以下一步游学计划是欧洲、以色列。

问：佛教博大精深，什么学问都包括在内了。

答：就现代企业制度而言，同佛教思想没有太多关系。

问：游学结束还回万科？

答：没有离开呀，何谈回？

问：我的意思是，哈佛深造后可发挥更大社会作用。

答：到这里系统学习有两个目的：一、个人修为；二、考虑未来10年用更多精力在大学教书，所以百战之后要读书。至于更大社会作用，人生犹如一条抛物线，我的最高峰已成过去时，未来属于年轻人，年轻人才代表未来。

问：王总，在哈佛做饭吗？

答：睡前，少许大米粒放进暖水瓶，灌满烧开水，翌日成米粥，再倒进小锅热几分钟，早餐告成。

整体感受，领导们提问、质疑、交流的积极性很高，显示出中国精英的素质，也显示出肯尼迪政府学院的培训效果。

我在肯尼迪政府学院选修了两门课，一门阿兰·奥特肖勒教授的“城市规划”，一门鲍威尔教授的“能源政策分析和新能源展望”，星期一至星期四都有课。上课时间，教学楼大厅总是热闹得像个集市，充满了备课、下课、准备上课或正在分组讨论的学生、长短期培训班、研讨会、论坛的代表。不仅是大厅、楼梯的拐角，甚至连半地下的图书馆也人满为患。我相信，肯尼迪政府学院是全世界学校中，教学楼单位面积使用效率最高的建筑。

世界自然基金会美国董事

10月18日，华盛顿白宫一侧，尖顶基督教堂，肃穆庄重又平静优美的《安魂曲》，唱诗班时而清唱，时而响起管风琴伴奏。

参加WWFus年会，其中一项日程是追思WWFus创始人罗斯先生。典型的基督教仪式，发言的没有领导和“单位代表”，只有逝者亲属。内容也绝不宏大，仅有追思逝者生平，谈到生活趣事，肃穆教堂里荡漾众人赞赏的笑声。追思会后，一位董事慨然表示，轮到他自己的追思会时，要安排为环保事业做最后一次筹款！

与WWF结缘数年，对其全世界推广环保理念和环保活动深感认同。这一次年会，WWFus董事会决定接纳我成为董事会成员，这是这家机构历史上第一位外国董事，对我个人、对万科来说，既是荣耀，也是责任。

万科同WWF的合作由来已久。2009年，我们响应WWF发起的“地球一小时”活动，与135个国家的人民一起，在3月最后一个周末关灯一小时，表达对地球变暖和环境问题的关注。而我也有幸成为“地球一小时”在中国的形象代言人之一。后来，万科在“地球一小时”基础上，又策划增加了垃圾分类回收活动，变一小时活动为一天的生活状态。这个活动被称为“立及行动日”。“立及”取垃圾字形的半边，寓意垃圾回收，变废为宝，又是“立即行动”起来的意思。2010年双方合作进一步加深，项目扩展到珠峰地区环境保护等跨区域、跨边界的环保合作项目，尤其根据住宅建筑工地大量使用木材的特点，推广绿色木材认证、减少木材砍伐、保护热带雨林资源。

中国经济的快速发展令世界瞩目，我们大量消耗能源和排放碳，也引起争议和担忧。会议上，专家给出目前中国消耗世界资源的百分比：铜38.2%，锌41.3%，钢45.5%，煤46.6%，水泥52.2%……高耗能低效率的发展模式已不可持续。中国政府自哥本哈根气候大会以来所表现的重视节约能源、减少碳排放的措施，得到WWFus专家的正面评价。相比之下，倒是奥巴马政府，被专家们批评不作为。

而作为一家在产品中大量消耗木材的中国企业怎么想？怎么做？走一条绿色产品之路，承担企业社会责任是万科的回答。

曾经有一次听首席执行官卡特先生讲演：10年前女儿出生，诊断为白血病，救活概率7%，夫妇共同努力，挽救了孩子生命。如今我们面临全球气候巨变、环境污染严重、许多野生动物灭绝或濒临灭绝。我们只有抱着积极保护的态度，学会和环境和睦相处，才能继续享有唯一的地球给人类提供的自然环境。讲演令人动容。

2012年的会议之后，万科与WWF的合作进一步加深，意在利用WWF的技术和监督机制，推动万科企业公民行为。而WWF也希望通过与万科的合作，推动全球（尤其是高速发展中的经济体）木材认证和保护森林资源的行动，正如同其多年以来与可口可乐在水资源保护方面的合作一样。2012年底，万科加入WWF最新项目：保护喜马拉雅山地区雪豹。雪豹是濒危的猫科动物，也是动物在世界最高海拔生存的显著象征。因为活动路线较为固定，容易捕获，加之豹骨与豹皮价格昂贵，人类不断捕杀雪豹，使其数量急剧下降。人类活动给这种大型猫科动物带来了巨大的生存压力，没有人确切知道野外现存多少只雪豹，估计种群数量仅有几千只。

世界自然基金会和美国国际开发署推出一项为期4年的横跨亚洲可持续发展项目，对雪豹的保护具有重要作用。项目将在不丹、印度、吉尔吉斯斯坦、蒙古、尼泊尔和巴基斯坦等国实施，并将与所有有雪豹出没的国家建立联盟。该项目的宗旨是要在雪豹踪迹所至各国，从地方、国家和地区各级唤起人们更多的意识和行动，帮助保护这个标志性的濒危物种。在项目中，万科公益基金承诺投入资金，资助在喜马拉雅山北麓的雪豹保护工作，并于2014年，联手WWF在中国、尼泊尔两国交界的雪豹保护区组织一次调查雪豹资源的科考活动，同时吸引国际上对保护雪豹的关注。

半年多后，我再到华盛顿参加WWFus董事会，很高兴得知保护雪豹项目形成了行动方案。自2011年游学哈佛，再没有登过雪山，借着保护雪豹项目的契机，一定再到喜马拉雅山！

赛艇与协作精神

查尔斯河蜿蜒流经波士顿入海。20世纪中叶，随着工厂和居民增加，未经处理的污水将河流染成粉红和橙色，鱼类死亡，飘散有毒气味。1972 年《清洁水法案》通过，逐步建立现代污水处理厂，改善下水道系统，搬走工厂。措施见效，鱼群回来了。现在，这里是世界著名的水上运动公园。2011 年、2012 年春天，因万科赛艇队参加查尔斯河国际赛艇节，这里飘荡的各国旗帜中出现了五星红旗。

当某种运动成为生活的一种状态，你就离不开它了。算来，我接触赛艇运动有 12 年了，进入状态是近 6 年的事，琢磨着，至少还可以再划 10 年吧！

赛艇是奥运会最传统的比赛项目之一，讲究团队协作，与万科倡导的企业精神相吻合。龙舟运动在中国有深厚基础，受到老百姓欢迎，但更具科学性和运动技巧的赛艇运动在民间却几乎是零，同各类国家专业队奥运冲金的气场形成巨大反差。2008 年，上海万科员工组队参加户田国际赛艇邀请赛。翌年参赛，队员中增加了杭州公司员工。2010 年始，逐鹿香港沙田国际邀请赛……成为中国内地唯一活跃于国际赛事的赛艇队。一路走来，终于进入了国际顶级赛艇比赛——波士顿查尔斯河的赛道。2012 年查尔斯河国际赛艇节，我所在的万科八人艇取得不错成绩，较 2011 年提高 28 秒；四人艇出现碰艇犯规，扣罚 1 分钟，成绩不理想。不过河边观战的中国留学生志愿者、华大基因啦啦队热情呐喊依旧。

这次比赛后，上海万科部分队员自费组织前往参加香港第 34 届国际赛艇锦标赛，在四人单桨赛中，万科力克港铁、渣打银行、李锦记、里克卡勒斯等六支企业队夺第一名。衷心希望曾是贵族运动的赛艇能在中国内地流行起来——至少在多湖泊的南方城市！在万科的员工体育活动中，足球联赛最有历史；登山虽然久负盛名，但终究是小众运动；高尔夫始终少人疼爱；羽毛球群众基础良好，尤其受女员工青睐；公路自行车、长跑则是新的时尚，却大有后来者居上之势。

2013 年 5 月，万科赛艇队再战户田，并且第一次有女队员参赛：女子双人双桨！赛艇各类别中，八人艇最能反映参赛队伍的整体协作能力。四年前，万科只能勉强组织一只八人艇参赛，今年已经组了两只艇。看来，号召力在增强，整体实力在进步啊。

队伍中见到付桑，2008 年那次比赛他就担任舵手，当时体重 65 公斤，6 年过去仍任舵手，体重已减至 60 公斤，但舵手合理重量应在 55 公斤上下，故很多男队的舵手都由体重较轻的女性担当。还是继续减重吧！

厉兵秣马，一战江湖！我担任一桨位的八人艇最终获得一枚铜牌。上海公司组队的男子四人单桨战胜宿敌香港皇家帆船俱乐部，夺得金牌，亦创造自己历史最好水平！另有杭州公司的四人双桨和单人双桨各得一枚金牌；杭州公司女子双人双桨首次参赛，意外拿下一个冠军，赞！

2013 年下半年，从哈佛来到英国剑桥，住的地方离康河很近，对面是一个个赛艇俱乐部。一天，学院里的主管对我说："听说你喜欢划赛艇，愿不愿参加赛艇俱乐部？"我说好啊，他就帮我安排，告诉我何时何地去找谁开始训练。我按照指示去了，到了俱乐部，没让我下水划船，先接受训练。教练练了我一个半小时，训练强度之大，不逊参加一次大赛，那个累！很长时间没有这样累过，腿抽筋了！训练后，我推着自行车，一拐一拐回宿舍，是哼着歌回去的！那个舒畅！

第二次训练，我问教练："俱乐部其他队员一周几次训练？"

回答："10 次。"。

"几次？"我以为听错了。

"周一至周五，每天两次，早上 6 点开始……"

这么高密度的训练？！几天后，和英国朋友聊天说起这件事情，对方笑了："剑桥的赛艇队什么水平？那都是参加奥运会的运动员！你怎么能跑去跟他们训练？"

我不以为然："嘿，剑桥那么多赛艇队，还能每支队伍都参加奥运会？俱乐部安排我一起训练的队伍，当然不会是这种高水平的。"说是这么说，自己却留了个心眼。回到家里，上网一查自己跟随训练的那支赛艇队——好家伙，这叫"剑桥大学赛艇俱乐部"，有上百年历史，是世界最高水平的赛艇队，就是参加奥运会，出世界冠军、奥运冠军的俱乐部！

我这是在做梦？

自由与爱国

纽约祖科蒂公园位于曼哈顿下城金融区。所谓公园，不过是一块 3000 多平方米的三角地，因"占领华尔街"运动起源于此而名声大噪。运动发生两个月后，纽约警察以"清扫卫生"为由，强行迫使抗议者离开。清扫后，警察用铁栅栏将公园围了两圈，并开了进、出口，形制就像圈牛羊的"畜栏"。抗议者可以自由出入，继续表达"占领华尔街"的意愿，但纽约警察以维护公共卫生为由：不允许在公园扎帐篷，不允许钻进睡袋过夜，由此示威者从数百人骤减到五六十人。

这是 2011 年感恩节前的事了，祖科蒂公园现在还有示威者留守吗？趁着一次在纽约转机的时候，我再次探访这个公园。

包围的栅栏全撤光了，但守备却未松懈戒备：一溜警车一字摆开，警察三五成群，不时巡视一番。公园里十几个人松散地聚在一起：三位朋克打扮的青年在切磋吉他技巧；一位街头艺术家在挥毫作画；身披黑色斗篷、假面脸谱戴在后脑勺、佩戴“99%”臂章标志的年轻人在发放传单；一位个子矮小、戴着防毒面具的妇女，则展示着胸前挂着的标语牌，牌子上写道：“说，你想要一次革命！”两位女大学生模样的人，正热心向好奇的围观者讲解着什么；最引人注目的是位工人模样的长者，身前挂着宣传牌，站在石桌上，伸展双臂喊口号，只是缺少响应者……

曾造成社会冲击、波及全球许多城市的运动，就这样暂告段落了。前一年“占领华尔街”运动处于高潮时，国内有媒体预言将对资本主义制度造成致命性冲击，一场颠覆性的革命即将发生……实在是危言耸听了。

在美国社会的法律框架下发泄对政府的不满，甚至公开表示对现任总统的不信任，是美国公民的权利。美国宪法规定：“国会不得制定有关下列事项的法律：设立宗教或禁止信教自由；限制或剥夺人民言论及出版之自由；剥夺人民和平集会及向政府请愿救济之权利。”瞅着眼前这位精力充沛、振臂喊口号的长者，让我想起了著名的焚烧美国国旗案。

1984 年，共和党在得州达拉斯市举行全国大会期间，一位名叫约翰逊的先生在参加反对里根政府的政治游行中，焚烧了一面美国国旗。警察逮捕约翰逊，并指控他违犯了州法。官司最后打到最高法院，最高法院以 5 比 4“一票之差”判他无罪。根据是公众在示威中焚烧国旗，受美国宪法“表达自由”的保护。当时的民意调查表明，3/4 的美国人都被激怒了，他们希望用法律来保护高贵的国旗。在这一愿望的推动下，《国旗保护法》迅速在国会获得通过。

然而，就在该法律生效的当天（1989 年 10 月 30 日），一位叫埃里奇兰的女士，在国会山下当众焚旗。“得州诉约翰逊案”戏剧性变成了“美国诉埃里奇兰案”。按司法程序，这个官司又打到了最高法院。尽管有来自民众和国会的压力，尽管通过了新的《国旗保护法》，但最高法院再次以 5 比 4 的票数，宣布 1989 年《国旗保护法》违宪。

自由和爱国，都是人们所向往的美好情操。我们常常看到，互联网上许许多多人热忱地表达他们对自由的向往，也有许许多多人倾诉着他们对祖国的热爱。自由和爱国，又常常是一体的，许多仁人志士，为了国家和自由，抛头颅洒热血，成为诸多艺术作品讴歌的对象。但自由和爱国也可能并非是一体的，如果一天，你面临自由和爱国之间存在某种冲突，自由则不能爱国，爱国则不能自由，你会作何选择？

可能每个人都会有不同的选择，没有标准答案。对于类似的问题，我想起，胡适先生曾经说过一句话："我愿意拥护一个可以反对的政府，坚决反对那种只准拥护的政府。"

枪炮与玫瑰

不同文化会有不同的爱恨，不同民情形成不同的制度。切换在中美两个大国社会之间，很容易观察到，两国人民存在许多价值观上的差异，从而爱恨、对错的判断截然不同。从一国文化立场看另一国，有时会觉得奇怪、诧异，乃至不可理喻。

这些差异，有的属于文化传统上的东西差异，有的属于社会发展阶段不同、观念开放程度不同造成的南北差异，有的则属于较个别性的中美差异。这其中，枪炮与玫瑰——武器和性的话题，是最容易看出不同来的吧！

2012 年 12 月 14 日，美国康涅狄格州桑迪 · 胡克小学发生枪击案，造成包括枪手在内的 28 人丧生，其中 20 人是儿童。惨案震惊世界。美国民众对死者的哀悼随即转化为对枪支泛滥的愤怒，指责允许普遍持有枪支的政策。奥巴马总统亲赴惨案发生的胡克小学，参加哀悼仪式，显露出深沉悲痛的情感，令在场者动容，但奥巴马却没有提到"控枪"这个词。

在美国政治中，"控枪"是个极为敏感的话题。

帕罗尔（Parol）是我在商务场上认识的美国朋友。记得三年前去其达拉斯的庄园做客，大厅里摆放着熊皮，墙上挂着带角的驯鹿头、雄狮头等狩猎战利品。主人一一介绍狩猎的时间、地点，显然家族有狩猎的爱好。枪库里摆放着各式枪械弹药，着实让我这个来自禁枪国家的中国人开了眼界。美国是一个酷爱和依赖枪支的民族。500 年前，当欧洲人第一次踏上美洲新大陆时，他们用枪来保护自己，用枪来驱赶曾善待他们的原住民，并用枪来摆脱英国殖民地的统治，获得独立。在这个崇尚自由的民族的心中，枪代表着与世界权衡的力量。美国《宪法第二修正案》明确规定："纪律严明的民兵，对一个自由国家的安全实属必要，故人民持有和携带武器的权利不得侵犯。"正是这一修正案在法律上给予美国民众持枪的自由，也造成了美国深入人心的枪支文化。在美国武器学校，只要交纳 40 美元，就可以学习射击课；交费 99 美元就可以完成申请持枪许可的课程，比获取驾驶本还容易。

枪从本质上改变了人民的自卫能力，也带来由于滥用枪支而造成的严重后果。

自 2011 年初到美国访学，之前不时看到美国社会新闻对枪杀案的报道，所以我对美国社会治安颇为担忧，但时间长了，无论在安静的波士顿，还是在喧闹的纽约，都觉得还是蛮安全的。当看到电视屏幕上出现的校园枪杀案新闻时，反而有一种置身其外的感觉。在校园熟悉的几位学者，我都分别去过家里做客，感觉他们不像拥有私人枪支，但谈论私人枪支带来的社会问题时，却表现出泾渭分明的两种态度。

温文尔雅的傅高义教授认为：枪不仅是一种工具，也是一种权利，是宪法赋予公民的权利。他忧虑限制持枪可能不利于遏制政府权力的膨胀：“政府是一个庞然大物，稍不留意，贪污腐化的问题就会冒出来。更令人忧虑的问题是，出现损害人民利益的强势政府时，公民怎么办呢？这种可能性是永远存在的。”

东亚研究中心的包弼德（Peter K. Bol）教授却持相反意见，他认为今天的环境同美国立国时相比已发生了很大的变化，《第二修正案》过于简单，需要修正，需要将公共安全的价值放在高于猎鹿和对《宪法第二修正案》的扭曲理解之上，严格的枪械管制才能制止美国接连发生的枪杀惨案。

美国是世界上私人拥有枪支比例最高的国家（也门居第二位，但拥有率仅相当于美国的一半）。没有哪个国家的平民能像美国人一样，可以武装到牙齿。然而，大多数美国人并不拥有枪，因为持枪人口中的 3/4 拥有两支以上。包弼德教授认为，连任的奥巴马总统（曾经是芝加哥大学自由派宪法教师、哈佛法学院劳伦斯教授的门徒）会在限枪问题上，超越党派纷争，动用总统权力管制枪支。

一项分析报告表明，奥巴马第一个任期内，枪支销量提高了，销量提高是因为人们担心奥巴马很可能采取行动限制买枪，所以购买更积极。真具讽刺意义！桑迪·胡克小学枪杀惨案一个月之后，奥巴马签署了 23 项总统行政命令，要求国会重新立法控枪，措施中最具实质性意义的是建立全国统一的背景审查体系，禁止进攻性武器和大容量的弹夹。可以说，奥巴马还不想激怒全美步枪协会（NRA)。拥有 400 万会员的全美步枪协会是美国社会中最为强大的单一问题利益集团。它具有数量庞大的会员，组织严密，凝聚力强，握有大量资金，具有枪支管制组织所难以企及的游说资源，足以左右部分选举。在美国国会选举中，全美步枪协会的选票只投向拥护《第二修正案》的候选人。很多人认为，2000 年大选是全美步枪协会左右总统选举的例证：民主党总统候选人戈尔失利的一个重要原因是他支持控枪；而小布什是全美步枪协会的会员，反对枪支管制，得到了全美步枪协会的大力支持。

在历次国会枪支立法的过程中，全美步枪协会都扮演了核心角色。桑迪·胡克小学枪杀惨案之后，被抛到风口浪尖上的全美步枪协会声明：“唯一制止持枪坏人的做法就是用持枪好人来应对。”全美步枪协会的逻辑是好人持枪，以暴制暴，携带武器才能保证人身安全，可这还是正常平民生活的逻辑吗？

美联社最新的民调显示，84%的受访者支持建立全国标准的背景审查，近60%的人支持收紧枪支法律。不过，在付出有目共睹的惨重代价之后，为何民意中仍然有四成的人支持持枪呢？我个人觉得，这是因为许多美国人始终坚信两百多年前建国者的理论：对于“政府”这样一个人类所创造的“怪兽”，必须时时防其失控。从美国成立的第一天起，人民和政府就是一对矛盾，也许是永远也无法调和的一对矛盾。

持枪几乎可以说是美国特有的文化，它牢牢树立在对自由不懈追求的观念基础之上。中国历史上有较长时间禁止民间拥有武器，中国人看美国的枪文化，简直无法理解！而在性观念上，则更多体现社会发展阶段不同、观念开放程度不同造成的差异。

前一年的6月，我路过纽约，恰逢同性恋组织举行的一年一度“自豪日”庆祝活动。这一年的“自豪日”非比寻常，就在两天前，纽约州参议院通过了《婚姻平等法案》，使纽约成为美国第六个允许同性婚姻的州。

刚出地铁站，就被融入欢庆的游行人流：嘉年华舞会的盛装、欢呼的人群，维持秩序的警察面带包容的笑脸，飞舞的彩虹旗、彩虹气球……

非政府组织的宣导站派发宣传小册子和印有两道“黄杠”标志的衬衫和小旗。一位志愿者解释：“黄色等号”的符号是美国人权组织的标志，其意思是“平等”。同性恋群体要求的平等的含义是什么呢？无论一个人的性倾向为何，都应当在法律中享有平等的权利与价值；性倾向并非一种选择，而是遗传所决定，是无法改变的天赋；一个人应该拥有表达其性认同而不需要害怕遭到迫害的自由。

即使在特别强调权利平等的美国社会，同性恋群体的生存空间仍然受到很大的挤压。在20世纪60年代，民权领袖马丁·路德·金为争取黑人平等权利而遭到暗杀时，美国社会对同性恋群体是排斥的，公开场合同性恋的接吻、牵手，甚至在同性恋酒吧出现都是被警察逮捕的理由。

位于纽约西村的石墙酒吧是同性恋经常聚集的场所。1969年6月27日，警察在对石墙酒吧例行搜查行动中与同性恋者发生了冲突，导致连续数天的骚乱。这一事件点燃了同性恋维权运动的导火索，成为同性恋群体从压抑到抗争的转折点。在接下来的一年中，同性恋解放阵线成立，相似的组织在加拿大、法国、英国、德国、比利时、荷兰、澳大利亚和新西兰相继建立。石墙骚乱事件使每年6月成为全球同性恋

“自豪日”庆典的月份。纽约市同性恋骄傲游行在每年 6 月的最后一个星期天举行。

按照社会学者的推算，同性恋的人群大致所占的人口比例为 2%~4%，即使取小值，中国的同性恋群体也约有 3000 万。21 世纪初，我国在新版精神障碍诊断标准上已将同性恋从疾病分类中剔除。同性恋在中国古书上就有“断袖之癖”的记载，但同传统社会习俗相悖，至今，同性恋群体依然是被边缘化的群体。

“石墙事件”告诉我们一个道理：平等权利只有靠自己去争取才能获得。同理，尊重不是被赐予的，它也需要争取得来。

日本还是第一吗？

秋日驱车 30 公里抵康科德镇。出小镇拐一条岔路进入密林，来到一座斜屋顶，灰蓝色调的独栋别墅，没有围篱。迎接的主人是约翰·米尔先生和夫人田子，一位娇小的日本女性。同美式风格的建筑外观反差的是内装饰典型日式风格：屏风、榻榻米、纸拉门，工艺细腻。亚洲研究中心行政主任米尔先生年轻时在日本教书，并迎得佳人归。

这是一次庆贺乔迁新居的聚会。除我之外，应邀的是亚洲研究中心的几位日本研究专家，其中一位是退休老教授Ezra Feivel Vogel，汉名更有名：傅高义，20 世纪 70 年代末发表了《日本第一》专著，轰动美日，对正在学习日本现代化经验的中国也产生了冲击。日本自然是聚会中的主要话题。

80 年代初，我只身到深圳创业，虽当时没有读过《日本第一》这本书，却对成功现代化的日本保持着强烈的好奇心。1986 年第一次访问日本，业务考察之余，特意要求安排到寺院、精神病医院、浮世绘博物馆参观访问，意图跳出走马观花的表层，深一步了解日本社会。之后，每年的日本生意谈判、业务考察都会有一些额外的考察安排。80 年代，初访日本的中国人无不为风驰电掣般的新干线、美丽富士山、机械手流水线所折服，此时我的兴趣却是一个人从东京出发，换乘不同交通工具抵奈良，参观唐招提寺，感受 1200 前的日本如何如饥似渴引进中国文化。途经京都，又专程拜访了万福禅寺。清初，从福建东渡的隐元大和尚在日近 20 年，建立临济黄檗宗，形成一种崭新的文化现象，日本学术界称之为黄檗文化，影响了江户时代的社会生活。

返回东京，参观位于日中友好会馆一侧的小石川后乐园。园林的布局以湖为中心的回游式泉水庭园，长堤、圆月桥、中式亭阁，遍植梅花、杜鹃、山茶，充满中国元素。“后乐园”名字取自中国宋代范仲淹《岳阳楼记》中的名句“先天下之忧而忧，后天下之乐而乐”。此园为德川家康的孙子——水户藩主德川光圀所建，设计完全依据在江户（今东京）讲学的明末大儒朱舜水的意见和指导。朱舜水侨居日本20年，提倡实学、史学，对日本水户学派及幕末“尊王倒幕”思想影响甚大，他还把中国的工程设计、建筑技术、农业园艺医、种痘等知识技能介绍到日本。

可以感觉到，在提出“脱亚入欧”的日本明治维新前的整个江户时代，学习儒家文化仍是促进日本社会进步改革的主流。我在日本有许多难忘的经历，印象最深刻、受刺激最大的是1995年穿越日本列岛之旅。驾车从九州的熊本出发，第一站是连接本州和四国的濑户大桥。桥横跨海上5个岛屿，由3座悬索桥、2座斜拉桥、1座桁架桥连贯而成，全长13.1公里，跨海部分约9.4公里，绵延长达37.3公里，建设耗时9年，为世界桥梁史上的空前杰作。大桥的一侧有座小型博物馆，馆中一张不起眼的手绘草图引起我关注。这是100多年前，一名日本工程师构思的大桥草图——不由得想到，同一时期处在清末的中国能工巧匠又在构思建造什么呢？

中国人至今仍被一个必须解答而始终没有满意答案的问题所困扰：面对西方资本主义列强的炮舰政策，中日两国大致在同一时期开始了自上而下的洋务运动，日本成功了，而中国失败了，为什么？作为现代社会经济砥柱的工商阶层，在日本明治维新改革运动中扮演举足轻重的角色，而在中国洋务运动中又扮演什么角色呢？中国不乏经商的传统和技能，否则不会出现张择端画笔下《清明上河图》的商业大都市盛景。但在儒家传统文化中，商业阶层的地位却是低下的，伦理层面被士大夫所鄙视，政治层面被官僚集团所利用、挤压。

受儒家文化影响的日本，在江户时代之前，商人阶层地位甚至还不如中国同行，商贩几近同小偷、骗子同类。更甚者，在武士使用新刀“开刃”时，杀两种人是无罪的，一是死刑犯，二是贩夫。260年的江户时代到底发生了什么变化，促使日本走上了现代化之路，而清朝统治下的中国仍滞留在传统社会？访学哈佛的机会，希望能把心中疑惑梳理出个头绪。嗯，不能错过请教傅高义教授的机会。

傅高义教授住在哈佛校区内，距亚洲研究中心不到5分钟步行路程。我按此前约定拜访老教授。送走前一位客人，教授示意我等一下，返身进了书房。客厅茶几上摆放着一摞英文版新书，书名《邓小平传》。刚到亚洲研究中心时，我就听说一位退休老教授在酝酿出版一本研究10年之久的邓小平专著。教授不仅是研究日本的著名社会学家，也是研究中国问题的著名汉学家，退休前任哈佛东亚研究所主任。

返回客厅，教授递给我两本书："一本是中国还没有对外开放时，我在香港利用收集资料研究的结果，另一本是应广东政府约请，写广东省改革开放的。你是广东来的，我想你会感兴趣。第二本书我就只有这一本了，你看完要还的！来吧，谈谈你感兴趣的日本话题。我们是用中文还是英文对话呢？"

"都行。"我含糊地回应。我的英文远没有达到清晰叙述观点的程度，老教授虽然能讲汉语，却很缓慢。对话的过程一会儿汉语一会儿英语，夹杂着说。我介绍选择江户时代研究的三个视点：一、江户时代结束时，日本国民教育普及率不仅远高于中国，还高于英国，令我们难以置信，显然普及国民教育是现代启蒙运动的基础，可以通过"寺子屋"的发展透析这一成因。二、长崎是江户时代主要的对外贸易窗口，和 80 年代的深圳有点类似。长崎也扮演着文化交流的角色，其中通过对荷兰的贸易引进了西方科学思想，江户中期开办兰学私塾（即教授"荷兰学问"的私立学校），从医学开始，延伸到数学、天文、地质、兵器学等。至明治维新之前，日本知识分子已完成接受西方科学思想的准备，比如福泽喻吉创办的庆应大学前身就是兰学私塾。三、德川幕府的兵农分离、石高制和参覲制，主观目的是维持农本主义的集权统治，客观上却是城市、商品经济的发达，町人阶层迅速崛起，成为推动明治维新的坚实社会力量，而占统治地位的武士阶层在维新前夕经济上已经破产。简言之，国民文化教育的普及、知识阶层普遍接受西方科学思想和工商阶层的能力是促使明治维新成功的重要因素。

对于选择江户时代来考察日本向现代社会转型，傅高义是赞成的，但他又提醒三点：一、整个江户时代涉及的层面非常广泛，学术上考虑，越窄越容易进入；二、慎重研究之前已经有定论的课题，也许在整理论据时会得出不同的结论，中日同时期的比较尤其要慎重："文化比较很诱惑人，但需要花费很多功夫，也不一定有结果。我是同时研究日本和中国的，但却没有做过日中之间的社会学比较课题。"教授的语调和风细雨，却句句点中问题所在。分手时，教授开了一份江户时代研究的书单，约定下次见面在一个月之后——因《邓小平传》出版，安排巡回讲演，时间满满。83 岁了，如此充沛精力和清醒头脑，令人敬佩。

43 年前，作为社会学青年学者的傅高义在日本生活了两年，研究日本的家庭和精神健康问题，完成《日本的新中产阶级》一书，该书成为日本人重新认识自己社会的经典著作。关于这段经历，教授回忆："我确定了东京六个普通家庭作为调查对象，他们对我非常友好，很真诚。当时日本还很穷，美国普通人家都有电视机和冰箱，他们没有。日本人说，他们穷是因为打仗，打仗是错的，‘二战’时期军政府欺骗了他们，不讲真话。战后日本人民是不愿意打仗的。40多年过去了，我和这些家庭依然是朋友，他们的孩子、孙子和我的孩子、孙子也交了朋友。我看日本人是通过这种日常接触，这些经历也帮助我完成了《日本第一》这本书。直到现在，我还会被问到为什么要写这本书。我体会到日本社会许多值得我们关注和借鉴的特点，比如普及教育很成功，社会治安很好，犯罪率较低，贫富差距不大，培养了非常能干的官员——当然也有腐败，但腐败不严重，公司内部非常合作、团结，产品质量很好等等。说‘日本第一’，不是指日本经济是全世界最大、最强的，而是要告诉美国人日本是如何发展的。写这本书，是为了让美国人了解日本人很多事情做得非常好，至少比美国做得好，而美国人还没有意识到日本人取得了如此大的成绩。”

《日本第一》成为当时美国非小说类的第一畅销书，傅高义教授成为日本研究领域最著名的专家。之后，日本经济泡沫破裂，持续不景气，“日本第一”的说法遭到了质疑，最典型的是把日本成功神话的破灭比喻为西西弗斯魔咒。总部设在瑞士的“国际竞争和可持续研究机构”（IMD）公布的2000年竞争力排行榜，日本跌落到第30位。面对诘问质疑，傅高义教授出版了《日本仍是第一吗？》。

关于10年前的这本书，教授认为：“日本20世纪90年代和21世纪前10年经历了一个经济低迷期，到现在仍未结束。尽管日本亟须改革以摆脱当前困境，但还是应该看到日本发展过程中的可取之处，比如，日本经济发展的质量以及教育、知识、国民素质水平仍然很高，日本社会比美国更节俭，日本很多公司仍很成功，很多产业仍是世界第一。在不少高科技领域，日本出口仍然强劲，日本企业制度虽然有所改变，但并没有被抛弃，因为这种制度能给员工一种安定感和进取心。日本民族富而不奢，不像美国人那样过度消费。日本的社会公平与和谐虽然不如过去，但仍然比美国做得好，特别是企业内部比较平等，仍然值得美国学习。”岂止是值得美国学习？也许更值得一衣带水的近邻中国学习。可惜的是，中国现在普遍存在一种“已经超越日本”的盲目乐观情绪。当你拒绝学习一个值得学习的民族时，对这个民族没有什么损失，损失的是你自己。

我曾经好奇地问教授为什么取中文名“傅高义”，因为Vogel译音应该是“沃格尔”，相去甚远。教授笑眯眯地解释：“‘傅高’取自Vogel的德语发音，‘义’取自英文名字第一个字母E谐音，也意味着很高的道德标准。”

伊甸园与垃圾厂

11 月 7 日，从波士顿飞伦敦，当地时间早晨 5 点 15 分落地时，美国大选结果已揭晓，奥巴马连任总统。

同万科建研中心考察组会合，驱车前往位于康沃郡的伊甸园植物园。途中，薄雾升腾，村庄隐现起伏原野中。行程四个半小时，在车上看到了日出。

宛如藏在山谷里的四个巨大气泡，像电影《魔戒》里的神话场景，又像电影《独立日》里的外星基地。我很自然地想起去年赖特建筑之旅途中造访的美国“生物圈 2 号”，那是一组形似玻璃金字塔和玻璃天文台的建筑，坐落在亚利桑那州荒野的沙漠上。1989 年，得克萨斯石油大王爱德华・巴斯主持，花费 1.5 亿美元，造成一座巨大的人工生态系统封闭式温室，包括珊瑚礁、热带雨林、海岸荒漠、热带稀树草原等热带、亚热带的生态系统。1.25 公顷的系统包含有 17 万立方米大气、150 万升淡水、380 万升海水和 17000 立方米土壤，旨在模拟外太空封闭状态下，人类自我生存和生态平衡的可能。系统真实性、密封性堪比太空舱。六位志愿人员在内生活了两年，发现水循环能够平衡，氧气含量却下降了 30%。“生物圈 2 号”热带雨林的植物茂盛得令人难以置信，但在封闭循环下，多数植物无法正常生长繁殖，灭绝速度比预期要快。这表明在已知的科学技术条件下，人类离开地球将难以永续生存。几年后，实验宣告失败，转为一个旅游项目，同时也是一个全球气候变化效应的研究中心。

探访世界各地植物园，已经成为必选项目，几年中走过华盛顿特区国家温室植物园、纽约植物园、费城植物园、圣保罗植物园、苏黎世植物园……

眼前的伊甸园占地面积 12 公顷，原址是一块被当地人称作“死地”的废弃陶锡矿坑。1995 年，暴风雨袭击康沃尔郡，造成很多历史建筑和植物的损毁，热爱植物的蒂姆・斯密特有了建设一个伊甸园的构想，发誓要在人类制造的生命绝地上创造明天的伊甸园，但这显然是一个耗资上亿英镑的构想。蒂姆・斯密特不是巴斯那样的富豪，他不是科学家，也不是建筑师，而是一个出身考古学家的音乐制片人。

一年后，建筑师格雷姆・肖形成了最初的建筑方案，方案慢慢变成今天的气泡状，因为气泡能适应任何地形，尤其是不规则的矿坑。筹款耗去蒂姆 5 年的时间。但没等筹到全款，1998 年，蒂姆就迫不及待开工了。他想办法改良矿坑里的土壤，不是从别的地方移来优良土壤，而是将当地的黏土废弃物与绿色废弃物堆肥混合，开发出正常地质过程需要百年时间才会形成的 8.5 万吨肥沃土壤。项目刚开始建造的几个月一直在下雨，现场积水超过了4.3万吨。

2000年9月，项目基础设施完工。这是世界上最大的单体温室，占地1.56万平方米，最高处54米，最大跨度109米，没有任何内部支撑。温室由双层ETFE膜覆盖，结构重量比它所包裹的空气还轻。室内保持18~35摄氏度，有人工加湿、造雨系统，里边有超过1100种不同物种。建设工程使用了370公里长的管材搭建脚手架，被录入吉尼斯世界纪录。10年后，伊甸园获得许可建设地热发电站，采集地下5000米的热能，为项目和周边4000户家庭提供电力和供暖。

伊甸园正式开放那天，数千游客涌入伊甸园。到2008年7月，即已录得1000万人次访客。园内先后开设了园艺课程、真冰溜冰场、绿色汽车展……2002年8月，一支乐队在这里举办音乐会，此后，音乐节成为伊甸园最著名的活动。

2006年，英国女王造访伊甸园并发表演讲，呼吁人们珍视生活、保护环境。2011年，伊甸园创始人蒂姆获得荣誉爵士勋章。

如今，伊甸园的日常收入主要来自门票、会员费、出售纪念品、培训费和捐赠。其中门票是第一大收入，它是英国第四大生态旅游景点，年接待量超过100万人。

走出“气泡”回望，充满未来主义色彩的蜂巢式穹顶，展示出人类对于自然的正面力量，集园艺、生物信息、艺术创作、娱乐休闲、环保教育于一体的环境再生典范。叹为观止！

“晚上住这边，还是回伦敦？”收回赞叹的心，回到现实问题上来。

“呃……今天参观用时比预计要长，现在回伦敦，到那儿恐怕已经很晚了，舟车劳顿……不过明天中午还安排了和BRE餐叙，下午Powerday考察。”

“那就还是到伦敦住宿吧！工作重要。”

8日下午，在英国建筑科学研究院（BRE）未来住宅主任奥利弗·诺瓦科维奇陪同下前往Powerday公司考察，这是伦敦地区最大的建筑混合垃圾、公共垃圾处理公司。我们参观的是它位于伦敦北郊的工厂，工厂在两条铁路之间的树叶形地块上，对居民区的影响降低。万科同事打趣：“刚从伊甸园出来，就一头扎进垃圾厂，反差太大了！”不过，这不正是我们生活的世界的真实写照吗？

Powerday市场营销部主任赛门·李图带领，挨个车间参观。“这个垃圾厂总投资约3亿元，年处理能力为160万吨，运营3年即收回全部投资。”

“嗯？这么高的投资回报率？”

“伦敦地区垃圾平均运输成本为每吨31镑。”

“好家伙，这几乎是惩罚性的收费标准。”

“对极了。对于伦敦居民来说，这很心烦。但从投资角度看，垃圾处理是很有吸引力的项目……哎，哎，司机先生，开错路了！”

进入垃圾场时司机开错了路，开到了垃圾车的称重平台上。大家会心一笑：“今天我们都算入场的垃圾量。”

李图先生继续带领参观：“公司拥有 3 个大型垃圾处理工厂，这是其中之一。最昂贵的设备、最高效的垃圾运输网络，可以一周 7 天一天 24 小时接受垃圾回收处理服务。Powerday 的工作涵盖垃圾的产生、现场管理、运输和回收处理。”

“涵盖垃圾的产生？这话怎么讲？”

“对于建筑垃圾，我们可以从项目规划之初就介入，帮助业主提出减少垃圾，提高废物利用的完整方案，并且全程跟进项目，实行一站式服务。”

“效果如何评估呢？”

“我们会给业主出具完整的垃圾处理报告，跟踪记录各个环节，对数据进行分析，评价当前项目，并为下一个类似项目提出改善建议。对于建筑混合垃圾和公共垃圾，目标是做到 100% 回收，目前实现了 90%，不到 10% 仍然需要填埋……”

考察伊甸园和 Powerday 一行，是为了给东莞建研中心和未来的北京绿色建筑公园提供借鉴。一圈走下来，却发现问题不在方式方法上，而是理念上的巨大不同。探索绿色建筑未来之路，我们想好了吗？

初访剑桥

考察结束，下一个行程是前往剑桥大学，并在商学院演讲。

事情的起因要从 2012 年初一次回国公务时说起。一天，助理冯楠问我：“剑桥商学院 EMBA 考察团下周拜访万科中心，您有没有兴趣见一见？”

“好啊，十分乐意！”

率团的是剑桥商学院 MBA 主任赛门 · 勒蒙特教授。参观交流、问答环节结束，教授问：“听说王先生结束哈佛日程后，有意到英国继续游学？”

“啊，是，目前正在接洽伦敦政治经济学院。”

“嗐，去什么伦敦政经？要去英国，当然是去剑桥，别无他家！剑桥商学院现在开始就对您敞开大门！”

我感谢了教授的好意，但没有明确表示。不管剑桥还是伦敦政经，在我看来都是好学府，去哪一家都很荣幸。话说回来，我心里也不乏有一点点虚荣：最好的哈佛我也去过了，下一个是剑桥还是伦敦政经，区别有那么大吗？

半年后，收到勒蒙特教授发来的邀请：希望王先生有机会到剑桥商学院来演讲，并洽谈游学事宜。

11 月 9 日早上，车行进入剑桥校园，即刻感受到震撼：与其说我是震撼于那些古老、庄严的建筑，不如说是震撼于游荡在古老校园里的精灵——处处令人感觉到，仿佛真有一个求知的精灵在校园游荡。成立于 1209 年的剑桥，哈佛大学最初即得名于此，是不是有一些东西，是在哈佛无法体会到的？

走上演讲台，听众席上坐满了人。这一次，不像哈佛那样满满是青年学子，而是许多白发苍苍的教授，身着长袍。辨认出前排是刚才勒蒙特教授为我介绍认识的：彭布鲁克学院院长理查德·迪尔洛夫爵士，商学院院长克里斯托弗·拉齐教授……稍微感到紧张，似乎自己不是来演讲，而是来作毕业论文答辩。

演讲主题是“创新”，其中一个故事：日本人从中国学会了精湛的瓷器制作，但并未能超过中国占领欧洲家用瓷器市场，怎么办？中国人生产的茶杯，窄口，上下差不多一样大。日本商人注意到西方客户的特点，作了创新：敞口茶杯，更加适合高鼻子的欧美人。

听众席上的高鼻子教授都会心地笑了。

演讲结束，勒蒙特教授安排校园参观，导游是镇上的一位老太太珍妮·杰科克。刚一走到街上，老太太珍妮突然拽住我的胳膊：“王先生，您去过牛津吗？”

我一愣：“嗯？没有。”

“啊，太好了！”老太太认真地说，“千万别去！”脸一板，很严肃。

“哎……那是必需的。”

“关于剑桥，您一定听过许多故事，比如皇后学院的数学桥，据说是牛顿设计的，没用一根钉子。后来有个学生心想，牛顿有什么了不起，就把桥拆了想重装，然后……就装不上去了，所以现在桥上有钉子。这些孩子气的传说，我就不重复了。今天，我先带您去一个酒吧。要知道，酒吧才是剑桥的特色。”

珍妮把我们引到一家酒吧门口，推门进去，找到一张桌子，背后墙上镶嵌了一块铜牌，凑近了看：“克里克和沃森在这里宣布发现DNA的双螺旋结构。”嚯，好家伙！

老太太介绍道：“沃森的自传中说，1953 年的一天，克里克冲进老鹰酒吧，大声宣布：‘我们发现了生命的秘密！’沃森认为，这样说过于自大了。不过克里克也在回忆录中说，他不记得自己曾这么冲动。”

“就算克里克真的这么说过，我也不觉得他过于自大呀。”我回答。

“我同意您的看法，”珍妮乐呵呵地说，“剑桥有89位诺贝尔奖得主，这个数字只计算学生或fellowship，还不包括曾经在这里工作或执教过的人。类似这样的奇人异事，在校园里比比皆是，每个角落里都能找到故事。现在，您抬头看天花板上的字迹，这是‘二战’时期，英国和美国飞行员用打火机烧出自己名字和部队番号，然后从附近的一个军事基地出发去轰炸德国！这个酒吧出去不远就是老卡文迪什实验室，1897年，J·J·汤姆逊在那里发现了电子。”

推开酒吧门，回到街上：“好了，现在我带你们去找徐志摩的《再别康桥》诗碑。顺便说一下，许多人来到剑桥，都会对这里优美平整的草坪印象深刻。还有，学院里的草坪，是只有穿袍子的fellowship才有资格踩上去穿行的！”

“剑桥的草坪这么美，有什么秘诀吗？”

“噢，并没有特别的秘诀，只不过要用比较长的时间来修剪。”珍妮回答。

“那么，得用多长的时间呢？”

“800年，王先生，要修剪800年，哈哈哈！”老太太边走边说，从包里抽出一张纸，扭头对冯楠说：“对了，蒂姆，我打印了《再别康桥》的中文，一会儿到了那里，你要为我们朗诵一遍哦！”

说到剑桥有名的中国人，一个是徐志摩，一个是金庸。一提到剑桥，中国人就会想到徐志摩和他的《再别康桥》。不过，在剑桥这个知识殿堂中，一首咏别诗恐怕还排不上位子。金庸则是82岁到剑桥来读书，读完了硕士和博士，都是硬邦邦拿下来的，令人钦佩！

参观校园结束，回到彭布鲁克学院办公室，与理查德爵士、拉齐院长、勒蒙特教授会谈，口头商定：2013年秋季学期，我将进入剑桥大学开始访学，开展犹太文化的研究课题。

理查德爵士：“欢迎您，王先生！这只是一份口头协定，随后学院会准备正式合同，与您或您的授权人共同签署。”

嘿，我心想：老牌帝国主义跟哈佛还真是不一样，访学这件事情都这么正式、严肃啊！事实上，待来到剑桥后我才发现，他们对待访问学者确实是严肃认真管理，要求老老实实做功课、做学问的。

那是后话了。

寒假 愿景

推动工厂化

没有搅拌机的噪声，没有扬尘，工地上安静、清洁得让房地产从业人员有点不习惯。

11 月 19 日，在南京考察万科开发的上坊保障房项目。几年前，当地政府拿这个项目找到万科：120 万平方米，南京市最大的保障房安居工程，利润薄，社会关注度高，质量要求高，南京万科敢不敢接？咬咬牙，接了下来。接下来之后，就一直让总经理头疼。南京公司总经理付凯，毕业于北大，书生面孔，此前一直从事人力和管理类工作，能不能打赢这场工程的硬仗？

进入工地是一个样板间，展示墙上，以剖面形式展示模板、预留洞口、内墙抹灰等工法、标准和测量方法。付凯介绍："与中建二局摸索的'样板引路'制度，包括材料样板、加工样板、工序样板、装修样板，先明确质量目标，统一操作规范，再进行大面积施工。"

目前阶段，中国建筑工地上的绝大多数建筑工人是农民工，他们具备的是农业技能而不是建筑技能，刚放下锄头就拿起瓦刀，这种情况下，是难以达到质量标准要求的。通过"样板引路"方法，方便工人熟悉工艺流程，提高施工的标准化，稳步提高工程质量。上坊保障房项目被南京市列为示范标杆，"工程质量敢和任何一栋商品房PK（比拼）的保障房"，许多同行前往观摩学习。

这一行走访重点是上坊项目"6–05 实体楼"，现场工程师一一介绍墙体、楼板、阳台、电梯井、楼梯等构件预制情况。回想 2007 年，万科的PC（预制混凝土）技术在上海项目第一次运用，部品化率 30%。南京万科第一次试水工业化建设，部品化率在 79% 以上，接近日本同行水平，成本也得到较好控制，可喜可贺！住宅产业化是提高建造质量、节能环保的施工工艺，只是施工技术严格、成本提升而难以推广。我想不到的是，万科许多工程系统出身的一线公司总经理，视工厂化建筑如畏途时，“外行”出身的总经理付凯，却鼓捣出这样一个高品质的项目来。有时候，丰富的经验反而是创新的障碍？不管怎么说，上坊保障房工厂化项目的成功具里程碑意义。意外！惊喜！

我一直坚信，中国现阶段迅速的城市化，越来越使住宅产业化成为可能，而产业化建造的住宅又将成为环保绿色的建筑先锋。一年前暑假回国，走访深圳万科开发的龙华保障房项目：采用工业化建造方式，外墙、楼梯、外廊全部工厂预制，现浇结构施工中采用大钢模技术，爬架、交叉施工，理论上可以减少施工周期 30%，质量也能明显提高。绿色施工：项目现场实行垃圾分类、施工道路采用钢板铺设、场内孤石利用作景观、原有山体保留、原有树木移植绿化、使用绿色环保厕所等。作为保障房，户型设计和装修方案也颇有亮点。龙华工厂化保障房项目成为建设部和深圳市的示范标杆，作为老牌一线公司，深圳万科展现出雄厚底蕴，而锐气十足的南京上坊项目，则显示出进一步提升的可能性。

2012 年 10 月的一天，受哈佛商学院约瑟夫 · 保尔教授邀请协助授课。课程在下午 1 点半，由于刚从国内返回哈佛，一觉睡醒已经过了中午时间，匆匆赶到课堂，差点错过！

应教授要求，与学生分享万科不行贿的伦理价值、尊重人的文化，以及环保绿色理念、住宅产业化。我讲完后，保尔教授走到黑板前，用数字模型演示低碳技术的收益分析。我意外地发现，这个模型居然是当年麦肯锡为万科作住宅产业化可行性分析时使用的模型！据麦肯锡专家介绍，这个研究还为中国政府在哥本哈根会议上做出碳强度减少 45% 的承诺提供了理论支持。

保尔教授的模型证明：绿色建筑虽然目前成本较高，但是从长远看是节省成本。教授的证明，让我更加相信自己的判断是正确的。

2013 年初，分管工程系统的副总裁周俊庭提出工业化三年计划，以“提高质量，提高效率，减少人工，节能减排”为纲，到 2015 年底基本实现新开工项目预制率 40%，100% 采用装配内墙，100% 无抹灰。计划提出后，令人想不到的是，佛山万科承诺：在2013年新开工的5个项目中，将实现10%预制外墙，100%装配内墙，90%整体现浇外墙，几乎已经逼近周俊庭提出的2015年目标！

深入了解，得知工程系统出身的佛山公司总经理李升阳，在公司近年业绩出色、质量提升的情况下，不动声色地研究日本工艺，实现了全混凝土现浇外墙，并且在当地组建铝模厂、PC构件厂，提前布局，为未来工业化打好基础。新年伊始，佛山万科为自己提出了更高目标！

佛山公司打响的这一枪，让集团上下都是一愣：以往只有总部提工业化要求，一线公司支支吾吾躲躲闪闪，这一回，怎么成了总部提要求，话音刚落，一线公司主动冲了上来？在佛山公司表态刺激下，一些成熟公司明里暗里都修正了工业化目标和时间表。

2013年2月、6月，我连续走访集团内两个项目，均为工厂化项目：佛山缤纷四季、沈阳春河里。

沈阳春河里项目由万科与3家日本公司合资开发，17号楼使用日本鹿岛建设的框架装配式施工工法，4号楼采用万科北京区域自主研发的剪力墙工法。上到4号楼17层，参观工人进行外墙板吊装作业，沈阳万科总经理黄凯在一旁解说。一个吊装作业顺利完成，我满意地准备离开，突然想起什么："黄凯，你不会是特意准备吊装给我看的吧？"

"哪能呢？这是俺们正常的作业。"黄凯一口东北口音普通话。

"那就再来一次吊装，咱们看一次？"

"没问题，主席您就等着看吧！"黄凯信心满满。

看完两个作业，顺道去参观工人生活区，途中与日本工程师、中方合作伙伴探讨日本工法和"万科工法"的差异。

合作伙伴中天建筑的工程师表示，与万科合作，通过向日本同行学习，实现建造误差从厘米级降到毫米级，自豪感油然而生！更相信：工厂化建筑一定要搞！渴望投入、学习，与万科一同推动住宅产业化。

6年前，我曾对万科的承建商说："跟万科一起做住宅产业化吧，否则将来就接不到万科的工程了。"做住宅产业化需要技术、需要资金投入、需要承担风险、需要远见，因为它是对传统的颠覆。6年过去了，万科的合作伙伴做得很出色，并且成为主动推动变革的力量。

向合作伙伴致敬！

回望万科三十年

作为企业家，我和一般的访学学者确实有不一样的地方。在哈佛的学习令我对万科未来的思考发生了一些潜移默化的改变。我读书是为了个人修为，但又不仅仅是为了个人修为。作为企业家，我必须回答一个问题，中国企业究竟要走向何处？我希望可以通过学习，找到这个问题的答案。过去我思考的是“如何让企业成功”，但现在思考的是“企业成功的背后是什么”。之前更多想的是“如何成为”，而没有想过“为什么能够成为”。

创业后，我管理的万科更多参照“二战”后日本企业的模式，比如索尼、松下、丰田。它们不仅仅是成功的国际企业，它们的文化还深刻影响了社会的发展。我希望万科可以成为这样的企业，而不仅仅是产品和服务的提供者。但是如何从文化上寻找这些问题的答案？以前我的探索是不够的。是不是有了中国的改革开放政策，有了市场经济，有了私营企业，就能成功，就能成为像索尼、丰田这样的企业？过去我认为有可能，现在感觉，这些因素还构不成答案。所以我一直在思考。

过去我的经营、管理理念一直是“拿来主义”，因为现代工业、现代化是西方文明的产物，我的做法就是学习西方，并且和中国传统文化隔离开来。再加上我接受教育的时候，正值“文革”爆发，没有学到什么东西，反而在后来学习西方的过程中没有什么接受障碍，比如万科“追求阳光下的利润”、“不行贿”，我觉得都是理所当然的。假如这些做法在中国这块土地上行不通，那么我就进行国际化，通过开展国际业务来回避中国市场的局限性。万科投资美国旧金山的项目，整体进展非常顺利，顺利到让我觉得不可思议。不难明白，是因为我在中国这样一个还不完善的市场里一直坚持现代商业社会的价值观，并且做到了，所以到成熟的、制度化的市场环境里，就觉得更加适应。在困难的环境中都做到了，再到一个规范的、透明的、可预期的环境里，就会感觉非常舒服，也很适应。

是不是这样做下去，就解决所有问题了？不是。比如我一直很仰慕的诺基亚，突然就不行了，与此同时，涌现出许多创新型的美国企业，它们树立了更加不可撼动的地位。似乎其他国家的品牌或许会在某一时期独领风骚，但创新的主力、企业界的领先力量还是在美国。一时的、一步的领先，不能保证你能一直领先下去。

改革和开放是中国的两大红利，加上中国的市场很大，所以万科能成为全球最大的住宅开发公司。现在全球很多行业前十位的公司中不乏中国企业的身影。但我们的竞争力是否真的能排进前十位？万科是不是真的已经世界第一？不是的。如何从量的第一到质的提升，配合中国的城市化进程来发展，这是万科需要思考的问题。

在2013年之前，万科一直是“能卖多少就卖多少”，竭尽全力提高销量和收入。2010年万科销售额过了1000亿元，2011年我们希望有所控制，计划不超过1400亿，实际完成了1200亿。最后并不是我们故意少卖，实际是尽力去卖才卖了1200亿。这说明市场已经发生了一些本质的变化。

我和万科管理层一致的考虑是，万科最重要的不是去求量，而是要努力提高质，完成由量变向质变的转型，这也和中国现代化、转型升级的步伐一致。企业要和国家共同成长。第二，就是要充分考虑市场的不确定性，因为市场泡沫是在加剧的过程中。我很担心中国会走日本20世纪80年代后期的老路。当时的日本中产阶层占社会人口很大比例，而中国的贫富悬殊较大，如果有一天泡沫破灭，后果会更加严重。

中国的城镇化过程中还有大量机会，万科除了做好住宅，还要从城市配套和公共建设的角度规划自身发展，做城市服务配套商。比如我们的社区商业要考虑如何为社区增加价值，居民的生活服务，城市的水处理、垃圾处理，都可能提供发展的机会。

2000年前后，万科实现了多元化到专业化的转型，现在是从量到质的新的转型。从人员构成看，原来万科地产员工最多的是销售人员，我们慢慢把销售工作交给代理商，不再有销售队伍。而现在员工中工程师所占比例最大，占6000多员工的40%还多，甚至比一些大型建筑公司的工程师人数还要多。

万科像我期待的那样，正在成为一家技术型公司。

第五学期 更新

向谷歌学什么？

2013年2月10日，从波士顿飞往旧金山，参加WWFus董事会。会址选在硅谷的山景城谷歌总部。WWFus总部设在华盛顿，开年董事会之所以选在谷歌总部，意旨之一是：探讨如何将新的信息搜索技术应用到保护濒危物种上。濒危物种是指由于滥捕、盗猎、环境破坏、数量稀少、栖地狭窄等种种原因导致面临灭绝危机的物种。一个关键物种的灭绝可能破坏当地的食物链，造成生态系统的不稳定，并可能最终导致整个生态系统的崩解。全球一体化，受经济利益驱使，自然保护区非法猎杀野生动物的现象愈演愈烈。如何防范非法盗猎行为成为环保工作的难题。

2012年，谷歌资助WWF，研发出小型无人侦察机，协助打击盗猎行为。董事会上展示了这项成果：重约4.5公斤、翼展3米的无人驾驶侦察机可以爬升高度195米，低速静音，巡逻保护区。无人侦察机可以通过手提电脑遥控，搭配动物标签技术，随时掌握动物行踪，协助保护大范围的野生动物。一旦发现有盗猎者接近，立刻通过机载GPS将即时影像回传给基地，让救援队能在最短的时间内赶到现场。研发成果已经着手在尼泊尔国家公园保护孟加拉虎、独角犀牛的项目上应用。

2008年，我带中国企业家代表团考察美国专门从事环保的非政府组织。在交流活动中，我曾说：“过去我们访问美国，主要是学习如何建立现代企业运营模式，如何通过资本市场融资，如何利用资金杠杆兼并扩张；这次访美，是专门学习企业如何承担社会责任，做公益慈善环保……”5年过去了，中国企业家组织、参加的环保非政府组织已经成为环保活动中的一支中坚力量，但中国环保开展的水平与国际水平、中国企业家整体环保意识与行动能力之间，差距明显。

环保行为能否得到政府的支持和参与是至关重要的，比如，喜马拉雅雪豹保护活动，WWFus就是通过与美国国际开发署合作来推进，一出手就先声夺人。2004年，中国企业家成立的SEE，在防治沙尘暴方面发挥了积极作用，其中主要的一条就是能够同当地政府保持良好沟通并得到支持，但中国大多民间组织的环保活动还处在和政府少沟通，甚至对抗的状态。

WWFus董事会成员由三种类型的人士构成：有社会影响力和组织能力的企业家、精通环保的科学家、社会知名人士（政治家、律师等）。给我印象最深的是科学家，任何环保项目的设立和实施，首先要取得科学家的认同，基金会的行政机构有一个由科学家领衔的科学部，相比来看，中国环保非政府组织的决策还是以拍脑袋、灵机一动的想当然为主。

环保是项很高尚的工作，但高尚不等于容易被人接受。如何宣传环保项目，让自己易于被政府、媒体、大众接受至关重要。如何宣传自己的使命？ WWF做得相当成功，比如它建立的“大熊猫”品牌形象深入人心，得到全世界认可。WWF保护的濒临灭绝的物种非常之多，为何专门拣出大熊猫做其标识？就因它不仅是濒临灭绝物种，还在它可爱的形象，成人儿童都喜欢。选择这种保护的物种做形象被称为旗舰物种。这类物种的存亡可能对保持生态过程或食物链的完整性和连续性无严重的影响，但其魅力赢得了人们的喜爱和关注，这类动物的保护容易得到更多的资金，从而保护大片生态环境。实际上，喜马拉雅山雪豹的保护，又是一个旗舰物种的巧妙选择。相比之下，中国的非政府组织做了许多环保实际工作，如SEE，9年来在内蒙古阿拉善沙漠地区做了很多防治沙漠化的工作，但却很难一下说清自己的业务图景。

WWFus的决策民主与会议效率给我留下了深刻的印象。会议在谷歌总部召开，董事们自然对谷歌的独特文化管理感兴趣，但参观仅安排一个小时。会议一天半，从第一天8点早餐会开始，午餐前有15分钟休息，午餐会后没有休息，接着会议直接开到下午5点半，晚餐会从7点持续到9点半；第二天早餐会开始，持续到午餐会1点半结束。一天半的会议却两次安排分组讨论，20多位董事成员分成三个组，对议题充分酝酿，每个成员都要表明自己的观点，秘书处工作人员将每一个不同的观点、见解、建议写在黑板上。之后委托发言人在总结会上代表小组发言，组织者再依据三个小组的意见进行汇总平衡，既充分发挥民主又极具效率。相对中国的非政府组织会议，要不“议而不决”缺乏效率，要不就“一言堂”缺少民主程序。有意思的是，WWFus邀请我加入董事会的前提是：必须参加每年两次的董事会。董事会成员不是一项荣誉，而是一项责任。

在谷歌总部召开的董事会结束。董事们各自携带自己的行李，挤乘会议安排的面包车前往机场，各奔东西。挤在面包车里的有可口可乐的首席执行官、世界最大广告公司的董事长、前国会资深众议员、著名科学家……

为了中国的环保，为了对子孙后代有个交代，我作为万科的创始人，一直在学习。在中国的房地产行业，万科把自己喻为领跑者，而在如何面对全球气候变化、面对中国经济绿色转型上，领跑者的责任更重大。

金沙江的涓涓细水

2 月 22 日，黑龙江，2013 亚布力中国企业家论坛。

会场前下车。嚯，今年真够冷的！打了个冷战。雪花飘飘，银装素裹，雪道就在距离会场不远处。远看山上一个个黑点，是滑雪爱好者的人影“嗖嗖”直下，令人肾上腺素加速分泌！

参加亚布力论坛许多年，习惯了到达就直奔雪道，体会回旋和速降的刺激。今年却不得不按捺住爱好，待在房间里参与会见、讨论议程、发言稿，因为今年有了个不同身份：轮值主席。企业家可以去滑雪，轮值主席就得待着干活儿呀。

不久前，哈佛大学中国基金主任科尔比教授在哈佛商学院开设中国企业案例系列课，把“亚布力中国企业家论坛”作为案例之一。受教授邀请，我开设题为“中国民营企业家自我更新”的讲座，讲了中国民营企业家群体的三个非政府组织故事。

故事一：1999 年，由万通冯仑、建业胡葆森、万科王石作为发起人，创建了中国城市发展商网络联盟（简称：中城联盟），我为首任轮值主席，一任两年。2002 年初任期满，许多会员建议我连任，因为新创建的民间商会组织在中国还是新生事物，需要连续性和稳定性。我婉言拒绝，因为章程规定轮值主席只任一期不能连任，新任主席由原任主席推荐，理事成员表决通过。第二任、第三任主席分别为冯仑和胡葆森。之后有了不成文的规矩，两年一期的新任轮值主席由将卸任的主席和已卸任的前主席共同推举，但要至少一半以上的理事会员通过方生效。既然是选举，至少两名候选人，但其中一名心知肚明，只是陪衬。不言而喻，每次都是大佬们推举的候选人当选，持续了六届。表面上是民主选举，实际上是幕后的大佬们操作。到了2012年换届选举，没等大佬们推出新的候选人，自然而然形成了一种理事们自由报名参选的气氛，出现四名候选人，并在选前进行拉票游说，选情突变。“后大佬时代”的候选人实力比较平均，选举过程一波三折，最终大家认为实力较强、拜票工作比较到位的候选人没有当选，反而是更年轻、更具有服务意识的候选人获最多票数，当选中城联盟第七届主席。意想不到的选举结果，却是令人高兴，因为中城联盟的民主建设提高了一大步，但这一大步走了整整12年。一个商会组织如此，更何况一个转型中的国家机器？中国的民主道路漫漫，企业家从自己做起，任重道远。

故事二：2004年6月3日，刘晓光等67位来自内地、港澳台、新加坡的华人企业家聚会内蒙古阿拉善沙漠月亮湖，筹建阿拉善沙漠生物多样性保护协会（简称：SEE）。当晚筹备会要通过协会章程并选举出常务理事会和正副会长。晚上8点半开会，预计一个半个小时。不同文化背景的企业家对章程草稿提出不同的建议和修改，很难达成统一意见。刘晓光提议：“是不是先原则上通过章程？如果章程不能通过，如何召开成立大会？”“通过就是通过，不通过就是不通过，什么叫原则性通过？”搜狐创始人张朝阳质疑。来自内地的本土企业家很容易理解“原则性通过”的含义，赞成刘晓光的提议；但“海龟”和来自海外的企业家却不依不饶，坚决反对章程含含糊糊地“原则性通过”。会议陷入僵局。最后的解决方案是把不能统一的条款写到白板上，逐一表决通过或否定，待章程修改完成时已过了零点。接着，参会代表又对常务理事、正副理事长的候选名单提出质疑：谁定的候选名单？能不能自己报名参选？是等额还是差额？会议再次失控，七嘴八舌中决定重新推举候选人。会议持续到半夜……

组织发起人当晚几乎一晚没睡。没想到辛辛苦苦设计的组织模式，就这么容易被推翻了，原有的公共生活方式遭到了挑战。但企业家作为一个群体却在乱哄哄的意见中寻找到共同语言——最基本的民主程序。正是这一晚上的会议奠定了SEE今后的文化基因。经9年成长，SEE成为公认最规范管理的非政府组织，代表中国民间环保组织多次参加国际环保会议，亦成为国际上规模最大的沙漠生物多样性环保组织，SEE遵循“罗伯特议事规程”的民主程序已经成为中国非政府组织的一个标杆，它的影响力已超出了环保层面。

故事三：自 2011 年到哈佛访学，我便决定集中精力进修，不再参加国内企业家的社会活动。但 2012 年 4 月，亚布力中国企业家论坛邀请我做下一年的轮值主席时，我却应承了。

为什么呢？改革开放 30 多年，随着民营企业的个体成长，行业商会性质的组织也在成长，只是在政府的控制下，企业家非政府组织成长得较为缓慢，较具影响力的有亚布力论坛、中城联盟、阿拉善、欧美 2005 同学会、中国企业家俱乐部等。但就广泛性和对企业家群体的号召力来说，都有局限性。2008 年汶川大地震，8 家企业家非政府组织曾以“拉住孩子的手”的题目联手行动，帮助汶川灾后重建，行动有效率并较为成功，但之后的联手活动没有持续。要为跨行业的民营企业代言，上述非政府组织都有局限性：中城联盟只局限房地产行业，中国企业家俱乐部是一个封闭的、功成名就的小圈子，阿拉善局限于环保公益活动；2005 欧美同学会把没有留学背景的企业家拒之门外……较为开放的、有 10 年历史并有条件来推动联合的是亚布力论坛，但它也有明显的局限性：比如过去 7 年轮值主席中有 5 位是北京的企业家；70 位企业家理事成员中，来自珠江三角洲地区的只有 3 位，显然参与活动的骨干成员偏重于北京和北方地区。在中国传统文化中，讲血缘、地缘关系，企业家非政府组织里也不例外，其局限性多源于发起人所在地区和学习工作背景。从学历背景上，亚布力论坛的几位创始人都是武汉大学著名经济学家董辅礽教授的博士生，且有在中央政府工作的背景，我调侃亚布力论坛的核心为“武大帮”。但第七任轮值主席由上海复兴集团的郭广昌来担任，却使论坛结构有了更合理的分布，改变了偏重北方企业家群的格局。

2001 年，亚布力中国企业家论坛成立，当时陈东升创业的泰康人寿保费收入是 15.6 亿；2012 年，保费收入已经是 754 亿。今天，亚布力理事会成员单位的收入，相当于国内两个富裕省份财政收入的总和，或相当于丹麦一个国家的收入总和。亚布力理事会成员单位平均创业时间超过 20 年，而一般企业创业 10 年之后，还能活下来的只有 5%。经过多年发展，亚布力已经成为国内最有影响力的年会之一，理事企业家范围不断扩大，内涵更加丰富，表现出强烈的理想主义气质。

我被亚布力核心领导的开放和郭先生的作为所感染，应承了邀请，做 2012 ~ 2013 年度的轮值主席，因为我知道，邀请我，实际是希望我能动员珠三角的企业家参与亚布力论坛的活动，使亚布力中国企业家论坛成为代表中国企业家心声和互相交流、自我更新的论坛。所以我给自己未来一年的轮值主席工作定下目标：

第一，发展更多会员，让北京区域企业家占多数的亚布力更具有丰富性。第二，引入达沃斯式的会议模式。既然亚布力号称“中国的达沃斯”，那不妨把这件事情做彻底，做纯粹。第三，让企业家和非政府组织联系起来。

这一届亚布力论坛的主题是“改革开新局”，显示出企业家群体对国家大环境的强烈期许——论坛许多发言在后来都被很大范围传播，引起强烈共鸣。随之引发的讨论是，企业家该如何表达自己，如何说话？想不到，这个讨论几乎持续了未来整整一年。

在轮值主席的开幕发言中，我所谈的主题是企业家的“自我更新”。

我跟企业家们说，就像旧金山、纽约、波士顿一样，亚布力论坛也是一个聪明脑袋瓜聚集的地方。不过，聪明的脑袋瓜子也有迷茫的时候。今天，中国企业家就面临一些困惑和迷茫，面临社会的曲解和丑化。在差不多在100年前，美国历史上最伟大的企业家洛克菲勒也曾面临同样的痛苦。他的做法是，用企业的成功和公益慈善来回应社会。许多年之后，洛克菲勒才赢得了一个相对公正的形象，赢得了本该属于他的荣誉。今天我们也在走过同样的道路，企业家不要抱怨，也不要消极对待中国社会的不确定性。企业家很重要的一点就是冒险精神，在不确定情况下，才更需要企业家。我们赢得了财富，我们积累了经验，这个时候不该逃避。我鼓励企业家把自己的孩子送出国去教育成才，我更呼吁企业家不要用移民的办法应对社会的不确定，企业家精神很重要的一个就是冒险精神，如果我们都移民出去，企业家的作用也就消失了，那是没有希望的。

我与企业家们分享了自己的一个小故事。那是四年前，我到金沙江漂流。我们对金沙江的印象都是水流湍急，但是后来会来到一段水面非常平静的河道。在平静的水流上，筏子漂得非常慢，我可以从容地看见，非常陡峭的两岸有一股一股的涓涓细水汇入金沙江。我突然意识到，眼前这滔滔的江水就是由一股一股溪流汇集而成的。中国的未来应该是民主、公平、正义、光明的。中国的未来如果有希望，需要我们每个人就像那涓涓细水，从自己、从自己的企业做起，我们汇集成的，就是那滔滔的江水。如果我们不这样做，总是指望上面去改，那是没有希望的。

最后寄语：企业家阶层应该更多自省、自律、自我更新，还有自我保护。明天和未来就在肩上，请承担起我们的责任，面向未来！

“前方记者王石”

4 月春寒，亚洲交流中心举行中美企业家圆桌会议，90 岁高龄的前美国国务卿基辛格博士侃侃而谈，寄语未来世纪中美关系。

结束哈佛中国论坛，送走亚布力论坛的中国企业家，又迎来参加波士顿马拉松的万科队 15 名队员，其中有 9 名万科员工，2 位业主和 4 位合作伙伴。领队的是执行副总裁、财务专家王文金，自从热爱上长跑之后，他整个人变得精瘦、黝黑，却充满活力。这是中国企业首次组队参加波马，一些个人参赛的跑手喜欢在一起热闹，也图有个照应，便加入万科队行动，使得队伍实际达到了 31 人。2012 年参加波马的中国人有 47 人，2013 年达到了 87 人，是历史上最多的一次。

1897 年，也就是第一届现代奥运会举办后一年，就有了波士顿马拉松赛事。虽然那一次只有 15 位跑者参加，但已使它成为世界上最古老的城市马拉松。此后波马每年一次，从未间断。每年 4 月份的第三个星期一，即美国爱国者日，是波马的比赛日。在 1986 年以前，它一直沿用古希腊方式，对优胜者只有头戴橄榄叶冠的奖励，没有奖金。由于波士顿道路起伏很大，波马男子比赛没出过世界最好成绩，但这丝毫不影响它是世界最顶级的马拉松赛事，每年参赛者在 2 万以上，观众 50 多万。对于长跑爱好者而言，能跑一次波马有如朝圣，可惜绝大多数长跑爱好者只能望洋兴叹，因为它同时也是对参赛资格实行最严格限制的赛事——门槛极高，几乎是专业水平。

不过，波马还是留了一个机会：成为波马赞助商，就有可能获得体验参赛资格。万科有没有可能为中国普通长跑爱好者敲开波马大门？ 2012 年 7 月，万科尝试与主办方——波士顿田径协会联系。

中国的住宅开发商？接待万科访客的工作人员显得很诧异，介绍波马荣誉陈列室的同时，也礼貌地暗示：波马亦非什么赞助都接受，它对赞助商的身份和声誉是很挑剔的。

万科访客耐心介绍自己的公司：全球最大的住宅开发商……波士顿田协的人扬扬眉毛，半信半疑，不为所动。

“致力于绿色住宅开发，在中国，每两栋绿色三星住宅，就有一栋是万科开发的。”万科访客继续介绍。美国人似乎被说动了：“哦，我们可以尝试进一步接触！”

三个月后，波士顿田径协会确认万科成为未来三年波马赞助商，万科每年获得 15 个参赛名额。

美东时间4月15日中午，万科队第一个队员举着国旗冲过终点，这是北京四季花城业主魏志刚，绰号黑鹰，时间是3小时7分钟，创下个人最好成绩。20多分钟后，万科长跑协会的夏海荫冲线，然后是第一个到达终点的万科员工、福州公司的肖敏。中城投资的衷存皇、万科总部的王文金几乎同时冲过终点……

陈蔚文、王彬、朱文明……就在参赛队员陆续抵达终点之际，我所在看台对面右侧近终点位置突然一声闷响，白烟腾起。下意识觉得似汽车爆胎，但比爆胎更大声。周边人们略显惊愕，但没有惊慌。大约10秒后，左侧又一声闷响，距离我们只有20米，物体被炸碎飞溅，白烟再次腾起。我这才感觉不对！看台上慌乱起来，本能告诉我，所在这个地方目前应该是比较安全的，忙喊："趴下！趴下！不要跑！"缓过神来时，发现自己竟然在一群慌乱的老美丛中说起中文！

心里快速评估环境危险性，一边拿出手机拍下现场情景。

爆炸后，现场陷入短暂混乱，甚至有警卫人员朝远离爆炸点的方向跑开。但很快，没有听到任何命令，但又像有人指挥一般，甚至比有指挥更加高效快速，警卫人员拆除赛道围栏，抢救伤员；旁人有的冷静步行撤离，有的加入援救之中，或维持秩序；警笛声起……；孩子在发抖；救援车疾驰恐怖袭击现场；附近居民开始给跑者送衣服和热水。感慨：美国应急部门和美国社会的反应非常快！

撤离现场，召集万科队员和朋友们，确认大家都安全。一起回到酒店房间，打开电视，已经证实是一场恐怖袭击！中国、美国的电话涌进来，关心打听万科队员的安全。

把现场拍摄的照片发到微博上，很快传播开来。央视记者联系我，希望火线采访。电话接通，主持人可能是过于紧张，直呼我为"前方记者王石"。听到这个称谓，我愣了一下，反问："我怎么成了记者了？"转念一想，新媒体时代，人人都是记者。于是，我成了波士顿爆炸事件最前线的报道者："当时我正在看台的VIP（贵宾）区域，我们万科队已经有8名选手完成比赛了，然后听到终点的右侧一声巨响……"

过了一会儿，大伙儿心情渐渐平缓，说话时也多了些轻松成分。我的助理冯楠当时距离爆炸点最近，那天正好是他生日，苦中作乐打趣："差点生日变忌日呀！"广州公司陈蔚文的家人在终点附近等候，裤脚被爆炸物击出一个小洞，浑然不觉。北京公司贾晓萌正好跑到离爆炸点500米的地方，撤离时，收到美国老人送来香蕉，还有一位中国男孩送来衣服。完赛的王文金后怕地说，幸亏路过韦尔斯利女校时，没有在那些脸上写着“kiss me”（吻我）的女生身边停下，否则耽误了时间，正好就该爆炸时点经过爆炸地点了！

傍晚，几位中国留学生找到我们，说一直联系不上他们一位同学，不知道该怎么办，只好向友善的万科人求助。冯楠马上拿起电话联系警方，通过各种渠道寻找线索。后来我们得知这位同学在恐怖袭击中不幸逝世，她的名字叫吕令子。

几天后，借哈佛教师俱乐部办午餐会，为万科队送行。谈到比赛，几位队员说，跑到41公里位置，已感到冲刺的喜悦，却因炸弹袭击而终止，太遗憾。一位队员谈体会：虽没能冲刺，经历更充实，体会到波士顿居民对参赛运动员的关怀。如果恐怖组织者的目的是制造恐怖，结果却让我们感到了温暖。

波士顿，一座伟大的城市。

三头铜牛的故事

2013年6月初，上海。傍晚，华灯初上，夜幕中的浦东镀上一层淡淡光辉，繁华胜景。

漫步外滩金融广场。“外滩牛”撅着打了个圈的尾巴冲着霓虹闪烁的陆家嘴，摆出决斗的姿态，牛气冲天。突然想起，“外滩牛”同平素大家眼熟能详的华尔街铜牛何其相似？随手用手机搜索，没错，现在我们看到的华尔街铜牛年纪没有我们想当然的那么老，它诞生于1989年，和2010年创作的“外滩牛”均出自美籍意大利裔设计师阿图罗·迪·莫迪卡之手。

眼前这头憋着劲儿往前冲的“外滩牛”使我联想到另一头牛——潘鹤先生为深圳特区创作的“拓荒牛”，创作时间是1984年，比“华尔街铜牛”还早了5年。那一年是我到深圳创业第二年。深圳特区刚成立不久，全国各地揣着梦想的年轻人聚集到这里开创新的家园，推土机、泥头车、吊塔林立，沙尘滚滚，整个特区像个热气腾腾的大工地。“拓荒牛”就是作为特区精神的象征而建造的。潘教授曾回忆创造过程，他说有天偶尔看到两个盘根错节的老树根，顿生灵感：“我想到辛亥革命虽然砍掉了中国封建王朝的大树，但是封建意识残余的树根还在，拓荒牛就是要把封建意识、小农意识、官僚作风连根拔起。”创作蕴意本来十分深刻。但据说，一位中央领导看了“拓荒牛”作品之后，盛赞是为人民勤恳耕种的“孺子牛”。此后，深圳“拓荒牛”的形象，包括各种纪念品上，就不出现被拓荒牛连根拔出的老树根了。

在中国语言里，“孺子牛”和“拓荒牛”都是褒义词，但是意思不同。孺子牛原意是表示父母对子女的过分疼爱，鲁迅先生“横眉冷对千夫指，俯首甘为孺子牛”就是比喻心甘情愿为大众服务、奉献。这里，雕塑家力图表现拔除陈旧意识的决心被消解了。拓荒牛还是孺子牛，体现了两种观念：一种是打破现状、创新开拓，另一种是安于现状、埋头干活、不计报酬、无私奉献。

在深圳特区创办初期，要走什么样的路线存在巨大的争议。“时间就是金钱，效率就是生命”曾是蛇口招商局的标语牌，表现出对通过奋斗实现价值的渴望和对金钱的热爱，体现了最质朴的创业动机。但在中国人的传统观念中，认为财富有原罪，“只有品德败坏的人才可能巨富”。“拓荒牛”演变成“孺子牛”也不是偶然的。发端于文艺复兴的现代文明认为，财富的唯一源泉是人类的创造性生产。人们通过积极投身于交换，为对方创造价值而获得财富是理所当然受到保护的。在一个迅速奔向现代化的社会，如果这种财富观念不能成为主流的普世价值观，它获得的繁荣和幸福难以持久。今天，民营企业已成为深圳的主要经济动力。就中国内地而言，民营企业以不到国有企业一半的资产总额，创造出超过国有企业的产值和就业岗位。但国有资本垄断了高获利行业，歧视性的政策倾斜，使得民营企业被剥夺了与国有企业公平竞争的机会，在行业准入、定价、融资渠道、市场竞争上面临不公平待遇。这样的现状如果不能改变，必将导致中国民间资本将资金投向更加公平、透明的市场中。

血缘上追随“华尔街铜牛”的“外滩牛”暗喻上海滩曾经的辉煌，明喻对再造辉煌的渴求。曾经的辉煌得益于上海在远东的特殊地理位置，但生命力更源于透明、效率、自由竞争的市场原则。1949 年之后，由于实行计划经济，外滩很快失去了金融中心的地位。重建上海国际金融中心的地位，离不开一个公平、透明竞争的金融体系，允许民营资本进入金融市场，它和国有金融机构并不是一种替代和补充的关系，而是一种公平竞争关系。如果金融市场能够充分开放，保证国有资本、境外资本、民营资本公平地竞逐，会给金融行业及整个经济体系带来持久、旺盛的活力，上海金融中心再创辉煌才成为可能。

有意思的是，“华尔街铜牛”本来就是一个不守规则、大胆出奇的故事。莫迪卡是一位来自意大利西西里岛的艺术家，来到美国多年，一直没混出名堂，便想做一件一鸣惊人的事，好出人头地。有一天他突然想到，华尔街作为世界金融心脏，如果自己的作品能放在这里，肯定会引人注意。1989 年 12 月 15 日午夜，莫迪卡用一辆大卡车将他创作的重达 6300 公斤的铜牛，偷偷运到纽交所门前那棵巨大的圣诞树下面。第二天一大早他跑去看，果然铜牛已经被记者和警察围得水泄不通。纽约市政府勒令莫迪卡赶紧把铜牛拉走，而百老汇大街南端一家公园的负责人找到他，想把铜牛放到公园里。莫迪卡很有胆气，他的做法是，把铜牛出售给开价最高的买主，但买主必须将雕像留在原地，并捐赠给纽约市。现在铜牛已经名满天下，它是纽约市的公共财产，不准任何人买卖，但莫迪卡拥有肖像权，而很少有人知道它背后这一次曲折的“逆袭”。

信数据，不信小道消息

在一次论坛上认识了李成教授，他对美中关系的可能变化分析得明快透彻，让我印象深刻。那之后美中关系的论坛上均看到李成教授身影，无论讲演还是讲座都很精彩，深受欢迎。一次芝加哥会上再碰面，知道我要结束美国的游学，邀我去布鲁金斯做访问学者。“为什么呢？”“华盛顿是美国的政治权力中心，不体验一下怎么能算了解美国呢？”

借华盛顿开会机会，我拜访了布鲁金斯学会。5 月初的华盛顿，樱花、映山红、郁金香盛放，气候宜人。

在一楼的桑顿中国研究中心，个子不高、精力充沛的李成教授带着两位年轻助手，开门见山地介绍中心的研究方向：“关注中国发展及中国发展对美国和世界的意义。研究的课题包括中国的经济与贸易、外交政策和对外关系、气候变化和能源政策、国内政治发展等问题。中心同清华大学联合创办了清华—布鲁金斯公共政策研究中心……”

在上海受本科教育的李成，1987 年留学美国，于普林斯顿获得政治学博士学位，现受聘布鲁金斯高级研究员、约翰 · 桑顿中国中心研究部主任。希拉里竞选民主党总统候选人时，他被聘为中国事务顾问。

李成教授指着桌上摊开的一排书：“翻译出版中国大陆学者的论文、著作是中心的一项工作，为让西方学术界了解中国学者的研究成果。我们从 2009 年开始推进这项工作，目前已经出版若干学者的著作，如俞可平的《民主是个好东西》、贺卫方的《民主与法制》、胡鞍钢的《2020 年的中国》、李成主编的《中国崛起的中产阶层》……”

我好奇李教授如何预测捉摸不定的中国高层领导人选更替，教授回答：“首先建立数据库，对 1000 多位副部级以上的干部（只有三位例外）都建有详细的个人档案，档案信息都来自公开的资料。当然如何进行数据整理分析就不那么简单了，否则数据就是一些数据。对于高层领导变动的判断，有时数据分析出来的结果和所谓权威小道消息不一致，相信谁呢？当然相信分析的结果。政治本身就有很大的不确定性，预测需要承担风险。”最终是理性的数据分析战胜小道消息，很受启发！

李成教授侃侃而谈，说到中国的愤青：“20 年前，我们这一代年轻人崇拜西方，而 20 年后，现在中国的年轻人对西方却持批判的态度，我们怀着尊敬的眼光试图理解这一现象。”我强烈感到，他所领导的专家团队，在用西方的逻辑和方法论来向美国人解释中国的变化，同时也用中国人了解的语言解释美国的考虑。显然，这样的“中国通”，美中双方都很欢迎。

李成教授所在的布鲁金斯学会是美国著名智库之一，是华盛顿学术界的主流思想库之一，被称为美国“最有影响力的思想库”。布鲁金斯学会所处的街区又是美国最有影响力的智库集中的地方，被戏称为华盛顿的“华尔街”。

美国民众有公开辩论的政治文化，有积极影响政府决策的兴趣，更希望通过智库思想加强政府决策的民主化、科学化。这种主观能动性，鼓励了政治精英和社会各阶层民众通过智库发挥作用。美国政治体制以三权分立和权力制衡为基本特征，权力分散、决策机制公开化，政策制定者强烈需求并依赖于独立性的政策信息。美国国会和以总统为首的行政当局两大部门分立，经常出现意见相左的情形，需要斡旋协调。国会审议和立法的复杂，也需要“外脑”辅助。这为美国智库创造了充足的发展空间。

美国智库人才济济、生意兴隆，这点还不能不提到“旋转门”。美国政府的高级阁员不是由议会党团产生，也极少来自公务员，而是来自精英荟萃的智库。智库的研究者很多到政府担任要职，卸任的官员很多会到智库从事政策研究，这种学者和官员之间的流通就是所谓的“旋转门”。“旋转门”机制使得智库的舆论影响力渗透到政策制定的方方面面。

要真正体会美国社会，我接受李成教授的建议，到华盛顿待一段时间。

万科国际化

6 月 26 日，我在旧金山为万科在美国的第一个项目——富升街 201 号地块奠基，合作方是铁狮门。当天晴空万里，这在旧金山这座以气候多变、阴雨连绵著称的城市实在是不多见的天气，现场有人开玩笑说：都快被晒成龙虾了。

万科投资美国项目的第一个逻辑是“学习”。此前，万科团队考察了意大利、日本、美国、英国等很多市场，包括第一次接触铁狮门，无论是资本市场操作还是项目管理，我们都感受到了和成熟市场的差距。我相信，某一天中国房地产市场过了“房子不愁卖”的阶段，对项目开发会提出更高要求，我们也需要更熟悉运用各种金融工具，这些经验，都可以通过向成熟市场学习而获得。这个项目就是如此，铁狮门仅以很小一部分投资比例，就撬动一个大项目，获得丰厚回报。

万科准备到海外投资的消息一传出去，就有媒体开始解读成万科不看好中国市场。其实，就在我们准备进入美国市场时，铁狮门刚刚进入中国市场不久。2012 年年中，铁狮门团队来深圳拜会万科，我们还没向他们表达希望在美投资的设想，他们就先提出，我们能不能帮助他们开发天津的项目——铁狮门在欧洲、亚洲、拉美都有投资、开发和管理物业。一流的企业一定是国际化的企业。我们投资海外市场，是因为有志于成为世界级的企业，也是希望能与更多世界级企业同场竞技，希望向他们学习，而不是因为不看好中国市场。

正式接触到旧金山项目的资料，已经是 2012 年底的事情了。当时，负责投资业务的副总裁张旭向我汇报说，第一次看到这么好的项目，无论城市、地段还是附近的交通，都是万科在中国没见过的，他们准备投资。我说好。本以为这个项目还得有些时日，谁知不到一个月，张旭又来找我，让我准备参加合作签字仪式。甚至奠基仪式都已经选好日子了。2013 年 2 月 14 日情人节里，万科和美国业务的第一个伙伴铁狮门正式签约。

签约的当天，我才第一次去项目现场。合作方介绍说，这个地块，最初是旧金山邮局的货场，后来因为城市发展，货场外迁，才成为再开发项目。这让我对这个项目更有了信心：美国的邮政系统组建于 19 世纪末期，当时的邮政系统，就像现在的互联网一样，是商业历史上一次重要的革命。因为邮政系统，才使得“日报”成为可能，才使得当天芝加哥期货交易的价格，第二天早上就能传到明尼苏达州农民的早餐桌上，影响他们种植作物的决策。因为邮政，才使得“美利坚合众国”由几十个联合在一起的国家，变成了真正的“上帝之下的一个国度”。因此，“二战”以前建立起来的城市，邮政局一定占据着非常核心的地块。果不其然，加州政府投资数千亿美金打造的旧金山至洛杉矶高铁，未来就将把终点站设在这附近。

消息传出，万科人都接到几百个国内朋友电话，打听甚至就想要买富升街 201 号的房子。他们的逻辑很简单：很多中国人都有在海外置业的需求，但却不熟悉海外市场。但他们相信万科的品牌、管理和投资眼光，甚至很多人就是万科的业主。

反正到美国买谁的房子都是买，为什么不买一个熟悉的品牌开发商。其实，此时距离我们开售还很遥远。

“如果从美国的那些开发商手里买房子，房子有问题了我都不知道去哪里投诉，至少万科的房子我知道你们就在深圳大梅沙！”这种说法代表了很多客户的心声。

这就是我们投资美国的第二个逻辑，跟随客户。改革开放30多年，中国已经培养了一个相对富裕的阶层，无论是全球资产配置，还是子女教育、改善生活环境方面的考虑，他们都希望能在海外置业。而美国自然成首选。

6月26日的奠基仪式上，旧金山市长李孟贤也出席并致辞，这位祖籍广东台山的第二代华人是旧金山市160年历史上第一位华人市长。李孟贤告诉我，2003年旧金山政府就将这片土地的再开发权授予了铁狮门，但因为2008年次贷危机，这个项目一直没能开工。因为是铁狮门，旧金山市政府一直保持信心，没有收回开发权。现在，铁狮门引入万科，合作双方分别是中美两国房地产行业的领先企业，他有信心这个项目一定能在他的任期完工。“到时候，我还要来参加竣工仪式。”李市长许诺。

旧金山华埠历史悠久，因为加州淘金热，太平洋铁路修建，这里成为华人移民北美第一站。庞大的华人人口涌入，也使这里成为20世纪初美国排华运动的发源地。我们在旧金山的项目，建成后将有600多套住宅出售，这在国内不算什么，但在旧金山，已是城区历史上最大的住宅开发项目。无论是李市长的当选，还是富升街201号的开工和受追捧，都是世界正进入全球化时代的最好例证。

铁狮门在海外投资，美国媒体不会说铁狮门是不看好美国市场，而是能理解，一家大型企业需要全球布局，需要考虑风险和资产的配置。万科进入国际市场的最后一个逻辑，和铁狮门一样，就是要在全世界范围内配置资产，分散风险。

万科国际化，在过去更多是“国际资源为我所用”的阶段，国际资金、国际人才、国际设计资源、国际供应商……旧金山项目，标志着万科国际化进入“国际市场”阶段。

2012年7月，万科收购香港上市公司“南联地产”75%的股权，并将其更名为万科置业（海外）有限公司，拥有了一个海外上市平台。随着未来B股转H股大势所趋，使得万科可能会拥有两个海外上市平台。

拥有上市平台之便，在香港启动项目投资就是一件水到渠成的事情了。说水到渠成，还有另一层意思：这时候，香港新世界集团找到万科，表达意愿，希望在香港、内地两个市场进行战略合作，优势互补。2013年1月底，万科、新世界联手，在有长江实业、新鸿基、恒基地产等 8 家香港财团参与的竞标中胜出，以约 34 亿港元价格竞得荃湾西站六区物业发展项目，正式进入香港市场。

2013 年 4 月，万科与新加坡吉宝置业签署战略合作协议，开发林曦阁住宅项目，进入新加坡市场。与铁狮门、新世界、吉宝的合作有相同逻辑：首先，选择市场领先的合作伙伴。铁狮门是全球领先的地产商，新世界发展是香港最具实力的财团之一，吉宝则是新加坡淡马锡旗下企业。其次，合作是优势互补。第三，在中国内地市场和海外市场同时开展战略合作。

我相信，在全球化时代，一个企业的竞争力，一定也必须体现为国际竞争力。很高兴万科走出了这一步，更高兴看到，当说起国际同行的创新模式，万科人眼里透出来的兴奋光芒！

契约精神的意义

在国际化过程中，最有意思的是，这些项目进展之快，都远出我的意料。比如与铁狮门合作的旧金山项目，2012 年底开始谈，2013 年 2 月签署合作协议，6 月就动工了。万科同事告诉我，虽然是第一次与美国公司合作，但感觉没什么太大文化冲击。铁狮门和万科之间沟通得非常顺畅，甚至比我们跟中国公司合作都顺畅。

说到这里，我回想起万科真正的“第一次”与美国人合作。那是 20 世纪 80 年代末，万科在做一些加工出口贸易，美国企业富兰克林铸币找到我们，希望合资建厂。他们到深圳后，第一件事就是拿出一本书那么厚的合同，里边甚至连工厂关门后该如何分配厂房的门窗都写好了。这份合同真是让我大开眼界，当时甚至感觉有点被冒犯：这买卖还没开起来呢，就想着散伙以后怎么做，心里总不是个滋味。而当时万科跟别人签的合同，基本上也就几页纸。

也就是这份合同，给我们好好上了一课。从那以后，万科的合同就是一本书那么厚，对各种可能发生情况都有详细约定。几年以后，我们开始专心做房地产，也是第一个在楼书和现场展示中公示“红线外不利因素”的房地产企业。这一切，都源自当年那一堂“契约精神”的课。万科的国际化，如果能走得比一些中国企业顺利，可能就是因为我们透明化、制度化的企业理念，是符合这种契约精神的。

契约精神对现代社会的意义非常重要。传统社会中，人与人之间信守承诺，往往来自于社区熟人之间口口相传和因此形成的道德压力。而在现代社会，随着流动性的增加，熟人社会转变成陌生人社会，一个有契约精神的社会就会获得竞争优势，因为陌生人之间也可以相互信任——新教徒在抵达新大陆之后，往往根据一个人的教派信仰来决定是否与之合作。

而契约精神的起源，可以一直追溯到《圣经》。《圣经》中写道，以扫和雅各两兄弟分别为亚伯拉罕的长子和次子。有一天以扫打猎归来又累又饿，雅各提出用一晚红豆汤交换以扫的长子权，以扫以主之名起誓。后来当亚伯拉罕想把来自上帝的祝福传给儿子时，就只能传给雅各而不能传给以扫。在这个故事里，上帝是唯一的裁决人，超然于世俗的权威。而缔结契约的双方，都必须履约。

正是这种在神的契约面前一律平等的精神，在宗教革命之后被基督新教发扬光大，成为现代性的要件之一。19 世纪英国法学家梅因在讨论欧洲各国古代民法传统时说："所有进步社会的运动有一点是一致的，在运动发展的过程中，其特点是家族依附的逐步消失以及代之而起的个人义务的增长。所有进步社会的运动，到此处为止，是一个'从身份到契约'的运动。"

签订合同达成交易，这几乎和人类历史一样古老。古罗马和古代中国都有法律对合同和契约进行管理，但这种合同和契约，是基于身份和社会地位的。

中国古代的户律中就有"典主亲邻优先权"，如果一个人想出让土地，首先应该考虑上一手出让的典主，然后要在家族中看有没有人愿意买，最后才能拿到市场上出售。这是政府在立法时就考虑了儒家的人伦观念。国家所扮演的角色就是最大的家长，"受命于天"，令子民们都各安其位，君君臣臣父父子子。甚至子民之间订立合同，家长都要参与进来，将伦理道德灌输其中，由国家意志来体现照顾亲族，照顾弱者。

这在古罗马也不鲜见，古罗马十二铜表法中就规定了"家父权"，一家之长拥有多项特权，可以处置家族中其他人的财产。古罗马的民法，基本上只到家长这一级别，规定的是各个家族集团之间的关系。

这在传统社会当然是有效的，一个古罗马或者宋朝的农民，可能一辈子就在自己的村庄里生活。他的生活圈子在出生时就固定下来了，朝夕相处，当然能建立起长期而持久的依附与信赖关系。只要大家都扮演好自己的角色，社会就能保持稳定。但现代社会，这种方式获得的信任就因为效率低下而不可行。一个运转良好的现代社会，必然是陌生人之间可以迅速达成合作的契约社会。

但是，传统社会对心理的影响是很难在一两代人的时间里消失的，尤其在被动现代化的后发国家，契约精神的发展并不与社会流动性的增加同步，因此，很多人尝试着用传统社会的方法应付现代社会的挑战。

比如，中国人做生意，讲究先建立交情。你我不是陌生人吗？那就先一起喝酒、唱歌，建立交情，成为熟人，彼此认可人品、价值观，甚至家庭出身，那就可以一起合作了。在刚改革开发的时候尤其如此，东南沿海地区则比内地的情况要好一些。可以说，离传统的小农经济和熟人社会越近的时代或地区，这种做法越盛行。

现代社会的节奏越来越快，一个人能建立多少熟人关系？能维护多少熟人关系？现在很多企业家疲于应酬，甚至都没时间花在企业内部管理和战略规划上，就是因为需要维护的关系太多了。甚至对很多中小民营企业来说，企业能做多大，取决于企业主能维持多大的社会关系。

把规模做大的民营企业，都是能够摆脱这种依赖熟人关系和身份地位来达成合作，从而建立现代企业制度的企业。现代企业制度是以契约为核心的委托代理机制，不依赖于个人或者个人的关系网络，不会像当年山西票号一样，东家想辞掉掌柜，掌柜就要求手下所有人一起辞职，这企业就办不下去了。

为了实现陌生人之间的合作，契约精神应当体现在现代社会交往的各个层面，无论是国家、社会、企业，还是个人与个人之间。这就是知情同意的力量，自由的个体之间，在掌握了充分信息，不故意欺瞒，不被外力胁迫的情况下，自愿签订的契约，就是一份需要每个签署人遵守的神圣约定。这份约定是平等的，不能因为身份地位，或者亲疏远近的不同而在执行中打折扣。而国家的责任，不是在个体之间寻找需要保护的弱者或者亲者，而是保证契约能够得到执行和遵守。

华沙中国角

2013 年 11 月 19 日，华沙，联合国气候变化大会。

会场设在华沙国家体育场，体育场造型如皇冠，夜晚点缀灯光，似通透的大蛋糕。华沙市中心的公共交通工具方便，来往酒店会场之间可以搭乘轻铁，或骑车。天气阴雨，车过维斯瓦河上，只见河面一层黑乎乎的油污，污染程度不亚于中国内地的河流啊。远处，火力发电厂的大烟囱喷吐浓烟。历史上集中精力发展重工业的波兰，环境问题是比较严重的。

2009 年第一次参加哥本哈根会议，边会期间，中国企业家四处晃荡。看到各国在边会场地设馆，企业和非政府组织不断发出声音，让世界对本国环保事业和成绩增进了解。其中，尤其以欧盟馆和美国馆人气最旺。这次华沙大会，中国馆的人气不亚于欧盟和美国馆。

中国在全球气候大会上办“中国角”，这是第三届。前两届分别由央企中石油、中节能承办，第三届“中国角”由万科承办并组织其中两场论坛。自2008年同联合国环保署建立合作关系，万科的环保行动先于业务活跃国际舞台。

进入中国角，公共空间设有沙发和自助咖啡机，硬纸板制作的概念椅子体现环保诉求；展厅门口设计为一张笑脸，“smiling door”；会场入口则寥寥几笔水墨，勾勒出徽派门楼的轮廓。没有万科标志，没有万科标准色，却体现出万科特有的审美风格。

最体现万科风格的是迎面一排五彩水泥预制的立体字：“中国角WARSAW”；英文标签上说明：“中国的水泥使用量高达全球的2/3，作为建筑最主要的材料，水泥因其平凡，常常被我们忽略了。或许我们应该增加与它的对话，要知道，建筑能耗占到了中国全社会的1/3。”毫无疑问，这是万科建研中心的作品。

“企业日”上，我做主题发言“搞环保比登珠峰要难得多”，因为登珠峰是个人爱好，是个人和个人的较量，但做环保仅仅一个人是不够的，必须是政府、企业和社会一起做。开始海外游学后，我就放弃了第三次登顶珠峰的想法，因为登知识的珠峰比登物理的珠峰要难得多——是登更难的呢，还是登比较容易的？这就像发展经济和保护环境的关系。资源是有限的，时间是有限的，我们必须进行选择。选择之一是在发展经济的同时，投入更多时间和精力去保护环境。

四年前，我去拜访绿色和平组织北京办公室，向他们请教万科的碳足迹计算问题。他们感到非常困惑，因为中国企业对他们这个组织一向是避之唯恐不及的。绿色和平的负责人问我为什么要来拜访他们，我说，万科是全球最大的住宅开发公司，总有一天你会来找我的。与其让你最后来找我，还不如我先来找你。

来到华沙后，很多国际友人和媒体都问我，万科参加联合国气候大会，想扮演什么角色？

我第一次组织中国的民营企业家拜访联合国环保署，是2008年。那时候我就知道，环境保护不仅仅是联合国的事，不仅仅是国家的事，也是企业家的事，就这么简单，环境保护是我们大家的事。我希望让别人知道中国企业家在想什么，在做什么。

我一直认为哥本哈根会议是一个转折。那次会议上，舆论对美国和中国的表现都很失望，我的感觉却不一样。我认为中国政府的表现是非常精彩的，温家宝总理代表中国政府宣布到2020年的碳排放强度，这是一个非常非常高调的行动。在这之前，中国作为发展中国家，按《京都议定书》的约束，并没有减排义务，但中国政府却表态承担减排责任，开启一个截然不同的角色。

这次我看到，美国馆展示了许多最先进的新技术。技术只是一方面，中国也许在技术创新上不如西方工业国家，但我们的很多传统价值和西方现代可持续文化是相契合的，这些传统文化是我们低成本、低技术、可持续发展思想的源泉。

比如说，在中国传统文化里，竹有非常重要的美学价值，文人墨客竞相赞颂。中国著名文学家苏轼曾说："宁可食无肉，不可居无竹。"今日，竹已经被证明是一种速生的环保建筑材料，万科一直在推广竹材在绿色建筑中的使用。

建筑节能主要看两方面，一是如何建，建造过程中如何减少能源消耗；再一个是建什么样的房子。关于这一点，国际上有很多标准：英国标准、德国标准、法国标准、美国标准，中国也有一个绿色三星标准，是建设部在2007年公布的。哥本哈根会议那一年，中国只有一栋建筑达到绿色三星标准，就是万科的项目。绿色三星不是强迫的标准，可做可不做，但我们做了。到2012年，万科占中国新建绿色三星建筑还是大约一半的比例。

我希望，到2015年，万科开发的房子全部达到绿色三星。现在万科一年开工量大约1500万平方米，在房地产调控的背景下，我们推动绿色三星的速度也没有放慢。万科在中国市场份额是2%，这是非常有意义的一个数字，它让我们看到，绿色建筑在中国有多大的推广空间。

国家的绿色战略重点，现在还停留在能源、汽车、海洋这些领域。实际上，建筑消耗的能源占到社会总耗能的1/3，甚至还更多。建筑是否节能，对环境战略有着非常重要的意义。中国传统的建造需要大量的能源和资源消耗，就目前来看，万科的努力仅能帮助中国实现0.1%的碳减排。2012年，中国政府宣布新开工项目增加30%的绿色建筑并提供补贴，这个目标需要全行业的共同努力。如果全行业都能加入我们开发绿色建筑的行列，这将帮助中国在2020年实现减排目标的12%。

即使政府给予补贴，绿色建筑的成本还是比一般建筑高，市场推广存在阻力。市场需要一定时间来消化环保理念。万科承办"中国角"，就是希望通过联合国气候大会这样一个平台，向更多的人宣传低碳生活，推动社会和经济的可持续发展。

为什么参与全球气候大会？——我回答您的问题了吗？

尾声：在剑桥

2013 年 10 月，我来到剑桥，开始了新的学习旅程。在此之前，对英国人矜持内敛的民族性格有所了解，加上初访剑桥时目睹他们身着长袍、讲究礼数的一套，心里颇有点忌惮。美国人以热情大方、不拘小节著称，在美国我还经历了那么长一段磕磕碰碰，到了英国岂不是更加不适应？比如说，中国人不熟悉吃西餐礼仪，也不习惯用刀叉，但这在美国不是问题。美国人比较随便，平时吃饭——就算是晚宴也不那么循规蹈矩，高兴起来，他们自己也会十指大动，用手拿起来吃，没有人会觉得这是多大问题，这一点让中国人觉得很舒服。英国人吃饭的刀叉功夫，就是一招一式有板有眼的。衣着方面，美国人也随意得多，学校里的教授有西装革履的，也有轻装便衣的。剑桥则不然，校园里的教授、学生身着古老的长袍用餐、上课、参加典礼，这种传统是如此根深蒂固，以至于人们用“袍”和“镇”的称呼来区分学校师生和镇上的居民。哈佛是自由奔放的，剑桥有 800 多年积累，清规戒律多，有等级色彩，我能适应吗？心里有点打鼓。

没想到，我适应得非常快。有了哈佛的经验，轻车熟路安排听课、泡图书馆、锻炼，主动联系教授、导师，单调而充实的生活，很快找回节奏。在哈佛，由于我几乎是从零开始，多多少少有点怯场，即便有了主动的能力，仍然做不到主动。在剑桥开始的时候，不管语言上还是经验上都有一定基础，使得我敢于主动，也能够主动，学习和生活的圈子一下子打开了。

跟学院对接，确定犹太宗教和文化为研究方向。彭布鲁克学院对研究开展的质量和时间要求很高。赛门 · 勒蒙特教授给我列了书单，我一看，跟犹太主题没什么关系。拿回家一读，明白了，这几本书都是告诉一个没有受过系统训练的人：社会学科课题研究应该怎么开展，论文应该怎么写，都是一些方法论的东西，基础训练。一个月之后，学院又向我推荐，犹太文化研究中什么问题可以登门请教哪位教授，什么问题又可以去听哪位教授的课，指点给我清晰的研究路径。剑桥对访问学者的要求之严谨，路径之清晰，给我留下深刻印象。

这也让我想起了一个问题：我在哈佛的时候，是谁来扮演这个角色？哈佛有一个传统，高年级学生带低年级学生，包括介绍课程，推荐教授，交流心得，指点窍门……我既不是本科生又不是研究生，也就没有高年级学生来传帮带。到哈佛之后，我和常征来往比较密切。原本认为，作为前万科员工，常征出于热心，也出于对公司的感情，免不了经常拜访前老板，聊聊天。现在想起来，在这种有意无意的频繁交流中，常征和我就是一种高年级学生和低年级学生、指路入门的关系。

在这里也遇到很多有趣的老师。彭布鲁克学院给我介绍一位老师提高英文。这位老师训练办法之独特、有效，让我想起《国王的演讲》电影的故事。从来没有人这样训练过我，我也从来没学得这么快过。我跟老师说，我学的是美国英语，不熟悉英国英语，老师回答："不存在什么美国英语，世界上只有两种英语，一种是英国英语，一种是错误的英语！"

在剑桥，衣着是个大问题。比如，这次放假之前，我所在的彭布鲁克学院要在圣诞节之前召集教授团、学者团晚宴，通知上没有要求穿正装，而是写着"请打黑领带"。什么意思？我特地问秘书："你确定是打黑领带？""确定。"我就琢磨，黑领带是什么意思？可能只是人家一个习惯说法——我想圣诞前夜的晚餐，肯定很正规吧？就穿上晚礼服。不过又担心：如果"请打黑领带"就真的只是要求打黑领带，到了现场只有我一个人穿礼服，也会很狼狈。于是背了一个包，里边塞一套便装。到了宴会场地外边，偷偷往里瞥一眼，果然全都穿着晚礼服，猜对了。

剑桥处处能感受到等级。例如，每个学院门外，只有fellowship才有停车位，只有fellowship才能把自行车停在门洞里，只有fellowship才有资格在草坪上走。正式集会场合，从每位fellowship的长袍能看出不同等级序列。每天学院晚餐，如果院长在场，一声钟响过后，身着长袍的他会站起来，用拉丁语诵祷文，然后请大家开始用餐。如果院长不在，很自然地，最资深的那位fellowship会站起来执行这个职责。取食的时候也一样，依照等级资历，等级高的在先，依次排队。通过长袍一眼就能看明白，没有人会乱了秩序。理论上，如果各位fellowship、学者都不去晚餐，只有我去，用拉丁文领祷的职责就会落到我身上了。问题是我既不会祈祷，也不懂拉丁文，如果真出现这样的极端情况，那还真够尴尬的！

剑桥这些传统，有些是正式制度，有的是约定俗成。慢慢我体会到，这些清规戒律中表现出来的等级制，不是行政和人格的等级制，而是一种学术等级，是出于对知识的尊重，对知识贡献的高度敬重。在这种氛围里，让人感到一种特别的文化力量。

"我思，故我在。"按笛卡儿对人的定义，理性思考是人之所以为人的根本特征。当人不在理性思考之中时，这人就不是人。理性思考的结果，就表现为发现知识和创造知识。知识的发现与创造，使人成其为人，使人类拥有了与动物世界不同的文明的演进。

专业知识和技能的持续积累，是人类文明最宝贵的财富。从野蛮生长到专业生长，是中国发展面临的大关隘。一个社会之中，什么成就是最受大家尊重的？从寻常人的回答可看出这个社会的文明层次。当“这个孩子有官相，长大要当官”成为赞美之词时，当学校的最高权威是行政领导而非专家教授时，这就是一个官本位社会，官员拥有权力和资源，受大众羡慕。但官员只是财富分配者和秩序维护者，官员并非知识、财富的创造者，一个官本位的社会不会是一个知识持续突破的社会，也不会是一个可持续发展的社会。当带来新知识者和带来新财富者被尊崇时，人们心智的力量才会流向知识创新和经济创新。未来的制度变革，本质就是重新调整社会的价值，尊重什么，否定什么，以此来引导资源的配置。

彭布鲁克学院的教授、访问学者中，只有两个中国人。除了我，另一位是位华人fellowship，也是第一个华人fellowship。他毕业于剑桥，进入传媒领域，商业上成功后，又在剑桥办了一所私人大学，800个学生，主要面对第三世界国家的学生。我们认识后，他很惊讶地问我：“怎么这里人都认识你？”他说，作为fellowship，他拥有学校专门提供的停车位，但这么多年在剑桥，与这些英国教授并没有多少交往。我很快意识到这其中的问题所在：在剑桥，我选择了融入当地生活方式，因为我真的觉得这里好得不得了，这里的西餐也比哈佛的好吃多了，所以晚餐时间我基本全部安排在学院的“哈利·波特式”饭堂。三个月下来，和英国人混个脸熟，见面都会打招呼。而这位非常非常成功的华人老弟基本不在这里吃饭，就融入不了这个圈子。这个原因的后面，又是因为他有一个中国胃，吃不惯西餐，每顿饭都要回家吃中餐。而英国教授们多在学院里吃饭，来一小杯红酒，就是最好的沟通机会，有时一顿饭会吃到晚上10点，思想和情感充分交流。这位华人fellowship的中国胃，就使他错过了许多与同事朋友交流分享、相互链接的机会。

这种交流常常会有意外的收获。我在学院食堂里认识一个老头儿，91岁，是个布谷鸟专家。我一听愣了，以前只听说动物学家，顶多细分到鸟类专家、海洋动物专家，这老头儿可好，专门研究布谷鸟！我跟他说，布谷鸟在中国是比较吉祥的，它的鸣叫代表春天来到，催促大家开始播种耕作。他告诉我，布谷鸟在欧洲是不吉祥的，听了布谷鸟叫要赶快跑开。如果两个人听到布谷鸟叫，谁跑得快，谁就安全，跑得不够远的，灾难就来了。就这样，饭桌上我常常得到许多有趣的信息。

以前万科有一句话，要惩罚谁，就让他赔董事长一起出国。因为我每到一个新国家、新地方，都坚持吃当地食物，其他同事都受不了，因为出去就是吃西餐。当然后来我也发现过犹不及，因为同事们硬着头皮和我一起吃完西餐，回头再偷偷溜出去找中餐吃。他们很难受，也没有解决问题。但是我自己就是这样过来的，学习西方文化，饮食是文化当中非常重要的一部分，连西餐都不愿意去适应，还怎么适应文化？想要拥抱世界，首先要有一个拥抱世界的胃。拥抱世界的胃，帮我很快融入了剑桥大学的圈子。

坚守一个习惯，就等于向世界关上了一扇门。开放自己，接纳新事物，就是融入新世界。从深圳创业到欧美求学，我一直坚持对外部世界保持好奇，乐于交流、分享、链接，力求去理解、接纳对自己来说是新鲜的事物，海纳百川，纳入外部的新知识、新感受、新资源和新力量。

52 岁时，我登顶珠峰下来，对记者说："50 岁是一个成功男人辉煌的开始。"现在 63 岁，我感到，人生 60，才是开始。

打开自己，自我更新。追求完美，允许残缺。

企业家精神

2009年，我和一些朋友响应国际环保非政府组织“野生救援”（WildAid）的号召，发起倡议拒吃鱼翅。我们发起企业家联署，有位企业家朋友说：“这个我不能签，比如我跟部长吃饭，部长要吃鱼翅，我能说我不吃吗？我的生意还要不要做了？”

这位企业家朋友最后没有签字，但我们都签了。三年过去，没听说哪位签字的企业家因为不吃鱼翅做不成生意的。姚明还给野生救援拍了广告片，“没有买卖，就没有杀害”，出现在大街小巷，还有人在网上拿来恶搞。似乎姚明的事业也越做越大，丝毫不受影响。

一个认为自己的饮食偏好（不吃鱼翅，不喝酒）都会惹政府官员生气的企业家，首先就把自己的定位矮化了。更何况，这个心理假设的前提是，政府官员心理上都是些长不大、被惯坏的孩子，稍有不如意就会迁怒于人——这显然是一个荒诞的假设，不符合现实情况。

万科从很早的时候就给自己定了一个规则：不行贿。一直以来也有人说：不行贿怎么做房地产生意？结果证明，我们不行贿不仅做成了房地产生意，还做成了全球最大的住宅开发商。

企业家的社会地位，是中国企业家群体高度关注的话题。我举这两个例子是想说，很多时候，企业家的社会地位与我们对自己的心理期许有关。想要获得社会的承认与尊重，首先要相信自己是应该获得社会承认和尊重的。

中国的现代化肇始于19世纪中叶，现代意义上的中国商业文明，也开始于这一时期。第一代的中国“企业家”，如胡雪岩、雷履泰等，都是经营大师。他们对自己的定位就是“徽商”或“晋商”，相应地，社会也就认为他们仅仅是“士农工商”的商人。19世纪末、20世纪初，以荣德生、张謇为代表的新一代企业家则显示出完全不同的风貌。他们不仅仅是企业家，还自认是社会的砥柱：除了投资实业以外，他们造桥铺路，建立公园，兴办教育，参与城市规划、区域经济规划甚至是社会保障规划的制定，揣着“实业救国”“教育救国”的主张到处奔走。1922年，北京、上海等地的报纸联合举办民意测验，张謇当选“最受敬仰之人物”，是清末民初那个大时代最有影响力的人。如果张謇、荣德生还是和他们的前辈胡雪岩、雷履泰一样，仅仅以创办一家成功商号为目标，我无法想象他们能获得社会的承认与尊重。

比起英文entrepreneur，中文语境中的“企业家”这个词大大局限了，仅仅是指管理商业机构的专门人士，缺少英文中原有的奋进、创新的涵义。一个社会总是有一些传统、规范和模式，而认识到这些模式存在的问题，重新组织要素，并为社会创造价值，这就是企业家，这就是企业家精神。

企业家精神之所以在现代社会中如此重要，是因为社会分工越来越细化，专业知识越来越完备，在任何领域的创新都需要团队合作。

在科学研究领域，一个运转良好的实验室，内部需要大规模的合作与沟通，对外则需要面对各利益相关方。发现某个研究方向的价值，说服整个团队往这个方向前进，遇到问题及时调整，同时还要游说政府、企业等资金方提供持续支持，这是企业家精神。

社会领域的创新也是如此，一个公益项目想要获得公众的支持与参与，无论是公关、管理、游说，都需要企业家精神。

短短30年间，中国民营企业从零开始，今天以40%的社会资源，完成了60%的国内生产总值，承担着80%的就业。企业家是这个社会稳定与发展的砝码。新中国成立头30年，城市化、现代化进程被打断了。而后30年，城市化与现代化进程则被大大浓缩了。上一轮现代化中两代企业家完成的蜕变，现在几乎被压缩在一代人的时间里。问题是，中国企业家做好这个准备了吗？

我一开始提到的那位朋友是真正的企业家，他创办的企业在过去几十年里，从产品到技术到管理，都走在中国企业最前沿。但在拒吃鱼翅这件事上，他没有展现出自己的企业家才华。企业家除了要相信自己是值得人们尊敬的，更需要以企业家的方式为社会提供价值。七八十年前，我们的前辈提出了“实业救国”的口号，他们更以实际行动说服人们相信这一理念，并获得了社会的尊重。现在，轮到我们思考，该如何实现我们这一代人对社会的责任？

企业家擅长的是远见、规划、管理、组织、协调、说服、动员、妥协。如果我们不把这些才能贡献给社会，仅仅是拿出一些钱来做“慈善”，那谈不上是真正的企业社会责任。所以，企业家对社会发挥影响力的方式与学者、明星不同，我们擅长的不是发言，也不是仅仅发言就算了。企业家向这个社会输出的正能量，是现代的管理制度、组织结构、沟通技巧。

中国的改革就是一个最需要企业家精神的课题。改革不仅需要发现目前存在的问题，还需要在价值多元的社会里，团结起足够多的共识，调和各种相互矛盾的利益关系，以推动变革和创新。邓小平的“摸着石头过河”就是最大的企业家精神。

纽约的洛克菲勒中心门前有一座阿特拉斯的雕像。这座雕像落成于 1937 年，当时，企业家精神这个概念在西方也是刚刚提出不久。托起天堂的巨神阿特拉斯，是纽约企业家的自我期许——“我们就是承载美国经济与社会的巨人。”从那之后，美国社会建构起了一套有关企业家的英雄叙事，正是因为这种英雄叙事和道德勇气，才使得美国企业家勇于承担社会责任，积极投身到各种公益事业中去，并赢得社会尊重。

有这样的自信，有这样的自我期许，企业家才能对社会形成更大的影响力：企业家不仅仅为社会提供就业与财富，企业家精神更是社会进步的动力。这种道德勇气意味着更多的付出与努力，更意味着在许多我们不熟悉的领域发挥企业家精神：去促使那些我们认为有价值的改变发生。

王石登山探险活动表

1998年9月，攀登四川省大邑县境内西岭雪山，到达海拔3310米的顶峰。

1998年9月，攀登四川省峨眉山，到达海拔3099米的万佛顶。

1998年10月，攀登台湾岛最高峰，到达海拔3952米的玉山主峰。

1999年5月2日12:06，攀登昆仑山脉的玉珠峰，到达海拔6178米的顶峰。

1999年9月13日13:50，攀登岷山山脉的雪宝顶峰，到达海拔5588米的顶峰。

2000年2月10日14:40，攀登念青唐古拉山脉启孜峰，到达海拔6206米的顶峰。

2000年5月5日14:48，攀登喜马拉雅山脉章子峰，到达海拔7543米的顶峰。

2001年5月3日18:50，攀登昆仑山脉的玉珠峰，到达海拔5800米（北侧）高度，为抢救队友，全队放弃登顶。

2001年8月2日，攀登昆仑山脉慕士塔格峰，到达海拔7546米的顶峰。

2002年2月8日6:30，攀登非洲乞力马扎罗山，到达海拔5985米的顶峰。

2002年5月28日15:20，攀登北美美国麦金利山，到达海拔6194米的顶峰。

2002年10月5日13:15，攀登四姑娘山，到达海拔5035米的顶峰。

2003年2月7日13:20，攀登云南哈巴雪山，到达海拔5396米的顶峰。

2003 年 5 月 22 日 14:45，北坡攀登珠穆朗玛峰，到达海拔 8848.13 米（2005 年测量高度为 8844.43 米）的顶峰。

2003 年 10 月 4 日 13:00，攀登云南哈巴雪山，到达海拔 5396 米的顶峰。

2003 年 12 月 28 日 4:28，攀登南极文森峰，到达海拔 5140 米的顶峰。

2004 年 1 月 23 日 00:00，攀登南美阿空加瓜峰，到达海拔 6964 米的顶峰。

2004 年 5 月 2 日 10:30，攀登四川四姑娘山二峰，到达海拔 5454 米的顶峰。

2004 年 7 月 6 日 12:35，攀登俄罗斯厄尔布鲁士峰，到达海拔 5642 米的顶峰。

2004 年 7 月 28 日 12:10，攀登澳大利亚科修斯科峰，到达海拔 2228 米的顶峰。

2004 年 8 月，攀登日本第一高峰 3775 米的富士山。

2005 年 4 月 24 日凌晨 1:00，探险抵达北极点。

2005 年 12 月 28 日凌晨 1:05，探险抵达南极点。

2006 年 4 月 17 日，攀登珠峰东侧向东峰，到达海拔 7000 米的顶峰。

2006 年 7 月，攀登瑞士阿尔卑斯山脉，到达海拔 4478 米的马特宏峰。

2006 年 8 月 8 日，攀登陕西秦岭山脉太白山，到达海拔 3767 米主峰拔仙台。

2006 年 10 月 10 日至 11 月 23 日，参加“玄奘之路”文化考察活动。

2006 年 12 月 24 日，攀登大洋洲最高峰查亚峰，到达海拔 5030 米的顶峰。

2007 年 2 月 27 日 13:30，攀登土耳其最高峰大阿勒山，到达海拔 5156 米的顶峰。

2007 年 5 月 1~6 日，行走 100 公里，穿越罗布泊。

2007 年 7 月 8 日 11:32，成功攀登瑞士最高峰，到达海拔 4634 米的杜富尔峰。

2007 年 9 月，攀登马来西亚沙巴神山，到达海拔 4095 米的顶峰。

2007 年 11 月 16 日，再次攀登台湾岛最高峰，到达海拔 3952 米的玉山主峰。

2008 年 2 月，攀登四川大邑县境内西岭雪山，到达海拔 3310 米的顶峰。

2008 年 8 月，再次攀登日本第一高峰富士山，到达海拔 3775 米的顶峰。

2008 年 10 月 2 日 11:00，攀登希夏邦马峰，到达海拔 8012 米的顶峰。

2008 年 11 月 15 日，第三次攀登台湾岛最高峰，到达海拔 3952 米的玉山主峰。

2009 年 3 月，攀登新西兰阿斯派灵国家公园海拔 3033 米阿斯派灵山。（天气恶劣，未攀登成功。）

2009 年 7 月 23 日 16:15，再次攀登昆仑山脉玉珠峰，到达海拔 6178 米的顶峰。

2009 年 9 月 27 日 09:40，攀登米玛纳斯鲁峰，到达海拔 8156 米的顶峰。

2010 年 1 月 20 日，攀登新西兰最高峰海拔 3755 米的库克峰。（山区雪崩，未攀登成功。)

2010 年 4 月，再次攀登四川省大邑县境内西岭雪山，到达海拔 3310 米的顶峰。

2010 年 4 月 24 日 14:00，攀登珠峰大本营附近蓝布奇峰(Lobiche)，到达海拔 6100 米的顶峰。

2010 年 5 月 22 日 08:00，南坡攀登西藏珠穆朗玛峰，到达海拔 8844.43 米的顶峰。